실전 리액트 프로그래밍

실전 리액트 프로그래밍: 리액트 훅부터 Next.js까지

초판 1쇄 발행 2019년 6월 17일 **초판 2쇄 발행** 2019년 12월 11일 **개정판 1쇄 발행** 2020년 7월 13일 **개정판 2쇄 발행** 2021년 1월 25일 **지은이** 이재승 **펴낸이** 한기성 **펴낸곳** 인사이트 **편집** 문선미 **제작·관리** 신승준, 박미경 **용지** 월드페이퍼 **출력·인쇄** 현문인쇄 **후가공** 이지앤비 **제본** 자현제책 **등록번호** 제2002-000049호 **등록일자** 2002년 2월 19일 **주소** 서울특별시 마포구 연남로5길 19-5 **전화** 02-322-5143 **팩스** 02-3143-5579 **블로그** http://blog.insightbook.co.kr **이메일** insight@insightbook.co.kr **ISBN** 978-89-6626-267-0 책값은 뒤표지에 있습니다. 잘못 만들어진 책은 바꾸어 드립니다. 이 책의 정오표는 http://blog.insightbook.co.kr에서 확인하실 수 있습니다. 이 도서의 국립중앙도서관 출판예정도서목록(CIP)은 서지정보유통지원시스템 홈페이지(http://seoji.nl.go.kr)와 국가자료종합목록 구축시스템(http://kolis-net.nl.go.kr)에서 이용하실 수 있습니다.(CIP제어번호: CIP2020023607)

프로그래밍 인사이트

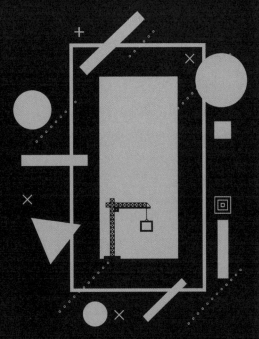

실전 리액트 프로그래밍

개정판

리액트 훅부터 Next.js까지

이재승 지음

인사이트

차례

8장　서버사이드 렌더링 그리고 Next.js

10장 다가올 리액트의 변화: Concurrent 모드   497

지은이의 글

요즘의 웹 개발자라면 쏟아지는 신기술의 바다에서 헤어나오지 못하고 있을 것이다. 10년 전과는 비교도 안 될 정도로 기술 발전이 빠르다. 영원할 줄 알았던 제이쿼리(jquery)의 인기가 식었고, 한동안 높은 인기를 누리던 앵귤러(angular)는 점점 외면받고 있다. 그리고 그 자리를 리액트와 vue.js가 대신하고 있다.

기술의 교체 주기가 짧은 만큼 프레임워크나 라이브러리의 사용법보다는 핵심적인 원리를 이해하는 것이 중요하다. 그래야 새로운 기술이 나오더라도 빠르게 습득할 수 있고, 더 나아가 비판적 사고도 가능하다. vue.js에서는 리액트의 가상 돔 개념을 사용했고, 이후 새로 등장할 프레임워크에서도 비슷한 개념을 적용할 것으로 예상된다. 따라서 리액트의 가상 돔 개념을 이해하면, 가상 돔을 적용한 다른 프레임워크의 동작도 쉽게 이해할 수 있다.

필자는 이 책에서 리액트의 사용법뿐만 아니라, 그렇게 사용하는 이유를 설명하기 위해 노력했다. 누구나 리액트 공식 문서를 보면서 간단한 웹 애플리케이션을 만들 수 있다. 하지만 실전에서 사용하다 보면 다양한 문제를 만나게 된다. 필자가 리액트로 개발하면서 가장 힘들었던 점은 바벨과 웹팩의 설정이었다. 바벨과 웹팩을 제대로 이해하지 못한 상태에서 인터넷에 떠도는 설정을 그대로 가져오는 일이 많았다. 한동안 그 설정으로 잘 동작하는 듯하다가 조금만 수정하려고 하면 에러가 난다. 필자처럼 고생하는 분들을 위해 바벨과 웹팩을 설명하는 장을 만들었다. 이 책의 내용을 모두 이해하면, create-react-app과 같은 도구를 사용하지 않고도 혼자서 리액트 개발 환경을 구축할 수 있다.

필자가 웹 세상에 발을 들여놓기 전에는 주로 C++, 자바와 같은 정적 타입 언어를 사용했다. 자바스크립트를 사용하면서 편한 부분도 있었지만, 동적 타입 언어라는 점 때문에 불편한 부분도 많았다. 동적 타입 언어는 IDE에서 제공해주는 편의 기능이 제한적이다.

필자는 간단한 프로그램을 작성하는 게 아니라면 정적 타입 언어를 사용하는 것이 더 좋다고 생각한다. 다행히 자바스크립트에 정적 타입 기능을 추가해주는 다양한 언어가 존재한다. 그중에서 커뮤니티의 크기가 가장 큰 타입스크립트를 선택해서 현업에서 사용하고 있다. 필자는 타입스크립트를 매우 만족하면서 사용 중이며, 앞으로 새로운 프로젝트를 만들 때도 타입스크립트로 작성할 생각이다. 타입스크립트의 장점을 널리 알리기 위해 타입스크립트를 설명하는 장을 만들었다.

필자가 리액트를 처음 접했을 때가 생각난다. 회사에서 데이터 시스템을 만들면서 백엔드 작업을 주로 하던 터라 지표를 보여줄 웹사이트가 필요했다. 리액트가 뜨고 있다는 소식을 듣고는 웹사이트를 리액트로 만들기 시작했다. HTML 파일을 거의 건드리지 않고 자바스크립트만으로 코딩하는 재미가 쏠쏠했다. 이후에도 여러 개의 백오피스를 리액트로 만들면서 자신감이 붙었고, 급기야 스프링과 JSP로 동작하던 카카오페이지 웹을 리액트로 포팅했다. 그 과정에서 리액트의 버그를 발견했고, 필자의 코드가 리액트에 포함되는 짜릿한 경험도 했다.

물론 그 과정이 달콤하기만 한 건 아니었다. 값진 시행착오를 겪기도 했지만, 알고 보면 아무것도 아닌 것에 많은 시간을 낭비하기도 했다. 필자는 리액트를 공부하는 개발자들의 경험이 좀 더 쓸모 있어지길 바라며 이 책을 썼다. 모쪼록 이 책이 리액트를 공부하는 국내 개발자들의 학습 시간을 조금이라도 줄여주길 바란다.

개정판에서 달라진 점

개정판의 모든 예제 코드는 리액트 훅으로 작성했다. 이제 클래스형 컴포넌트보다는 훅을 이용해서 함수형 컴포넌트로 코드를 작성하는 게 좋다.

필자는 지난 1년 간 현업에서 리액트 훅을 사용해봤다. 리액트 훅의 최대 장점중에 하나는 코드 재사용성이 높다는 것이다. 실제로 리액트 훅을 사용하면서 클래스형 컴포넌트를 사용할 때보다 생산성이 높아진 것을 체감할 수 있었다.

물론 아직 클래스형 컴포넌트를 사용하는 레거시 프로젝트가 많다. 따라서 클래스형 컴포넌트에 대한 설명도 5장에서 별도로 다룬다.

대상 독자

이 책은 리액트를 사용해 봤지만 아직 이해가 부족한 사람을 대상으로 한다. create-react-app만으로 프로젝트를 생성해본 사람은 이 책을 읽은 후 리액트 개발 환경을 직접 구축할 수 있게 된다. 서버사이드 렌더링을 해본 적이 없는 사람은 이 책을 읽은 후 서버사이드 렌더링의 주요 개념을 이해하고 응용할 수 있게 된다. 정적 타입으로 웹 개발을 해본 적이 없는 사람은 이 책을 읽은 후 타입스크립트를 이용해서 리액트 코드를 작성할 수 있게 된다.

책의 구성

이 책은 리액트의 기본 개념을 다지고, 실전에서 쓰이는 활용법을 익힐 수 있게 구성되어 있다. 책의 후반부에는 타입스크립트로 리액트 코드를 작성하는 방법과 다가올 리액트의 변화에 대해 알아본다.

리액트의 개념, 기본기 다지기

1~3장에서는 리액트로 코드를 작성하기 위한 기본기를 다져본다. 1장에서는 리액트 프로젝트를 구축하는 방법을 알아본다. create-react-app을 사용해서 구축하는 방법과 create-react-app의 도움 없이 구축하는 방법을 알아본다. 2장에서는 자바스크립트 최신 문법을 알아본다. 리액트에서 자주 사용되는 문법 위주로 구성되어 있다. 3장에서는 리액트의 주요 개념을 알아본다.

리액트의 활용, 실전에서 적용해 보기

4~9장에서는 리액트를 실전에서 활용하기 위한 다양한 방법을 알아본다. 4장에서는 리액트 훅을 제대로 사용하는 방법을 알아본다. 특히 useEffect 훅의 의존성 배열을 관리하는 방법을 이해하게 된다. 5장에서는 아직 레거시 프로젝트에서 많이 사용되는 클래스형 컴포넌트에 대해 알아본다. 6장에서는 리덕스의 기본 개념과 활용법을 알아본다. 7장에서는 바벨과 웹팩의 기본 개념부터 고급 기능까지 알아본다. 8장에서는 서버사이드 렌더링의 개념과 Next.js로 프로젝트를 구축하는 방법을 알아본다. 9장에서는 정적 타입 언어의 한 종류인 타입스크립트를 이용해서 리액트 코드를 작성하는 방법을 알아본다.

리액트의 미래, 다가올 변화를 미리 확인하기

10장에서는 앞으로 리액트에 추가될 것으로 예상되는 concurrent 모드에 대해 알아본다.

학습 환경

이 책의 실습 과정에서 나오는 모든 코드는 아래 경로에서 확인할 수 있다.

https://github.com/landvibe/book-react/tree/revision2

설명을 쉽게 하기 위해 실습 과정에서의 패키지 설치는 `npm install 패키지명`으로 통일한다. 실제로는 배포 환경(dependencies)과 개발 환경(devDependencies) 의 패키지를 구분해서 관리하는 게 좋다.

　npm을 사용하기 위해서는 노드(node.js)가 설치되어 있어야 한다. 노드는 아래 경로를 통해서 설치할 수 있다.

https://nodejs.org

이 책의 모든 코드는 프리티어(prettier)를 사용해서 포맷팅했다. 프리티어를 사용하면 코드 포맷팅에 들어가는 시간과 노력을 아낄 수 있다. 생산성에 큰 도움이 되기 때문에 필자가 적극적으로 추천하는 도구다.

https://prettier.io/

동영상 강의

이 책을 기준으로 인프런(*https://www.inflearn.com*)에서 동영상 강의를 할 예정이다. 강의 제목은 책 이름과 같은 '실전 리액트 프로그래밍'이며, 2020년 8월 이후 업로드될 것으로 예상한다.

참고 링크

- 자바스크립트 문법을 공부할 때 참고하면 좋은 사이트다. 세부적인 내용까지 꼼꼼하게 설명하기 때문에 자바스크립트 언어를 제대로 공부하고 싶은 독자에게 추천한다.

  http://2ality.com/

  https://javascript.info

- 자바스크립트로 함수형 프로그래밍을 설명하는 동영상 강의다. 2장에서 지연 평가를 설명하는 부분에서 아래 동영상을 참고했다. 강사 유인동 님은 인

사이트 출판사에서 《함수형 자바스크립트 프로그래밍》을 출간하기도 했다.
https://programmers.co.kr/learn/courses/7637

- 리덕스를 만든 댄 아브라모프의 유명한 블로그 글이다. 리덕스를 꼭 사용해야 하는지, 언제 사용하면 좋은지 궁금한 독자에게 추천한다.
  https://medium.com/@dan_abramov/you-might-not-need-redux-be46360cf367

- 프레젠테이션, 컨테이너 컴포넌트를 설명하는 댄 아브라모프의 유명한 블로그 글이다.
  https://medium.com/@dan_abramov/smart-and-dumb-components-7ca2f9a7c7d0

- 나무 흔들기의 사용법과 주의할 점을 설명하는 글이다.
  https://developers.google.com/web/fundamentals/performance/optimizing-javascript/tree-shaking/

- 댄 아브라모프가 2018년 말부터 시작한 블로그다. 리액트를 자세히 알고 싶은 독자에게 추천한다.
  https://overreacted.io/

- 리액트를 직접 만들어보면서 리액트의 내부 구조를 설명한다. 리액트의 내부 동작을 코드 레벨에서 이해하고 싶은 분들에게 추천한다.
  https://pomb.us/build-your-own-react/

감사의 말

책을 써보자고 제안해주신 문선미 편집자님께 감사드립니다. 처음부터 끝까지 꼼꼼하게 챙겨주신 덕분에 책을 완성할 수 있었습니다.

책을 쓸 수 있도록 배려해준 사랑하는 성희와 도현이에게 감사합니다. 도대체 아빠는 언제 책을 다 쓰는 거냐며, 불평하며 혼자 놀던 도현이에게 항상 미안했습니다.

1장

리액트 프로젝트 시작하기

이번 장에서는 리액트가 무엇인지 살펴본 후, 간단한 리액트 애플리케이션을 개발하는 전체 과정을 속성으로 체험해 본다. 구체적으로는 리액트 개발 환경을 구축하여 간단한 단일 페이지 애플리케이션까지 제작해 볼 것이다.

1.1 리액트란 무엇인가

리액트는 페이스북에서 개발하고 관리하는 UI 라이브러리다. 앵귤러(angular)가 웹 애플리케이션 개발에 필요한 다수의 기능을 제공하는 것과는 대조적으로, 리액트는 UI 기능만 제공한다. 따라서 전역 상태 관리, 라우팅, 빌드 시스템 등을 각 개발자가 직접 구축해야 한다. 전반적인 시스템을 직접 구축할 수 있으니 각자의 환경에 맞게 최적화할 수 있다. 반대로 신경 쓸 것이 많기 때문에 초심자에게는 높은 진입 장벽이 되기도 한다.

리액트 팀에서는 리액트의 진입 장벽을 낮추기 위해 create-react-app을 만들었다. create-react-app을 이용하면 리액트를 처음 사용하는 사람도 하나의 명령어로 리액트 개발 환경을 구축할 수 있다. create-react-app에 대한 자세한 사용법은 1.3절에서 설명한다.

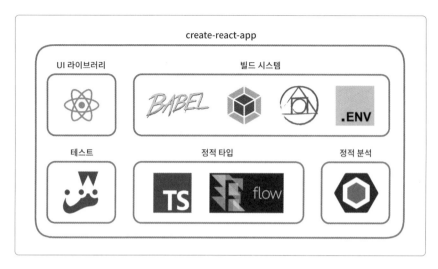

그림 1-1 create-react-app은 여러 패키지를 조합해서 리액트 개발 환경을 구축한다

리액트와 같은 프런트엔드 라이브러리 혹은 프레임워크를 사용하는 이유는 무엇일까? 가장 큰 이유 중의 하나는 UI를 자동으로 업데이트해 준다는 점이다. 대개 프로그램의 상태가 변하면 UI도 변경되는데, 이는 다음과 같이 함축적으로 표현할 수 있다.

```
UI = render(state)
```

우리는 API 통신이나 사용자 이벤트를 통해서 프로그램의 상탯값을 변경한다. 그리고 리액트가 변경된 상탯값을 기반으로 UI를 자동으로 업데이트한다. 리액트와 같은 도구를 사용하지 않으면 브라우저의 돔을 직접 업데이트해야 한다. 돔을 직접 업데이트하는 코드는 잘 관리하지 않으면 프로그램이 커질수록 복잡도가 기하급수적으로 증가한다. 따라서 UI 업데이트를 순수 자바스크립트로 처리하려면 리액트에 상응하는 자체 라이브러리를 만들어서 관리하는 게 좋다.

　리액트의 장점은 가상 돔(virtual dom)을 통해서 UI를 빠르게 업데이트한다는 점이다. 가상 돔은 이전 UI 상태를 메모리에 유지해서, 변경될 UI의 최소 집합을 계산하는 기술이다. 가상 돔 덕분에 불필요한 UI 업데이트는 줄고, 성능은 좋아진다. 가상 돔에 대한 자세한 내용은 3장에서 확인할 수 있다.

　리액트는 함수형 프로그래밍을 적극적으로 활용한다는 특징이 있다. 리액트에서 코드를 작성할 때는 다음 조건을 지키는 게 좋은데, 순수 함수와 불변 변수는 함수형 프로그래밍에서 자주 언급되는 개념이다.

- render 함수는 순수 함수로 작성한다.
- state은 불변 변수로 관리한다.[1]

render 함수는 순수 함수여야 하므로 인수 state가 변하지 않으면 항상 같은 값을 반환해야 한다. 그리고 컴포넌트의 상태값을 수정할 때는 기존 값을 변경하는 게 아니라 새로운 객체를 생성해야 한다. 코드에서 순수 함수와 불변 변수를 적극적으로 사용하면 복잡도가 낮아지고, 찾기 힘든 버그가 발생할 확률이 줄어든다. 더 중요한 것은 리액트에서 이 두 조건을 따르면 렌더링 성능을 크게 향상시킬 수 있다는 점이다. 자세한 내용은 4장에서 확인할 수 있다.

1.2 리액트 개발 환경 직접 구축하기

이번 절에서는 리액트로 웹 애플리케이션을 만들기 위한 개발 환경을 직접 구축해 본다. 리액트는 UI 라이브러리이기 때문에 UI를 제외한 나머지 요소들은 개발자가 신경 써서 관리해야 한다. 하나의 웹 애플리케이션을 만들기 위해서는 테스트 시스템, 빌드 시스템, 라우팅 시스템 등 UI 외에도 신경 써야 할 부분이 많다. 필자는 리액트 개발 환경을 직접 구축하기보다는 create-react-app과 같은 도구를 사용할 것을 추천한다. 하지만 리액트 웹 애플리케이션의 툴체인 (toolchain)을 이해하기 위해서는 한 번쯤 직접 구축해 보는 것도 좋다. 지금부터 리액트 개발 환경을 직접 구축하면서, 바벨과 웹팩의 필요성을 이해해 보자. create-react-app의 사용법은 1.3절에서 설명한다.

1.2.1 Hello World 페이지 만들기

리액트로 웹 애플리케이션을 제작할 때는 다양한 외부 패키지를 활용하는 게 일반적이다. 하지만 이런 다양한 외부 패키지의 존재는 처음 리액트를 접하는 사람에게 오히려 큰 부담이 된다. 사용되는 외부 패키지가 너무 많아서 각 패키지의 용도도 모르는 경우가 많다.

외부 패키지를 전혀 사용하지 않고 리액트로 간단한 웹 페이지를 만들어 보자. 우선 다음 경로에서 리액트 자바스크립트 파일 4개를 내려받는다.

---

1   여기서 state는 리액트의 속성값과 상태값을 의미한다.

- *https://unpkg.com/react@16/umd/react.development.js* ❶
- *https://unpkg.com/react@16/umd/react.production.min.js* ❷
- *https://unpkg.com/react-dom@16/umd/react-dom.development.js* ❸
- *https://unpkg.com/react-dom@16/umd/react-dom.production.min.js* ❹

이름에서 알 수 있듯이 ❶ ❸은 개발 환경에서 사용되는 파일이고, ❷ ❹는 배포 환경에서 사용되는 파일이다. 개발 환경을 위한 파일을 사용하면 개발 시 도움이 되는 에러 메시지를 확인할 수 있다. ❶ ❷ 파일은 플랫폼 구분 없이 공통으로 사용되는 리액트의 핵심 기능을 담고 있다. 따라서 웹뿐만 아니라 리액트 네이티브(react-native)에서도 사용된다. ❸ ❹는 웹에서만 사용되는 파일이다.

🎁 **리액트 네이티브**

리액트 네이티브를 이용하면 리액트로 안드로이드와 iOS의 네이티브 앱을 만들 수 있다. 웹 애플리케이션을 개발할 때 사용되는 리액트 패키지가 리액트 네이티브에서도 그대로 사용된다. react-dom 패키지는 웹 애플리케이션에서만 사용되며, 웹에서의 react-dom 역할을 하는 리액트 네이티브 코드가 별도로 존재한다.

　리액트 네이티브를 이용하면 하나의 소스코드로 안드로이드와 iOS에서 동작하는 앱을 만들 수 있다는 점이 매력적이다. 하지만 인앱 구매나 푸시 알림과 같이 플랫폼에 종속적인 기능을 사용하기 위해서는 플랫폼별로 코드를 작성해야 한다.

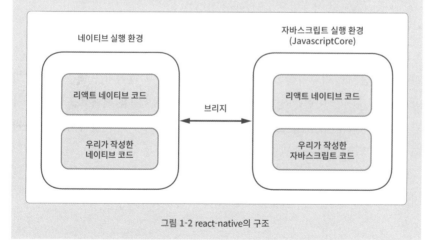

그림 1-2 react-native의 구조

리액트 네이티브는 모바일에서 자바스크립트를 실행하기 위해 JavascriptCore를 사용한다. JavascriptCore는 웹킷(webkit)에 내장된 자바스크립트 엔진이다. 대부분의 모바일 운영체제는 앱에서 C++ 코드를 실행할 방법을 제공해 준다. 따라서 리액트 네이티브는 C++로 작성된 JavascriptCore를 앱 빌드 시 포함함으로써 자바스크립트 실행 환경을 제공할 수 있다.

리액트의 가상 돔(virtual dom)은 마치 웹과 같은 돔 환경에서만 동작할 것만 같은 이름을 가졌지만 실제로는 리액트 네이티브에서도 동작한다. 가상 돔은 데이터가 변경됐을 때 UI에서 변경된 부분을 빨리 찾기 위해 사용되는 범용적인 자료구조다. 처음에 리액트는 웹을 위해 만들어졌기 때문에 가상 돔이라고 불렀지만, 리액트 네이티브가 존재하는 현시점에는 어울리지 않는 이름이 되었다.

이제 리액트 패키지만 사용해서 간단한 웹 애플리케이션을 만들어 보자. hello-world라는 폴더를 만든 다음, 앞에서 언급한 네 개의 파일을 넣는다. 그리고 같은 폴더에 내용이 없는 simple1.html, simple1.js 두 파일을 만든다.

```
hello-world
    ├── react.development.js
    ├── react.production.min.js
    ├── react-dom.development.js
    ├── react-dom.production.min.js
    ├── simple1.html
    └── simple1.js
```

simple1.html 파일에는 필요한 자바스크립트 파일과 리액트에서 사용할 돔 요소를 정의한다. simple1.html 파일에 다음 내용을 입력하자.

코드 1-1 **simple1.html**

```
<html>
  <body>
    <h2>안녕하세요. 이 프로젝트가 마음에 드시면 좋아요 버튼을 눌러 주세요.</h2>
    <div id="react-root"></div> ❶
    <script src="react.development.js"></script>
    <script src="react-dom.development.js"></script>      ❷
    <script src="simple1.js"></script> ❸
  </body>
</html>
```

❶ 리액트로 렌더링할 때 사용할 돔 요소를 만들었다. 앞으로 리액트는 이 요소 안쪽에 새로운 돔 요소를 추가한다.

❷ 앞에서 준비한 리액트 파일을 script 태그로 입력했다.

❸ 이제부터 우리는 simple1.js 파일에 리액트 코드를 작성할 것이다.

simple1.js 파일에는 **좋아요** 버튼을 보여 주는 리액트 컴포넌트를 작성해 보자. 버튼을 누르면 **좋아요 취소** 문구를 보여 준다. simple1.js 파일에는 다음 내용을 입력하자.

코드 1-2 **simple1.js**

```
function LikeButton() {
  const [liked, setLiked] = React.useState(false); ❶
  const text = liked ? '좋아요 취소' : '좋아요'; ❷
  return React.createElement( ❸
    'button',
    { onClick: () => setLiked(!liked) }, ❹
    text,
  );
}
const domContainer = document.querySelector('#react-root'); ❺
ReactDOM.render(React.createElement(LikeButton), domContainer); ❻
```

❶ 초깃값과 함께 컴포넌트의 상탯값을 정의한다. 여기서 React 변수는 react.development.js 파일에서 전역 변수로 생성된다. ❷ 컴포넌트의 상탯값에 따라 동적으로 버튼의 문구를 결정한다. ❸ createElement 함수는 리액트 요소를 반환한다. 여기서 생성한 리액트 요소는 최종적으로 버튼 돔 요소가 된다. ❹ 버튼을 클릭하면 onClick 함수가 호출되고, 컴포넌트의 상탯값이 변경된다. ❺ simple1.html 파일에 미리 만들어 뒀던 돔 요소를 가져온다. ❻ react-dom.development.js 파일에서 전역 변수로 만든 ReactDOM 변수를 사용해서 우리가 만든 컴포넌트를 react-root 돔 요소에 붙인다.

드디어 리액트로 만든 첫 번째 웹 페이지가 완성됐다. 페이지를 브라우저에 띄우면 **좋아요** 버튼이 보인다. **좋아요** 버튼을 클릭하면 **좋아요 취소** 버튼이 보이는 것을 확인할 수 있다.

📦 **createElement 이해하기**

createElement 함수의 구조는 다음과 같다.

React.createElement(component, props, ...children) => ReactElement

첫 번째 매개변수 component는 일반적으로 문자열이나 리액트 컴포넌트다. component 의 인수가 문자열이면 HTML 태그에 해당하는 돔 요소가 생성된다. 예를 들어, 문자열 p를 입력하면 HTML p 태그가 생성된다.

두 번째 매개변수 props는 컴포넌트가 사용하는 데이터를 나타낸다. 돔 요소의 경우 style, className 등의 데이터가 사용될 수 있다.

세 번째 매개변수 children은 해당 컴포넌트가 감싸고 있는 내부의 컴포넌트를 가리킨 다. div 태그가 두 개의 p 태그를 감싸고 있는 경우에 다음과 같이 작성할 수 있다.

코드 1-3 createElement 사용법

```
<div>
  <p>hello</p>
  <p>world</p>     ❶
</div>

createElement(
  'div',
  null,
  createElement('p', null, 'hello'),     ❷
  createElement('p', null, 'world'),
)
```

❶ 일반적인 HTML 코드다. ❷ 같은 코드를 createElement 함수를 사용해서 작성했다. 대부분의 리액트 개발자는 createElement를 직접 작성하지 않는다. 일반적으로 바벨 (babel)의 도움을 받아서 JSX 문법을 사용한다. createElement 함수보다는 JSX 문법으 로 작성하는 리액트 코드가 훨씬 가독성이 좋기 때문이다. 바벨을 통한 JSX 문법의 사용 은 잠시 후 설명한다.

여러 개의 돔 요소에 렌더링하기

리액트가 돔 요소의 한 곳에만 렌더링할 수 있는 것은 아니다. 코드 1-1과 1-2를 조금 수정해서 돔 요소 세 군데에 **좋아요** 버튼을 렌더링해 보자.

simple1.html 파일을 복사해서 simple2.html 파일을 만들자. 그리고 다음과
같이 수정해 보자.

코드 1-4 **simple2.html**

```
<html>
  <body>
    <h2>안녕하세요. 이 프로젝트가 마음에 드시면 좋아요 버튼을 눌러 주세요.</h2>
    <div id="react-root1"></div>
    <!-- ... -->
    <div id="react-root2"></div>        ❶
    <!-- ... -->
    <div id="react-root3"></div>
    <script src="react.development.js"/></script>
    <script src="react-dom.development.js"></script>
    <script src="simple2.js"></script> ❷
  </body>
</html>
```

❶ 기존의 react-root 돔 요소를 지우고 세 개의 돔 요소를 만들었다. 각 요소 사
이에 다른 코드가 있다는 사실에 주목하자. 다른 코드가 없다면 HTML에서는 하
나의 요소만 만들고 리액트 코드에서 여러 개의 버튼을 구성하는 게 낫다. ❷ 새
로 만들 자바스크립트 파일 이름으로 변경했다.

코드 1-4에서 작성한 세 개의 div 요소에 LikeButton 컴포넌트를 렌더링해 보
자. simple1.js 파일을 복사해서 simple2.js 파일을 만들고 다음과 같이 수정하자.

코드 1-5 **simple2.js**

```
// ... ❶
ReactDOM.render(
  React.createElement(LikeButton),
  document.querySelector('#react-root1'),
);
ReactDOM.render(
  React.createElement(LikeButton),
  document.querySelector('#react-root2'),
);
ReactDOM.render(
  React.createElement(LikeButton),
  document.querySelector('#react-root3'),
);
```

❶ LikeButton 컴포넌트는 수정하지 않는다. 미리 만들어 놓은 세 개의 돔 요소에 LikeButton 컴포넌트를 렌더링한다. simple2.html 파일을 브라우저에서 열어 보면 세 개의 **좋아요** 버튼을 확인할 수 있다.

1.2.2 바벨 사용해 보기

바벨(babel)은 자바스크립트 코드를 변환해 주는 컴파일러다. 바벨을 사용하면 최신 자바스크립트 문법을 지원하지 않는 환경에서도 최신 문법을 사용할 수 있다. ES6가 막 나왔을 때는 대부분의 브라우저가 ES5만 지원하고 있었기 때문에 ES6 문법을 사용할 수 없었다. 그때 바벨(당시 이름은 6to5)이 ES6 문법으로 작성된 자바스크립트 코드를 ES5 문법으로 변환해 줬다. ES6 문법을 사용하고 싶어 하는 개발자가 많았기 때문에 바벨의 인기도 높아졌다.

바벨은 자바스크립트 최신 문법을 사용하는 용도 외에도 다양하게 활용될 수 있다. 이를테면, 코드에서 주석을 제거하거나 코드를 압축하는 용도로 사용될 수 있다. 리액트에서는 JSX 문법을 사용하기 위해 바벨을 사용한다. 바벨이 JSX 문법으로 작성된 코드를 createElement 함수를 호출하는 코드로 변환해 준다.

우리는 지금까지 외부 패키지 없이 리액트 웹사이트를 만들었다. 여기서는 최초의 외부 패키지로 바벨을 추가해 보려고 한다. 현재까지의 코드는 너무 단순하므로 그 전에 몇 가지 컴포넌트를 먼저 추가해 보겠다.

화면에 count 상탯값을 보여 주고 증가, 감소 버튼을 통해서 count 상탯값을 변경하는 코드를 작성해 보자. 먼저 simple1.html, simple1.js 파일을 복사해서 simple3.html, simple3.js 파일을 만들고, simple3.html에 있는 simple1.js 문자열을 simple3.js로 변경하자. 그리고 simple3.js 파일에 Container 컴포넌트를 추가해 보자.

코드 1-6 **simple3.js**

```
function LikeButton() {
  // 기존 코드와 같음
}
function Container() {
  const [count, setCount] = React.useState(0);
  return React.createElement(
    'div',
    null,                                          ❶
    React.createElement(LikeButton),
    React.createElement(
```

```
      'div',
      { style: { marginTop: 20 } },
      React.createElement('span', null, '현재 카운트: '),
      React.createElement('span', null, count),
      React.createElement(
        'button',
        { onClick: () => setCount(count + 1) },
        '증가',
      ),
      React.createElement(
        'button',
        { onClick: () => setCount(count - 1) },
        '감소',
      ),
    ),
  );
}
const domContainer = document.querySelector('#react-root');
ReactDOM.render(React.createElement(Container), domContainer); ❷
```

❶ 단순한 기능인데도 UI 코드가 상당히 복잡하다. 바벨의 도움을 받아서 이 부분을 개선해 보자. ❷ 기존에 LikeButton이 들어 있던 코드가 Container로 변경됐다. 그 대신 LikeButton 컴포넌트는 Container 컴포넌트 내부에서 사용되고 있다.

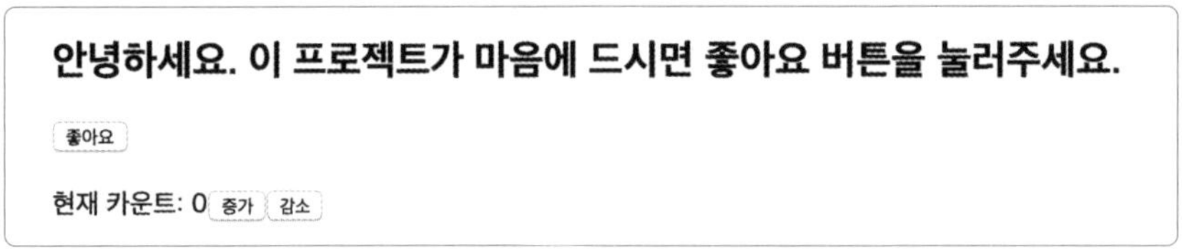

안녕하세요. 이 프로젝트가 마음에 드시면 좋아요 버튼을 눌러주세요.

좋아요

현재 카운트: 0 증가 감소

그림 1-3 simple3.html의 결과 화면

JSX 문법 사용해 보기

Container 컴포넌트 코드는 JSX 문법을 사용하면 가독성이 좋아진다. 코드 1-6을 JSX 문법을 사용한 버전으로 작성해 보자. 우선 simple3.html 파일을 복사해서 simple4.html 파일을 만들자. simple4.html에 있는 simple3.js 문자열을 simple4.js로 변경하고, hello-world 폴더 밑에 src 폴더를 만든다. 그 다음 simple3.js 파일을 복사해서 src 폴더 밑에 simple4.js 파일을 만든다. 여기까지 따라 했다면 다음과 같은 구조가 된다.

```
hello-world
├── react.development.js
├── react.production.min.js
├── react-dom.development.js
├── react-dom.production.min.js
├── simple4.html
└── src
     └── simple4.js
```

이제 createElement 함수를 호출하는 코드를 JSX 문법으로 변경해 보자. simple4.js 파일에서 Container 컴포넌트를 다음과 같이 변경한다.

코드 1-7 **simple4.js**

```
function Container() {
  const [count, setCount] = React.useState(0);
  return (
    <div> ❶
      <LikeButton />
      <div style={{ marginTop: 20 }}>
        <span>현재 카운트: </span>
        <span>{count}</span>
        <button onClick={() => setCount(count + 1)}>증가</button>
        <button onClick={() => setCount(count - 1)}>감소</button>
      </div>
    </div>
  );
}
```

❶ createElement 함수를 사용하지 않고 JSX 문법을 사용했다.

> 💡 **JSX 문법 알아보기**
>
> JSX는 HTML에서 태그를 사용하는 방식과 유사하다. createElement 함수를 사용해서 작성하는 것보다는 JSX 문법을 사용하는 게 간결하고 가독성도 좋다. HTML 태그와의 가장 큰 차이는 속성값을 작성하는 방법에 있다.
>
> 코드 1-8 **JSX 문법 사용 예**
>
> ```
> <div className="box"> ❶
>   <Title text="hello world"  width={200} /> ❷
>   <button onClick={() => {}}>좋아요</button> ❸
>   <a href="/home" style={{ marginTop: '10px', color: 'red' }}> ❹
>     홈으로 이동
>   </a>
> </div>
> ```

❶ HTML에서 돔 요소에 CSS 클래스 이름을 부여할 때 class 키워드를 사용했다면, JSX 에서는 className 키워드를 사용한다. 이는 class라는 이름이 자바스크립트의 class 키워드와 같기 때문이다.

❷ Title은 리액트 컴포넌트다. JSX에서는 돔 요소와 리액트 컴포넌트를 같이 사용할 수 있다. Title 컴포넌트는 text, width라는 두 개의 속성값을 입력받는다. width처럼 문자열 리터럴이 아닌 속성값은 중괄호를 사용해서 입력한다. Title 컴포넌트는 두 개의 속성값을 이용해서 어떤 돔 요소로 치환될지 결정한다.

❸ 이벤트 처리 함수는 브라우저마다 다르게 동작할 수 있기 때문에 리액트와 같은 라이 브러리를 사용하지 않을 때는 주의해야 한다. 다행히 리액트에서는 이벤트 처리 함수를 호출할 때 브라우저에 상관없이 통일된 이벤트 객체(SyntheticEvent)를 전달해 준다.

❹ HTML에서 돔 요소에 직접 스타일을 적용하는 것과 같이 JSX에서도 스타일을 적용할 수 있다. 다만 자바스크립트에서는 속성 이름에 대시(-)로 연결되는 이름을 사용하기 힘 들기 때문에 카멜 케이스(camel case)를 이용한다.

JSX 문법을 바벨로 컴파일하기

JSX 문법은 자바스크립트 표준이 아니기 때문에 simple4.js 파일을 그대로 실행하면 에러가 발생한다. 바벨을 이용해서 JSX 문법으로 작성된 simple4.js 파일을 createElement 함수로 작성된 파일로 변환해 보자. 파일을 변환하기 위해서는 먼저 다음 패키지를 설치해야 한다.

```
npm install @babel/core @babel/cli @babel/preset-react
```

@babel/cli에는 커맨드 라인에서 바벨을 실행할 수 있는 바이너리 파일이 들어 있다. @babel/preset-react에는 JSX로 작성된 코드를 createElement 함수를 이용한 코드로 변환해 주는 바벨 플러그인이 들어 있다.

> 📦 **바벨 플러그인과 프리셋**
>
> 바벨은 자바스크립트 파일을 입력으로 받아서 또 다른 자바스크립트 파일을 출력으로 준다. 이렇게 자바스크립트 파일을 변환해 주는 작업은 플러그인(plugin) 단위로 이루어진다. 두 번의 변환이 필요하다면 두 개의 플러그인을 사용한다. 하나의 목적을 위해 여러 개의 플러그인이 필요할 수 있는데, 이러한 플러그인의 집합을 프리셋(preset)이라고 한다. 예를 들어, 바벨에서는 자바스크립트 코드를 압축하는 플러그인을 모아 놓은 babel-

> preset-minify 프리셋을 제공한다. @babel/preset-react는 리액트 애플리케이션을 만
> 들 때 필요한 플러그인을 모아 놓은 프리셋이다.

설치된 패키지를 이용해서 자바스크립트 파일을 변환해 보자.

```
npx babel --watch src --out-dir . --presets @babel/preset-react
```

npx 명령어는 외부 패키지에 포함된 실행 파일을 실행할 때 사용된다. 외부 패
키지의 실행 파일은 ./node_modules/.bin/ 밑에 저장된다. 따라서 npx babel은
./node_modules/.bin/babel을 입력하는 것과 비슷하다. 오래된 npm 버전에서
는 npx 명령어가 동작하지 않으므로, 최신 버전의 npm을 설치하거나 ./node_
modules/.bin/babel을 입력하자.

위 명령어를 실행하면 src 폴더에 있는 모든 자바스크립트 파일을 @babel/
preset-react 프리셋을 이용해서 변환 후 현재 폴더에 같은 이름의 자바스크립트
파일을 생성한다. watch 모드로 실행했기 때문에 src 폴더의 자바스크립트 파일
을 수정할 때마다 자동으로 변환 후 저장한다. 바벨로 변환 후 simple4.html을
실행해 보면 simple3.html과 같은 결과 화면을 볼 수 있다. 바벨에 대한 자세한
설명은 7장에서 다룬다.

1.2.3 웹팩의 기본 개념 이해하기

웹팩(webpack)은 자바스크립트로 만든 프로그램을 배포하기 좋은 형태로 묶어
주는 도구이다. 여기서 말하는 배포하기 좋은 형태란 무엇인지, 웹팩을 사용하
지 않고 배포할 때는 어떤 어려운 점이 있는지 알아보자.

2000년대 초반의 웹 페이지는 페이지가 전환될 때마다 새로운 HTML 파일을
요청해서 화면을 새로 그렸다. 그 당시 자바스크립트는 돔을 조작하는 간단한
역할만 했기 때문에 코드의 양이 많지 않았다. 한두 개의 자바스크립트 파일을
HTML의 script 태그를 이용해서 서비스하는 방식이면 충분했다. Ajax가 유행
했을 때는 자바스크립트의 비중이 조금 더 커졌지만 많아 봐야 페이지당 자바스
크립트 파일 열 개 정도 수준이었다.

그런데 웹사이트 제작 방식이 단일 페이지 애플리케이션(single page application)으로 전환되면서 상황은 달라졌다. 한 페이지에도 자바스크립트 파일이 수십 또는 수백 개 필요했기 때문에 더는 기존 방식이 통하지 않았다.

코드 1-9 전통적인 방식으로 개발된 웹사이트의 HTML 코드

```html
<html>
    <head>
        <script type="text/javascript" src="javascript_file_1.js"></script>
        <script type="text/javascript" src="javascript_file_2.js"></script>
        <!-- ... -->
        <script type="text/javascript" src="javascript_file_999.js"></script>
    </head>
    <!-- ... -->
</html>
```

코드 1-9와 같은 방식으로는 계속 늘어나는 자바스크립트 파일을 관리하기가 힘들다. 파일 간의 의존성 때문에 선언되는 순서를 신경 써야 하기 때문이다. 그리고 뒤에 선언된 자바스크립트 파일이 앞에 선언된 파일에서 생성한 전역 변수를 덮어쓰는 위험도 존재한다.

자바스크립트의 모듈 시스템

C++나 Java에서는 include, import 키워드를 이용해서 한 파일에서 다른 파일의 코드를 가져다 사용할 수 있다. 하나의 파일이 하나의 모듈이 되고 사용하는 쪽에서는 여러 모듈을 가져다 쓸 수 있다. 이때 모듈 측에서는 필요한 부분만 내보내는 방법이 필요하고, 사용하는 측에서는 필요한 것만 가져다 쓸 방법이 필요하다. 이렇게 내보내고 가져다 쓸 수 있도록 구현된 시스템이 모듈 시스템이다.

자바스크립트에는 ES6부터 모듈 시스템이 언어 차원에서 지원된다. 현재 모든 최신 브라우저에서는 ES6의 모듈 시스템을 지원한다. 하지만 예전 버전의 브라우저에서는 모듈 시스템을 사용할 수 없다. 또한 상당히 많은 수의 오픈 소스가 ES6 모듈로 작성되지 않았다는 것도 큰 걸림돌이다.

ES6가 나오기 이전부터 자바스크립트의 모듈 시스템을 요구하는 개발자가 많았다. 그래서 등장한 대표적인 자바스크립트 모듈 시스템이 commonJS이다. node.js가 commonJS 표준을 따르면서 commonJS가 널리 퍼지기 시작했다. 현재 많은 수의 오픈 소스가 commonJS 모듈 시스템으로 구현되어 있다.

웹팩은 ESM(ES6의 모듈 시스템)과 commonJS를 모두 지원한다. 이들 모듈 시스템을 이용해서 코드를 작성하고 웹팩을 실행하면 예전 버전의 브라우저에서도 동작하는 자바스크립트 코드를 만들 수 있다. 웹팩을 실행하면 보통은 하나의

자바스크립트 파일이 만들어지는데, 원한다면 여러 개의 파일로 분할할 수도 있다. 우리가 할 일은 웹팩이 만들어 준 자바스크립트 파일을 HTML의 script 태그에 포함시키는 것이다.

📦 ESM 문법 익히기

ESM 문법을 익히기 위해 모듈을 내보내고 가져오는 코드를 작성해 보자. 다음 코드는 세 파일의 내용을 보여 준다. file1.js 파일은 코드를 내보내는 쪽이고 file2.js, file3.js 파일은 코드를 사용하는 쪽이다.

코드 1-10 ESM 예제 코드

```
// file1.js 파일
export default function func1() {} ❶
export function func2() {}
export const variable1 = 123;        ❷
export let variable2 = 'hello';

// file2.js 파일
import myFunc1, { func2, variable1, variable2 } from './file1.js'; ❸

// file3.js 파일
import { func2 as myFunc2 } from './file1.js'; ❹
```

❶❷ 코드를 내보낼 때는 export 키워드를 사용한다. ❸ 코드를 사용하는 쪽에서는 import, from 키워드를 사용한다. ❶ default 키워드는 한 파일에서 한 번만 사용할 수 있다. ❸ default 키워드로 내보내진 코드는 괄호 없이 가져올 수 있고, 이름은 원하는 대로 정할 수 있다. ❶번 코드에서 내보낸 func1 함수는 ❸번 코드에서 myFunc1이라는 이름으로 가져왔다. ❸ default 키워드 없이 내보내진 코드는 괄호를 사용해서 가져온다. 가져올 때는 내보낼 때 사용된 이름 그대로 가져와야 한다. ❹ 원한다면 as 키워드를 이용해서 이름을 변경해서 사용할 수 있다.

1.2.4 웹팩 사용해 보기

웹팩을 사용해서 리액트의 두 파일을 자바스크립트의 모듈 시스템으로 포함시켜 보자. webpack-test라는 폴더를 만들고 그 폴더에서 다음 명령어를 실행한다.

```
npm init -y
```

명령어를 실행하면 package.json 파일이 만들어진다. simple1.html 파일을 복
사해서 webpack-test 폴더 밑에 index.html 파일을 만들고, index.html에 있
는 `simple1.js` 문자열을 `dist/main.js`로 변경하자. 그 다음 react.development.
js, react-dom.development.js 파일을 포함하고 있는 `script` 태그를 지운다. 이
두 리액트 파일은 모듈 시스템을 이용해서 main.js 파일에 포함될 예정이다.
webpack-test 폴더 밑에 src 폴더를 만들자. src 폴더 밑에 내용이 없는 index.js,
Button.js 파일을 만든다. 여기까지 잘 따라 했다면 파일 구조는 다음과 같을 것
이다.

```
webpack-test
├── package.json
├── index.html
└── src
    ├── index.js
    └── Button.js
```

이제 필요한 외부 패키지를 설치해 보자.

```
npm install webpack webpack-cli react react-dom
```

웹팩과 함께 리액트 패키지도 설치했다. react 패키지에는 우리가 위에서 내려
받았던 react.production.min.js, react.development.js 파일이 포함되어 있다.
마찬가지로 react-dom 패키지에는 react-dom.production.min.js, react-dom.
development.js 파일이 포함되어 있다. 이전에는 url을 직접 입력해서 각각의 파
일을 내려받았지만, 이제는 모듈 시스템과 npm 덕분에 외부 패키지를 프로젝트
에 쉽게 포함할 수 있게 되었다.

ESM 문법을 이용해서 다른 모듈을 가져오는 코드를 작성해 보자. 먼저 index.
js 파일에 다음 내용을 입력한다.

코드 1-11 **index.js**

```
import React from 'react';
import ReactDOM from 'react-dom';      ❶
import Button from './Button.js';

function Container() {
```

```
  return React.createElement(
    'div',
    null,
    React.createElement('p', null, '버튼을 클릭해 주세요.'),
    React.createElement(Button, { label: '좋아요' }),
    React.createElement(Button, { label: '싫어요' }),
  );
}
const domContainer = document.querySelector('#react-root');
ReactDOM.render(React.createElement(Container), domContainer);
```

❶ ESM 문법을 이용해서 필요한 모듈을 가져오고 있다.

> 📦 **클래스형 컴포넌트와 함수형 컴포넌트**
>
> 리액트 컴포넌트는 클래스형 컴포넌트 또는 함수형 컴포넌트로 작성될 수 있다. 둘 사이에는 분명한 차이점이 있기 때문에 각각의 장단점을 잘 이해하고 사용하는 게 좋다. 기능적인 측면에서 보면 클래스형 컴포넌트는 함수형 컴포넌트가 할 수 있는 모든 일을 할 수 있다. 리액트 16.8 이전 버전의 함수형 컴포넌트가 할 수 없는 일은 다음과 같다.
>
> • 상탯값을 가질 수 없다.
> • 리액트 컴포넌트의 생명 주기 함수를 작성할 수 없다.
>
> 리액트 버전 16.8부터 훅(hook)이라는 기능이 추가되면서 함수형 컴포넌트에서도 상탯값과 생명 주기 함수 코드를 작성할 수 있게 되었다. 새로운 프로젝트를 만든다면 되도록 클래스형 컴포넌트를 지양하고 훅과 함께 함수형 컴포넌트를 작성하는 게 좋다. 기존 프로젝트를 관리하고 있다면 클래스형 컴포넌트의 생명 주기 메서드를 잘 이해하고 있어야 한다. 페이스북 내부에도 클래스형 컴포넌트로 작성된 코드가 상당히 많기 때문에 리액트에서 클래스형 컴포넌트를 오랫동안 지원할 것으로 보인다.

Button.js 파일에는 Button 컴포넌트를 작성하고, ESM 문법을 이용해서 필요한 모듈을 가져오고 Button 컴포넌트를 내보내도록 하자.

코드 1-12 **Button.js**

```
import React from 'react';

export default function Button(props) {
```
❶

```
    return React.createElement('button', null, props.label);
}
```

❶ react 모듈을 가져오고 Button 컴포넌트를 내보내기 위해 ESM 문법을 사용했다.

이제 웹팩을 이용해서 두 개의 자바스크립트 파일을 하나의 파일로 합쳐 보자.

```
npx webpack
```

위 명령어를 실행하면 dist 폴더 밑에 main.js 파일이 생성된다. 이제 index.html 파일을 브라우저에서 실행해 보자. 화면에 두 개의 버튼이 보인다면 성공이다.

웹팩에는 이 외에도 다양한 기능이 있다. 자바스크립트 파일 압축, CSS 전처리 등 유용한 기능이 많다. 웹팩에 대한 자세한 설명은 7장에서 살펴보기로 한다.

1.3 create-react-app으로 시작하기

create-react-app은 리액트로 웹 애플리케이션을 만들기 위한 환경을 제공한다. 만약 리액트 네이티브에만 관심 있고 웹 애플리케이션 제작에 관심이 없다면 이 절은 건너뛰어도 좋다. 대신 리액트 네이티브의 개발 환경을 자동으로 구축해 주는 expo를 이용하기 바란다.

앞에서 다룬 바벨과 웹팩도 create-react-app에 포함되어 있다. 그 밖에 테스트 시스템, HMR(hot-module-replacement), ES6+ 문법, CSS 후처리 등 거의 필수라고 할 수 있는 개발 환경도 구축해 준다. 이러한 개발 환경을 직접 구축할 경우 시간이 오래 걸릴 뿐 아니라 유지 보수도 해야 한다. create-react-app를 이용하면 기존 기능을 개선하거나 새로운 기능을 추가했을 때 패키지 버전만 올리면 된다.

또 다른 장점은 어떤 문제를 해결하기 위한 선택지가 여러 개일 때 create-react-app에서 가장 합리적인 선택을 해 준다는 점이다. 현재 자바스크립트 생태계는 춘추전국 시대라 할 만하다. 지금 이 순간에도 새로운 패키지가 엄청나게 쏟아져 나온다. 기존에 가장 좋은 방법이라 여겨졌던 것이 새로운 방법으로 대체되는 경우도 있다. 그만큼 우리에게는 하나의 문제를 해결하기 위한 다양한 선택지가 있고, 이들 가운데 하나를 선택해야 하는 상황을 자주 맞닥뜨리게 된다. 여러 선택지 가운데 하나를 고르기 위해서는 각각의 장단점을 공부해야 하므로 시간이 많이 든다. create-react-app을 사용하면 이 시간을 좀 더 아낄 수 있다.

1.3.1 create-react-app 사용해 보기

다음 명령어를 입력하면 create-react-app을 이용한 개발 환경이 설치된다.

```
npx create-react-app cra-test
```

create-react-app 패키지가 설치되어 있지 않더라도 npx가 자동으로 가져와서 실행한다. 만약 npm 버전이 낮아서 실행이 안 된다면 다음과 같이 입력한다.

```
npm install -g create-react-app
create-react-app cra-test
```

실행 후에는 cra-test 폴더가 생성되고 그 안에 몇 개의 폴더와 파일이 들어 있다. 거두절미하고 웹 페이지를 띄워 보자.

```
cd cra-test
npm start
```

빌드가 끝나면 자동으로 브라우저에서 새 탭이 열리고 렌더링된 페이지를 볼 수 있다. 이렇게 자동으로 브라우저를 띄워 주는 소소한 기능이 create-react-app의 매력 포인트 중 하나다.

이 상태로 App.js 파일에서 Learn React 부분을 다른 텍스트로 수정해 보자. 브라우저의 화면이 자동으로 업데이트되는 것을 확인할 수 있다. 이번에는 App.css 파일에서 .App-link의 색상을 red로 변경해 보자. 마찬가지로 변경된 색상을 바로 확인할 수 있다. 이는 HMR이라는 이름의 기능 덕분인데, npm start 실행 시 create-react-app이 로컬 서버를 띄워 주기 때문에 가능한 일이다. 참고로 npm start는 개발 모드에서 동작하므로 배포할 때 사용하면 안 된다.

create-react-app에서 자동으로 생성한 파일을 살펴보자. 다음은 자동으로 생성된 cra-test 폴더의 내부 구조이다.

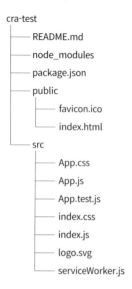

```
cra-test
├── README.md
├── node_modules
├── package.json
├── public
│       ├── favicon.ico
│       └── index.html
└── src
        ├── App.css
        ├── App.js
        ├── App.test.js
        ├── index.css
        ├── index.js
        ├── logo.svg
        └── serviceWorker.js
```

index.html, index.js 파일은 빌드 시 예약된 파일 이름이므로 지우면 안 된다. index.html, index.js, package.json 파일을 제외한 나머지 파일은 데모 앱을 위한 파일이기 때문에 마음대로 수정하거나 삭제해도 괜찮다. index.js로부터 연결된 모든 자바스크립트 파일과 CSS 파일은 src 폴더 밑에 있어야 한다. src 폴더 바깥에 있는 파일을 import 키워드를 이용해서 가져오려고 하면 실패한다.

index.html에서 참조하는 파일은 public 폴더 밑에 있어야 한다. public 폴더 밑에 있는 자바스크립트 파일이나 CSS 파일을 link나 script 태그를 이용해서 index.html에 포함시킬 수 있다. 하지만 특별한 이유가 없다면 index.html에 직접 연결하는 것보다는 src 폴더 밑에서 import 키워드를 사용해서 포함시키는 게 좋다. 그래야 자바스크립트 파일이나 CSS 파일의 경우 빌드 시 자동으로 압축된다.

이미지 파일이나 폰트 파일도 마찬가지로 src 폴더 밑에서 import 키워드를 사용해서 포함시키는 게 좋다. 웹팩에서 해시값을 이용해서 url을 생성해 주기 때문에 파일의 내용이 변경되지 않으면 브라우저 캐싱 효과를 볼 수 있다.

파일을 참조하는 경우 외에도 index.html의 내용을 직접 수정해도 괜찮다. 대표적으로 title 태그에서 제목을 직접 입력하는 경우를 예로 들 수 있다. 그런데 제목을 페이지별로 다르게 줘야 한다면 문제가 될 수 있다. 만약 사내에서만 쓰는 웹사이트라면 react-helmet과 같은 패키지를 사용하면 된다. 반대로 일반 사용자를 대상으로 하는 웹사이트라서 검색 엔진 최적화를 해야 한다면 문제는 복잡해진다. 검색 엔진 최적화가 중요하다면 create-react-app보다는 서버사이드 렌더링에 특화된 넥스트(next.js)를 사용하는 게 좋다. 넥스트에 대한 자세한 설명은 8장에서 살펴본다.

serviceWorker.js 파일에는 PWA(progressive web app)와 관련된 코드가 들어 있다. PWA는 오프라인에서도 잘 동작하는 웹 애플리케이션을 만들기 위한 기술이다. create-react-app으로 프로젝트를 생성하면 PWA 기능은 기본적으로 꺼져 있는 상태다. PWA 기능을 원한다면 index.js 파일에 `serviceWorker.register();` 코드를 넣으면 된다.

1.3.2 주요 명령어 알아보기

package.json 파일을 열어 보면 네 가지 npm 스크립트 명령어를 확인할 수 있다. 자주 사용되는 명령어이므로 하나씩 살펴보자.

개발 모드로 실행하기

`npm start`는 개발 모드로 프로그램을 실행하는 명령어이다. 개발 모드로 실행하면 HMR이 동작하기 때문에 코드를 수정하면 화면에 즉시 반영된다. HMR이 없다면 코드를 수정하고 브라우저에서 수동으로 새로고침을 해야 하므로 번거롭다. 개발 모드에서 코드에 에러가 있을 때는 브라우저에 에러 메시지가 출력된다.

```
Failed to compile

./src/App.js
  Line 7:  'b' is not defined  no-undef

Search for the keywords to learn more about each error.

This error occurred during the build time and cannot be dismissed.
```

그림 1-4 개발 모드에서 발생한 에러는 브라우저 화면에 출력된다

에러 메시지가 출력된 영역을 클릭하면 에러가 발생한 파일이 에디터에서 열린다. 이는 create-react-app의 섬세함을 느낄 수 있는 기능이다.

때에 따라 API 호출을 위해서 https로 실행해야 할 수도 있다. https 환경을 직접 구축하기란 여간 귀찮은 일이 아닌데, 고맙게도 create-react-app에서는 https로 실행하는 옵션을 제공한다.

- 맥: HTTPS=true npm start
- 윈도우: set HTTPS=true && npm start

이 명령어를 실행하면 자체 서명된 인증서(self-signed certificate)와 함께 https 사이트로 접속한다. 자체 서명된 인증서이기 때문에 안전하지 않다는 경고 문구가 뜨지만 무시하고 진행하면 된다.

빌드하기

npm run build 명령어는 배포 환경에서 사용할 파일을 만들어 준다. 빌드 후 생성된 자바스크립트 파일과 CSS 파일을 열어 보면 사람이 읽기 힘든 형식으로 압축된 것을 확인할 수 있다. 이렇게 생성된 정적 파일을 웹 서버를 통해서 사용자가 내려받을 수 있게 하면 된다. 로컬에서 웹 서버를 띄워서 확인해 보자.

```
npx serve -s build
```

serve 패키지는 노드(node.js) 환경에서 동작하는 웹 서버 애플리케이션이다. 정적 파일을 서비스할 때 간단하게 사용하기 좋다.

build/static 폴더 밑에 생성된 파일의 이름에 해시값이 포함되어 있다. 파일의 내용이 변경되지 않으면 해시값은 항상 같다. 새로 빌드를 하더라도 변경되지 않은 파일은 브라우저에 캐싱되어 있는 파일이 사용된다. 따라서 재방문의 경우 빠르게 페이지가 렌더링되는 효과를 볼 수 있다.

자바스크립트 파일에서 import 키워드를 이용해서 가져온 CSS 파일은 다음 경로에 저장된다.

```
build/static/css/main.{해시값}.chunk.css
```

여러 개의 CSS 파일을 임포트하더라도 모두 앞의 파일에 저장된다. 자바스크립트 파일에서 import 키워드를 이용해서 가져온 폰트, 이미지 등의 리소스 파일은 build/static/media 폴더 밑에 저장된다. 이미지 파일의 크기가 10킬로바이트보다 작은 경우에는 별도의 파일로 생성되지 않고 *data url* 형식으로 자바스크립트 파일에 포함된다. 파일의 크기가 작다면 한 번의 요청으로 처리하는 게 효율적이기 때문이다.

이미지 파일의 크기가 10킬로바이트보다 작은 파일(small.jpeg)과 큰 파일

(big.jpeg)을 하나씩 준비해서 src 폴더 밑에 저장해 보자. 그리고 App.js 파일에 서 두 개의 이미지 파일을 불러오는 코드를 작성해 보자.

코드 1-13 **App.js**

```
// ...
import smallImage from './small.jpeg';      ❶
import bigImage from './big.jpeg';

function App() {
  return (
    <div className="App">
      <img src={bigImage} alt="big" />       ❷
      <img src={smallImage} alt="small" />
// ...
```

❶ 일반적인 자바스크립트 모듈처럼 이미지 파일을 자바스크립트로 가져왔다.
❷ bigImage, smallImage 변수는 해당 이미지의 경로를 나타내는 문자열이다.

지금까지 작업한 내용을 빌드해 보자. media 폴더에는 big.{해시값}.jpeg 파일 이 생성된다. 그러나 small.{해시값}.jpeg 파일은 생성되지 않는다. small.jpeg 파일의 내용은 어디에 있을까? main.{해시값}.js 파일에서 data:image를 키워드로 검색해 보면 이미지 파일이 문자열 형태로 자바스크립트 파일에 포함되어 있다는 사실을 확인할 수 있다.

테스트 코드 실행하기

npm test를 입력하면 테스트 코드가 실행된다. create-react-app에는 제스트 (jest)라는 테스트 프레임워크를 기반으로 테스트 시스템이 구축되어 있다. create-react-app으로 프로젝트를 생성하면 App.test.js 파일이 생성된다. create-react-app에서는 자바스크립트 파일이 다음 조건을 만족하면 테스트 파일로 인식한다.

- __tests__ 폴더 밑에 있는 모든 자바스크립트 파일
- 파일 이름이 .test.js로 끝나는 파일
- 파일 이름이 .spec.js로 끝나는 파일

util.js 파일을 생성해서 간단한 함수를 작성해 보자.

코드 1-14 **util.js**

```
export function addNumber(a, b) {
  return a; ❶
}
```

❶ 코드에 버그가 있기 때문에 테스트 코드를 작성하면 실패할 것이다.

이번에는 util.test.js 파일을 생성해서 addNumber 함수를 테스트하는 코드를 작성해 보자.

코드 1-15 **util.test.js**

```
import { addNumber } from './util';

it('add two numbers', () => { ❶
  const result = addNumber(1, 2);
  expect(result).toBe(3); ❷
});
```

❶❷ it, expect는 제스트에서 테스트 코드를 작성할 때 사용되는 함수이다.

제스트를 실행해서 테스트 결과를 확인해 보자.

```
npm test
```

App.test.js 파일은 성공하고 util.test.js 파일은 실패한다. util.js 파일의 버그를 수정해서 저장해 보자. 테스트 프로그램이 watch 모드로 동작하고 있기 때문에 util.test.js 테스트가 성공하는 것을 바로 확인할 수 있다.

CI(continuous integration)와 같이 watch 모드가 필요 없는 환경에서는 다음 명령어로 테스트 코드를 실행한다.

- 맥: `CI=true npm test`
- 윈도우: `set "CI=true" && npm test`

설정 파일 추출하기

`npm run eject`를 실행하면 숨겨져 있던 create-react-app의 내부 설정 파일이 밖으로 노출된다. 이 기능을 사용하면 바벨이나 웹팩의 설정을 변경할 수 있다. 이 기능의 단점은 create-react-app에서 개선하거나 추가된 기능이 단순히 패키지 버전을 올리는 식으로 적용되지 않는다는 점이다. 이 기능은 리액트 툴체인에

익숙한 사람이 아니라면 추천하지 않는다. npm run eject 외에도 create-react-app의 설정을 변경할 방법이 있다.

- 방법 1: react-scripts 프로젝트를 포크(fork)해서 나만의 스크립트를 만든다.
- 방법 2: react-app-rewired 패키지를 사용한다.

방법 1은 자유도가 높기 때문에 원하는 부분을 얼마든지 수정할 수 있다. 이렇게 수정된 내용을 여러 프로젝트에서 공통으로 사용할 수 있다는 장점도 있다. 방법 2는 자유도는 낮지만 비교적 쉽게 설정을 변경할 수 있다는 장점이 있다. 하지만 두 가지 방법 모두 create-react-app의 이후 버전에 변경된 내용을 쉽게 적용할 수 없다는 단점이 있다.

1.3.3 자바스크립트 지원 범위

create-react-app에서는 ES6의 모든 기능을 지원한다. ES6 이후에 추가되거나 제안된 기능 중에서 create-react-app(v3.2.0)에서 지원하는 기능은 다음과 같다.

- 지수 연산자(exponentiation operator)
- async await 함수
- 나머지 연산자(rest operator), 전개 연산자(spread operator)
- 동적 임포트(dynamic import)
- 클래스 필드(class field)
- JSX 문법
- 타입스크립트(typescript), 플로(flow) 타입 시스템

create-react-app에서는 타입스크립트와 플로 타입 시스템을 지원한다. 필자는 정적 타입을 사용할 것을 추천한다. 자바스크립트에서 정적 타입 시스템을 적용할 수 있는 방법은 여러 가지가 있지만, 현재로서는 타입스크립트가 가장 괜찮은 선택이라고 생각한다. 타입스크립트에 대한 자세한 내용은 9장에서 살펴본다.

create-react-app의 기본 설정에서는 아무런 폴리필(polyfill)도 포함되지 않는다. ES6+에서 추가된 객체나 함수를 사용하고 싶다면 직접 폴리필을 넣도록 하자. ES8에 추가된 String.padStart 함수를 사용하고 싶다고 가정해 보자. core-js

패키지를 사용하면 다양한 폴리필을 선택적으로 사용할 수 있다. 우선 core-js 패키지를 설치해 보자.

```
npm install core-js
```

그리고 다음과 같이 작성하면 폴리필이 추가된다.

코드 1-19 core-js 패키지를 이용한 폴리필

```
// index.js
import 'core-js/features/string/pad-start'; ❶

// someFile.js
const value = '123'.padStart(5, '0'); // '00123'
```

❶ index.js 파일에서 한 번만 가져오면 모든 곳에서 자유롭게 사용할 수 있다.

바벨에서도 @babel/polyfill 혹은 @babel/preset-env 프리셋을 이용하면 폴리필을 추가할 수 있다. @babel/polyfill은 사용하지 않는 기능의 폴리필까지 모두 포함되기 때문에 번들(bundle) 크기가 커지는 단점이 있다. @babel/preset-env 프리셋을 이용하면 필요한 폴리필만 추가할 수 있지만 동적 타입 언어의 한계 때문에 core-js로 직접 추가하는 것보다는 몇 가지 불필요한 폴리필이 포함되는 단점이 있다. 바벨을 이용해서 폴리필을 추가하는 방법은 7장에서 살펴본다.

> **📦 폴리필**
>
> 새로운 자바스크립트 표준이 나와도 대다수 사용자의 브라우저에서 지원하지 않으면 사용할 수 없다. 언어 표준에는 새로운 문법도 추가되고 새로운 객체나 함수도 추가된다. 새로운 문법은 대부분의 브라우저에서 지원하지 않더라도 바벨을 이용하면 어느 정도 사용이 가능하다. 바벨을 사용하면 빌드 시점에 코드가 변환된다.
>
> 새로운 객체나 함수는 성격이 조금 다르다. 물론 새로운 객체나 함수로 작성한 코드도 빌드 시점에 변환할 수 있다. 하지만 이들은 실행 시점에 주입할 수 있다는 장점이 있다. 따라서 실행 시점에 주입하고자 하는 객체나 함수가 현재 환경에 존재하는지 검사해서 존재하지 않는 경우에만 주입하는 게 좋다. 이렇게 기능이 존재하는지 검사해서 그 기능이 없을 때만 주입하는 것을 폴리필이라고 한다.

1.3.4 코드 분할하기

코드 분할(code splitting)을 이용하면 사용자에게 필요한 양의 코드만 내려 줄 수 있다. 코드 분할을 사용하지 않으면 전체 코드를 한 번에 내려 주기 때문에 첫 페이지가 뜨는 시간이 오래 걸린다. 코드를 분할하는 한 가지 방법은 이전에 언급했던 동적 임포트를 이용하는 것이다.

코드 분할을 이해하기 위해 간단하게 할 일 목록을 만들어 보자. src 폴더 밑에 Todo.js 파일을 생성해서 다음 내용을 입력해 보자.

코드 1-20 **Todo.js**

```
import React from 'react';

export function Todo({ title }) {
  return <div>{title}</div>;
}
```

TodoList.js 파일을 생성해서 Todo 컴포넌트를 이용하는 TodoList 컴포넌트 코드를 입력해 보자.

코드 1-21 **TodoList.js**

```
import React, { useState } from 'react';

export default function TodoList() {
  const [todos, setTodos] = useState([]); ❶
  const onClick = () => { ❷
    import('./Todo.js').then(({ Todo }) => { ❸
      const position = todos.length + 1;
      const newTodo = <Todo key={position} title={`할 일 ${position}`} />; ❹
      setTodos([...todos, newTodo]);
    });
  };
  return (
    <div>
      <button onClick={onClick}>할 일 추가</button>
      {todos} ❺
    </div>
  );
}
```

❶ 할 일 목록을 관리할 상탯값을 정의했다. ❷ 할 일 추가 버튼을 클릭하면 호출되는 이벤트 처리 함수다. ❸ onClick 함수가 호출되면 비동기로 Todo 모듈을 가

져온다. 동적 임포트는 프로미스를 반환하기 때문에 then 메서드를 이용해서 이후 동작을 정의할 수 있다. ❹ 비동기로 가져온 Todo 컴포넌트를 이용해서 새로운 할 일을 만든다. ❺ 상탯값에 저장된 할 일 목록을 모두 출력한다.

이제 App.js 파일에서 TodoList 컴포넌트를 사용해 보자.

코드 1-22 App.js 파일에서 TodoList 컴포넌트 사용하기

```
// ...
import TodoList from './TodoList';

function App() {
  return (
    <div className="App">
      <TodoList />
      // ...
```

지금까지 작성한 코드를 실행해 보자.

```
npm start
```

Todo.js 파일이 비동기로 전송되는지 확인하기 위해 브라우저의 개발자 모드를 켜고 네트워크 탭을 열어 본다. **할 일 추가** 버튼을 1회 클릭하면 {숫자}.chunk.js 파일을 받아 오는 것을 확인할 수 있다. 화면에는 할 일 목록이 하나 추가된다. 이후 버튼을 클릭하면 더 이상 파일을 받아 오지 않고 할 일 목록은 계속해서 추가된다.

빌드 명령어를 실행해서 생성되는 파일을 확인해 보자.

```
npm run build
```

build/static/js 폴더 밑에 {숫자}.{해시값}.chunk.js 파일이 추가된 것을 확인할 수 있다. {숫자}.{해시값}.chunk.js 파일에는 Todo.js 파일의 내용이 들어 있다. 배포 환경에서 브라우저 캐싱 효과를 보기 위해 파일 이름에 해시값이 추가됐다.

Todo.js 파일은 별도의 자바스크립트 파일로 분리되었고, 필요한 경우에만 내려받도록 구현됐다. 단일 페이지 애플리케이션을 만들기 위해 react-router-dom 패키지를 이용하는 경우에는 react-router-dom에서 지원하는 기능을 이용해서 페이지 단위로 코드 분할을 적용할 수 있다.

1.3.5 환경 변수 사용하기

create-react-app에서는 빌드 시점에 환경 변수를 코드로 전달할 수 있다. 환경 변수는 개발, 테스트, 배포 환경별로 다른 값을 적용할 때 유용하다. 전달된 환경 변수는 코드에서 process.env.{환경 변수 이름}으로 접근할 수 있다.

NODE_ENV 환경 변수 이용하기

create-react-app에서는 NODE_ENV 환경 변수를 기본으로 제공한다. NODE_ENV 환경 변수의 값은 다음과 같이 결정된다.

- npm start로 실행하면 development
- npm test로 실행하면 test
- npm run build로 실행하면 production

명령어별로 입력되는 환경 변수를 확인하기 위해 App.js 파일에 다음 코드를 입력해 보자.

코드 1-23 환경 변수 확인하기

```
// ...
console.log(`NODE_ENV = ${process.env.NODE_ENV}`);
// ...
```

npm start를 실행하면 development가 출력되는 것을 확인할 수 있다. 코드에서 process.env.{환경 변수 이름} 부분은 빌드 시점에 환경 변수값으로 대체된다. 따라서 npm run build를 실행 후 출력되는 자바스크립트 파일을 열어 보면 다음 코드를 확인할 수 있다.

```
console.log("NODE_ENV = ".concat("production"))
```

기타 환경 변수 이용하기

NODE_ENV 환경 변수 외에 다른 환경 변수는 REACT_APP_ 접두사를 붙여야 한다. 따라서 코드에서는 process.env.REACT_APP_ 형태로 접근할 수 있다.

환경 변수는 셸에서 입력하거나 .env 파일을 이용해 입력할 수 있다. 다음은 셸(Shell)에서 입력하는 방법이다.

- 맥: REACT_APP_API_URL=api.myapp.com npm start
- 윈도우: set "REACT_APP_API_URL=api.myapp.com" && npm start

환경 변수가 많아지면 .env 파일을 이용하는 게 좋다. cra-test 폴더 밑에 .env. development, .env.test, .env.production 세 파일을 만들어서 다음 내용을 입력해 보자.

코드 1-24 환경별로 관리하는 .env 파일

```
// .env.development 파일
REACT_APP_DATA_API=dev-api.myapp.com
REACT_APP_LOGIN_API=dev-auth.myapp.com

// .env.test 파일
REACT_APP_DATA_API=test-api.myapp.com
REACT_APP_LOGIN_API=test-auth.myapp.com

// .env.production 파일
REACT_APP_DATA_API=api.myapp.com
REACT_APP_LOGIN_API=auth.myapp.com
```

이제 환경 변수가 잘 들어가는지 확인하기 위해 App.js 파일을 다음과 같이 수정해 보자.

코드 1-25 환경별로 변수가 다르게 출력되는지 확인하기

```
// ...
console.log(`REACT_APP_DATA_API = ${process.env.REACT_APP_DATA_API}`);
console.log(`REACT_APP_LOGIN_API = ${process.env.REACT_APP_LOGIN_API}`);
// ...
```

npm start를 실행하면 .env.development 파일의 내용이 출력되는 것을 확인할 수 있다.

.env 파일에서 로컬 머신에 저장된 환경 변수를 이용할 수도 있다. 만약 npm 버전이 로컬 머신의 npm_version 환경 변수에 저장되어 있다면 다음과 같이 사용할 수 있다.

```
REACT_APP_NODE_VERSION=$npm_version
```

코드 1-24에서 생성한 세 가지 파일 외에도 다양한 종류의 .env 파일을 만들 수 있다. 자세한 내용은 create-react-app 공식 문서를 참고하기 바란다.

자바스크립트 파일 외에도 index.html 파일에서 다음과 같이 환경 변수를 사용할 수 있다.

```
<title>%REACT_APP_NODE_VERSION%</title>
```

autoprefixer

CSS에서 비교적 최신 기능을 사용하려면 벤더 접두사(vendor prefix)가 붙은 이름을 사용해야 한다. 벤더 접두사를 붙이는 것처럼 단순하고 반복적인 일은 컴퓨터가 잘한다. 다행히 create-react-app에서는 autoprefixer 패키지를 통해서 벤더 접두사가 자동으로 붙는다.

create-react-app에서 최신 CSS 기능을 사용했을 때 실제로 벤더 접두사가 자동으로 붙는지 확인해 보자. src 폴더 밑에 test.css 파일을 만들고 다음 내용을 입력한 후, App.js에서 test.css 파일을 가져오면 된다.

코드 1-26 스타일 코드를 작성 후 자바스크립트에서 가져오기

```
// test.css 파일의 내용
.prefix-example {
  writing-mode: horizontal-tb;
  scroll-snap-type: y mandatory;
}

// App.js 파일의 내용
import './test.css';
```

npm run build를 실행 후 build/static/css 폴더 밑에 생성되는 CSS 파일을 열어 보면 다음 결과를 확인할 수 있다.

코드 1-27 벤더 접두사가 추가된 결과 코드

```
.prefix-example {
  -webkit-writing-mode: horizontal-tb;
  -ms-writing-mode: lr-tb;
  writing-mode: horizontal-tb;
  -webkit-scroll-snap-type: y mandatory;
  -ms-scroll-snap-type: y mandatory;
  scroll-snap-type: y mandatory;
}
```

처음에 입력했던 CSS 속성 외에 다른 속성이 자동으로 추가된 것을 확인할 수 있다.

1.4 CSS 작성 방법 결정하기

웹 애플리케이션을 개발할 때 돔 요소에 스타일을 적용하기 위해서 CSS를 이용한다. CSS를 작성하는 전통적인 방법은 CSS를 별도의 파일로 작성하고 HTML의 link 태그를 이용해서 사용자에게 전달하는 것이다. 순수 CSS 문법은 코드를 재사용하기가 힘들기 때문에 Sass(syntactically awesome stylesheets)를 이용하기도 한다. Sass에는 변수와 믹스인(mixin) 개념이 있어서 중복 코드를 많이 줄일 수 있다.

리액트로 프로그래밍을 할 때는 컴포넌트를 중심으로 생각하는 게 좋다. UI는 컴포넌트의 조합으로 표현되며, 컴포넌트 하나를 잘 만들어서 여러 곳에 재사용하는 게 좋다. 그렇게 하기 위해서 각 컴포넌트는 서로 간의 의존성을 최소화하면서 내부적으로는 응집도(cohesion)를 높여야 한다.

컴포넌트는 화면에 보이는 한 부분이므로 당연히 CSS 코드가 필요하다. 응집도가 높은 컴포넌트를 작성하기 위해 CSS 코드도 컴포넌트 내부에서 관리하는 게 좋다. 컴포넌트 내부에서 CSS 코드를 관리하는 방법으로 css-module, css-in-js를 알아보자.

css-module 또는 css-in-js로 CSS 코드를 작성하면 좋겠지만 현실은 녹록지 않다. 회사에 CSS 코드를 담당하는 팀이 별도로 존재한다면 css-module, css-in-js는 그림의 떡이라고 할 수 있다. 그런 경우를 위해 일반적인 CSS 파일을 작성하는 방법과 Sass를 이용하는 방법도 알아보자.

이번 절에서도 create-react-app을 기반으로 설명한다. 먼저 css-test라는 이름으로 프로젝트를 생성한다.

```
npx create-react-app css-test
```

1.4.1 일반적인 CSS 파일로 작성하기

일반적인 CSS 파일로 스타일을 적용하는 방법을 알아보자. src 폴더 밑에 Button1.js, Button1.css 파일을 만들고 다음 코드를 입력한다.

코드 1-28 **Button 컴포넌트**

```
// Button1.css 파일 ❶
.big {
  width: 100px;
}
```

```
.small {
  width: 50px;
}
.button {
  height: 30px;
  background-color: #aaaaaa;
}

// Button1.js 파일
import React from 'react';
import './Button1.css'; ❷

function Button({ size }) {
  if (size === 'big') {
    return <button className="button big">큰 버튼</button>; ❸
  } else {
    return <button className="button small">작은 버튼</button>;
  }
}
export default Button;
```

❶ Button1.css 파일은 일반적인 CSS 파일이다. ❷ CSS 파일도 ESM 문법을 이용해서 자바스크립트로 가져올 수 있다. ❸ Button1.css 파일에 정의된 CSS 클래스명을 입력한다.

같은 방식으로 Box 컴포넌트를 만들어서 스타일을 적용해 보자. Box1.js, Box1.css 파일을 만든 다음, 다음 코드를 입력한다.

코드 1-29 **Box 컴포넌트**

```
// Box1.css 파일
.big {
  width: 200px;
}
.small {
  width: 100px;
}
.box {
  height: 50px;
  background-color: #aaaaaa;
}

// Box1.js 파일
import React from 'react';
import './Box1.css';

function Box({ size }) {
```

```
      if (size === 'big') {
        return <div className="box big">큰 박스</div>;
      } else {
        return <div className="box small">작은 박스</div>;
      }
    }
    export default Box;
```

앞의 코드는 버튼 파일의 내용과 크게 다르지 않다. 이제 Button, Box 컴포넌트를 사용하여 App.js 파일을 다음과 같이 수정해 보자.

코드 1-30 App.js 파일에서 Button, Box 컴포넌트를 가져와서 사용하기

```
import React from 'react';
import Button from './Button1';
import Box from './Box1';

export default function App() {
  return (
    <div>
      <Button size="big" />
      <Button size="small" />
      <Box size="big" />
      <Box size="small" />
    </div>
  );
}
```

npm start를 이용해서 실행하면, 화면에 버튼 두 개와 박스 두 개가 보인다. 하지만 버튼의 너비가 이상하다는 것을 발견할 수 있다. 그리고 Button1.css 파일에서 small, big 클래스로 정의한 너비가 제대로 적용되지 않은 것을 발견할 수 있다. 브라우저의 개발자 모드로 분석해 보면 박스의 스타일이 버튼의 스타일을 덮어쓰고 있기 때문이라는 걸 알 수 있다. npm run build를 실행해서 build/static/css 폴더 밑에 생성된 CSS 파일을 확인해 보자.

코드 1-31 CSS 파일이 빌드된 결과

```
.big {
  width: 100px;
}                    ❶
.small {
  width: 50px;
}
.button {
  height: 30px;
```

```
  background-color: #aaa;
}
.big {
  width: 200px;
}
.small {
  width: 100px;
}
.box {
  height: 50px;
  background-color: #aaa;
}
```

❷

CSS 클래스명이 서로 같기 때문에 ❶번 코드는 ❷번 코드로 대체된다. 이처럼 일
반적인 CSS 파일에서는 클래스명이 충돌할 수 있다.

1.4.2 css-module로 작성하기

css-module을 사용하면 일반적인 CSS 파일에서 클래스명이 충돌할 수 있는 단
점을 극복할 수 있다. css-module은 간결한 클래스명을 이용해서 컴포넌트 단위
로 스타일을 적용할 때 좋다. create-react-app에서는 CSS 파일 이름을 다음과 같
이 작성하면 css-module이 된다.

{이름}.module.css

css-module을 이용해서 이전에 작성했던 Button 컴포넌트를 다시 작성해 보자.
Button1.css 파일을 복사해서 Button2.module.css 파일을 만들자. Button2.js 파
일을 만들고 다음 코드를 입력한다.

코드 1-32 **css-module로 작성된 Button 컴포넌트**

```
import React from 'react';
import style from './Button2.module.css'; ❶

function Button({ size }) {
  if (size === 'big') {
    return <button className={`${style.button} ${style.big}`}>큰 버튼</button>; ❷
  } else {
    return (
      <button className={`${style.button} ${style.small}`}>작은 버튼</button>
    );
  }
}
```

```
export default Button;
console.log(style); ❸
```

❶ css-module은 클래스명 정보를 담고 있는 객체를 내보낸다. ❷ CSS 파일에서 정의한 클래스명이 style 객체의 속성 이름으로 존재한다. ❸ style 객체를 출력한 결과는 다음과 같다.

코드 1-33 css-module로 작성된 CSS 파일을 가져온 결과

```
{
  big: 'Button2_big__1AXxH',
  small: 'Button2_small__1G4lx',
  button: 'Button2_box__D8Lg-',
}
```

각 클래스명에 고유한 해시값이 들어 있다. 사용자에게 전달된 HTML 파일을 열어 보면 해시값이 어떻게 사용되는지 알 수 있다.

코드 1-34 css-module로 작성된 스타일이 HTML 코드에 적용된 예

```
<style type="text/css">
.Button2_big__1deZX {
  width: 100px;
}
.Button2_small__1G4lx {
  width: 50px;
}
.Button2_button__D8Lg- {
  height: 30px;
  background-color: #aaaaaa;
}
</style>
```

Button2.module.css 파일에서 입력한 내용이 클래스명만 변경된 채로 들어 있다. 클래스명에 해시값이 포함되어 있기 때문에 다른 CSS 파일에서 같은 이름의 클래스명을 사용하더라도 이름 충돌은 발생하지 않는다.

　Button2.js 파일에서는 className에 속성값을 입력하는 코드가 번거롭기도 하고 가독성도 좋지 않다. 이때 classnames 패키지를 이용하면 코드를 개선할 수 있다. 다음과 같이 classnames 패키지를 설치한다.

```
npm install classnames
```

이제 Button2.js 코드를 리팩터링해 보자.

코드 1-35 classnames 사용하기

```
// ...
import cn from 'classnames';
// ...
<button className={cn(style.button, style.big)}>큰 버튼</button>
// ...
<button className={cn(style.button, style.small)}>작은 버튼</button>
// ...
```

박스 컴포넌트도 css-module 방식으로 작성해 보자. Box1.css 파일을 복사해서
Box2.module.css 파일을 만든다. Box2.js 파일을 만든 다음, 다음 코드를 입력
해 보자.

코드 1-36 css-module로 작성된 Box 컴포넌트

```
import React from 'react';
import style from './Box2.module.css';
import cn from 'classnames';

function Box({ size }) {
  const isBig = size === 'big';
  const label = isBig ? '큰 박스' : '작은 박스';
  return (
    <div
      className={cn(style.box, { [style.big]: isBig, [style.small]: !isBig })} ❶
    >
      {label}
    </div>
  );
}
export default Box;
```

❶ cn 함수의 인수로 객체를 사용하면 조건부로 클래스명을 입력할 수 있다.

1.4.3 Sass로 작성하기

Sass는 CSS와 비슷하지만 별도의 문법을 이용해서 생산성이 높은 스타일 코드를
작성할 수 있게 도와준다. Sass 문법에 있는 변수, 믹스인(mixin) 등의 개념을 이
용하면 스타일 코드를 재사용할 수 있다. 다음은 Sass 문법으로 작성된 간단한
코드다.

코드 1-37 **Sass로 작성된 스타일 코드**

```
$sizeNormal: 100px; ❶

.box {
  width: $sizeNormal; ❷
  height: 80px;
}

.button {
  width: $sizeNormal; ❸
  height: 50px;
}
```

❶ 일반적인 프로그래밍 언어처럼 변수를 정의할 수 있다. ❷, ❸ 변수를 사용하면 코드 중복을 없앨 수 있다.

Sass 문법으로 작성한 파일은 별도의 빌드 단계를 거쳐서 CSS 파일로 변환된다. create-react-app에서 Sass를 사용하고 싶다면 다음 패키지를 설치하자.

```
npm install node-sass
```

node-sass 패키지는 Sass를 CSS로 빌드할 때 사용된다. create-react-app에는 Sass를 위한 빌드 시스템이 구축되어 있다. 자바스크립트에서 scss 확장자를 가지는 파일을 불러오면 자동으로 Sass 파일이 CSS 파일로 컴파일된다.

먼저 공통으로 사용되는 코드를 관리할 shared.scss 파일을 만든 다음 다음 내용을 입력하자.

코드 1-38 **shared.scss**

```
$infoColor: #aaaaaa;
```

Sass를 이용해서 이전에 작성한 버튼 컴포넌트에 스타일을 적용해 보자. Button2.module.css, Button2.js 파일을 복사해서 Button3.module.scss, Button3.js 파일을 만든다. Button3.js 파일에서는 Button2.module.css 파일을 가져오는 부분을 Button3.module.scss 파일로 변경한다. Button3.module.scss 파일은 다음과 같이 수정한다.

코드 1-39 **Button3.module.scss**

```
@import './shared.scss'; ❶
```

```scss
.big {
  width: 100px;
}
.small {
  width: 50px;
}
.button {
  height: 30px;
  background-color: $infoColor; ❷
}
```

❶ 자바스크립트의 모듈 시스템과 비슷하게 다른 scss 파일을 가져올 수 있다.
❷ 다른 scss 파일에 정의된 변수를 사용할 수 있다.

　박스 컴포넌트도 Sass를 이용해서 스타일을 적용해 보자. Box2.module.css,
Box2.js 파일을 복사해서 Box3.module.scss, Box3.js 파일을 만든다. Box3.js 파
일에서는 Box2.module.css 파일을 가져오는 부분을 Box3.module.scss 파일로
변경한다. 그리고 Box3.module.css 파일은 다음과 같이 수정한다.

코드 1-40 **Box3.module.scss**

```scss
@import './shared.scss'; ❶

.big {
  width: 200px;
}
.small {
  width: 100px;
}
.box {
  height: 50px;
  background-color: $infoColor;
}
```

❶ Sass의 모듈 시스템 덕분에 스타일 코드를 재사용할 수 있다.

　App.js 파일에서 Button3.js, Box3.js 파일을 가져오도록 수정하고 npm start
를 실행하면, 의도한 대로 스타일이 적용된 것을 확인할 수 있다. shared.scss에
서 색상 정보를 변경해 보자. HMR이 동작하면서 변경된 내용이 자동으로 브라
우저 화면에 반영된다.

　npm run build를 실행 후 생성된 CSS 파일을 열어 보자. shared.scss 파일의
변수가 .box, .button 스타일에 적용된 것을 확인할 수 있다.

1.4.4 css-in-js로 작성하기

css-in-js는 리액트의 인기에 힘입어 비교적 최근에 떠오르고 있는 방법이다. 이름에서 알 수 있듯이 CSS 코드를 자바스크립트 파일 안에서 작성한다. CSS 코드가 자바스크립트 안에서 관리되기 때문에 공통되는 CSS 코드를 변수로 관리할수 있다. 또한 동적으로 CSS 코드를 작성하기도 쉽다.

css-in-js를 지원하는 패키지가 많이 나왔고, 문법도 다양하다. 개발자 개개인이 자바스크립트와 CSS 모두를 작성할 줄 안다면 css-in-js는 좋은 선택이 될 수있다. 그러나 CSS만 담당하는 마크업 개발팀이 별도로 있는 회사라면 css-in-js를 도입하기가 힘들 수 있다.

css-in-js를 지원하는 패키지 중에서 가장 유명한 styled-components를 사용해서 간단한 코드를 작성해 보자.

```
npm install styled-components
```

css-in-js 방식을 이용해서 박스 컴포넌트에 스타일을 적용해 보자. Box1.js 파일을 복사해서 Box4.js 파일을 만든 후 다음과 같이 수정한다.

코드 1-41 동적 스타일이 적용되지 않은 Box4.js

```
import React from 'react';
import styled from 'styled-components';

const BoxCommon = styled.div` ❶
  height: 50px;
  background-color: #aaaaaa;
`;
const BoxBig = styled(BoxCommon)` ❷
  width: 200px;
`;
const BoxSmall = styled(BoxCommon)`
  width: 100px;
`;

function Box({ size }) {
  if (size === 'big') {
    return <BoxBig>큰 박스</BoxBig>; ❸
  } else {
    return <BoxSmall>작은 박스</BoxSmall>;
  }
}
export default Box;
```

❶ 공통 CSS 코드를 담고 있는 styled-components 컴포넌트를 만들었다. ❷ 마치 클래스 상속처럼 이전에 만든 **BoxCommon** 컴포넌트를 확장해서 새로운 styled-components 컴포넌트를 만들 수 있다. ❸ styled-components 컴포넌트는 일반적인 리액트 컴포넌트처럼 사용될 수 있다. styled-components 컴포넌트를 만들 때 사용된 문법이 생소해 보일 수 있다. 이는 ES6에 추가된 태그된 템플릿 리터럴(tagged template literals) 문법이다. 이 문법에 대한 내용은 2장에서 살펴보기로 한다.

App.js 파일에서 Box4.js 파일을 가져오도록 수정하고 `npm start`를 실행하면 의도한 대로 동작하는 것을 확인할 수 있다. CSS 파일 없이 자바스크립트 파일만으로 스타일을 작성하는 데 성공한 것이다.

css-in-js의 장점인 동적 스타일을 적용해 보자. Box4.js 파일의 내용을 다음과 같이 변경한다.

코드 1-42 동적 스타일이 적용된 Box4.js

```
import React from 'react';
import styled from 'styled-components';

const BoxCommon = styled.div`
  width: ${props => (props.isBig ? 200 : 100)}px; ❶
  height: 50px;
  background-color: #aaaaaa;
`;

function Box({ size }) {
  const isBig = size === 'big';
  const label = isBig ? '큰 박스' : '작은 박스';
  return <BoxCommon isBig={isBig}>{label}</BoxCommon>; ❷
}
export default Box;
```

❶ 템플릿 리터럴에서 표현식(expression)을 사용하면 컴포넌트의 속성값을 매개변수로 갖는 함수를 작성할 수 있다. 동적으로 스타일을 변경하기 때문에 styled-components 컴포넌트는 하나로 충분하다. ❷ **isBig** 속성값은 styled-components 컴포넌트의 표현식에서 사용된다.

1.5 단일 페이지 애플리케이션 만들기

리액트 애플리케이션의 페이지 전환은 단일 페이지 애플리케이션(single page application, SPA) 방식으로 개발하는 것이 정석이다.

단일 페이지 애플리케이션은 초기 요청 시 서버에서 첫 페이지를 처리하고 이후의 라우팅은 클라이언트에서 처리하는 웹 애플리케이션이다. 전통적인 방식의 웹 페이지는 페이지를 전환할 때마다 렌더링 결과를 서버에서 받기 때문에 화면이 깜빡이는 단점이 있었다. 단일 페이지 애플리케이션은 페이지 전환에 의한 렌더링을 클라이언트에서 처리하기 때문에 마치 네이티브 애플리케이션처럼 자연스럽게 동작한다.

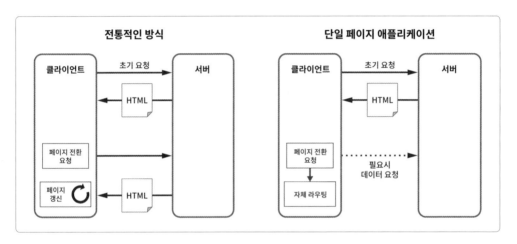

그림 1-5 전통적인 방식과 단일 페이지 애플리케이션의 동작 비교

먼저 단일 페이지 애플리케이션을 구현하기 위해 필요한 브라우저 히스토리 API를 알아보자. 그런 다음 브라우저 히스토리 API를 기반으로 구현된 react-router-dom 패키지를 이용해서 간단한 단일 페이지 애플리케이션을 만들어 보자.

이번 절에서도 create-react-app을 기반으로 설명한다. 우선 router-test라는 이름으로 프로젝트를 생성해 보자.

```
npx create-react-app router-test
```

1.5.1 브라우저 히스토리 API

단일 페이지 애플리케이션 구현이 가능하려면 다음 두 가지 기능이 필요하다.

- 자바스크립트에서 브라우저로 페이지 전환 요청을 보낼 수 있다. 단, 브라우
  저는 서버로 요청을 보내지 않아야 한다.
- 브라우저의 뒤로 가기와 같은 사용자의 페이지 전환 요청을 자바스크립트에
  서 처리할 수 있다. 이때도 브라우저는 서버로 요청을 보내지 않아야 한다.

이러한 조건을 만족하는 브라우저 API는 pushState, replaceState 함수와 pop
state 이벤트이다. API 이름에서 알 수 있듯이 브라우저에는 히스토리에 state
를 저장하는 스택(stack)이 존재한다.

브라우저 히스토리 API의 사용법을 확인해 보기 위해 App.js 파일을 다음과
같이 수정해 보자.

코드 1-43 브라우저 히스토리 API의 동작을 확인하는 코드

```
import React, { useEffect } from 'react';

export default function App() {
  useEffect(() => {                                        ❸
    window.onpopstate = function(event) {                  ❷
      console.log(`location: ${document.location}, state: ${event.state}`);
    };
  }, []);
  return (
    <div>
      <button onClick={() => window.history.pushState('v1', '', '/page1')}>
        page1
      </button>
      <button onClick={() => window.history.pushState('v2', '', '/page2')}>
        page2
      </button>
    </div>
  );
}
```
❶

그리고 npm start를 실행해 보자. 조금 뜬금없지만 브라우저를 열고 구글 홈페
이지에 접속한다. 같은 탭의 주소창에 *localhost:3000*을 입력해서 우리가 만든 사
이트로 접속해 보자.

❶ page1 버튼과 page2 버튼을 번갈아 가며 눌러 보자. 브라우저 주소창의 url

이 /page1과 /page2로 번갈아 변경되는 것을 확인할 수 있다. 이때 서버로 요청이 가지 않고 화면도 변하지 않는다. 단지 스택에 state가 쌓일 뿐이다. ❷번 코드에서 등록한 onpopstate 함수도 호출되지 않는다. ❸ useEffect 함수는 이벤트 핸들러를 등록하거나 API를 호출하는 등의 부수 효과를 처리할 때 사용하는 훅이다. 여기서는 컴포넌트가 마운트된 후에 popstate 이벤트 핸들러를 등록하는 용도로 사용했다. 리액트 훅에 대한 자세한 내용은 3장에서 다룬다.

이번에는 브라우저의 뒤로 가기 버튼을 눌러 보자. onpopstate 함수가 호출되는 것을 확인할 수 있다. 계속해서 뒤로 가기를 누르면 스택이 비워질 때까지 onpopstate 함수가 호출되다가 최초에 접속했던 구글 홈페이지로 돌아간다.

처음에 언급했던 두 가지 기능이 pushState 함수와 popstate 이벤트로 모두 구현됐다. replaceState 함수는 pushState와 거의 같지만 스택에 state를 쌓지 않고 가장 최신의 state를 대체한다. 이렇게 pushState, replaceState 함수와 popstate 이벤트만 있으면 클라이언트에서 라우팅 처리가 되는 단일 페이지 애플리케이션을 만들 수 있다.

브라우저 히스토리 API를 이용해서 간단한 단일 페이지 애플리케이션을 만들어 보자. App.js 파일에 다음 코드를 입력한다.

코드 1-44 브라우저 히스토리 API로 직접 작성한 단일 페이지 애플리케이션

```
import React, { useEffect, useState } from 'react';

export default function App() {
  const [pageName, setPageName] = useState(''); ❶
  useEffect(() => {
    window.onpopstate = event => {
      setPageName(event.state); ❷
    };
  }, []);
  function onClick1() {
    const pageName = 'page1';
    window.history.pushState(pageName, '', '/page1');
    setPageName(pageName);
  }
  function onClick2() {                                    ❸
    const pageName = 'page2';
    window.history.pushState(pageName, '', '/page2');
    setPageName(pageName);
  }
  return (
    <div>
```

```
        <button onClick={onClick1}>page1</button>
        <button onClick={onClick2}>page2</button>
        {!pageName && <Home />} ❹
        {pageName === 'page1' && <Page1 />} ⎤
        {pageName === 'page2' && <Page2 />} ⎦ ❺
      </div>
  );
}

function Home() {
  return <h2>여기는 홈페이지입니다. 원하는 페이지 버튼을 클릭하세요.</h2>;
}
function Page1() {
  return <h2>여기는 Page1입니다.</h2>;
}
function Page2() {
  return <h2>여기는 Page2입니다.</h2>;
}
```

❶ 현재 페이지 정보를 pageName 상탯값으로 관리한다. ❷ popstate 이벤트가 발생하면 페이지를 전환한다는 의미로 pageName 상탯값을 수정한다. 브라우저 히스토리 state를 페이지 이름으로 사용하고 있다. ❸ 페이지 버튼을 클릭했을 때 호출되는 이벤트 처리 함수다. ❹ 페이지 버튼을 누르기 전에는 Home 컴포넌트가 렌더링된다. ❺ 첫 번째 페이지 버튼을 클릭하면 Page1 컴포넌트가 렌더링되고, 두 번째 페이지 버튼을 클릭하면 Page2 컴포넌트가 렌더링된다.

페이지 버튼을 클릭하면 브라우저 주소창의 내용이 변경되고, 브라우저의 뒤로 가기 버튼을 클릭해도 의도한 대로 잘 동작하는 것을 확인할 수 있다.

1.5.2 react-router-dom 사용하기

브라우저 히스토리 API를 이용해서 페이지 라우팅 처리를 직접 구현할 수도 있지만 신경 써야 할 부분이 많다. 이럴 때 도움이 되는 것이 react-router-dom으로, 리액트로 단일 페이지 애플리케이션을 만들 때 많이 사용된다. react-router-dom 패키지도 내부적으로 브라우저 히스토리 API를 사용한다.

먼저 react-router-dom 패키지를 설치해 보자.

```
npm install react-router-dom
```

react-router는 웹뿐만 아니라 리액트 네이티브도 지원한다. 위에서 설치한 패키지는 이름에서 알 수 있듯이 웹을 위한 react-router 패키지이다.

react-router-dom을 사용해서 단일 페이지 애플리케이션을 만들어 보자. 먼저 App.js 파일에 다음 코드를 입력한다.

코드 1-45 react-router-dom으로 작성한 단일 페이지 애플리케이션

```
import React from 'react';
import { BrowserRouter, Route, Link } from 'react-router-dom';
import Rooms from './Rooms'; ❶

export default function App() {
  return (
    <BrowserRouter> ❷
      <div style={{ padding: 20, border: '5px solid gray' }}>
        <Link to="/">홈</Link>
        <br />
        <Link to="/photo">사진</Link>        ❸
        <br />
        <Link to="/rooms">방 소개</Link>
        <br />
        <Route exact path="/" component={Home} />
        <Route path="/photo" component={Photo} />   ❹
        <Route path="/rooms" component={Rooms} />
      </div>
    </BrowserRouter>
  );
}

function Home({ match }) {
  return <h2>이곳은 홈페이지입니다.</h2>;
}
function Photo({ match }) {
  return <h2>여기서 사진을 감상하세요.</h2>;
}
```

❶ Rooms 컴포넌트는 별도의 파일로 구현할 예정이다. ❷ react-router-dom을 사용하기 위해서는 전체를 BrowserRouter 컴포넌트로 감싸야 한다. ❸ 버튼을 통해서 페이지를 전환할 때는 react-router-dom에서 제공하는 Link 컴포넌트를 사용한다. to 속성값은 이동할 주소를 나타낸다. ❹ react-router-dom의 Route 컴포넌트를 이용해서 각 페이지를 정의한다. 현재 주소가 path 속성값으로 시작하면 component 속성값이 가리키는 컴포넌트를 렌더링한다. 예를 들어, *localhost:3000/photo/abc*를 입력했을 때 주소가 /photo으로 시작하므로 Photo 컴포넌트가 렌더링된다. 그러나 *localhost:3000/photo123*을 입력하면 Photo 컴포넌트가 렌더링되지 않는다. 이는 슬래시(/) 단위로 비교를 하기 때문이다. exact

속성값을 입력하면 그 값이 완전히 일치해야 해당 컴포넌트가 렌더링된다. 만약 Home 컴포넌트 부분에서 exact 속성값을 입력하지 않았다면 Home 컴포넌트는 항상 렌더링된다.

흥미로운 것은 같은 path 속성값을 가지는 Route 컴포넌트를 여러 번 작성해도 된다는 점이다.

코드 1-46 같은 path 값을 가지는 여러 개의 Route 컴포넌트

```
// ...
<Route path="/photo" component={PhotoTop} />
// ...
<Route path="/photo" component={PhotoBottom} />
// ...
```

코드 1-46과 같은 경우 현재 주소가 /photo로 시작한다면 PhotoTop, PhotoBottom 컴포넌트가 모두 렌더링된다.

다음은 /rooms로 접속했을 때 보여 줄 Rooms 컴포넌트 코드다.

코드 1-47 Rooms.js

```
import React from 'react';
import { Route, Link } from 'react-router-dom';

function Rooms({ match }) { ❶
  return (
    <div>
      <h2>여기는 방을 소개하는 페이지입니다.</h2>
      <Link to={`${match.url}/blueRoom`}>파란 방입니다</Link> ❷
      <br />
      <Link to={`${match.url}/greenRoom`}>초록 방입니다</Link>
      <br />
      <Route path={`${match.url}/:roomId`} component={Room} /> ❸
      <Route
        exact
        path={match.url}
        render={() => <h3>방을 선택해 주세요.</h3>}
      />
    </div>
  );
}
export default Rooms;

function Room({ match }) {
  return <h2>{`${match.params.roomId} 방을 선택하셨습니다.`}</h2>; ❹
}
```

Rooms 컴포넌트 내부에는 또다시 라우팅을 처리하는 코드가 들어 있다. ❶ Route 를 통해서 렌더링되는 컴포넌트는 match라는 속성값을 사용할 수 있다. ❷ match. url은 Route 컴포넌트의 path 속성값과 같다. 따라서 Rooms 컴포넌트의 match. url은 /rooms과 같다. ❸ Route 컴포넌트의 path 속성값에서 콜론을 사용하면 파라미터를 나타낼 수 있다. ❹ 추출된 파라미터는 match.params.{파라미터 이름} 형식으로 사용될 수 있다.

npm start를 실행해서 지금까지 작성한 프로그램을 확인해 보자.

홈
사진
방 소개

이곳은 홈페이지입니다.

그림 1-6 localhost:3000 접속 결과 화면

첫 페이지에서는 Home 컴포넌트만 렌더링된다. 이 화면에서 **방 소개** 버튼을 클릭해 보자.

홈
사진
방 소개

여기는 방을 소개하는 페이지입니다.

파란 방입니다
초록 방입니다

방을 선택해 주세요.

그림 1-7 localhost:3000/rooms 접속 결과 화면

/rooms 주소로 접근하면 Rooms 컴포넌트만 렌더링된다. 이 화면에서 **파란 방입니다** 버튼을 클릭하면 blueRoom **방을 선택하셨습니다.** 문구가 출력된다.

2장

P r a c t i c a l   R e a c t   P r o g r a m m i n g

ES6+를 품은 자바스크립트, 매력적인 언어가 되다

ES6는 ECMA에서 2015년에 채택한 자바스크립트 표준이다. ES6 이후로 자바스크립트에는 많은 변화가 있었다. 사실 프로그래밍 언어라면 당연히 있을 것으로 생각했던 많은 기능이 ES5에는 없었다. ES6에 새로 추가된 기능이 많은데, 이번 장에서는 그중 핵심적인 기능을 살펴본다.

2.1 변수를 정의하는 새로운 방법: const, let

ES5까지의 자바스크립트에서는 var를 이용해서 변수를 정의했고 그게 유일한 방법이었다. ES6에서는 const와 let을 이용하는 새로운 변수 정의 방법이 생겼다. 새로운 방법이 나온 이유는 기존 방식으로는 해결되지 않는 문제가 있었기 때문이다. 자바스크립트가 저급한 언어라고 무시당하던 ES6 이전 시절, var가 그 비난에 한몫하지 않았을까 싶다. 이번 절에서는 var가 안고 있는 문제들을 살펴보고, const와 let이 그 문제들을 어떻게 해결하는지 살펴본다.

2.1.1 var가 가진 문제

var의 첫 번째 문제: 함수 스코프

var의 첫 번째 문제는 정의된 변수가 함수 스코프를 가진다는 것이다. 스코프 (scope)란 변수가 사용될 수 있는 영역을 말한다. 스코프는 변수가 정의된 위치에 의해 결정된다. var로 정의된 변수는 함수 스코프이기 때문에 코드 2-1과 같이 함수를 벗어난 영역에서 사용하면 에러가 발생한다.

코드 2-1 스코프를 벗어나서 변수를 사용하면 에러가 발생한다

```
function example() {
  var i = 1;
}
console.log(i); // 참조 에러
```

var 변수를 함수가 아닌 프로그램의 가장 바깥에 정의하면 전역 변수가 되는데, 이는 프로그램 전체를 감싸는 하나의 함수가 있다고 생각하면 이해가 쉽다. 특이한 점은 함수 안에서 var 키워드를 사용하지 않고 변수에 값을 할당하면 그 변수는 전역 변수가 된다는 점이다.

코드 2-2 var 키워드 없이 변수를 정의하면 전역 변수가 된다

```
function example1() {
  i = 1;
}
function example2() {
  console.log(i);
}
example1();
example2(); // 1이 출력됨
```

이런 상황에서 명시적 에러가 발생하도록 하려면 파일 상단에 use strict를 선언하면 된다.

var는 함수 스코프이기 때문에 for 반복문에서 정의된 변수가 반복문이 끝난 이후에도 계속 남는 문제점이 있다.

코드 2-3 for 문을 벗어나도 변수가 사라지지 않는다

```
for (var i = 0; i < 10; i++) {
  console.log(i);
}
console.log(i); // 10
```

for 문뿐만 아니라 while 문, switch 문, if 문 등 함수 내부에서 작성되는 모든 코드는 같은 문제를 안고 있다.

var 변수의 스코프를 제한하기 위해 즉시 실행 함수를 사용하기도 한다. 즉시 실행 함수는 함수를 정의하는 시점에 바로 실행되고 사라진다. var 변수는 함수 스코프이므로 즉시 실행 함수로 묶으면 변수의 스코프를 제한할 수 있다. 그러나 즉시 실행 함수는 작성하기 번거롭고 가독성도 떨어진다. var 변수의 스코프

문제를 해결하려면 이렇게 상당한 노력이 필요하다.

var의 두 번째 문제: 호이스팅

var로 정의된 변수는 그 변수가 속한 스코프의 최상단으로 끌어올려진다. 이를 호이스팅(hoisting)이라고 부른다. 끌어올려진다는 말의 의미가 무엇인지 지금 부터 살펴보자.

다음 코드에서는 정의되지 않은 변수를 사용해서 에러가 발생한다.

코드 2-4 정의되지 않은 변수 사용하기

```
console.log(myVar); // 참조 에러
```

이제 console.log 밑에 변수를 정의해 보자.

코드 2-5 변수가 정의된 시점보다 먼저 변수 사용하기

```
console.log(myVar); // undefined
var myVar = 1;
```

변수를 정의하기 전에 사용했음에도 이 코드를 실행하면 에러가 발생하지 않는다. 특이한 점은 1이 아니라 undefined가 출력된다는 점이다. 이것은 해당 변수의 정의가 위쪽으로 끌어올려졌기 때문인데, 코드가 다음처럼 변경됐다고 생각하면 이해하기 쉽다.

코드 2-6 호이스팅의 결과

```
var myVar = undefined;
console.log(myVar); // undefined
myVar = 1;
```

변수의 정의만 끌어올려지고 값은 원래 정의했던 위치에서 할당된다. 특이하게도 다음처럼 변수가 정의된 곳 위에서 값을 할당할 수도 있다.

코드 2-7 변수가 정의된 시점보다 먼저 변수에 값을 할당하기

```
console.log(myVar); // undefined
myVar = 2;
console.log(myVar); // 2
var myVar = 1;
```

버그처럼 보이는 코드 2-7이 에러 없이 사용될 수 있는 것은 단점이라고 할 수 있다. 호이스팅은 직관적이지 않으며, 보통의 프로그래밍 언어에서는 찾아보기 힘든 성질이다.

var의 기타 문제들

var의 또 다른 문제를 살펴보자. var를 이용하면 한 번 정의된 변수를 재정의할 수 있다.

코드 2-8 var 변수는 재정의가 가능하다

```
var myVar = 1;
var myVar = 2;
```

변수를 정의한다는 것은 이전에 없던 변수를 생성한다는 의미로 통용된다. 따라서 앞의 코드가 에러 없이 사용될 수 있다는 것은 직관적이지 않으며 버그로 이어질 수 있다.

또 다른 문제는 var가 재할당 가능한 변수로밖에 만들 수 없다는 점이다. 상수처럼 쓸 값도 무조건 재할당 가능한 변수로 만들어야 한다. 이런 상황에서 재할당 불가능한 변수를 사용한다면 코드의 복잡도가 낮아지고 가독성은 높아진다.

2.1.2 var의 문제를 해결하는 const, let

const, let은 블록 스코프다

var는 함수 스코프였지만 const, let은 블록(block) 스코프다. 함수 스코프의 단점 대부분이 블록 스코프에는 없다. 블록 스코프는 대부분의 언어에서 사용하므로 개발자에게 익숙한 개념이다.

코드 2-9 블록 스코프에서는 블록을 벗어나면 변수를 사용할 수 없다

```
if (true) {
  const i = 0;
}
console.log(i); // 참조 에러
```

블록 스코프에서 if 문의 블록 안에서 정의된 변수는 if 문을 벗어나면 참조할 수 없다. 따라서 if 문에서 생성된 변수를 블록 바깥에서 사용하려고 하면 에러가 발생한다. 이러한 상황에서 에러가 발생하는 것이 직관적이며 이해하기도 쉽다. var를 사용하는 경우에는 if 문 안에서 생성된 변수가 if 문을 벗어나도 계속 살아 있기 때문에, 함수 스코프를 벗어나기 전까지 계속해서 신경 써서 관리해야 했다.

이번에는 블록 스코프에서 같은 이름의 변수를 정의하는 경우를 살펴보자.

코드 2-10 블록 스코프에서 같은 이름을 갖는 변수의 사용 예

```
let foo = 'bar1'; ❷
console.log(foo); // bar1
if (true) {
  let foo = 'bar2';
  console.log(foo); // bar2
}
console.log(foo); ❶
```

❶ 마지막 줄의 foo 변수는 같은 블록에서 정의된 변수(❷)를 참조하므로 bar1을 출력한다.

const, let에서의 호이스팅

const 또는 let으로 정의된 변수도 호이스팅된다. 하지만 const 또는 let으로 변수를 정의하기 전에 그 변수를 사용하려고 하면 참조 에러가 발생한다.

코드 2-11 변수가 정의된 시점보다 먼저 변수를 사용할 수 없다

```
console.log(foo); // 참조 에러
const foo = 1;
```

똑같은 경우에 var는 에러가 발생하지 않았다. 따라서 const 또는 let으로 정의된 변수는 호이스팅이 되지 않는다고 생각하기 쉽다. 하지만 const 또는 let으로 정의된 변수도 호이스팅된다. 다만 변수가 정의된 위치와 호이스팅된 위치 사이에서 변수를 사용하려고 하면 에러가 발생한다. 이 구간을 임시적 사각지대(temporal dead zone)라고 한다.

임시적 사각지대에서 변수를 사용하지 못한다면 호이스팅의 역할은 무엇인지 생각해 보자. 다음 코드에서는 같은 이름의 변수가 서로 다른 스코프에 정의되어 있다.

코드 2-12 const에서 호이스팅의 역할을 설명하기 위한 예

```
const foo = 1; ❷
{
  console.log(foo); // 참조 에러 ❸
  const foo = 2; ❶
}
```

만약 ❶번 변수가 호이스팅되지 않았다면 참조 에러는 발생하지 않고 ❷번 변수의 값이 출력될 것이다. 이 예제를 통해 호이스팅의 역할을 짐작할 수 있다. ❶번 변수의 호이스팅 때문에 ❸번 변수는 ❶번 변수를 참조하게 된다. 그리고 ❶번 변수를 참조했지만 임시적 사각지대여서 에러가 발생한다. 이를 제대로 이해하기 위해서는 브라우저가 자바스크립트의 실행 환경을 어떻게 구축하는지 알아야 하는데, 이 책의 범위를 벗어나므로 자세한 설명은 생략한다.

var로 정의된 변수에는 임시적 사각지대가 없기 때문에 다음 코드에서는 참조 에러가 발생하지 않는다.

코드 2-13 var에서 호이스팅의 효과를 확인하는 코드

```
var foo = 1;
(function() {
  console.log(foo); // undefined
  var foo = 2;
})();
```

const는 변수를 재할당 불가능하게 만든다

const로 정의된 변수는 재할당이 불가능하다. 반대로 let, var로 정의된 변수는 재할당할 수 있다. 재할당 불가능한 변수는 프로그램의 복잡도를 상당히 낮춰주기 때문에 되도록이면 재할당 불가능한 변수를 사용하는 게 좋다.

코드 2-14 const로 정의된 변수만 재할당 불가능하다

```
const bar = 'a';
bar = 'b'; // 에러 발생 ❶
var foo = 'a';
foo = 'b'; // 에러 없음
let value = 'a';
value = 'b'; // 에러 없음
```

❶ 이처럼 const로 정의된 변수에 값을 재할당하면 에러가 발생한다. 다만 const로 정의된 객체의 내부 속성값은 수정 가능하다는 점을 주의해야 한다.

코드 2-15 const로 정의해도 객체의 내부 속성값은 수정 가능하다

```
const bar = { prop1: 'a' };
bar.prop1 = 'b';
bar.prop2 = 123;
console.log(bar); // { prop1: 'b', prop2: 123 }
const arr = [10, 20];
arr[0] = 100;
arr.push(300);
console.log(arr); // [ 100, 20, 300 ]
```

이미 존재하는 속성값을 수정하거나 새로운 속성값을 추가하는 것 모두 가능하다. 객체의 내부 속성값도 수정 불가능하게 만들고 싶다면 immer, immutable.js 등의 외부 패키지를 활용하는 게 좋다. 이러한 외부 패키지는 객체를 수정하려고 할 때 기존 객체는 변경하지 않고 새로운 객체를 생성한다. 새로운 객체를 생성하는 편의 기능은 필요 없고 단지 수정만 할 수 없도록 차단하고 싶다면, 다음과 같은 자바스크립트 내장 함수를 이용하면 된다.

- Object.preventExtensions
- Object.seal
- Object.freeze

당연한 이야기지만 const로 정의했다면 객체를 참조하는 변수 자체를 변경하는 것은 불가능하다.

코드 2-16 const로 정의된 변수에 재할당은 불가능하다

```
const bar = { prop1: 'a' };
bar = { prop2: 123 }; // 에러 발생
```

2.2 객체와 배열의 사용성 개선

ES6+에서 객체와 배열에 추가된 문법을 알아보자. 단축 속성명과 계산된 속성명을 이용하면 객체와 배열을 생성하고 수정하는 코드를 쉽게 작성할 수 있다. 또한, 전개 연산자와 비구조화 할당(destructuring assignment) 덕분에 객체와 배열의 속성값을 밖으로 꺼내는 방법이 한결 쉬워졌다.

2.2.1 객체와 배열을 간편하게 생성하고 수정하기

단축 속성명

단축 속성명(shorthand property names)은 객체 리터럴 코드를 간편하게 작성할 목적으로 만들어진 문법이다. 단축 속성명을 사용하면 간편하게 새로운 객체를 만들 수 있다.

코드 2-17 단축 속성명을 사용해서 객체를 생성하기

```
const name = 'mike';
const obj = {
  age: 21,
  name, ❶
  getName() { return this.name; }, ❷
};
```

❶ 새로 만들려는 객체의 속성값 일부가 이미 변수로 존재하면 간단하게 변수 이름만 적어 주면 된다. 이때 속성명은 변수 이름과 같아진다. ❷ 속성값이 함수이면 function 키워드 없이 함수명만 적어도 된다. 이때 속성명은 함수명과 같아진다.

이번에는 단축 속성명을 사용한 경우와 사용하지 않은 경우를 비교해 보자.

코드 2-18 단축 속성명을 사용하지 않은 코드와 사용한 코드를 비교하기

```
function makePerson1(age, name) {
  return { age: age, name: name }; ❶
}
function makePerson2(age, name) {
  return { age, name }; ❷
}
```

❶이 단축 속성명을 사용하지 않은 경우이고, ❷가 사용한 경우다. 보다시피 단축 속성명을 사용한 경우가 코드를 작성하기도 편하고 가독성도 좋다.

또한, 단축 속성명은 디버깅을 위해 콘솔 로그를 출력할 때 유용하다.

코드 2-19 콘솔 로그 출력 시 단축 속성명 활용하기

```
const name = 'mike';
const age = 21;
console.log('name =', name, ', age =', age); // name = mike , age = 21 ❶
console.log({ name, age }); // { name: 'mike', age: 21 } ❷
```

단축 속성명이 없었다면 ❶과 같이 출력했겠지만, ❷의 코드가 훨씬 간결해진 것을 확인할 수 있다.

계산된 속성명

계산된 속성명(computed property names)은 객체의 속성명을 동적으로 결정하기 위해 나온 문법이다.

코드 2-20 **계산된 속성명을 사용하지 않은 코드와 사용한 코드 비교**

```
function makeObject1(key, value) { ❶
  const obj = {};
  obj[key] = value;
  return obj;
}
function makeObject2(key, value) { ❷
  return { [key]: value };
}
```

계산된 속성명을 사용하면 같은 함수를 ❷번처럼 간결하게 작성할 수 있다.

계산된 속성명은 다음과 같이 컴포넌트의 상탯값을 변경할 때 유용하게 쓸 수 있다.

코드 2-21 **계산된 속성명을 사용해서 컴포넌트 상탯값 변경하기**

```
class MyComponent extends React.Component {
  state = {
    count1: 0,
    count2: 0,
    count3: 0,
  };
  // ...
  onClick = index => {
    const key = `count${index}`;
    const value = this.state[key];
    this.setState({ [key]: value + 1 }); ❶
  };
}
```

❶ setState 호출 시 계산된 속성명을 사용할 수 있다. 만약 계산된 속성명을 사용하지 않았다면 앞의 코드는 좀 더 복잡했을 것이다.

2.2.2 객체와 배열의 속성값을 간편하게 가져오기

전개 연산자

전개 연산자(spread operator)는 배열이나 객체의 모든 속성을 풀어놓을 때 사용하는 문법이다. 다음과 같이 매개변수가 많은 함수를 호출할 때 유용하다.

코드 2-22 전개 연산자를 이용해서 함수의 매개변수를 입력하기

```
Math.max(1, 3, 7, 9); ❶
const numbers = [1, 3, 7, 9];
Math.max(...numbers); ❷
```

❶ 이 방식으로는 동적으로 매개변수를 전달할 수 없다. 만약 네 개의 변수를 사용하면 값은 동적으로 전달할 수 있지만 매개변수 개수는 항상 네 개로 고정이다. ❷ 전개 연산자를 사용하면 동적으로 함수의 매개변수를 전달할 수 있다.

> 📦 **동적으로 함수의 매개변수를 전달하는 다른 방법**
>
> 전개 연산자를 사용하지 않고도 다음과 같이 동적으로 함수의 매개변수를 전달할 수 있다.
>
> **코드 2-23 apply 함수를 이용해서 동적으로 함수의 매개변수 입력하기**
>
> ```
> const numbers = [-1, 5, 11, 3];
> Math.max.apply(null, numbers);
> ```
>
> 이 코드는 this 바인딩이 필요하지 않기 때문에 첫 번째 매개변수로 null을 입력하고 있다. 전개 연산자 방식보다 작성하기 번거롭고 가독성도 떨어진다.

전개 연산자는 배열이나 객체를 복사할 때도 유용하다.

코드 2-24 전개 연산자를 이용해서 배열과 객체를 복사하기

```
const arr1 = [1, 2, 3];
const obj1 = { age: 23, name: 'mike' };
const arr2 = [...arr1];      ❶
const obj2 = { ...obj1 };
arr2.push(4);                ❷
obj2.age = 80;
```

❶ 전개 연산자를 사용해서 새로운 객체와 배열을 생성했다. ❷ 전개 연산자를

사용해서 새로운 객체가 생성되었기 때문에 속성을 추가하거나 변경해도 원래의 객체에 영향을 주지 않는다.

배열의 경우 전개 연산자를 사용하면 그 순서가 유지된다.

코드 2-25 배열에서 전개 연산자를 사용하면 순서가 유지된다

```
[1, ...[2, 3], 4]; // [1, 2, 3, 4] ❶
new Date(...[2020, 6, 24]); // 2020년 6월 24일 ❷
```

❶ 배열 리터럴에서 중간에 전개 연산자를 사용하면 전개 연산자 전후의 순서가 유지된다. ❷ 함수의 인수는 정의된 매개변수의 순서대로 입력해야 하므로, 순서가 유지되는 전개 연산자의 성질을 이용하기 좋다. 예를 들어, Date 생성자의 매개변수 순서대로 날짜 데이터를 관리하면 Date 객체를 쉽게 생성할 수 있다.

전개 연산자를 사용하면 서로 다른 두 배열이나 객체를 쉽게 합칠 수 있다.

코드 2-26 전개 연산자를 이용해서 두 객체를 병합하기

```
const obj1 = { age: 21, name: 'mike' };
const obj2 = { hobby: 'soccer' };
const obj3 = { ...obj1, ...obj2 };
console.log(obj3); // { age: 21, name: 'mike', hobby: 'soccer' }
```

그런데 이 코드에서 obj1과 obj2가 같은 이름의 속성을 가지고 있었다면 어떻게 될까? ES5까지는 중복된 속성명을 사용하면 에러가 발생했지만, ES6부터는 중복된 속성명이 허용된다.

코드 2-27 객체 리터럴에서 중복된 속성명 사용 가능

```
const obj1 = { x: 1, x: 2, y: 'a' }; // { x: 2, y: 'a' } ❶
const obj2 = { ...obj1, y: 'b' }; // { x: 2, y: 'b' } ❷
```

❶ 중복된 속성명 사용 시 최종 결과는 마지막 속성명의 값이 된다. ❷ 중복된 속성명과 전개 연산자를 이용하면 객체의 특정 속성값을 변경할 때 이전 객체에 영향을 주지 않고 새로운 객체를 만들어 낼 수 있다. 이는 변수를 수정 불가능하도록 관리할 때 유용하게 사용될 수 있다.

배열 비구조화

배열 비구조화(array destructuring)는 배열의 여러 속성값을 변수로 쉽게 할당할 수 있는 문법이다. 다음은 배열 비구조화를 사용한 코드다.

코드 2-28 배열 비구조화를 사용한 간단한 코드

```
const arr = [1, 2];
const [a, b] = arr; ❶
console.log(a); // 1
console.log(b); // 2
```

❶ 배열의 속성값이 왼쪽의 변수에 순서대로 들어간다.

이렇게 새로운 변수로 할당할 수도 있고 다음 코드처럼 이미 존재하는 변수에 할당할 수도 있다.

코드 2-29 배열 비구조화로 이미 존재하는 변수에 값을 할당하기

```
let a, b;
[a, b] = [1, 2];
```

배열 비구조화 시 기본값을 정의할 수 있다. 코드 2-30에서 배열의 속성값이 undefined라면 정의된 기본값이 할당되고, 그렇지 않다면 원래의 속성값이 할당된다.

코드 2-30 배열 비구조화에서의 기본값

```
const arr = [1];
const [a = 10, b = 20] = arr;
console.log(a); // 1  ❶
console.log(b); // 20 ❷
```

❶ 첫 번째 변수의 속성값은 존재하기 때문에 기본값 10은 사용되지 않고 속성값이 그대로 할당된다. ❷ 두 번째 변수의 속성값은 undefined이므로 기본값 20이 할당된다.

배열 비구조화를 사용하면 두 변수의 값을 쉽게 교환할 수 있다.

코드 2-31 배열 비구조화를 이용해서 두 변수의 값을 교환하기

```
let a = 1;
let b = 2;
[a, b] = [b, a];
console.log(a); // 2
console.log(b); // 1
```

두 변수가 값을 교환하기 위해서는 제3의 변수를 이용하는 게 일반적이다. 하지만 배열 비구조화를 사용하면 제3의 변수가 필요하지 않을 뿐만 아니라 단 한 줄의 짧은 코드로 구현할 수 있다.

배열에서 일부 속성값을 무시하고 진행하고 싶다면 건너뛰는 개수만큼 쉼표를 입력하면 된다.

코드 2-32 쉼표를 이용해서 일부 속성값을 건너뛰기

```
const arr = [1, 2, 3];
const [a, , c] = arr; ❶
console.log(a); // 1
console.log(c); // 3
```

❶ 첫 번째 속성값은 변수 a에 할당된다. 두 번째 속성값은 건너뛰고 세 번째 속성값이 변수 c에 할당된다.

쉼표 개수만큼을 제외한 나머지를 새로운 배열로 만들 수도 있다.

코드 2-33 나머지 값을 별도의 배열로 만들기

```
const arr = [1, 2, 3];
const [first, ...rest1] = arr;    ❶
console.log(rest1); // [2, 3]
const [a, b, c, ...rest2] = arr; ❷
console.log(rest2); // []
```

❶ 배열 비구조화 시 마지막에 ...와 함께 변수명을 입력하면 나머지 모든 속성값이 새로운 배열로 만들어진다. ❷ 나머지 속성값이 존재하지 않으면 빈 배열이 만들어진다.

객체 비구조화

객체 비구조화(object destructuring)는 객체의 여러 속성값을 변수로 쉽게 할당할 수 있는 문법이다. 다음은 객체 비구조화를 사용한 코드다.

코드 2-34 객체 비구조화의 간단한 예

```
const obj = { age: 21, name: 'mike' };
const { age, name } = obj; ❶
console.log(age); // 21
console.log(name); // mike
```

❶ 객체 비구조화에서는 중괄호를 사용한다. 배열 비구조화에서는 배열의 순서가 중요했지만 객체 비구조화에서 순서는 무의미하다. 따라서 name과 age의 순

서를 바꿔도 결과는 같다. 단, 배열 비구조화에서 왼쪽 변수의 이름은 임의로 결정할 수 있지만, 객체 비구조화에서는 기존 속성명을 그대로 사용해야 한다.

코드 2-35 객체 비구조화에서는 속성명이 중요하다

```
const obj = { age: 21, name: 'mike' };
const { age, name } = obj; ❶
const { name, age } = obj; ❷
const { a, b } = obj;      ❸
```

객체 비구조화에서 순서는 무의미하므로 ❶과 ❷의 결과는 같다. ❸ 존재하지 않는 속성명을 사용하면 undefined가 할당된다.

　객체 비구조화에서는 속성명과 다른 이름으로 변수를 생성할 수 있다. 이는 중복된 변수명을 피하거나 좀 더 구체적인 변수명을 만들 때 좋다.

코드 2-36 객체 비구조화에서 별칭 사용하기

```
const obj = { age: 21, name: 'mike' };
const { age: theAge, name } = obj; ❶
console.log(theAge); // 21
console.log(age); // 참조 에러 ❷
```

❶ 속성명 age의 값을 theAge 변수에 할당한다. ❷ theAge라는 이름의 변수만 할당되고 age 변수는 할당되지 않는다.

　객체 비구조화에서도 기본값을 정의할 수 있다. 배열 비구조화처럼 속성값이 undefined인 경우에는 기본값이 들어간다.

코드 2-37 객체 비구조화에서의 기본값

```
const obj = { age: undefined, name: null, grade: 'A' };
const { age = 0, name = 'noName', grade = 'F' } = obj;
console.log(age);   // 0   ❶
console.log(name);  // null ❷
console.log(grade); // A
```

❶ age는 undefined이므로 기본값이 들어간다. 따라서 age는 0이 된다. ❷ 속성값이 null이면 기본값은 들어가지 않는다. 따라서 name은 null이 된다.

　기본값을 정의하면서 별칭을 함께 사용할 수 있다.

코드 2-38 기본값과 별칭 동시에 사용하기

```
const obj = { age: undefined, name: 'mike' };
const { age: theAge = 0, name } = obj;
```

```
console.log(theAge); // 0
```

기본값으로 함수의 반환값을 넣을 수 있다.

코드 2-39 함수를 이용한 기본값

```
function getDefaultAge() {
  console.log('hello');
  return 0;
}
const obj = { age: 21, grade: 'A' };
const { age = getDefaultAge(), grade } = obj; // hello 출력되지 않음 ❶
console.log(age); // 21
```

❶ 한 가지 재미있는 건 기본값이 사용될 때만 함수가 호출된다는 점이다. age의 속성값은 undefined가 아니므로 기본값이 사용되지 않고, getDefaultAge 함수도 호출되지 않는다.

객체 비구조화에서도 사용되지 않은 나머지 속성들을 별도의 객체로 생성할 수 있다.

코드 2-40 객체 비구조화에서 나머지 속성들을 별도의 객체로 생성하기

```
const obj = { age: 21, name: 'mike', grade: 'A' };
const { age, ...rest } = obj; ❶
console.log(rest); // { name: 'mike', grade: 'A' }
```

❶ 배열 비구조화와 비슷한 방식으로 나머지 속성들을 별도의 객체로 분리하고 있다.

for 문에서 객체를 원소로 갖는 배열을 순회할 때 객체 비구조화를 사용하면 편리하다.

코드 2-41 for 문에서 객체 비구조화를 활용한 예

```
const people = [{ age: 21, name: 'mike' }, { age: 51, name: 'sara' }];
for (const { age, name } of people) {
  // ...
}
```

비구조화 심화 학습

비구조화는 객체와 배열이 중첩되어 있을 때도 사용할 수 있다.

코드 2-42 **중첩된 객체의 비구조화 사용 예**

```
const obj = { name: 'mike', mother: { name: 'sara' } };
const {
  name,
  mother: { name: motherName }, ❶
} = obj;
console.log(name);       // mike
console.log(motherName); // sara
console.log(mother);     // 참조 에러
```

❶ 세 개의 단어가 등장하지만, 비구조화의 결과로 motherName이라는 이름의 변수만 생성된다.

비구조화에서 기본값의 정의는 변수로 한정되지 않는다.

코드 2-43 **기본값은 변수 단위가 아니라 패턴 단위로 적용된다**

```
const [{ prop: x } = { prop: 123 }] = [];   ❶
console.log(x); // 123
const [{ prop: x } = { prop: 123 }] = [{}]; ❷
console.log(x); // undefined
```

❶ 코드에서 { prop: x }는 배열의 첫 번째 원소를 가리키고, { prop: 123 }은 그 기본값을 정의한다. 첫 번째 원소가 존재하지 않아서 기본값이 할당된다. 결과적으로 변수 x에는 기본값에서 정의된 123이 들어간다. ❷ 배열의 첫 번째 원소가 존재하므로 기본값이 할당되지 않는다. 그리고 첫 번째 원소에는 prop이라는 이름의 속성명이 존재하지 않으므로 x에는 undefined가 할당된다.

객체 비구조화에서도 계산된 속성명을 활용할 수 있다.

코드 2-44 **객체 비구조화에서 계산된 속성명 사용하기**

```
const index = 1;
const { [`key${index}`]: valueOfTheIndex } = { key1: 123 }; ❶
console.log(valueOfTheIndex); // 123
```

❶ 객체 비구조화에서 계산된 속성명을 사용할 때에는 반드시 별칭을 입력해야 한다.

별칭에 단순히 변수명만 입력할 수 있는 것은 아니다.

코드 2-45 **별칭을 이용해서 다른 객체와 배열의 속성값 할당**

```
const obj = {};
const arr = [];
```

```
({ foo: obj.prop, bar: arr[0] } = { foo: 123, bar: true }); ❶
console.log(obj); // {prop:123}
console.log(arr); // [true]
```

❶ 객체 비구조화를 이용해서 obj 객체의 prop이라는 속성과 배열의 첫 번째 원소에 값을 할당하고 있다.

2.3 강화된 함수의 기능

ES6에서는 함수의 기능이 많이 보강되었다. 사실 이전의 함수가 뼈대만 구성해 놓은 상태였다면, ES6에서는 실을 붙여서 함수의 기능을 온전하게 완성했다고 볼 수 있다. 매개변수에 기본값을 줄 수 있게 되었고, 나머지 매개변수를 통해 가변 길이 매개변수를 좀 더 명시적으로 표현할 수 있게 되었다. 명명된 매개변수(named parameter)를 통해서 함수를 호출하는 코드의 가독성이 월등히 좋아졌다. 그리고 화살표 함수(arrow function)가 추가되면서 함수 코드가 간결해졌고, this 바인딩에 대한 고민을 덜 수 있게 되었다.

2.3.1 매개변수에 추가된 기능

매개변수 기본값

ES6부터 함수 매개변수에 기본값을 줄 수 있다.

코드 2-46 매개변수에 기본값 주기
```
function printLog(a = 1) {
  console.log({ a });
}
printLog(); // { a: 1 }
```

인수 없이 함수를 호출하므로 a에는 undefined가 입력된다. 기본값이 정의된 매개변수에 undefined를 입력하면 정의된 기본값 1이 사용된다.

객체 비구조화처럼 기본값으로 함수 호출을 넣을 수 있고, 기본값이 필요한 경우에만 함수가 호출된다.

코드 2-47 매개변수 기본값으로 함수 호출 사용하기
```
function getDefault() {
  return 1;
```

```
}
function printLog(a = getDefault()) {
  console.log({ a });
}
printLog(); // { a: 1 }
```

입력값이 undefined인 경우에만 호출된다는 특징을 이용하면 매개변수에서 필
숫값을 표현할 수 있다.

코드 2-48 매개변수 기본값을 이용해서 필숫값을 표현하는 방법

```
function required() {
  throw new Error('no parameter');
}
function printLog(a = required()) {
  console.log({ a });
}
printLog(10); // { a: 10 } ❶
printLog();   // 에러 발생: no parameter ❷
```

❶ 매개변수의 값이 존재하면 required 함수는 호출되지 않는다. ❷ 매개변수의
값이 없으면 required 함수에서 예외(exception)가 발생하기 때문에 매개변수
a는 필숫값이 된다.

나머지 매개변수

나머지 매개변수(rest parameter)는 입력된 인수 중에서 정의된 매개변수 개수만
큼을 제외한 나머지를 배열로 만들어 준다. 나머지 매개변수는 매개변수 개수가
가변적일 때 유용하다.

코드 2-49 나머지 매개변수를 사용한 코드

```
function printLog(a, ...rest) { ❶
  console.log({ a, rest });
}
printLog(1, 2, 3); // { a: 1, rest: [2, 3] }
```

❶ 하나의 인자를 제외한 나머지를 rest 매개변수에 할당한다.

　ES5에서는 arguments 키워드가 비슷한 역할을 한다. 코드 2-49를 arguments 키
워드로 작성하면 다음과 같다.

코드 2-50 **arguments 키워드로 나머지 매개변수 따라 하기**

```
function printLog(a) {
  const rest = Array.from(arguments).splice(1); ❶
  console.log({ a, rest });
}
printLog(1, 2, 3); // { a: 1, rest: [2, 3] }
```

❶ 매개변수 정의에서 arguments의 존재가 명시적으로 드러나지 않기 때문에 가독성이 좋지 않다. arguments는 배열이 아니기 때문에 배열처럼 사용하기 위해서는 배열로 변환하는 과정이 필요하다는 단점이 있다. 따라서 나머지 매개변수를 사용한 방식이 더 낫다.

명명된 매개변수

자바스크립트에서 명명된 매개변수(named parameter)는 객체 비구조화를 이용해서 구현할 수 있다. 명명된 매개변수를 사용하면 함수 호출 시 매개변수의 이름과 값을 동시에 적을 수 있으므로 가독성이 높다.

코드 2-51 **명명된 매개변수의 사용 여부에 따른 가독성 비교**

```
const numbers = [10, 20, 30, 40];
const result1 = getValues(numbers, 5, 25); ❶
const result2 = getValues({ numbers, greaterThan: 5, lessThan: 25 }); ❷
```

❶ 함수 호출 시 매개변수의 이름이 보이지 않아 인수가 의미하는 바를 알기 어렵다. ❷ 반대로 명명된 매개변수를 이용하면 매개변수의 이름이 노출된다.

명명된 매개변수를 이용하면 선택적 매개변수(optional parameter)의 활용도가 올라간다. 필숫값과 반대되는 의미로, 있어도 되고 없어도 되는 매개변수를 선택적 매개변수라고 부른다.

코드 2-52 **명명된 매개변수의 사용 여부에 따른 선택적 매개변수 코드 비교**

```
const result1 = getValues(numbers, undefined, 25); ❶
const result2 = getValues({ numbers, greaterThan: 5 });  ❷
const result3 = getValues({ numbers, lessThan: 25 });
```

❶ 명명된 매개변수 없이 선택적 매개변수를 사용한 예로, 필요 없는 매개변수 자리에 undefined를 넣으면 된다. 그러나 이 방식은 매개변수 개수가 많아지면 관리하기 힘들어진다. ❷ 명명된 매개변수를 사용했다. 필요한 인수만 넣어 주

면 되기 때문에 선택적 매개변수가 늘어나도 별문제 없이 사용할 수 있다.

명명된 매개변수를 사용하면 함수를 호출할 때마다 객체가 생성되기 때문에 비효율적일 것이라고 생각할 수 있다. 하지만 자바스크립트 엔진이 최적화를 통해 새로운 객체를 생성하지 않으므로 안심하고 사용해도 된다.

2.3.2 함수를 정의하는 새로운 방법: 화살표 함수

ES6에서는 화살표 함수(arrow function)를 이용해 함수를 정의하는 방법이 추가되었다. 화살표 함수를 이용하면 함수를 간결하게 작성할 수 있다.

코드 2-53 **화살표 함수의 사용 예**

```
const add = (a, b) => a + b; ❶
console.log(add(1, 2)); // 3
const add5 = a => a + 5; ❷
console.log(add5(1)); // 6
const addAndReturnObject = (a, b) => ({ result: a + b }); ❸
console.log(addAndReturnObject(1, 2).result); // 3
```

❶ 화살표 함수를 중괄호로 감싸지 않으면 오른쪽의 계산 결과가 반환된다. 명시적으로 return 키워드를 작성하지 않아도 되기 때문에 코드가 간결해진다. ❷ 매개변수가 하나라면 매개변수를 감싸는 소괄호도 생략할 수 있다. ❸ 객체를 반환해야 한다면 소괄호로 감싸야 한다.

화살표 함수의 코드가 여러 줄인 경우

화살표 함수에 여러 줄의 코드가 필요하다면 다음과 같이 전체를 중괄호로 묶고, 반환값에는 return 키워드를 사용한다.

코드 2-54 **코드가 두 줄 이상인 화살표 함수**

```
const add = (a, b) => {
  if (a <= 0 || b <= 0) {
    throw new Error('must be positive number');
  }
  return a + b;
};
```

this와 arguments가 바인딩되지 않는 화살표 함수

화살표 함수가 일반 함수와 다른 점은 this와 arguments가 바인딩되지 않는다는 점이다. 따라서 화살표 함수에서 arguments가 필요하다면 나머지 매개변수를 이용한다.

코드 2-55 화살표 함수에서 나머지 매개변수 사용하기

```
const printLog = (...rest) => console.log(rest);
printLog(1, 2); // [ 1, 2 ]
```

일반 함수에서 this 바인딩 때문에 버그가 발생하는 경우

이번에는 일반 함수의 this 바인딩을 알아보자. 일반 함수에서 this는 호출 시점에 사용된 객체로 바인딩된다. 따라서 객체에 정의된 일반 함수를 다른 변수에 할당해서 호출하면 버그가 발생할 수 있다.

코드 2-56 this 바인딩 때문에 버그가 발생한 경우

```
const obj = {
  value: 1,
  increase: function() { ❶
    this.value++;
  },
};
obj.increase(); ❷
console.log(obj.value); // 2
const increase = obj.increase;
increase(); ❸
console.log(obj.value); // 2
```

❶ increase 함수는 일반 함수이므로 호출 시 사용된 객체가 this로 바인딩된다. ❷ obj 객체가 this에 바인딩되므로 obj.value가 증가한다. ❸ 객체 없이 호출되는 경우에는 전역 객체가 바인딩되는데, 브라우저 환경에서는 window 객체가 바인딩된다. 따라서 obj.value는 증가하지 않는다. 화살표 함수 안에서 사용된 this와 arguments는 자신을 감싸고 있는 가장 가까운 일반 함수의 것을 참조한다. 따라서 increase 함수를 화살표 함수로 작성했다면 this는 window 객체를 가리키기 때문에 함수를 호출해도 obj.value는 항상 변하지 않는다.

생성자 함수 내부에서 정의된 화살표 함수의 this

이번에는 생성자 함수 내부에서 정의된 화살표 함수를 살펴보자. 생성자 함수 내부에서 정의된 화살표 함수의 this는 생성된 객체를 참조한다.

코드 2-57 생성자 함수 내부에서 화살표 함수 사용하기

```
function Something() {
  this.value = 1;
  this.increase = () => this.value++; ❶
}
const obj = new Something(); ❷
obj.increase(); ❸
console.log(obj.value); // 2
const increase = obj.increase;
increase(); ❹
console.log(obj.value); // 3
```

❶ 화살표 함수 increase의 this는 가장 가까운 일반 함수인 Something의 this를 참조한다. Something 함수는 생성자이고 ❷에서 obj 객체가 생성될 때 호출된다. new 키워드를 이용해서 생성자 함수를 호출하면 this는 생성되는 객체를 참조한다는 점에 유의하자. increase 함수의 this는 생성된 객체를 가리킨다. 그러므로 ❸과 ❹에서 호출 시점의 객체와는 무관하게 increase 함수의 this는 항상 생성된 객체를 참조하고 obj.value는 계속 증가한다.

setInterval 함수 사용 시 this 바인딩 문제

다음은 1초마다 obj.value를 증가시키는 코드다. ❶의 this가 어떤 객체를 참조할지 생각해 보자.

코드 2-58 setInterval 함수에서 this 객체 사용 시 버그 발생

```
function Something() {
  this.value = 1;
  setInterval(function increase() {
    this.value++; ❶
  }, 1000);
}
const obj = new Something();
```

실행해 보면 알겠지만 의도와 달리 obj.value는 증가하지 않는다. setInterval 함수의 인수로 들어간 increase 함수는 전역 환경(global context)에서 실행되기 때문에 this는 window 객체를 참조한다.

ES5에서는 앞에서의 문제를 해결하기 위해 다음과 같은 편법을 사용했다.

코드 2-59 setInterval 함수에서 this 객체를 참조하기 위해 편법 사용

```javascript
function Something() {
  this.value = 1;
  var that = this;
  setInterval(function increase() {
    that.value++; ❶
  }, 1000);
}
const obj = new Something();
```

❶ increase 함수에서는 클로저(closure)를 이용해서 미리 저장해둔 that 변수를 통해 this 객체에 접근한다.

🗃 클로저 개념 이해하기

클로저는 함수가 생성되는 시점에 접근 가능했던 변수들을 생성 이후에도 계속해서 접근할 수 있게 해 주는 기능이다. 접근할 수 있는 변수는 그 함수를 감싸고 있는 상위 함수들의 매개변수와 내부 변수들이다.

코드 2-60 클로저를 사용한 간단한 코드

```javascript
function makeAddFunc(x) {
  return function add(y) { ❶
    return x + y;
  };
}
const add5 = makeAddFunc(5);
console.log(add5(1)); // 6 ❷
const add7 = makeAddFunc(7);
console.log(add7(1)); // 8 ┐
console.log(add5(1)); // 6 ┘ ❸
```

❶ add 함수는 상위 함수인 makeAddFunc의 매개변수 x에 접근할 수 있다. ❷ add5 함수가 생성된 이후에도 상위 함수를 호출할 때 사용했던 인수에 접근할 수 있다. ❸ 중간에 makeAddFunc(7)이 호출되지만 add5에 영향을 주지는 않는다. 즉, 생성된 add 함수별로 클로저 환경이 생성된다.

화살표 함수를 사용하면 코드 2-59 같은 편법을 사용하지 않고도 원하는 기능을 구현할 수 있다.

코드 2-61 setInterval 함수에서 this 객체를 참조하기 위해 화살표 함수 사용하기

```javascript
function Something() {
  this.value = 1;
  setInterval(() => {
    this.value++; ❶
  }, 1000);
}
const obj = new Something();
```

❶ 화살표 함수를 사용했기 때문에 this는 setInterval의 동작과는 상관없이 obj를 참조한다.

2.4 향상된 비동기 프로그래밍 1: 프로미스

프로미스(promise)는 비동기 상태를 값으로 다룰 수 있는 객체다. 프로미스를 사용하면 비동기 프로그래밍을 할 때 동기 프로그래밍 방식으로 코드를 작성할 수 있다. 프로미스가 널리 보급되기 전에는 비동기 프로그래밍 코드인 콜백 패턴이 많이 쓰였다. 그러다가 몇 가지 프로미스 라이브러리가 등장하면서 프로미스를 사용하는 개발자가 많아졌고, 이제는 여러 라이브러리의 비동기 함수가 프로미스를 반환할 만큼 널리 사용되고 있다.

그리고 마침내 ES6에서는 프로미스가 자바스크립트 언어에 포함됐다. 자바스크립트 언어에서 지원하는 프로미스의 기능을 알아보자.

2.4.1 프로미스 이해하기

콜백 패턴의 문제

자바스크립트에서는 비동기 프로그래밍의 한 가지 방식으로 콜백(callback) 패턴을 많이 사용했었다. 하지만 콜백 패턴은 콜백이 조금만 중첩돼도 코드가 상당히 복잡해지는 단점이 있다.

코드 2-62 콜백 함수의 중첩 사용

```javascript
function requestData1(callback) {
  // ...
  callback(data); ❷
}
function requestData2(callback) {
  // ...
```

```
  callback(data); ❹
}
function onSuccess1(data) {
  console.log(data);
  requestData2(onSuccess2); ❸
}
function onSuccess2(data) { ❺
  console.log(data);
  // ...
}
requestData1(onSuccess1); ❶
```

콜백 패턴은 코드의 흐름이 순차적이지 않기 때문에 코드를 읽기가 상당히 힘들다. 코드의 흐름을 따라 가려면 ❶부터 시작해야 한다. 이 코드는 번호 순서(❶→❷→❸→❹→❺)대로 실행되기 때문에, 짧은 코드임에도 쉽게 읽히지 않는다.

하지만 프로미스를 사용하면 코드가 순차적으로 실행되게 작성할 수 있다. 다음은 코드 2-62를 프로미스로 작성한 예다.

코드 2-63 간단한 프로미스 코드 예

```
requestData1()
  .then(data => {
    console.log(data);
    return requestData2();
  })
  .then(data => {
    console.log(data);
    // ...
  });
```

지금은 이 코드를 이해하지 못해도 괜찮다. 프로미스를 사용하면 비동기 프로그래밍을 할 때 코드를 순차적으로 작성할 수 있다는 사실만 기억해 두자.

프로미스의 세 가지 상태

프로미스는 다음 세 가지 상태 중 하나의 상태로 존재한다.

- 대기 중(pending): 결과를 기다리는 중
- 이행됨(fulfilled): 수행이 정상적으로 끝났고 결괏값을 가지고 있음
- 거부됨(rejected): 수행이 비정상적으로 끝났음

이행됨, 거부됨 상태를 처리됨(settled) 상태라고 부른다. 프로미스는 처리됨 상

태가 되면 더 이상 다른 상태로 변경되지 않는다. 대기 중 상태일 때만 이행됨 또는 거부됨 상태로 변할 수 있다.

프로미스를 생성하는 방법

프로미스는 다음 세 가지 방식으로 생성할 수 있다.

코드 2-64 **프로미스를 생성하는 방법**

```
const p1 = new Promise((resolve, reject) => { ❶
  // ...
  // resolve(data)
  // or reject('error message')
});
const p2 = Promise.reject('error messgae'); ❷
const p3 = Promise.resolve(param); ❸
```

❶ 일반적으로 new 키워드를 사용해서 프로미스를 생성한다. 이 방법으로 생성된 프로미스는 대기 중 상태가 된다. 생성자에 입력되는 함수는 resolve와 reject라는 콜백 함수를 매개변수로 갖는다. 비동기로 어떤 작업을 수행 후 성공했을 때 resolve를 호출하고, 실패했을 때 reject를 호출하면 된다. resolve를 호출하면 p1 객체는 이행됨 상태가 된다. 반대로 reject를 호출하면 거부됨 상태가 된다. 만약 생성자에 입력된 함수 안에서 예외(exception)가 발생하면 거부됨 상태가 된다. new 키워드를 사용해서 프로미스를 생성하는 순간 생성자의 입력 함수가 실행된다. 만약 API 요청을 보내는 비동기 코드가 있다면 프로미스가 생성되는 순간에 요청을 보낸다.

❷ new 키워드를 사용하지 않고 Promise.reject를 호출하면 거부됨 상태인 프로미스가 생성된다.

❸ Promise.resolve를 호출해도 프로미스가 생성된다. 만약 입력값이 프로미스였다면 그 객체가 그대로 반환되고, 프로미스가 아니라면 이행됨 상태인 프로미스가 반환된다.

다음은 Promise.resolve의 인수가 프로미스인 경우와 아닌 경우의 반환값을 보여 준다.

코드 2-65 **Promise.resolve의 반환값**

```
const p1 = Promise.resolve(123);
console.log(p1 !== 123); // true ❶
```

```
const p2 = new Promise(resolve => setTimeout(() => resolve(10), 1));
console.log(Promise.resolve(p2) === p2); // true ❷
```

❶ 프로미스가 아닌 인수와 함께 `Promise.resolve` 함수를 호출하면 그 값 그대로 이행됨 상태인 프로미스가 반환된다. p1은 123을 데이터로 가진 프로미스다. ❷ `Promise.resolve` 함수에 프로미스가 입력되면 그 자신이 반환된다.

프로미스 이용하기 1: then

then은 처리됨 상태가 된 프로미스를 처리할 때 사용되는 메서드다. 프로미스가 처리됨 상태가 되면 then 메서드의 인수로 전달된 함수가 호출된다. 다음은 then 메서드의 사용법을 보여 주는 코드다.

코드 2-66 **then 메서드를 사용한 간단한 코드**

```
requestData().then(onResolve, onReject); ❶
Promise.resolve(123).then(data => console.log(data)); // 123
Promise.reject('err').then(null, error => console.log(error)); // 에러 발생
```

❶ 프로미스가 처리됨 상태가 되면 onResolve 함수가 호출되고, 거부됨 상태가 되면 onReject 함수가 호출된다.

   then 메서드는 항상 프로미스를 반환한다. 따라서 하나의 프로미스로부터 연속적으로 then 메서드를 호출할 수 있다.

코드 2-67 **연속해서 then 메서드 호출하기**

```
requestData1()
  .then(data => {
    console.log(data);
    return requestData2(); ❶
  })
  .then(data => {
    return data + 1; ❷
  })
  .then(data => {
    throw new Error('some error'); ❸
  })
  .then(null, error => {
    console.log(error);
  });
```

❶ onResolve 또는 onReject 함수에서 프로미스를 반환하면 then 메서드는 그 값

을 그대로 반환한다. ❷ 만약 프로미스가 아닌 값을 반환하면 then 메서드는 이행됨 상태인 프로미스를 반환한다. ❸ onResolve 또는 onReject 함수 내부에서 예외가 발생하면 then 메서드는 거부됨 상태인 프로미스를 반환한다. 결과적으로 then 메서드는 항상 프로미스를 반환한다.

프로미스가 거부됨 상태인 경우에는 onReject 함수가 존재하는 then을 만날 때까지 이동한다.

코드 2-68 거부됨 상태가 되면 onReject 함수를 호출한다

```
Promise.reject('err')
  .then(() => console.log('then 1'))       ┐
  .then(() => console.log('then 2'))       ┘ ❶
  .then(() => console.log('then 3'), () => console.log('then 4'))  ❷
  .then(() => console.log('then 5'), () => console.log('then 6')); ❸
```

거부됨 상태인 프로미스는 처음으로 만나는 onReject 함수를 호출하므로 ❶번 코드 블록은 생략되고 ❷번 코드의 then 4가 출력된다. then 4를 출력하는 onReject 함수는 undefined를 결과로 가지면서 이행됨 상태인 프로미스를 생성한다. ❸ 따라서 이어지는 then 메서드에서는 then 5가 출력된다. then 메서드의 가장 중요한 특징은 항상 연결된 순서대로 호출된다는 점이다. 이 특징 덕에 프로미스로 비동기 프로그래밍을 할 때 동기 프로그래밍 방식으로 코드를 작성할 수 있다.

프로미스 이용하기 2: catch

catch는 프로미스 수행 중 발생한 예외를 처리하는 메서드다. catch 메서드는 then 메서드의 onReject 함수와 같은 역할을 한다.

다음은 동일한 기능을 then 메서드와 catch 메서드로 각각 구현한 코드다.

코드 2-69 같은 기능을 하는 then 메서드와 catch 메서드

```
Promise.reject(1).then(null, error => {
  console.log(error);
});
Promise.reject(1).catch(error => {
  console.log(error);
});
```

예외 처리는 then 메서드의 onReject 함수보다는 catch 메서드를 이용하는 게 가독성 면에서 더 좋다.

다음은 onReject 함수에서 예외를 처리할 때 발생하는 문제를 보여 준다.

코드 2-70 then 메서드의 onReject를 사용했을 때의 문제점

```
Promise.resolve().then(
  () => { ❶
    throw new Error('some error');
  },
  error => { ❷
    console.log(error);
  },
);
```

❶ then 메서드의 onResolve 함수에서 발생한 예외는 같은 then 메서드의 ❷ onReject 함수에서 처리되지 않는다. 위 코드를 실행하면 Unhandled promise rejection 에러가 발생한다. 거부됨 상태인 프로미스를 처리하지 않았기 때문이다. 코드를 다음과 같이 수정하면 이 문제는 해결된다.

코드 2-71 onReject 함수를 사용하지 않고 catch를 사용한 예

```
Promise.resolve()
  .then(() => {
    throw new Error('some error');
  })
  .catch(error => {
    console.log(error);
  });
```

프로미스에서 예외 처리를 할 때는 then 메서드의 onReject 함수보다는 좀 더 직관적인 catch 메서드를 이용할 것을 추천한다.

then 메서드와 마찬가지로 catch 메서드도 새로운 프로미스를 반환한다. 따라서 다음처럼 catch 메서드 이후에도 계속해서 then 메서드를 사용할 수 있다.

코드 2-72 catch 메서드 이후에도 then 메서드 사용하기

```
Promise.reject(10)
  .then(data => {
    console.log('then1:', data);
    return 20;
  })
  .catch(error => {
    console.log('catch:', error);
    return 30;
```

```
  })
  .then(data => {
    console.log('then2:', data);
  });
// catch: 10 ⎤ ❶
// then2: 30 ⎦
```

❶ 실행 결과이다.

프로미스 이용하기 3: finally

finally는 프로미스가 이행됨 또는 거부됨 상태일 때 호출되는 메서드다. 이 메
서드는 2018년에 자바스크립트 표준으로 채택됐다. finally 메서드는 다음과 같
이 프로미스 체인의 가장 마지막에 사용된다.

코드 2-73 **finally를 사용한 간단한 코드**

```
requestData()
  .then(data => {
    // ...
  })
  .catch(error => {
    // ...
  })
  .finally(() => {
    // ...
  });
```

finally 메서드는 .then(onFinally, onFinally) 코드와 유사하지만, 이전에 사
용된 프로미스를 그대로 반환한다는 점이 다르다. 따라서 처리됨 상태인 프로
미스의 데이터를 건드리지 않고 추가 작업을 할 때 유용하게 사용될 수 있다. 다
음은 데이터 요청의 성공, 실패 여부와 상관없이 서버에 로그를 보낼 때 finally
메서드를 사용한 코드다.

코드 2-74 **finally 메서드는 새로운 프로미스를 생성하지 않는다**

```
function requestData() {
  return fetch()
    .catch(error => {
      // ...
    })
    .finally(() => {
      sendLogToServer('requestData finished');
    });
```

```
}
requestData().then(data => console.log(data)); ❶
```

❶ requestData 함수의 반환값은 finally 메서드 호출 이전의 프로미스다. 따라서 requestData 함수를 사용하는 입장에서는 finally 메서드의 존재 여부를 신경 쓰지 않아도 된다.

2.4.2 프로미스 활용하기

병렬로 처리하기: Promise.all

Promise.all은 여러 개의 프로미스를 병렬로 처리할 때 사용하는 함수다. then 메서드를 체인으로 연결하면 각각의 비동기 처리가 병렬로 처리되지 않는다는 단점이 있다.

다음과 같이 여러 개의 비동기 함수를 then 메서드로 연결하면 순차적으로 실행된다.

코드 2-75 **순차적으로 실행되는 비동기 코드**

```
requestData1()
  .then(data => {
    console.log(data);
    return requestData2();
  })
  .then(data => {
    console.log(data);
  });
```

비동기 함수 간에 서로 의존성이 없다면 병렬로 처리하는 게 더 빠르다. then 메서드를 체인으로 연결하지 않고 다음과 같이 비동기 함수를 각각 호출하면 병렬로 처리된다.

코드 2-76 **병렬로 실행되는 코드**

```
requestData1().then(data => console.log(data));
requestData2().then(data => console.log(data));
```

위 코드에서 requestData1, requestData2 두 함수는 동시에 실행된다. 이렇게 여러 프로미스를 병렬로 처리하고 싶은 경우에 다음과 같이 Promise.all을 사용할 수 있다.

코드 2-77 Promise.all을 사용하는 코드

```
Promise.all([requestData1(), requestData2()]).then(([data1, data2]) => {
  console.log(data1, data2);
});
```

Promise.all 함수는 프로미스를 반환한다. Promise.all 함수가 반환하는 프로미스는 입력된 모든 프로미스가 처리됨 상태가 되어야 마찬가지로 처리됨 상태가 된다. 만약 하나라도 거부됨 상태가 된다면 Promise.all 함수가 반환하는 프로미스도 거부됨 상태가 된다.

가장 빨리 처리된 프로미스 가져오기: Promise.race

Promise.race는 여러 개의 프로미스 중에서 가장 빨리 처리된 프로미스를 반환하는 함수다. Promise.race 함수에 입력된 여러 프로미스 중에서 하나라도 처리됨 상태가 되면, Promise.race 함수가 반환하는 프로미스도 처리됨 상태가 된다. 다음 코드는 Promise.race 함수의 사용법을 보여 준다.

코드 2-78 Promise.race를 사용한 간단한 코드

```
Promise.race([
  requestData(),
  new Promise((_, reject) => setTimeout(reject, 3000)),
])
  .then(data => console.log(data))
  .catch(error => console.log(error));
```

requestData 함수가 3초 안에 데이터를 받으면 then 메서드가 호출되고, 그렇지 않으면 catch 메서드가 호출된다.

프로미스를 이용한 데이터 캐싱

처리됨 상태가 되면 그 상태를 유지하는 프로미스의 성질을 이용해서 데이터를 캐싱할 수 있다. 다음은 프로미스를 이용해서 데이터를 캐싱하는 코드다.

코드 2-79 프로미스로 캐싱 기능 구현하기

```
let cachedPromise;
function getData() {
  cachedPromise = cachedPromise || requestData(); ❶
  return cachedPromise;
}
```

```
getData().then(v => console.log(v));
getData().then(v => console.log(v));
```

❶ getData 함수를 처음 호출할 때만 requestData가 호출된다. 데이터를 가져오는 작업이 끝나면 그 결과는 cachedPromise 프로미스에 저장된다. 데이터를 가져오는 작업에 실패하는 경우가 고려되지 않았지만, 지금은 프로미스로 캐싱을 구현할 수도 있다는 점만 기억하기 바란다.

2.4.3 프로미스 사용 시 주의할 점

return 키워드 깜빡하지 않기

then 메서드 내부 함수에서 return 키워드를 입력하는 것을 깜빡하기 쉽다. then 메서드가 반환하는 프로미스 객체의 데이터는 내부 함수가 반환한 값이다. return 키워드를 사용하지 않으면 프로미스 객체의 데이터는 undefined가 된다.
　다음 코드는 then 메서드 내부에서 return 키워드를 깜빡한 경우를 보여 준다.

코드 2-80 **return 키워드를 깜빡한 코드**

```
Promise.resolve(10)
  .then(data => {
    console.log(data);
    Promise.resolve(20); ❷
  })
  .then(data => {
    console.log(data); ❶
  });
```

❶ 의도와는 다르게 undefined가 출력된다. ❷번 코드에서 return 키워드를 입력하면 의도한 대로 20이 출력된다.

프로미스는 불변 객체라는 사실 명심하기

프로미스는 불변 객체다. 이를 인지하지 못하고 코드를 작성하면 다음과 같은 실수를 할 수 있다.

코드 2-81 **프로미스가 수정된다고 생각하고 작성한 코드**

```
function requestData() {
  const p = Promise.resolve(10);
  p.then(() => { ❶
```

```
    return 20;
  });
  return p;
}
requestData().then(v => {
  console.log(v); // 10 ❷
});
```

❶ then 메서드는 기존 객체를 수정하지 않고, 새로운 프로미스를 반환한다. ❷
번 코드에서 20이 출력되길 원한다면 requestData 함수를 다음과 같이 수정해야
한다.

코드 2-82 then 메서드로 생성된 프로미스를 반환하는 코드

```
function requestData() {
  return Promise.resolve(10).then(v => {
    return 20;
  });
}
```

프로미스를 중첩해서 사용하지 않기

프로미스를 중첩해서 사용하면 콜백 패턴처럼 코드가 복잡해지므로 사용을 권
하지 않는다. 무심결에 다음 코드와 같이 중첩해서 사용하기 쉽다.

코드 2-83 프로미스를 중첩해서 사용한 코드

```
requestData1().then(result1 => {
  requestData2(result1).then(result2 => {
    // ...
  });
});
```

코드 2-83보다는 다음과 같이 사용하는 게 좋다.

코드 2-84 중첩된 코드를 리팩터링한 코드

```
requestData1()
  .then(result1 => {
    return requestData2(result1);
  })
  .then(result2 => {
    // ... ❶
  });
```

만약 ❶에서 result1 변수를 참조해야 한다면 어떻게 해야 할까? Promise.all 함

수를 사용하면 프로미스를 중첩하지 않고도 다음과 같이 해결할 수 있다.

코드 2-85 **Promise.all을 사용해서 변수 참조 문제를 해결한 코드**

```
requestData1()
  .then(result1 => {
    return Promise.all([result1, requestData2(result1)]); ❶
  })
  .then(([result1, result2]) => {
    // ...
  });
```

❶ Promise.all 함수로 입력하는 배열에 프로미스가 아닌 값을 넣으면, 그 값 그대로 이행됨 상태인 프로미스처럼 처리된다.

동기 코드의 예외 처리 신경 쓰기

프로미스를 동기(sync) 코드와 같이 사용할 때는 예외 처리에 신경 써야 한다. 다음과 같이 동기 함수에서 예외가 발생하는 경우에는 이 예외를 처리하는 곳이 없어서 문제가 된다.

코드 2-86 **동기 코드에서 발생한 예외가 처리되지 않는 코드**

```
function requestData() {
  doSync(); ❶
  return fetch()
    .then(data => console.log(data))
    .catch(error => console.log(error));
}
```

❶ doSync 함수가 반드시 fetch 전에 호출되어야 하는 게 아니라면 다음과 같이 then 메서드 안쪽으로 넣어 주는 게 좋다.

코드 2-87 **동기 코드도 예외처리가 되는 코드**

```
function requestData() {
  return fetch()
    .then(data => {
      doSync();
      console.log(data);
    })
    .catch(error => console.log(error));
}
```

이제 doSync에서 발생하는 예외는 catch 메서드에서 처리가 된다.

2.5 향상된 비동기 프로그래밍 2: async await

async await는 비동기 프로그래밍을 동기 프로그래밍처럼 작성할 수 있도록 함수에 추가된 기능이다. 프로미스가 자바스크립트 표준이 되고 2년 후(ES2017)에 async await도 자바스크립트 표준이 되었는데, async await를 이용해서 비동기 코드를 작성하면 프로미스의 then 메서드를 체인 형식으로 호출하는 것보다 가독성이 좋아진다. 그렇다고 async await가 프로미스를 완전히 대체하는 것은 아니다. 프로미스는 비동기 상태를 값으로 다룰 수 있기 때문에 async await보다 큰 개념이다.

지금부터 async await의 개념을 알아보고 프로미스로 작성한 비동기 코드와 어떻게 다른지 비교해 보자.

2.5.1 async await 이해하기

async await 함수는 프로미스를 반환한다

프로미스는 객체로 존재하지만 async await는 함수에 적용되는 개념이다. 다음과 같이 async await 함수는 프로미스를 반환한다.

코드 2-88 **프로미스를 반환하는 async await 함수**

```
async function getData() { ❶
  return 123;
}
getData().then(data => console.log(data)); // 123 ❷
```

❶ async 키워드를 이용해서 정의된 함수는 async await 함수이며, 항상 프로미스를 반환한다. ❷ 따라서 함수 호출 후 then 메서드를 사용할 수 있다.

async await 함수 내부에서 프로미스를 반환하는 경우를 살펴보자.

코드 2-89 **프로미스를 반환하는 async await 함수**

```
async function getData() {
  return Promise.resolve(123); ❶
}
getData().then(data => console.log(data)); // 123
```

❶ 프로미스의 then 메서드와 마찬가지로 async await 함수 내부에서 반환하는 값이 프로미스라면 그 객체를 그대로 반환한다.

다음과 같이 async await 함수 내부에서 예외가 발생하는 경우에는 거부됨 상태인 프로미스가 반환된다.

코드 2-90 async await 함수에서 예외가 발생하는 경우

```
async function getData() {
  throw new Error('123');
}
getData().catch(error => console.log(error)); // 에러 발생: 123
```

await 키워드를 사용하는 방법

await 키워드는 async await 함수 내부에서 사용된다. await 키워드 오른쪽에 프로미스를 입력하면 그 프로미스가 처리됨 상태가 될 때까지 기다린다. 따라서 await 키워드로 비동기 처리를 기다리면서 순차적으로 코드를 작성할 수 있다.

다음은 await 키워드를 사용한 예다.

코드 2-91 await 키워드의 사용 예

```
function requestData(value) {
  return new Promise(resolve =>
    setTimeout(() => {
      console.log('requestData:', value);
      resolve(value);
    }, 100),
  );
}
async function getData() {
  const data1 = await requestData(10);    ┐❶
  const data2 = await requestData(20);    ┘
  console.log(data1, data2); ❷
  return [data1, data2];
}
getData();
// requestData: 10    ┐
// requestData: 20    ├❸
// 10 20              ┘
```

❶ requestData 함수가 반환하는 프로미스가 처리됨 상태가 될 때까지 ❷의 코드는 실행되지 않는다. 따라서 getData 함수를 호출한 결과는 ❸과 같다.

await 키워드는 오직 async await 함수 내에서만 사용될 수 있다. 다음과 같이 await 키워드를 일반 함수에서 사용하면 에러가 발생한다.

코드 2-92 **await 키워드는 async 키워드 없이 사용할 수 없다**

```
function getData() {
  const data = await requestData(10); // 에러 발생
  console.log(data);
}
```

async await는 프로미스보다 가독성이 좋다

async await와 프로미스는 비동기 프로그래밍을 동기 프로그래밍 방식으로 작성할 수 있게 해 준다. 다음 코드는 async await와 프로미스를 비교하기 위해 같은 기능을 각각의 방식으로 구현한 것이다.

코드 2-93 **async await와 프로미스 비교하기**

```
function getDataPromise() { ❶
  asyncFunc1()
    .then(data => {
      console.log(data);
      return asyncFunc2();
    })
    .then(data => {
      console.log(data);
    });
}
async function getDataAsync() { ❷
  const data1 = await asyncFunc1();
  console.log(data1);
  const data2 = await asyncFunc2();
  console.log(data2);
}
```

❶ 프로미스로 작성한 함수다. ❷ async await 함수는 then 메서드를 호출할 필요가 없기 때문에 더 간결하다.

비동기 함수 간에 의존성이 높아질수록 async await와 프로미스의 가독성 차이는 더 선명하게 드러난다. 다음은 서로 의존성이 있는 여러 비동기 함수의 처리를 각각 async await와 프로미스로 작성한 코드다. asyncFunc1, asyncFunc2, asyncFunc3 세 함수는 각각의 반환값을 다른 함수의 인수로 넣으면서 의존성을 가지고 있다.

코드 2-94 **의존성이 높은 코드에서 가독성 비교하기**

```
function getDataPromise() {
  return asyncFunc1()
```

```
    .then(data1 => Promise.all([data1, asyncFunc2(data1)])) ❶
    .then(([data1, data2]) => {
      return asyncFunc3(data1, data2);
    });
}
async function getDataAsync() { ❷
  const data1 = await asyncFunc1();
  const data2 = await asyncFunc2(data1);
  return asyncFunc3(data1, data2);
}
```

❶ 두 반환값을 asyncFunc3 함수에 전달하기 위해 Promise.all을 사용했다. ❷ async await 함수는 복잡한 의존성이 존재함에도 코드가 직관적이다.

2.5.2 async await 활용하기

비동기 함수를 병렬로 실행하기

async await 함수에서 여러 비동기 함수를 병렬로 처리하는 방법을 알아보자. 다음과 같이 여러 비동기 함수에 각각 await 키워드를 사용해서 호출하면 순차적으로 실행된다.

코드 2-95 순차적으로 실행되는 비동기 코드

```
async function getData() {
  const data1 = await asyncFunc1();
  const data2 = await asyncFunc2();
  // ...
}
```

앞의 코드에서 두 함수 사이에 의존성이 없다면 동시에 실행하는 게 더 좋다. 프로미스는 생성과 동시에 비동기 코드가 실행된다. 따라서 두 개의 프로미스를 먼저 생성하고 await 키워드를 나중에 사용하면 병렬로 실행되는 코드가 된다.

코드 2-96 await 키워드를 나중에 사용해서 병렬로 실행되는 비동기 코드

```
async function getData() {
  const p1 = asyncFunc1();
  const p2 = asyncFunc2();      ❶
  const data1 = await p1;
  const data2 = await p2;       ❷
  // ...
}
```

❶ 두 개의 프로미스가 생성되고 각자의 비동기 코드가 실행된다. ❷ 두 프로미스가 생성된 후 기다리기 때문에 두 개의 비동기 함수가 병렬로 처리된다.

코드 2-96은 Promise.all을 사용하면 다음과 같이 더 간단해진다.

코드 2-97 Promise.all을 사용해서 병렬로 실행하기

```
async function getData() {
  const [data1, data2] = await Promise.all([asyncFunc1(), asyncFunc2()]);
  // ...
}
```

예외 처리하기

async await 함수에서 예외를 처리하는 방법을 알아보자. async await 함수 내부에서 발생하는 예외는 다음과 같이 try catch 문으로 처리하는 게 좋다.

코드 2-98 동기와 비동기 함수 모두 catch 문에서 처리된다

```
async function getData() {
  try {
    await doAsync(); ❶
    return doSync(); ❷
  } catch (error) {
    console.log(error);
  }
}
```

❶ 비동기 함수와 ❷ 동기 함수에서 발생하는 모든 예외가 catch 문에서 처리된다. 만약 getData가 async await 함수가 아니었다면 doAsync 함수에서 발생하는 예외는 catch 문에서 처리되지 않는다. 이는 doAsync 함수의 처리가 끝나는 시점을 알 수 없기 때문이다.

Thenable을 지원하는 async await

Thenable은 프로미스처럼 동작하는 객체다. 프로미스가 ES6에 등장하기 이전부터 이미 여러 프로미스 라이브러리가 나왔다. 많은 개발자가 이러한 라이브러리를 사용해서 ES6 이전부터 프로미스를 사용해 왔다. async await는 ES6의 프로미스가 아니더라도 then 메서드를 가진 객체를 프로미스처럼 취급한다. 이렇게 ES6의 프로미스가 아니더라도 then 메서드를 가진 객체를 Thenable이라고 부른다.

다음 코드의 ThenableExample 클래스로 생성한 객체는 Thenable이다. await 키워드와 함께 Thenable을 사용할 수 있다.

코드 2-99 async await 함수에서 Thenable을 사용한 예

```
class ThenableExample {
  then(resolve, reject) { ❶
    setTimeout(() => resolve(123), 1000);
  }
}
async function asyncFunc() {
  const result = await new ThenableExample(); ❷
  console.log(result); // 123
}
```

❶ ThenableExample 클래스는 then 메서드를 갖고 있으므로, ThenableExample 클래스로 생성된 객체는 Thenable이다. ❷ async await 함수는 Thenable도 프로미스처럼 처리한다.

2.6 템플릿 리터럴로 동적인 문자열 생성하기

ES6에 추가된 템플릿 리터럴(template literals)은 변수를 이용해서 동적으로 문자열을 생성할 수 있는 문법이다. ES6 이전에 동적으로 문자열을 생성할 때는 다음과 같은 코드를 사용했다.

코드 2-100 ES6 이전에 동적인 문자열을 생성하는 코드

```
var name = 'mike';
var score = 80;
var msg = 'name: ' + name + ', score/100: ' + score / 100; ❶
```

❶ 더하기 기호와 따옴표를 반복적으로 사용해서 문자열을 생성한다. 이 방식은 더하기 기호와 따옴표를 입력하느라 코드를 작성하는 시간이 오래 걸린다. 그리고 코드를 읽는 입장에서는 따옴표의 묶음을 잘 인지해야 하므로 가독성이 떨어진다.

다음은 코드 2-100을 템플릿 리터럴로 변경한 코드다.

코드 2-101 템플릿 리터럴을 사용한 코드

```
const msg = `name: ${name}, score/100: ${score / 100}`;
```

템플릿 리터럴은 백틱(``)을 이용한다. 표현식(expression)을 사용할 때는 ${expression} 형식으로 입력한다.

여러 줄의 문자열 입력하기

템플릿 리터럴을 사용하면 여러 줄의 문자열을 생성하기 쉽다. ES6 이전에는 여러 줄의 문자열을 생성하기 위해서 다음과 같이 작성했다.

코드 2-102 ES5에서 여러 줄의 문자열을 생성하는 코드

```
const msg = 'name: ' + name + '\n' +
'age: ' + age + '\n' +
'score: ' + score + '\n';
```

줄의 끝에 \n 기호를 입력하면 줄 바꿈이 된다. 이 방법 외에도 역슬래시(\)를 이용한 방법이 있지만 표현식이 들어가는 경우 복잡해지는 건 마찬가지다.

다음과 같이 템플릿 리터럴을 이용하면 여러 줄의 문자열을 생성할 때 좀 더 자연스러운 방식으로 작성할 수 있다.

코드 2-103 템플릿 리터럴을 이용해서 여러 줄의 문자열을 생성하는 코드

```
const msg = `name: ${name}
age: ${age}
score: ${score}`;
```

줄의 끝에 \n 기호를 입력할 필요가 없다. 이전의 ES5 코드와 비교해 보면 코드 입력 속도와 가독성 면에서 템플릿 리터럴이 우수하다는 것을 알 수 있다.

📦 **태그된 템플릿 리터럴**

태그된 템플릿 리터럴(tagged template literals)은 템플릿 리터럴을 확장한 기능이다. 태그된 템플릿 리터럴은 함수로 정의된다. 사용할 때는 다음과 같이 함수명과 함께 템플릿 리터럴을 붙여서 작성한다.

코드 2-104 태그된 템플릿 리터럴 함수의 구조

```
function taggedFunc(strings, ...expressions) { ❶
  return 123;
}
```

```
const v1 = 10;
const v2 = 20;
const result = taggedFunc`a ${v1} b ${v2}`; ❷
console.log(result); // 123
```

❶ taggedFunc는 태그된 템플릿 리터럴 함수다. ❷ taggedFunc 함수를 호출한다. 우리
가 알고 있는 함수 호출과는 문법이 다르기 때문에 어색할 수 있다. 태그된 템플릿 리터럴
함수는 함수명과 함께 템플릿 리터럴을 붙여서 사용한다. 함수명 오른쪽의 템플릿 리터럴
을 파싱한 결과가 ❶의 strings, expressions 매개변수로 들어간다.

  탬플릿 리터럴의 표현식을 기준으로 문자열이 분할되어 strings 매개변수에 배열로
들어간다. 지금부터 여러 가지 예제를 통해 strings, expressions 매개변수의 값이 어떻
게 만들어지는지 살펴보자.

코드 2-105 태그된 템플릿 리터럴의 파싱 결과 분석

```
const v1 = 10;
const v2 = 20;

taggedFunc`a-${v1}-b-${v2}-c`; ❶
// strings = [ 'a-', '-b-', '-c' ];

taggedFunc`a-${v1}-b-${v2}`; ❷
// strings = [ 'a-', '-b-', '' ];

taggedFunc`${v1}-b-${v2}`; ❸
// strings = [ '', '-b-', '' ];

// expressions = [10, 20]; ❹

function taggedFunc(strings, ...expressions) {
  console.log(strings.length === expressions.length + 1); // true ❺
}
```

❶ 두 개의 표현식을 기준으로 세 개의 문자열로 분할된다. ❷ 템플릿 리터럴 오른쪽이 표
현식으로 끝나면 빈 문자열이 들어간다. ❸ 마찬가지로 템플릿 리터럴 왼쪽이 표현식으로
시작하면 빈 문자열이 들어간다. ❹ 위 세 가지 예제 모두 expressions 매개변수의 값은
같다. ❺ strings 배열의 개수는 expressions 배열의 개수보다 항상 하나 더 많다.

  태그된 템플릿 리터럴은 일부 문자열을 강조하고 싶을 때도 쓸 수 있다. 다음은
expressions 매개변수로 전달된 문자열을 HTML strong 태그로 감싸 주는 함수다.

코드 2-106 일부 문자열을 강조하는 태그된 템플릿 리터럴 함수

```
function highlight(strings, ...expressions) {
  return strings.reduce(
    (prevValue, str, i) =>
      expressions.length === i
        ? `${prevValue}${str}`
        : `${prevValue}${str}<strong>${expressions[i]}</strong>`,
    '',
  );
}

const v1 = 10;
const v2 = 20;
const result = highlight`a ${v1} b ${v2}`;
console.log(result); // a <strong>10</strong> b <strong>20</strong>
```

태그된 템플릿 리터럴 함수의 반환값이 꼭 문자열일 필요는 없다. 1장에서 살펴봤던 styled-components 패키지에서는 태그된 템플릿 리터럴 함수가 리액트 컴포넌트를 반환한다.

2.7 실행을 멈출 수 있는 제너레이터

제너레이터(generator)는 함수의 실행을 중간에 멈추고 재개할 수 있는 독특한 기능이다. 실행을 멈출 때 값을 전달할 수 있기 때문에 반복문에서 제너레이터가 전달하는 값을 하나씩 꺼내서 사용할 수 있다. 이는 배열이 반복문에서 사용되는 방식과 같다. 다만, 제너레이터는 보통의 컬렉션(collection)과 달리 값을 미리 만들어 놓지 않는다. 값을 미리 만들어 놓으면 불필요하게 메모리를 사용하는 단점이 있다. 제너레이터를 사용하면 필요한 순간에 값을 계산해서 전달할 수 있기 때문에 메모리 측면에서 효율적이다.

제너레이터는 값을 전달하는 용도 외에도 다른 함수와 협업 멀티태스킹 (cooperative multitasking)을 할 수 있다. 제너레이터가 실행을 멈추고 재개할 수 있기 때문에 멀티태스킹이 가능하다.

제너레이터가 어떻게 실행을 멈추고 재개하는지 살펴보자.

2.7.1 제너레이터 이해하기

제너레이터는 별표와 함께 정의된 함수와 그 함수가 반환하는 제너레이터 객체로 구성된다. 다음은 간단한 제너레이터 함수의 코드다.

코드 2-107 간단한 제너레이터 함수의 예

```
function* f1() { ❶
  yield 10; ❷
  yield 20;
  return 'finished';
}
const gen = f1(); ❸
```

❶ 별표와 함께 정의된 함수는 제너레이터 함수다. ❷ yield 키워드를 사용하면 함수의 실행을 멈출 수 있다. ❸ 제너레이터 함수를 실행하면 제너레이터 객체가 반환된다.

제너레이터 객체는 next, return, throw 메서드를 가지고 있다. 우리는 주로 next 메서드를 사용하게 된다. 다음은 next 메서드를 사용하는 코드다.

코드 2-108 제너레이터 객체의 next 메서드 사용하기

```
function* f1() {
  console.log('f1-1');
  yield 10;
  console.log('f1-2');
  yield 20;
  console.log('f1-3');
  return 'finished';
}
const gen = f1(); ❶
console.log(gen.next()); ❷
console.log(gen.next());
console.log(gen.next()); ❸
// f1-1
// { value: 10, done: false }
// f1-2
// { value: 20, done: false }
// f1-3
// { value: 'finished', done: true }
```

❶ 제너레이터 함수를 실행하면 제너레이터 객체만 반환되고 실제로 함수 내부 코드는 실행되지 않는다. 따라서 아직 첫 번째 로그는 출력되지 않는다. ❷ next 메서드를 호출하면 yield 키워드를 만날 때까지 실행되고 데이터 객체를 반환

한다. ❷에서 반환되는 데이터 객체는 { value: 10, done: false }이다. yield 키워드를 만나면 데이터 객체의 done 속성값은 거짓이 되고, 만나지 못하면 참이 된다. yield 키워드 오른쪽의 값이 데이터 객체의 value 속성값으로 넘어온다. ❸ 더는 yield 키워드를 만나지 못했기 때문에 done 속성값은 참이 된다. 만약 return 키워드가 함수의 최상단에 있었다면 첫 번째 next 메서드의 호출에서 done 속성값은 참이 된다.

제너레이터 객체가 next 메서드를 갖고 있다는 사실은 제너레이터 객체가 반복자(iterator)라는 것을 암시한다. 반복자의 정의와 반복자로 할 수 있는 일은 잠시 후 살펴보자.

다음은 제너레이터 객체의 return 메서드를 호출한 결과를 보여 준다.

코드 2-109 제너레이터 객체의 return 메서드 호출하기

```
const gen = f1();
console.log(gen.next());
console.log(gen.return('abc')); ❶
console.log(gen.next());        ❷
// f1-1
// { value: 10, done: false }
// { value: 'abc', done: true }
// { value: undefined, done: true }
```

❶ return 메서드를 호출하면 데이터 객체의 done 속성값은 참이 된다. ❷ 이후에 next 메서드를 호출해도 done 속성값은 참이 된다.

다음은 제너레이터 객체의 throw 메서드를 호출한 결과를 보여 준다.

코드 2-110 제너레이터 객체의 throw 메서드 호출하기

```
function* f1() {
  try { ❶
    console.log('f1-1');
    yield 10;
    console.log('f1-2');
    yield 20;
  } catch (e) {
    console.log('f1-catch', e);
  }
}
const gen = f1();
console.log(gen.next());
console.log(gen.throw('some error')); ❷
// f1-1
```

```
// { value: 10, done: false }
// f1-catch some error
// { value: undefined, done: true }
```

❶ try catch 문을 사용해서 예외 처리를 할 수 있도록 수정했다. ❷ throw 메서드를 호출하면 예외가 발생한 것으로 처리되기 때문에 catch 문으로 들어간다. 이때 데이터 객체의 done 속성값은 참이 된다.

반복 가능하면서 반복자인 제너레이터 객체

제너레이터 객체는 반복 가능하면서 반복자이다. 다음 조건을 만족하는 객체는 반복자이다.

- next 메서드를 갖고 있다.
- next 메서드는 value와 done 속성값을 가진 객체를 반환한다.
- done 속성값은 작업이 끝났을 때 참이 된다.

제너레이터 객체가 반복자라는 사실은 코드 2-108에서 확인했다. 다음 조건을 만족하면 반복 가능(iterable)한 객체다.

- Symbol.iterator 속성값으로 함수를 가지고 있다.
- 해당 함수를 호출하면 반복자를 반환한다.

배열은 대표적인 반복 가능한 객체다.

코드 2-111 배열은 반복 가능한 객체다

```
const arr = [10, 20, 30];
const iter = arr[Symbol.iterator](); ❶
console.log(iter.next()); // {value: 10, done: false} ❷
```

❶ 배열은 Symbol.iterator 속성값으로 함수를 갖고 있으므로 첫 번째 조건을 만족한다. ❷ 함수가 반환한 iter 변수는 반복자이므로 두 번째 조건도 만족한다.

　다음은 제너레이터 객체가 반복 가능한 객체라는 것을 보여 준다.

코드 2-112 제너레이터 객체는 반복 가능한 객체다

```
function* f1() {
  // ...
}
```

```
const gen = f1();
console.log(gen[Symbol.iterator]() === gen); // true ❶
```

❶ Symbol.iterator 속성값을 호출한 결과가 자기 자신(반복자)이다. 따라서 제너레이터 객체는 반복 가능한 객체다.

반복 가능한 객체는 다음과 같이 for of 문과 전개 연산자에서 유용하게 쓰인다.

코드 2-113 반복 가능한 객체를 이용하는 코드

```
function* f1() {
  yield 10;
  yield 20;
  yield 30;
}
for (const v of f1()) {
  console.log(v);          ❶
}
const arr = [...f1()]; ❷
console.log(arr); // [ 10, 20, 30 ]
```

❶ for of 문은 반복 가능한 객체로부터 반복자를 얻는다. 그리고 반복자의 next 메서드를 호출하면서 done 속성값이 참이 될 때까지 반복한다. ❷ 마찬가지로 전개 연산자도 done 속성값이 참이 될 때까지 값을 펼친다.

2.7.2 제너레이터 활용하기

제너레이터를 활용해서 할 수 있는 일을 알아보자. 제너레이터, 반복자, 반복 가능한 객체를 이용하면 함수형 프로그래밍의 대표적인 함수를 쉽게 구현할 수 있다. 다음은 함수형 프로그래밍의 대표적인 함수인 map, filter, take 함수를 구현한 코드다.

코드 2-114 제너레이터로 구현한 map, filter, take 함수

```
function* map(iter, mapper) {
  for (const v of iter) {
    yield mapper(v);        ❶
  }
}

function* filter(iter, test) {
  for (const v of iter) {
    if (test(v)) {
```

```
      yield v;
    }
  }
}

function* take(n, iter) {
  for (const v of iter) {
    if (n <= 0) return;
    yield v;
    n--;
  }
}

const values = [1, 2, 3, 4, 5, 6, 7, 8, 9, 10];
const result = take(3, map(filter(values, n => n % 2 === 0), n => n * 10)); ❷
console.log([...result]); // [ 20, 40, 60 ] ❸
```

❶ 제너레이터 함수 내부에서 반복 가능한 객체를 이용하고 있다. 세 함수는 제너레이터 덕분에 새로운 배열 객체를 생성하지 않는다. 주목할 것은 세 함수가 연산이 필요한 순간에만 실행된다는 점이다. ❷ 함수를 호출하면 제너레이터 객체만 생성되고 실제 연산은 수행되지 않는다. 그리고 ❸ 값이 필요한 순간에 제너레이터 객체를 통해서 다음 값을 요청한다. 이렇게 필요한 순간에만 연산하는 방식을 지연 평가(lazy evaluation)라고 부른다.

처음에는 지연 평가의 과정을 이해하기 힘들 수 있다. 위 코드의 각 함수에서 콘솔 로그를 출력해 보면서 지연 평가를 이해해 보자.

제너레이터를 사용해서 얻게 되는 또 다른 장점은 필요한 연산만 수행된다는 점이다. ❸이 실행될 때 values 배열의 모든 값이 연산에 사용되지 않는다. 숫자 1부터 6까지 연산하고 take 함수는 종료된다.

필요한 연산만 수행하기 때문에 무한대로 값을 표현하는 것도 가능하다. 다음은 자연수의 집합을 표현한 제너레이터 함수를 보여 준다.

코드 2-115 제너레이터 함수로 자연수의 집합 표현

```
function* naturalNumbers() {
  let v = 1;
  while (true) {
    yield v++;
  }
}

const values = naturalNumbers();
```
❶

```
const result = take(3, map(filter(values, n => n % 2 === 0), n => n * 10));
console.log([...result]); // [ 20, 40, 60 ] ❷
```

❶ 자연수의 집합을 제너레이터 함수로 표현했다. 제너레이터 함수를 사용하지 않았다면 이 함수를 실행하는 프로그램은 먹통이 될 것이다. ❷ 전개 연산자를 실행하면 자연수 1부터 6까지만 연산에 사용된다.

제너레이터 함수끼리 호출하기

제너레이터 함수에서 다른 제너레이터 함수를 호출할 때는 yield* 키워드를 이용한다.

코드 2-116 제너레이터 함수가 다른 제너레이터 함수 호출하기

```
function* g1() {
  yield 2;
  yield 3;
}
function* g2() {
  yield 1;
  yield* g1(); ❶
  yield 4;
}
console.log(...g2()); // 1 2 3 4
```

❶ 제너레이터 함수에서 다른 제너레이터 함수를 호출하고 있다. 사실 yield* 키워드 오른쪽에는 반복 가능한 객체가 올 수 있도록 설계되었다.

다음은 위 코드의 g2 함수와 같은 역할을 수행하는 제너레이터 함수다.

코드 2-117 반복 가능한 객체를 처리하는 yield* 키워드

```
function* g2_second() {
  yield 1;
  for (const value of g1()) {  ⎤
    yield value;               ⎥ ❶
  }                            ⎦
  yield 4;
}

function* g2_third() {
  yield 1;
  yield* [2, 3]; ❷
  yield 4;
}
```

❶ 코드 2-116의 yield* g1();은 이 코드처럼 해석될 수 있다. ❷ yield* 키워드 오른쪽에는 제너레이터 객체뿐만 아니라 반복 가능한 모든 객체가 올 수 있다.

제너레이터 함수로 데이터 전달하기

제너레이터 함수는 외부로부터 데이터를 받아서 소비할 수 있다. next 메서드를 호출하는 쪽에서 제너레이터 함수로 데이터를 전달할 수 있다. 다음과 같이 next 메서드의 인수로 데이터를 전달할 수 있다.

코드 2-118 next 메서드를 이용해서 제너레이터 함수로 데이터 전달하기

```
function* f1() {
  const data1 = yield; ❸
  console.log(data1); // 10
  const data2 = yield;
  console.log(data2); // 20
}
const gen = f1();
gen.next(); ❶
gen.next(10);  ❷
gen.next(20);
```

❶ 첫 번째 next 메서드의 호출은 제너레이터 함수의 실행이 시작되도록 하는 역할만 수행한다. ❷ next 메서드의 인수로 데이터를 전달할 수 있다. ❸ next 메서드를 통해서 전달된 인수는 yield 키워드의 결괏값으로 받을 수 있다.

협업 멀티태스킹

제너레이터는 다른 함수와 협업 멀티태스킹을 할 수 있다. 멀티태스킹은 여러 개의 태스크를 실행할 때 하나의 태스크가 종료되기 전에 멈추고 다른 태스크가 실행되는 것을 말한다. 제너레이터는 실행을 멈추고 재개할 수 있기 때문에 멀티태스킹이 가능하다. 협업이라는 단어가 붙는 이유는 제너레이터가 실행을 멈추는 시점을 자발적(non-preemptive)으로 선택하기 때문이다. 반대로 실행을 멈추는 시점을 자발적으로 선택하지 못하면 선점형(preemptive) 멀티태스킹이라고 부른다.

다음 코드의 두 함수는 제너레이터 덕분에 협업 멀티태스킹 방식으로 동작한다.

코드 2-119 **제너레이터 함수를 이용한 협업 멀티태스킹**

```
function* minsu() {
  const myMsgList = [
    '안녕 나는 민수야',
    '만나서 반가워',
    '내일 영화 볼래?',
    '시간 안 되니?',
    '내일모레는 어때?',
  ];
  for (const msg of myMsgList) {
    console.log('수지:', yield msg); ❶
  }
}

function suji() {
  const myMsgList = ['', '안녕 나는 수지야', '그래 반가워', '...'];
  const gen = minsu();
  for (const msg of myMsgList) {
    console.log('민수:', gen.next(msg).value); ❷
  }
}
suji();
```

❶ 제너레이터 함수는 yield 키워드를 통해서 자발적으로 자신의 실행을 멈춘다. ❷ 일반 함수에서는 제너레이터 객체의 next 메서드를 호출해서 제너레이터 함수가 다시 실행되도록 한다. 이는 일반 함수가 자신의 실행을 멈춘다고 볼 수도 있다.

다음은 코드 2-119를 실행한 결과다.

코드 2-120 **이전 코드를 실행한 결과**

```
민수: 안녕 나는 민수야
수지: 안녕 나는 수지야
민수: 만나서 반가워
수지: 그래 반가워
민수: 내일 영화 볼래?
수지: ...
민수: 시간 안 되니?
```

제너레이터 함수의 예외 처리

제너레이터 함수에서 발생한 예외를 처리하는 방법을 알아보자. 제너레이터 함수에서 발생한 예외는 next 메서드를 호출하는 외부 함수에 영향을 준다. 다음 코드는 제너레이터 함수에서 예외가 발생하는 경우를 설명한다.

코드 2-121 제너레이터 함수에서 예외가 발생한 경우

```
function* genFunc() {
  throw new Error('some error'); ❶
}
function func() {
  const gen = genFunc(); ❷
  try {
    gen.next(); ❸
  } catch (e) {
    console.log('in catch:', e);
  }
}
func();
```

❶ 제너레이터 함수에서 예외가 발생한다. ❷ 제너레이터 객체가 만들어지는 시점에는 아직 예외가 발생하지 않는다. ❸ next 메서드가 호출되면 제너레이터 함수의 예외가 일반 함수에 영향을 준다. 따라서 일반 함수의 실행은 catch 문으로 이동한다.

3장

P r a c t i c a l   R e a c t   P r o g r a m m i n g

중요하지만 헷갈리는
리액트 개념 이해하기

이 장에서는 리액트가 제공하는 다양한 기능과 개념 중에서 핵심적인 내용을 설명한다. 프레임워크나 라이브러리를 온전히 이해하지 못한 채로 프로젝트를 시작하면 기술 부채가 늘어난다. 어설프게 알고 있던 내용이 있다면 이 기회에 확실히 이해하자.

3.1 상탯값과 속성값으로 관리하는 UI 데이터

UI 라이브러리인 리액트는 UI 데이터를 관리하는 방법을 제공한다. UI 데이터는 컴포넌트 내부에서 관리되는 상탯값과 부모 컴포넌트에서 내려 주는 속성값으로 구성된다. 리덕스와 같이 전역 데이터를 관리해 주는 라이브러리를 리액트에 적용할 때도 결국에는 컴포넌트의 상탯값과 속성값을 이용해서 구현한다.

　UI 데이터가 변경되면 화면을 다시 그려야 한다. 리액트와 같은 UI 라이브러리를 사용하지 않는다면 UI 데이터가 변경될 때마다 돔 요소를 직접 수정해야 한다. 그런데 돔 요소를 직접 수정하다 보면 비즈니스 로직과 UI를 수정하는 코드가 뒤섞여지고, 코드가 복잡해진다. 그래서 리액트는 화면을 그리는 모든 코드를 컴포넌트 함수에 선언형으로 작성하도록 했다. UI 데이터가 변경되면 리액트가 컴포넌트 함수를 이용해서 화면을 자동으로 갱신해 주며, 이것이 리액트의 가장 중요한 역할이다.

3.1.1 리액트를 사용한 코드의 특징

리액트 코드와 리액트를 사용하지 않은 코드를 비교해 보면서 리액트의 특징을 살펴보자. 다음은 리액트와 같은 라이브러리를 사용하지 않고 직접 UI를 관리하는 코드다. 할 일 목록을 추가하거나 삭제할 수 있는 간단한 프로그램이다.

코드 3-1 UI 라이브러리를 사용하지 않은 코드

```
<html>
  <body>
    <div class="todo">
      <h3>할 일 목록</h3>
      <ul class="list"></ul>
      <input class="desc" type="text" />            ❶
      <button onclick="onAdd()">추가</button>
      <button onclick="onSaveToServer()">서버에 저장</button>
    </div>
    <script>
      let currentId = 1;
      const todoList = []; ❷
      function onAdd() {
        const inputEl = document.querySelector('.todo .desc');
        const todo = { id: currentId, desc: inputEl.value };
        todoList.push(todo);
        currentId += 1;                                          ❸
        const elemList = document.querySelector('.todo .list');
        const liEl = makeTodoElement(todo);
        elemList.appendChild(liEl);
      }
      function makeTodoElement(todo) {
        const liEl = document.createElement('li');
        const spanEl = document.createElement('span');
        const buttonEl = document.createElement('button');
        spanEl.innerHTML = todo.desc;
        buttonEl.innerHTML = '삭제';
        buttonEl.dataset.id = todo.id;
        buttonEl.onclick = onDelete;
        liEl.appendChild(spanEl);
        liEl.appendChild(buttonEl);
        return liEl;
      }
      function onDelete(e) {
        const id = Number(e.target.dataset.id);
        const index = todoList.findIndex(item => item.id === id);
        if (index >= 0) {                                          ❹
          todoList.splice(index, 1);
          const elemList = document.querySelector('.todo .list');
          const liEl = e.target.parentNode;
```

```
            elemList.removeChild(liEl);
        }
      }
      function onSaveToServer() {
        // todoList 전송
      }
    </script>
  </body>
</html>
```

❶ 초기 화면을 정의한다. ❷ todoList 배열에 할 일 목록을 저장한다. ❸ 할 일을 추가하는 함수를 정의한다. 로직과 UI 코드가 복잡하게 얽혀 있다. ❹ 마찬가지 이유로 할 일을 삭제하는 코드도 가독성이 낮다.

다음은 같은 기능을 리액트로 작성한 코드다.

코드 3-2 리액트로 작성한 코드

```
function MyComponent() {
  const [desc, setDesc] = useState("");
  const [currentId, setCurrentId] = useState(1);
  const [todoList, setTodoList] = useState([]);
  function onAdd() {
    const todo = { id: currentId, desc };
    setCurrentId(currentId + 1);
    setTodoList([...todoList, todo]);
  }
  function onDelete(e) {
    const id = Number(e.target.dataset.id);
    const newTodoList = todoList.filter(todo => todo.id !== id);
    setTodoList(newTodoList);
  }
  function onSaveToServer() {
    // todoList 전송
  }
  return (
    <div>
      <h3>할 일 목록</h3>
      <ul>
        {todoList.map(todo => (
          <li key={todo.id}>
            <span>{todo.desc}</span>
            <button data-id={todo.id} onClick={onDelete}>
              삭제
            </button>
          </li>
        ))}
      </ul>
```

❶

```
      <input type="text" value={desc
            onChange={e => setDesc(e.target.value)} />
      <button onClick={onAdd}>추가</button>
      <button onClick={onSaveToServer}>서버에 저장</button>
    </div>
  );
}
```
❶

❶ 컴포넌트가 반환하는 값은 화면에 무엇을 그려야 하는지 설명하는 UI 코드로 이루어져 있다. UI 코드는 할 일을 추가하고 삭제하는 코드와 분리되어 있다. MyComponent 컴포넌트는 상탯값 todoList, desc를 기반으로 UI를 정의한다. 리액트는 상탯값이 수정되면 컴포넌트 함수를 실행해서 화면을 갱신할 수 있다. 코드 3-2의 리액트 코드가 생소하더라도 일단은 넘어가자.

코드 3-1은 화면을 어떻게 그리는지 나타낸다. 이와 대조적으로 코드 3-2는 화면에 무엇을 그리는지 나타낸다. 전자를 명령형(imperative) 프로그래밍이라 부르고, 후자를 선언형(declarative) 프로그래밍이라 부른다.

코드 3-1은 돔을 직접 수정하면서 화면을 어떻게 그리는지 구체적으로 나타낸다. 상당히 구체적이기 때문에 돔 환경이 아닌 곳에서는 사용하기 힘들다. 반면에 코드 3-2는 무엇을 그리는지만 나타내기 때문에 다양한 방식으로 그릴 수 있다. 컴포넌트 함수가 반환하는 코드는 선언형으로 작성되기 때문에 리액트는 돔 환경뿐만 아니라 모바일 네이티브의 UI도 표현할 수 있다. 따라서 선언형 프로그래밍은 명령형 프로그래밍보다 추상화 단계가 높다고 할 수 있다. 추상화 단계가 높을수록 비즈니스 로직에 좀 더 집중할 수 있다는 장점이 있다.

3.1.2 컴포넌트의 속성값과 상탯값

속성값과 상탯값으로 관리하는 UI 데이터

컴포넌트의 상탯값은 해당 컴포넌트가 관리하는 데이터이고, 컴포넌트의 속성값은 부모 컴포넌트로부터 전달받는 데이터다. 리액트에서 UI 데이터는 반드시 상탯값과 속성값으로 관리해야 한다. UI 데이터를 상탯값과 속성값으로 관리하지 않으면 UI 데이터가 변경돼도 화면이 갱신되지 않을 수 있다.

다음 코드는 화면에 버튼 하나를 보여 주고, 버튼을 누르면 color 변수의 값을 수정한다. 속성값과 상탯값을 사용하지 않았기 때문에 화면이 제대로 갱신되지 않는다.

코드 3-3 **컴포넌트의 상탯값을 사용하지 않은 코드**

```
let color = "red"; ❶
function MyComponent() {
  function onClick() {
    color = "blue"; ❷
  }
  return (
    <button style={{ backgroundColor: color }} onClick={onClick}>
      좋아요
    </button>
  );
}
```

❶ color 데이터는 버튼의 배경색을 나타낸다. 초기 화면은 의도한 대로 빨간색으로 잘 나온다. ❷ 버튼을 클릭하면 color 데이터는 파란색으로 변경되지만, 화면에 보이는 버튼의 배경색은 여전히 빨간색이다. 이는 리액트가 UI 데이터가 변경됐다는 사실을 모르기 때문이다.

컴포넌트의 상탯값을 이용하면 리액트가 UI 데이터의 변경을 알 수 있다. 다음은 컴포넌트의 상탯값을 사용하도록 코드 3-3을 수정한 코드다.

코드 3-4 **컴포넌트의 상탯값을 사용하는 코드**

```
import React, { useState } from "react";

function MyComponent() {
  const [color, setColor] = useState("red"); ❶
  function onClick() {
    setColor("blue"); ❷
  }
  return (
    <button style={{ backgroundColor: color }} onClick={onClick}>
      좋아요
    </button>
  );
}
```

❶ 컴포넌트에 상탯값을 추가할 때는 useState 훅을 사용한다. useState 훅의 인자는 초깃값을 의미한다. useState가 반환하는 배열의 첫 번째 원소는 상탯값이고, 두 번째 원소는 상탯값 변경 함수다. 이처럼 훅에서는 배열 비구조화 문법을 자주 사용한다. 만약 이 문법이 익숙하지 않다면 2.2절을 참고하자. ❷ 리액트는 setColor 함수가 호출되면 상탯값을 변경하고, 해당 컴포넌트를 다시 렌더링한다.

속성값은 부모 컴포넌트가 전달해 주는 데이터이고, 대부분의 경우 UI 데이터를 포함한다. 다음은 컴포넌트의 속성값을 이용한 코드다.

코드 3-5 속성값을 이용한 코드

```
function Title(props) {
  return <p>{props.title}</p>;
}
```

Title 컴포넌트는 부모 컴포넌트로부터 title이라는 속성값을 받는다. Title 컴포넌트는 부모 컴포넌트가 렌더링될 때마다 같이 렌더링되므로 title 속성값의 변경 사항이 바로 화면에 반영된다.

다음은 title 속성값을 내려 주는 부모 컴포넌트의 코드다.

코드 3-6 부모 컴포넌트에서 속성값을 내려 주는 코드

```
function Todo() {
  const [count, setCount] = useState(0);
  function onClick() {
    setCount(count + 1); ❶
  }
  return (
    <div>
      <Title title={`현재 카운트: ${count}`} /> ❷
      <button onClick={onClick}>증가</button>
    </div>
  );
}
```

❶ 버튼을 클릭할 때마다 count 상탯값을 변경하고, Todo 컴포넌트는 다시 렌더링된다. ❷ 이때 Title 컴포넌트는 새로운 title 속성값을 내려받는다. 이렇게 상탯값과 속성값으로 UI 데이터를 관리하는 것이 리액트의 핵심이다.

Title 컴포넌트는 부모 컴포넌트가 렌더링될 때마다 같이 렌더링된다. 만약 title 속성값이 변경될 때만 렌더링되길 원한다면 React.memo를 이용할 수 있다.

코드 3-7 React.memo를 사용한 코드

```
function Title(props) {
  return <p>{props.title}</p>;
}
export default React.memo(Title); ❶
```

❶ memo 함수의 인수로 컴포넌트를 입력하면, 컴포넌트의 속성값이 변경되는 경우에만 렌더링된다.

같은 컴포넌트를 여러 번 사용할 수도 있다. 사용된 각 컴포넌트는 상탯값을 위한 자신만의 메모리 공간이 있어서 같은 컴포넌트라도 자신만의 상탯값이 존재한다. 다음과 같이 컴포넌트를 두 번 사용하면 두 개의 상탯값이 따로 관리된다.

코드 3-8 사용된 컴포넌트 별로 관리되는 상탯값

```
function App() {
  return (
    <div>
      <MyComponent />
      <MyComponent />
    </div>
  );
}
```

불변 객체로 관리하는 속성값과 상탯값

속성값은 불변(immutable) 변수이지만 상탯값은 불변 변수가 아니다. 하지만 상탯값도 불변 변수로 관리하는 게 좋다.

속성값은 불변 변수이기 때문에 값을 변경하려고 시도하면 에러가 발생한다.

코드 3-9 속성값 변경을 시도하는 코드

```
function Title(props) {
  props.title = 'abc';
  // ...
}
```

자식 컴포넌트에 전달되는 속성값은 상위 컴포넌트에서 관리하기 때문에 수정하지 못하도록 막혀 있다. 따라서 title이라는 데이터를 수정하고 싶다면 title 상탯값을 가진 컴포넌트에서 관리하는 상탯값 변경 함수를 이용해야 한다.

속성값과 달리 상탯값은 직접 수정이 가능하다. 다음은 상탯값을 직접 수정하는 코드다.

코드 3-10 상탯값을 직접 수정하는 코드

```
function MyComponent() {
  const [count, setCount] = useState({ value: 0 });
```

```
function onClick() {
  count.value = 2; ❶
  // ...
  setCount(count); ❷
}
// ...
```

❶ 상탯값을 직접 수정할 수는 있지만 화면이 갱신되지는 않는다. 리액트는 아직 상탯값이 변경된 사실을 모른다. ❷ 상탯값 변경 함수를 호출해도 화면은 갱신되지 않는다. 리액트는 상탯값 변경 유무를 이전 값과의 단순 비교로 판단하는데, count 객체의 참조값은 그대로이므로 변경 사항이 없다고 판단하고 해당 요청을 무시한다.

따라서 상탯값도 속성값과 같이 불변 변수로 관리하는 게 좋다. 불변 변수로 관리하면 코드의 복잡도가 낮아지는 장점도 있다.

3.1.3 컴포넌트 함수의 반환값

다음은 컴포넌트 함수에서 반환할 수 있는 다양한 값을 보여 주는 예제 코드다.

코드 3-11 컴포넌트 함수가 반환할 수 있는 값

```
return <MyComponent title="안녕하세요" />;
return <p>안녕하세요</p>;                                              ❶
return '안녕하세요';
return 123;                                                          ❷
return [<p key="a">안녕하세요</p>, <p key="b">반갑습니다</p>]; ❸
return (
  <React.Fragment>
    <p>안녕하세요</p>
    <p>반갑습니다</p>                                                 ❹
  </React.Fragment>
);
return (
  <>
    <p>안녕하세요</p>
    <p>반갑습니다</p>                                                 ❺
  </>
);
return null;                                                         ❻
return false;
return ReactDOM.createPortal(<p>안녕하세요</p>, domNode);           ❼
```

❶ 우리가 작성한 컴포넌트와 HTML에 정의된 거의 모든 태그를 사용할 수 있다.

❷ 문자열과 숫자를 반환할 수 있다. ❸ 배열을 반환할 수 있다. 이때 각 리액트 요소는 key 속성값을 갖고 있어야 한다. ❹ 프래그먼트(fragment)를 사용하면 배열을 사용하지 않고도 여러 개의 요소를 표현할 수 있다. 그리고 프래그먼트 내부의 리액트 요소에 key 속성값을 부여하지 않아도 되므로 배열보다 편하게 작성할 수 있다. ❺ 보통은 바벨을 이용해서 이렇게 프래그먼트를 축약해서 작성한다. ❺ null 또는 불(boolean)을 반환하면 아무것도 렌더링하지 않는다. ❻ 리액트 포털(portal)을 사용하면 컴포넌트의 현재 위치와는 상관없이 특정 돔 요소에 렌더링할 수 있다.

다음은 컴포넌트 함수가 불을 반환할 수 있다는 점을 이용한 코드다.

코드 3-12 컴포넌트 함수에서 조건부 렌더링을 하는 코드

```
function MyComponent({ title }) {
  return title.length > 0 && <p>{title}</p>;
}
```

title 속성값의 길이가 0이면 거짓(false)을 반환하고, 결과적으로 아무것도 렌더링되지 않는다. 반대로 title 속성값의 길이가 1 이상이면 우측의 p 요소가 반환된다.

다음은 리액트 포털을 사용하는 코드다.

코드 3-13 리액트 포털을 사용한 코드

```
function Modal({ title, desc }) {
  const domNode = document.getElementById('modal');
  return ReactDOM.createPortal( ❶
    <div>
      <p>{title}</p>
      <p>{desc}</p>
    </div>,
    domNode,
  );
}
```

❶ 리액트 포털을 이용해서 특정 돔 요소에 리액트 요소를 렌더링할 수 있다. Modal 컴포넌트가 사용된 위치와 상관없이 렌더링할 위치를 선택할 수 있다.

3.2 리액트 요소와 가상 돔

리액트 요소(element)는 리액트가 UI를 표현하는 수단이다. 보통 우리는 JSX 문법을 사용하기 때문에 리액트 요소의 존재를 잘 모른다. 하지만 리액트 요소를 이해한다면 리액트가 내부적으로 어떻게 동작하는지 알 수 있다.

리액트는 렌더링 성능을 위해 가상 돔을 활용한다. 브라우저에서 돔을 변경하는 것은 비교적 오래 걸리는 작업이다. 따라서 빠른 렌더링을 위해서는 돔 변경을 최소화해야 한다. 그래서 리액트는 메모리에 가상 돔을 올려 놓고 이전과 이후의 가상 돔을 비교해서 변경된 부분만 실제 돔에 반영하는 전략을 채택했다.

리액트 요소로부터 가상 돔을 만들고, 실제 돔에 반영할 변경 사항을 찾는 과정을 따라가 보자.

3.2.1 리액트 요소 이해하기

1장에서 JSX 문법으로 작성된 코드는 리액트의 createElement 함수로 변경된다는 사실을 배웠다. 이름에서 알 수 있듯이 createElement 함수는 리액트 요소를 반환한다. 따라서 대부분의 경우 컴포넌트 함수는 리액트 요소를 반환한다. 리액트가 UI를 표현하기 위해 사용하는 리액트 요소의 구조를 살펴보자.

다음은 JSX 코드가 createElement 함수를 사용하는 코드로 변경된 예다.

코드 3-11 JSX 코드가 createElement 함수를 사용하는 코드로 변경된 예

```
const element = <a href="http://google.com">click here</a>; ❶
const element = React.createElement(
  'a',
  { href: 'http://google.com' },          ❷
  'click here',
);
```

❶번 코드는 ❷번 코드로 변경된다.

다음 코드는 createElement 함수가 반환하는 리액트 요소의 구조를 보여 준다.

코드 3-12 리액트 요소의 구조

```
const element = (
  <a key="key1" style={{ width: 100 }} href="http://google.com">
    click here                                                      ❶
  </a>
);
```

```
console.log(element);
const consoleLogResult = { ❷
  type: 'a',     ❸
  key: 'key1', ❹
  ref: null,   ❺
  props: {
    href: 'http://google.com',
    style: {
      width: 100,                    ❻
    },
    children: 'click here',
  },
  // ...
};
```

❶ element 변수는 createElement 함수가 반환한 리액트 요소다. ❷ consoleLog
Result 변수는 리액트 요소를 로그로 출력한 결과를 표현한 것이다. ❸ type 속
성값이 문자열이면 HTML 태그를 나타낸다. type 속성값이 함수이면 우리가 작
성한 컴포넌트를 나타낸다. ❹ JSX 코드에서 key 속성값을 입력하면 리액트 요
소의 key 속성값으로 들어간다. ❺ 마찬가지로 JSX 코드에서 ref 속성값을 입력
하면 리액트 요소의 ref 속성값으로 들어간다. ❻ key와 ref를 제외한 나머지 속
성값은 리액트 요소의 props 속성값으로 들어간다. 그 밖에도 리액트 요소가 가
진 속성값이 더 있지만, 이 정도만 이해해도 충분하다.

JSX 코드에서 태그 사이에 표현식이 들어가면, 리액트 요소에는 이 표현식이
여러 개로 분할되어 들어간다.

코드 3-13 JSX 코드에서 태그 사이에 표현식을 넣은 코드

```
const element = <h1>제 나이는 {20 + 5} 세입니다</h1>; ❶
console.log(element);
const consoleLogResult = {
  type: 'h1',
  props: { children: ['제 나이는 ', 25, ' 세입니다'] }, ❷
  // ...
};
```

❶번 코드에서 태그 사이의 값은 ❷번 코드와 같이 표현식을 기준으로 분할돼서
들어간다.

JSX 코드에서 컴포넌트가 사용되면, 리액트 요소의 type 속성값은 해당 컴포
넌트 함수가 된다.

코드 3-14 컴포넌트가 리액트 요소로 사용된 예

```
function Title({ title, color }) {
  return <p style={{ color }}>{title}</p>;
}
const element = <Title title="안녕하세요" color="blue" />; ❶
console.log(element);
const consoleLogResult = {
  type: Title, ❷
  props: { title: '안녕하세요', color: 'blue' },
  // ...
};
```

❶ JSX에서 사용된 Title 컴포넌트는 ❷ 리액트 요소의 type 속성값에 입력된다.
리액트는 type 속성값으로 전달된 함수를 호출해서 화면을 그리기 위한 충분한
정보를 얻을 수 있다.

리액트 요소는 불변 객체이기 때문에 속성값을 변경할 수 없다.

코드 3-15 리액트 요소는 불변 객체이다

```
const element = <a href="http://google.com">click here</a>;
elements.type = 'b'; // 에러 발생
```

리액트는 전달된 리액트 요소를 이전의 리액트 요소와 비교해서 변경된 부분만
실제 돔에 반영한다.

코드 3-16 ReactDOM.render 함수를 주기적으로 호출하는 코드

```
let seconds = 0;
function update() {
  seconds += 1;
  const element = (
    <div>
      <h1>안녕하세요</h1>
      <h2>지금까지 {seconds}초가 지났습니다.</h2> ❷
    </div>
  );
  ReactDOM.render(element, document.getElementById('root')); ❸
}

setInterval(update, 1000); ❶
```

❶ 1초마다 update 함수를 호출해서 화면을 갱신한다. ❷ 리액트 요소에서 변경
되는 부분은 seconds 변수로 표현된 숫자가 유일하다. ❸ 리액트가 새로운 리액

트 요소를 받으면 이전의 리액트 요소와 비교해서 변경된 부분만 실제 돔에 반영한다. 따라서 앞의 코드에 의해 업데이트되는 과정에서 리액트는 실제 돔의 h1 요소를 건드리지 않는다.

3.2.2 리액트 요소가 돔 요소로 만들어지는 과정

하나의 화면을 표현하기 위해 여러 개의 리액트 요소가 트리(tree) 구조로 구성된다. 프로그램 화면은 여러 가지 이벤트를 통해서 다양한 모습으로 변화한다. 하나의 리액트 요소 트리는 시간에 따라 변화하는 화면의 한순간을 나타낸다.

리액트에서 데이터 변경에 의한 화면 업데이트는 렌더 단계(render phase, reconciliation phase라고도 불린다)와 커밋 단계(commit phase)를 거친다. 렌더는 실제 돔에 반영할 변경 사항을 파악하는 단계이고, 커밋은 파악된 변경 사항을 실제 돔에 반영하는 단계이다. 렌더 단계에서는 변경 사항을 파악하기 위해 가상 돔을 이용한다.

가상 돔은 리액트 요소로부터 만들어진다. 리액트는 렌더링을 할 때마다 가상 돔을 만들고 이전의 가상 돔과 비교한다. 이는 실제 돔의 변경 사항을 최소화하기 위한 과정이다.

다음 코드는 할 일의 우선순위를 상탯값으로 관리하는 코드다. 할 일의 제목과 내용은 부모 컴포넌트가 속성값으로 내려준다. 이 코드를 기반으로 리액트 요소가 실제 돔으로 만들어지는 과정을 이해해 보자.

코드 3-17 실제 돔으로 만드는 과정을 보여 줄 예제 코드

```
function Todo({ title, desc }) { ❶
  const [priority, setPriority] = useState("high");
  function onClick() {
    setPriority(priority === "high" ? "low" : "high"); ❷
  }
  return (
    <div>
      <Title title={title} />
      <p>{desc}</p>
      <p>{priority === "high" ? "우선순위 높음" : "우선순위 낮음"}</p>
      <button onClick={onClick}>우선순위 변경</button>
    </div>
  );
}

const Title = React.memo(({ title }) => { ❸
```

```
  return <p style={{ color: "blue" }}>{title}</p>;
});

ReactDOM.render(
  <Todo title="리액트 공부하기" desc="실전 리액트 프로그래밍을 열심히 읽는다" />,
  document.getElementById('root'),
);
```

❶ Todo 컴포넌트는 Title 컴포넌트를 자식으로 사용한다. ❷ 버튼을 클릭하면 priority 상탯값이 변경되고 화면을 다시 그린다. ❸ React.memo로 만들어진 Title 컴포넌트는 속성값이 변경될 때만 호출된다.

ReactDOM.render 함수로 전달된 리액트 요소 트리의 구조는 다음과 같다.

코드 3-18 첫 번째로 만들어지는 리액트 요소

```
const initialElementTree = {
  type: Todo,
  props: {
    title: '리액트 공부하기',
    desc: '실전 리액트 프로그래밍을 열심히 읽는다',
  },
  // ...
};
```

리액트가 initialElementTree를 이용해서 실제 돔을 만드는 과정을 따라가 보자. 먼저 Todo 컴포넌트의 렌더링 결과를 얻기 위해 Todo 컴포넌트 함수를 호출한다. 그 결과는 다음과 같다.

코드 3-19 Todo 컴포넌트 함수 호출 결과

```
const elementTree = {
  type: 'div', ❶
  props: {
    children: [
      {
        type: Title, ❷
        props: { title: '리액트 공부하기' },
        // ...
      },
      {
        type: 'p',
        props: { children: '실전 리액트 프로그래밍을 열심히 읽는다' },
        // ...
      },
      {
```

```
      type: 'p',
      props: { children: '우선순위 높음' },
      // ...
    },
    {
      type: 'button',
      props: {
        onClick: function() {
          /* Todo 컴포넌트의 onClick 함수 */
        },
        children: '우선순위 변경',
      },
      // ...
    },
  ],
},
// ...
};
```

❶ 트리의 루트는 div 태그로 변경된다. ❷ 아직 Title 컴포넌트가 존재하기 때문에 이 트리를 실제 돔으로 만들 수는 없다. 리액트 요소 트리가 실제 돔으로 만들어지기 위해서는 모든 리액트 요소의 type 속성값이 문자열이어야 한다. 이는 type 속성값이 문자열이어야 HTML 태그로 변환할 수 있기 때문이다. 그러기 위해서는 모든 컴포넌트 함수가 호출되어야 한다.

Title 컴포넌트를 렌더링한 결과는 다음과 같다.

코드 3-20 Title 컴포넌트 함수 호출 결과

```
const elementTree = {
  type: 'div',
  props: {
    children: [
      {
        type: 'p',
        props: {
          style: { color: 'blue' },
          children: '리액트 공부하기',          ❶
        },
        // ...
      },
      {
        type: 'p',
        props: { children: '실전 리액트 프로그래밍을 열심히 읽는다' },
        // ...
      },
```

```
  {
    type: 'p',
    props: { children: '우선순위 높음' },
    // ...
  },
  {
    type: 'button',
    props: {
      onClick: function() {
        /* Todo 컴포넌트의 onClick 함수 */
      },
      children: '우선순위 변경',
    },
    // ...
  },
  ],
  },
  // ...
};
```

❶ Title 컴포넌트로 표현됐던 리액트 요소가 p 태그로 변경됐다. 이제 모든 리액트 요소의 type 속성값이 문자열이므로 실제 돔을 만들 수 있다. 이와 같이 실제 돔을 만들 수 있는 리액트 요소 트리를 가상 돔[1]이라고 한다. 최초의 리액트 요소 트리로부터 가상 돔을 만들고 이전 가상 돔과 비교해서 실제 돔에 반영할 내용을 결정하는 단계를 렌더라고 한다.

리액트는 화면을 업데이트할 때 이전의 가상 돔과 현재의 가상 돔을 비교해서 변경된 부분만 실제 돔에 반영한다. 브라우저에서 실제 돔을 변경하는 작업은 다른 작업에 비해 시간이 오래 걸리기 때문에 꼭 필요한 부분만 변경하는 것이 중요하다. 이렇듯 중요하지만 직접 하기는 귀찮은 작업을 리액트가 알아서 해준다.

렌더 단계는 ReactDOM.render 함수와 상탯값 변경 함수에 의해 시작된다. 우리는 위에서 ReactDOM.render 함수에 의해 시작된 렌더 단계를 살펴봤다. 이제 상탯값 변경 함수에 의해 수행되는 렌더 단계를 따라가 보자.

Todo 컴포넌트는 상탯값을 갖고 있다. 버튼을 클릭하면 setPriority 함수가 호출되고 또다시 렌더 단계가 시작된다. Todo 컴포넌트의 priority 상탯값이 변

---

1 최종 리액트 요소 트리를 만들기 위해 치환되는 컴포넌트의 리액트 요소도 메모리에 유지된다. 메모리에 저장된 컴포넌트의 리액트 요소는 렌더 단계의 효율을 높이는 데 사용된다. 가상 돔은 UI에서 변경된 부분을 빨리 찾기 위한 개념이므로 컴포넌트의 리액트 요소도 가상 돔의 일부라고 생각할 수 있다.

경되면 Todo 컴포넌트 함수가 호출된다. 그 결과로 만들어지는 리액트 요소 트리는 다음과 같다.

코드 3-21 setPriority 함수 호출 후 만들어진 리액트 요소 트리

```
const elementTree = {
  type: 'div',
  props: {
    children: [
      {
        type: Title,
        props: { title: '리액트 공부하기' },    ❶
        // ...
      },
      {
        type: 'p',
        props: { children: '실전 리액트 프로그래밍을 열심히 읽는다' },
        // ...
      },
      {
        type: 'p',
        props: { children: '우선순위 낮음' },    ❷
        // ...
      },
// 아래 코드는 같음
```

❶ Title 컴포넌트는 React.memo로 만들어졌고, 속성값이 변하지 않았기 때문에 이전 결과가 재사용된다. 이렇게 두 번째 가상 돔이 만들어졌다. 이전의 가상 돔과 비교해 보면 ❷번 코드의 문자열만 변경됐다는 사실을 알 수 있다. 따라서 실제 돔에서도 해당 p 태그의 문자열만 수정된다.

지금까지의 과정을 정리해 보자. ReactDOM.render 함수가 호출되고 최초의 렌더 단계가 실행됐다. 그리고 이렇게 만들어진 가상 돔이 실제 돔으로 만들어졌다. 사용자의 버튼 클릭으로 Todo 컴포넌트의 상탯값이 변경된다. 곧 두 번째 렌더 단계가 실행되고 새로운 가상 돔이 만들어진다. 이때 이전의 가상 돔과 비교해서 변경된 부분만 실제 돔에 반영된다.

지금까지 리액트 요소를 이용해서 렌더 단계를 설명했지만, 엄밀히 말하면 리액트 요소는 파이버(fiber)라는 구조체로 변환된다. 파이버는 리액트 버전 16부터 도입된 구조체 이름이다. 파이버도 리액트 요소와 같이 type, props 속성값을 가진다. 파이버로 동작할 때도 모든 type 속성값이 문자열이 될 때까지 연산한다는 사실에는 변함이 없다.

3.3 리액트 훅 기초 익히기

훅은 함수형 컴포넌트에 기능을 추가할 때 사용하는 함수다. 훅을 이용하면 함수형 컴포넌트에서 상탯값을 사용할 수 있고, 자식 요소에 접근할 수도 있다.

훅은 비교적 최근(리액트 16.8)에 추가된 기능이며 기존에 리액트가 가지고 있던 여러 가지 문제를 해결해 준다. 새로 작성하는 컴포넌트는 되도록 클래스형 컴포넌트보다는 훅을 사용해서 함수형 컴포넌트로 작성하는 게 좋다. 훅이 주는 장점이 매우 크고, 리액트 팀에서도 적극적으로 훅과 관련된 기능 개발에 많은 시간을 투자하고 있다.

3.3.1 상탯값 추가하기: useState

useState 훅을 이용하면 컴포넌트에 상탯값을 추가할 수 있다. useState 훅의 사용법은 앞에서 간단하게 살펴봤다. 이제 useState 훅을 좀 더 깊이 이해해 보자.

배치로 처리되는 상탯값 변경 함수

useState 훅이 반환하는 배열의 두 번째 원소는 상탯값 변경 함수다. 리액트는 상탯값 변경 함수가 호출되면 해당 컴포넌트를 다시 그린다. 그 과정에서 자식 컴포넌트도 같이 렌더링된다.

리액트는 가능하다면 상탯값 변경을 배치(batch)로 처리한다. 다음은 상탯값 변경 함수를 연속해서 호출하는 코드다.

코드 3-22 상탯값 변경 함수를 연속해서 호출하는 코드

```
function MyComponent() {
  const [count, setCount] = useState({ value: 0 });
  function onClick() {
    setCount({value: count.value + 1});        ❶
    setCount({value: count.value + 1});
  }
  console.log('render called'); ❷
  return (
    <div>
      <h2>{count.value}</h2>
      <button onClick={onClick}>증가</button>
    </div>
  );
}
```

❶ count.value 상탯값을 두 번 증가시키려고 했다. 하지만 의도와 달리 1만큼만 증가한다. 이는 상탯값 변경 함수가 비동기로 동작하기 때문이다. 리액트는 효율적으로 렌더링하기 위해 여러 개의 상탯값 변경 요청을 배치로 처리한다. 따라서 onClick 함수가 호출되어도 ❷번의 로그는 한 번만 출력된다.

리액트가 상탯값 변경 함수를 동기로 처리하면 하나의 상탯값 변경 함수가 호출될 때마다 화면을 다시 그리기 때문에 성능 이슈가 생길 수 있다. 만약 동기로 처리하지만 매번 화면을 다시 그리지 않는다면 UI 데이터와 화면 간의 불일치가 발생해서 혼란스러울 수 있다.

상탯값 변경 함수에 함수 입력하기

코드 3-22에서 생긴 문제를 해결하기 위해 다음과 같이 상탯값 변경 함수의 인수로 함수를 입력할 수 있다. 코드 3-22에서는 상탯값이 객체였지만 여기서는 가독성을 위해 숫자로 변경했다.

코드 3-23 상탯값 변경 함수의 인수로 함수를 사용한 코드

```
function MyComponent() {
  const [count, setCount] = useState(0);
  function onClick() {
    setCount(prev => prev + 1);
    setCount(prev => prev + 1);
  }
  // ...
```

상탯값 변경 함수로 입력된 함수는 자신이 호출되기 직전의 상탯값을 매개변수로 받는다. 이 코드에서는 첫 번째 호출에서 변경된 상탯값이 두 번째 호출의 인수로 사용된다. 따라서 onClick 함수를 호출하면 count 상탯값은 2만큼 증가한다.

호출 순서가 보장되는 상탯값 변경 함수

상탯값 변경 함수는 비동기로 처리되지만 그 순서가 보장된다.

코드 3-24 호출 순서가 보장되는 상탯값 변경 함수

```
function MyComponent() {
  const [count1, setCount1] = useState(0);
  const [count2, setCount2] = useState(0);
  function onClick() {
```

```
      setCount1(count1 + 1);  ┐
      setCount2(count2 + 1);  ┘ ❶
  }
  const result = count1 >= count2; ❷
  // ...
```

❶ count1 상탯값이 먼저 증가하고 count2 상탯값은 나중에 증가한다. ❷ 상탯
값 변경 함수의 호출 순서대로 상탯값이 변경되기 때문에 result 변수는 항상 참
이다.

useState 훅 하나로 여러 상탯값 관리하기

상탯값 변경 함수는 클래스형 컴포넌트의 setState 메서드와 조금 다르게 동작
한다. setState 메서드는 기존 상탯값과 새로 입력된 값을 병합하지만 useState
훅의 상탯값 변경 함수는 이전 상탯값을 덮어쓴다.

다음은 여러 상탯값을 객체에 담아서 관리하는 코드다.

코드 3-25 하나의 useState 훅으로 여러 상탯값 관리하기

```
import React, { useState } from 'react';

function Profile() {
  const [state, setState] = useState({ name: '', age: 0 }); ❶
  return (
    <div>
      <p>{`name is ${state.name}`}</p>
      <p>{`age is ${state.age}`}</p>
      <input
        type="text"
        value={state.name}
        onChange={e => setState({ ...state, name: e.target.value })} ❷
      />
      <input
        type="number"
        value={state.age}
        onChange={e => setState({ ...state, age: e.target.value })}
      />
    </div>
  );
}
```

❶ 두 상탯값을 하나의 객체로 관리한다. ❷ useState 훅은 이전 상탯값을 덮어쓰
기 때문에 ...state와 같은 코드가 필요하다. 이렇게 상탯값을 하나의 객체로 관

리할 때는 useReducer 훅을 사용하는 게 좋다(useReducer 훅은 뒤에서 설명한다).

📦 **상탯값 변경이 배치로 처리되지 않는 경우**

리액트는 내부에서 관리하는 이벤트 처리 함수에 대해서만 상탯값 변경을 배치로 처리한다. 다음과 같이 리액트 외부에서 관리되는 이벤트 처리 함수의 경우에는 상탯값 변경이 배치로 처리되지 않는다.

코드 3-26 상탯값 변경이 배치로 처리되지 않는 경우

```
function MyComponent() {
  const [count, setCount] = useState(0);
  useEffect(() => { ❶
    function onClick() {
      setCount(prev => prev + 1);
      setCount(prev => prev + 1);
    }
    window.addEventListener("click", onClick); ❷
    return () => window.removeEventListener("click", onClick);
  }, []);
  console.log("render called"); ❸
  // ...
```

❶ useEffect 훅은 부수 효과를 처리하는 용도로 사용된다. 컴포넌트 최초 렌더링 후, useEffect에 입력된 함수가 한 번만 호출되도록 작성한 코드다. useEffect 훅에 대한 내용은 우선 이 정도만 이해하자. 자세한 내용은 바로 뒤에서 설명한다. ❷ window 객체에 이벤트 처리 함수를 등록한다. 리액트 요소에 등록되지 않은 이벤트 처리 함수는 리액트 내부에서 관리되지 않는다. 이처럼 리액트 외부에 등록된 이벤트 처리 함수에서 상탯값 변경 함수를 호출하면 배치로 처리되지 않는다. ❸ 따라서 화면을 한 번 클릭하면 로그가 두 번 출력된다.

리액트 외부에서 관리되는 이벤트 처리 함수에서도 원한다면 상탯값 변경을 배치로 처리할 수 있다. 다음과 같이 unstable_batchedUpdates 함수를 이용하면 상탯값 변경 함수는 모두 배치로 처리된다.

코드 3-27 unstable_batchedUpdates를 이용해서 상탯값 변경을 배치로 처리하기

```
function onClick() {
  ReactDOM.unstable_batchedUpdates(() => {
    setCount(prev => prev + 1);
    setCount(prev => prev + 1);
```

```
    });
  }
```

이름에서 알 수 있듯이 안정화된 API가 아니므로 꼭 필요한 경우가 아니라면 사용하지 않는 게 좋다.

참고로 concurrent 모드로 동작할 미래의 리액트는 외부에서 관리되는 이벤트 처리 함수도 배치로 처리할 것으로 예상된다. concurrent 모드에 대한 자세한 내용은 10장에서 확인할 수 있다.

3.3.2 컴포넌트에서 부수 효과 처리하기: useEffect

함수 실행 시 함수 외부의 상태를 변경하는 연산을 부수 효과라고 부른다. 특별한 이유가 없다면 모든 부수 효과는 useEffect 훅에서 처리하는 게 좋다.

API를 호출하는 것과 이벤트 처리 함수를 등록하고 해제하는 것 등이 부수 효과의 구체적인 예다. 이 두 가지 기능을 각각 useEffect 훅으로 구현해 볼 텐데, 그 전에 우선 useEffect 훅의 사용법을 알아보자. 다음은 useEffect 훅의 사용 예다.

코드 3-28 **useEffect 훅의 사용 예**

```
import React, { useState, useEffect } from 'react';

function MyComponent() {
  const [count, setCount] = useState(0);
  useEffect(() => {
    document.title = `업데이트 횟수: ${count}`;        ❶
  });
  return <button onClick={() => setCount(count + 1)}>increase</button>;  ❷
}
```

❶ useEffect 훅에 입력하는 함수를 부수 효과 함수라고 한다. 부수 효과 함수는 렌더링 결과가 실제 돔에 반영된 후 호출된다. ❷ 버튼을 클릭할 때마다 다시 렌더링되고, 렌더링이 끝나면[2] 부수 효과 함수가 호출된다.

---

2   정확히 말하면 부수 효과 함수는 렌더링 결과가 실제 돔에 반영된 후에 비동기로 호출된다.

컴포넌트에서 API 호출하기

useEffect 훅을 이용해서 다음과 같이 API를 호출할 수 있다.

코드 3-29 useEffect 훅에서 API 호출하기

```
import React, { useEffect, useState } from 'react';

function Profile({ userId }) {
  const [user, setUser] = useState(null); ❶
  useEffect(
    () => {
      getUserApi(userId).then(data => setUser(data)); ❷
    },
    [userId], ❸
  );
  return (
    <div>
      {!user && <p>사용자 정보를 가져오는 중...</p>}
      {user && (
        <>
          <p>{`name is ${user.name}`}</p>
          <p>{`age is ${user.age}`}</p>
        </>
      )}
    </div>
  );
}
```

❶ API 결괏값을 저장할 상탯값이다. ❷ 부수 효과 함수에서 API 통신을 하며, 받아온 데이터는 user 상탯값에 저장한다. ❸ 부수 효과 함수는 렌더링할 때마다 호출되기 때문에 API 통신을 불필요하게 많이 하게 된다. 이를 방지하기 위해 useEffect 훅의 두 번째 매개변수로 배열을 입력하면, 배열의 값이 변경되는 경우에만 함수가 호출된다. 이 배열을 의존성 배열이라고 한다. 여기서는 userId 값이 변경되는 경우에만 API 통신을 하도록 설정한다.

대개의 경우 의존성 배열을 입력할 필요가 없다. useEffect 훅을 사용할 때 많은 버그가 의존성 배열을 잘못 입력하면서 발생한다. 이에 대한 자세한 내용은 4장에서 살펴보자.

이벤트 처리 함수를 등록하고 해제하기

다음은 useEffect 훅을 이용해서 이벤트 처리 함수를 등록하고 해제하는 코드다.

코드 3-30 **useEffect 훅을 이용해서 이벤트 처리 함수를 등록하고 해제하기**

```
import React, { useEffect, useState } from 'react';

function WidthPrinter() {
  const [width, setWidth] = useState(window.innerWidth);
  useEffect(() => {
    const onResize = () => setWidth(window.innerWidth);
    window.addEventListener('resize', onResize); ❶
    return () => {
      window.removeEventListener('resize', onResize); ❷
    };
  }, []); ❸
  return <div>{`width is ${width}`}</div>;
}
```

❶ 창 크기가 변경될 때마다 onResize 이벤트 처리 함수가 호출되도록 등록한다.
❷ 부수 효과 함수는 함수를 반환할 수 있다. 반환된 함수는 부수 효과 함수가 호출되기 직전에 호출되고, 컴포넌트가 사라지기 직전에 마지막으로 호출된다. 따라서 부수 효과 함수가 반환한 함수는 프로그램이 비정상적으로 종료되지 않는다면 반드시 호출될 것이 보장된다. ❸ 의존성 배열로 빈 배열을 입력하면 컴포넌트가 생성될 때만 부수 효과 함수가 호출되고, 컴포넌트가 사라질 때만 반환된 함수가 호출된다.

3.3.3 훅 직접 만들기

리액트가 제공하는 훅을 이용해서 커스텀(custom) 훅을 만들 수 있다. 그리고 커스텀 훅을 이용해서 또 다른 커스텀 훅을 만들 수도 있다. 훅을 직접 만들어서 사용하면 쉽게 로직을 재사용할 수 있다.

리액트의 내장 훅처럼 커스텀 훅의 이름은 use로 시작하는 게 좋다. 그러면 코드 가독성이 좋아지고, 여러 리액트 개발 도구의 도움도 쉽게 받을 수 있다.

useUser 커스텀 훅

코드 3-29에서 작성했던 사용자 데이터를 관리하는 로직을 다음과 같이 커스텀 훅으로 분리할 수 있다.

코드 3-31 **useUser 커스텀 훅**

```
function useUser(userId) {
```

```
  const [user, setUser] = useState(null);        ❶
  useEffect(() => {
    getUserApi(userId).then(data => setUser(data));
  }, [userId]);
  return user;
}

function Profile({ userId }) {
  const user = useUser(userId);  ❷
  // ...
}
```

❶ useState 훅과 useEffect 훅을 이용해서 커스텀 훅을 만들었다. 이렇게 레고 블록처럼 기존 훅을 이용해서 새로운 훅을 만들 수 있다는 점은 매력적이다. useUser 훅은 userId를 입력으로 받아서 user 객체를 출력해준다. ❷ 커스텀 훅도 리액트에서 제공하는 내장 훅과 마찬가지로 단순히 함수를 호출하는 방식으로 간단하게 사용할 수 있다.

userId가 변경되면 자동으로 사용자 데이터를 받아온다. useUser 훅을 사용하는 코드를 보면 동기 방식으로 사용자 데이터를 가져오는 것처럼 보인다. 물론 사용자 데이터는 비동기로 받아온다. 커스텀 훅은 이렇게 내부 구현을 숨기면서 사용 편의성을 높였다.

useWindowWidth 커스텀 훅

코드 3-30에서 작성했던 창의 너비를 관리하는 로직을 useWindowWidth 커스텀 훅으로 만들어 보자.

코드 3-32 **useWindowWidth 커스텀 훅**

```
import { useEffect, useState } from 'react';

function useWindowWidth() {
  const [width, setWidth] = useState(window.innerWidth);
  useEffect(() => {
    const onResize = () => setWidth(window.innerWidth);
    window.addEventListener('resize', onResize);
    return () => {
      window.removeEventListener('resize', onResize);
    };
  }, []);
  return width;  ❶
}
```

```
function WidthPrinter() {
  const width = useWindowWidth(); ❷
  return <div>{`width is ${width}`}</div>;
}
```

❶ useWindowWidth 훅은 창의 너비를 저장해 두고 필요할 때마다 값을 제공한다.
❷ 창의 너비가 변경되면 새로운 창의 너비로 다시 렌더링된다.

useMounted 커스텀 훅

리액트에서 마운트란 컴포넌트의 첫 번째 렌더링 결과가 실제 돔에 반영된 상태를 말한다. 컴포넌트 마운트 여부를 알려 주는 useMounted 훅은 다음과 같이 작성할 수 있다.

코드 3-33 **useMounted 커스텀 훅**

```
function useMounted() { ❶
  const [mounted, setMounted] = useState(false);
  useEffect(() => setMounted(true), []); ❷
  return mounted;
}
```

❶ mounted 상탯값은 첫 번째 렌더링 결과가 실제 돔에 반영된 후에 항상 참을 반환한다. ❷ setMounted 함수는 한 번만 호출해도 충분하므로 의존성 배열에 빈 배열을 입력한다.

3.3.4 훅 사용 시 지켜야 할 규칙

훅을 사용할 때는 다음 규칙을 지켜야 한다.

- 규칙 1: 하나의 컴포넌트에서 훅을 호출하는 순서는 항상 같아야 한다.
- 규칙 2: 훅은 함수형 컴포넌트 또는 커스텀 훅 안에서만 호출되어야 한다.

이 두 규칙을 지켜야 리액트가 각 훅의 상태를 제대로 기억할 수 있다. 훅은 규칙 2에 의해 클래스형 컴포넌트의 메서드뿐만 아니라 기타 일반 함수에서도 사용할 수 없다. 훅은 함수형 컴포넌트를 위한 기능이므로 당연한 규칙이다.

다음은 훅 사용 시 규칙 1을 위반한 경우다.

코드 3-34 훅 사용 시 규칙1을 위반한 경우

```
function MyComponent() {
  const [value, setValue] = useState(0);
  if (value === 0) {
    const [v1, setV1] = useState(0);
  } else {
    const [v1, setV1] = useState(0);      ❶
    const [v2, setV2] = useState(0);
  }
  // ...
  for (let i = 0; i < value; i++) {
    const [num, setNum] = useState(0);    ❷
  }
  // ...
  function func1() {
    const [num, setNum] = useState(0);    ❸
  }
  // ...
}
```

❶ 조건에 따라 훅을 호출하면 순서가 보장되지 않는다. ❷ 루프 안에서 훅을 호출하는 것도 순서가 보장되지 않는다. ❸ func1 함수가 언제 호출될지 알 수 없기 때문에 마찬가지로 순서가 보장되지 않는다.

훅의 호출 순서가 같아야 하는 이유

다음 코드를 기반으로 훅의 호출 순서가 같아야 하는 이유를 알아보자.

코드 3-35 여러 개의 훅 사용하기

```
function Profile() {
  const [age, setAge] = useState(0); ❷
  const [name, setName] = useState(''); ❸
  // ...
  useEffect(() => {
    // ...
    setAge(23); ❶
  }, []);
  // ...
}
```

우리가 useState 훅에 전달한 정보는 상탯값의 기본값밖에 없다. 리액트가 age와 name 상탯값을 구분할 수 있는 유일한 정보는 훅이 사용된 순서다. ❶ age 상탯값이 23으로 변경됐다. 리액트는 첫 번째 훅의 상탯값을 23으로 설정한다.

만약 ❷가 조건문에 의해 실행되지 않는다면 ❸의 name 값은 23이 되므로 문제가
된다.

리액트가 내부적으로 훅을 처리하는 방식

훅이 사용된 순서를 리액트가 내부적으로 어떻게 관리하는지 알아보자. 다음은
리액트의 내부 구현을 보여 주는 의사코드(pseudo-code)다.

코드 3-36 **의사코드로 표현한 리액트의 내부 코드**

```
let hooks = null;

export function useHook() { ❶
  // ...
  hooks.push(hookData); ❷
}

function process_a_component_rendering(component) { ❸
  hooks = []; ❹
  component(); ❺
  let hooksForThisComponent = hooks;  ⎤
  hooks = null;                        ⎦ ❻
  // ...
}
```

❶ 리액트가 내장하고 있는 useState, useEffect와 같은 훅이다. ❷ 각 훅 함수에
서는 hooks 배열에 자신의 데이터를 추가한다. ❸ 렌더링 과정에서 하나의 컴포
넌트를 처리하는 함수다. ❹ hooks를 빈 배열로 초기화한다. ❺ 컴포넌트 내부에
서 훅을 사용한 만큼 hooks 배열에 데이터가 추가된다. ❻ 생성된 배열을 저장하
고 hooks 변수를 초기화한다. 이처럼 리액트는 훅이 사용된 순서를 저장하고 배
열에 저장된 순서를 기반으로 훅을 관리한다.

3.4 콘텍스트 API로 데이터 전달하기

보통 상위 컴포넌트에서 하위 컴포넌트로 데이터를 전달할 때 속성값이 사용되
는데, 가까운 거리에 있는 몇 개의 하위 컴포넌트로 전달할 때는 속성값으로 충
분하다. 하지만 많은 수의 하위 컴포넌트로 전달할 때는 속성값을 내려 주는 코
드를 반복적으로 작성해야 하는 문제가 있다. 특히 하위 컴포넌트가 상위 컴포
넌트에서 상당히 멀리 떨어져 있다면 중간에 있는 컴포넌트에서 기계적으로 속

성값을 전달하는 코드를 작성해야 한다. 이럴 때 콘텍스트 API를 사용하면 컴포 넌트의 중첩 구조가 복잡한 상황에서도 비교적 쉽게 데이터를 전달할 수 있다.

콘텍스트 API를 사용하면 상위 컴포넌트에서 하위에 있는 모든 컴포넌트로 직접 데이터를 전달할 수 있다. 이때 중간에 있는 컴포넌트는 콘텍스트 데이터의 존재를 몰라도 되므로 속성값을 반복해서 내려 주던 문제가 사라진다.

다음 코드는 App 컴포넌트에서 Greeting 컴포넌트로 속성값을 전달한다.

코드 3-37 콘텍스트 API를 사용하지 않은 코드

```
function App() {
  return (
    <div>
      <div>상단 메뉴</div>
      <Profile username="mike" /> ❶
      <div>하단 메뉴</div>
    </div>
  );
}

function Profile({ username }) {
  return (
    <div>
      <Greeting username={username} /> ❷
      {/* ... */}
    </div>
  );
}

function Greeting({ username }) {
  return <p>{`${username}님 안녕하세요`}</p>;
}
```

❶ 부모 컴포넌트에서 중간에 있는 Profile 컴포넌트로 속성값을 전달한다.
❷ Profile 컴포넌트는 username 속성값을 사용하지 않고 기계적으로 전달한다.

3.4.1 콘텍스트 API 이해하기

콘텍스트 API를 사용하면 Profile 컴포넌트가 중간에 개입하지 않고도 속성값을 전달할 수 있다. 다음은 코드 3-37을 콘텍스트 API를 사용해서 다시 작성한 코드다.

코드 3-38 **콘텍스트 API를 사용한 코드**

```
const UserContext = React.createContext(''); ❶

function App() {
  return (
    <div>
      <UserContext.Provider value="mike"> ❷
        <div>상단 메뉴</div>
        <Profile />
        <div>하단 메뉴</div>
      </UserContext.Provider>
    </div>
  );
}

function Profile() {
  return (
    <div>
      <Greeting />
      {/* ... */}
    </div>
  );
}

function Greeting() {
  return (
    <UserContext.Consumer> ❸
      {username => <p>{`${username}님 안녕하세요`}</p>}
    </UserContext.Consumer>
  );
}
```

❶ createContext 함수를 호출하면 콘텍스트 객체가 생성된다. createContext 함수의 구조는 다음과 같다.

```
React.createContext(defaultValue) => {Provider, Consumer}
```

❷ 상위 컴포넌트에서는 Provider 컴포넌트를 이용해서 데이터를 전달한다. ❸ 하위 컴포넌트에서는 Consumer 컴포넌트를 이용해서 데이터를 사용한다. Consumer 컴포넌트는 데이터를 찾기 위해 상위로 올라가면서 가장 가까운 Provider 컴포넌트를 찾는다. 만약 최상위에 도달할 때까지 Provider 컴포넌트를 찾지 못한다면 기본값이 사용된다. 기본값 덕분에 Provider 컴포넌트가 없어도 되므로, 어렵지 않게 Greeting 컴포넌트의 테스트 코드를 작성할 수 있다.

Provider 컴포넌트의 속성값이 변경되면 하위의 모든 Consumer 컴포넌트는 다시 렌더링된다. 한 가지 중요한 점은 중간에 위치한 컴포넌트의 렌더링 여부와 상관없이 Consumer 컴포넌트는 다시 렌더링된다는 점이다.

다음은 username을 수정할 때 React.memo를 사용해서 Profile 컴포넌트가 다시 렌더링되지 않도록 수정한 코드다.

코드 3-39 **Profile 컴포넌트가 다시 렌더링되지 않도록 React.memo를 사용한 코드**

```
function App() {
  const [username, setUsername] = useState("");
  return (
    <div>
      <UserContext.Provider value={username}>
        <Profile />
      </UserContext.Provider>
      <input
        type="text"
        value={username}
        onChange={e => setUsername(e.target.value)} ❶
      />
    </div>
  );
}

const Profile = React.memo(() => { ❷
  return (
    <div>
      <Greeting />
      {/* ... */}
    </div>
  );
});

function Greeting() {
  return (
    <UserContext.Consumer>
      {username => <p>{`${username}님 안녕하세요`}</p>} ❸
    </UserContext.Consumer>
  );
}
```

❶ username 상탯값이 변경되면, App 컴포넌트는 다시 렌더링된다. ❷ Profile 컴포넌트는 React.memo로 만들어졌고 속성값이 없기 때문에 최초 한 번만 렌더링된다. ❸ Profile 컴포넌트의 렌더링 여부와 상관없이 Greeting 컴포넌트의

Consumer 컴포넌트는 다시 렌더링된다. 즉, 중간 컴포넌트의 렌더링 여부와 상관없이 Provider 컴포넌트로 새로운 데이터가 입력되면 Consumer 컴포넌트가 다시 렌더링되는 것이 보장된다.

3.4.2 콘텍스트 API 활용하기

콘텍스트 API를 본격적으로 사용하기 위해 필요한 몇 가지 활용법을 알아보자. 지금까지는 하나의 콘텍스트 객체만 사용하고, Provider 컴포넌트를 사용하는 쪽에서만 콘텍스트 데이터를 수정했다. 반대로 여러 콘텍스트 객체를 중첩해서 사용하고, Consumer 컴포넌트를 사용하는 하위 컴포넌트에서 콘텍스트 데이터를 수정하는 방법을 알아보자.

여러 콘텍스트를 중첩해서 사용하기

여러 콘텍스트의 Provider, Consumer 컴포넌트를 중첩해서 사용할 수도 있다. 다음은 두 개의 콘텍스트를 중첩해서 사용한 코드다.

코드 3-40 **Provider, Consumer 컴포넌트를 중첩해서 사용한 예**

```
const UserContext = React.createContext('');
const ThemeContext = React.createContext('dark');

function App() {
  return (
    <div>
      <ThemeContext.Provider value="light">
        <UserContext.Provider value="mike">
          <div>상단 메뉴</div>
          <Profile />
          <div>하단 메뉴</div>
        </UserContext.Provider>
      </ThemeContext.Provider>
    </div>
  );
}

function Profile() {
  return (
    <div>
      <Greeting />
      {/* ... */}
    </div>
  );
}
```

❶

```
function Greeting() {
  return (
    <ThemeContext.Consumer>
      {theme => (
        <UserContext.Consumer>
          {username => (
            <p
              style={{ color: theme === 'dark' ? 'gray' : 'green' }}
            >{`${username}님 안녕하세요`}</p>
          )}
        </UserContext.Consumer>
      )}
    </ThemeContext.Consumer>
  );
}
```
❷

❶ 두 개의 Provider 컴포넌트를 중첩해서 사용할 수 있다. ❷ 마찬가지로 Consumer 컴포넌트도 중첩해서 사용할 수 있다. 코드 3-40에서는 렌더링 성능상 이점이 없긴 하지만 보통의 경우 이렇게 데이터의 종류별로 콘텍스트를 만들어서 사용하면 렌더링 성능상 이점이 있다. 이는 데이터 변경 시 해당 Consumer 컴포넌트만 렌더링되기 때문이다.

하위 컴포넌트에서 콘텍스트 데이터를 수정하기

하위 컴포넌트에서도 콘텍스트 데이터를 수정할 수 있다. 리덕스에서 상태를 변경하는 디스패치(dispatch) 함수를 여러 컴포넌트에서 사용할 수 있는 것처럼 콘텍스트 데이터도 원하는 곳에서 변경할 수 있다. 다음은 하위 컴포넌트가 콘텍스트 데이터를 수정할 수 있도록 함수를 전달하는 상위 컴포넌트 코드다.

코드 3-41 콘텍스트 데이터를 수정할 수 있는 함수 전달하기

```
const UserContext = React.createContext({ username: "", helloCount: 0 });
const SetUserContext = React.createContext(() => {}); ❶

function App() {
  const [user, setUser] = useState({ username: "mike", helloCount: 0 }); ❷
  return (
    <div>
      <SetUserContext.Provider value={setUser}> ❸
        <UserContext.Provider value={user}>
          <Profile />
        </UserContext.Provider>
      </SetUserContext.Provider>
```

```
      </div>
    );
}
```

❶ 사용자 데이터를 수정하는 함수를 전달하기 위해 콘텍스트를 생성한
다. ❷ 사용자 데이터를 하나의 상탯값으로 관리한다. 상탯값 변경 함수는
SetUserContext 콘텍스트로 전달할 예정이다. ❸ 하위 컴포넌트에서 사용자 데
이터를 수정할 수 있도록 콘텍스트 데이터로 전달한다.

다음은 App 컴포넌트의 자식 컴포넌트에서 콘텍스트 데이터를 수정하는 코
드다.

코드 3-42 하위 컴포넌트에서 콘텍스트 데이터 수정하기

```
function Greeting() {
  return (
    <SetUserContext.Consumer>
      {setUser => (
        <UserContext.Consumer>
          {({ username, helloCount }) => (
            <React.Fragment>
              <p>{`${username}님 안녕하세요`}</p>
              <p>{`인사 횟수: ${helloCount}`}</p>
              <button
                onClick={() =>
                  setUser({ username, helloCount: helloCount + 1 })  ❶
                }
              >
                인사하기
              </button>
            </React.Fragment>
          )}
        </UserContext.Consumer>
      )}
    </SetUserContext.Consumer>
  );
}
```

❶ App 컴포넌트로부터 전달된 setUser 함수를 이용해서 이벤트 처리 함수를 구
현한다. 이제 Greeting 컴포넌트의 버튼을 클릭하면 콘텍스트 데이터가 수정
된다.

앞의 코드는 helloCount 속성만 변경하는데도, 사용자 데이터를 만들어서
setUser 함수에 입력해야 한다는 단점이 있다. 리액트에서 제공하는 useReducer

혹을 사용하면 이를 개선할 수 있다. useReducer 혹에 대한 자세한 내용은 3.6절
에서 살펴보자.

3.4.3 콘텍스트 API 사용 시 주의할 점

이제 콘텍스트 API 사용 시 주의할 점을 알아보자. 콘텍스트 데이터가 변경되지
않은 상황에서 불필요한 렌더링이 발생하거나, Consumer 컴포넌트와 Provider
컴포넌트의 잘못된 위치 때문에 콘텍스트 데이터가 전달되지 않을 수 있다.

불필요한 렌더링이 발생하는 경우

콘텍스트 데이터로 객체를 사용할 때 주의하지 않으면 불필요한 렌더링이 발생
할 수 있다. 다음은 렌더링할 때마다 콘텍스트 데이터로 새로운 객체를 전달해
서 불필요한 렌더링이 발생하는 예다.

코드 3-43 **불필요한 렌더링이 발생하는 예**

```
const UserContext = React.createContext({ username: "" });

function App() {
  const [username, setUsername] = useState("");
  return (
    <div>
      <UserContext.Provider value={{ username }}> ❶
      // ...
```

❶ 콘텍스트 데이터로 객체를 전달하고 있다. 이처럼 작성하면 컴포넌트가 렌더
링될 때마다 새로운 객체가 생성된다. 따라서 username 값이 변경되지 않아도,
컴포넌트가 렌더링될 때마다 하위의 Consumer 컴포넌트도 다시 렌더링된다. 다
음은 이 문제를 해결하는 코드다.

코드 3-44 **불필요한 렌더링이 발생하지 않는 코드**

```
function App() {
  const [user, setUser] = useState({ username: "" }); ❶
  return (
    <div>
      <UserContext.Provider value={user}> ❷
      // ...
```

❶ 콘텍스트 데이터 전체를 상탯값으로 관리한다. ❷ username 값이 변경될 때만

새로운 객체가 전달되므로 불필요한 렌더링이 발생하지 않는다.

Provider 컴포넌트를 찾지 못하는 경우

Consumer 컴포넌트와 Provider 컴포넌트를 적절한 위치에서 사용하지 않으면 콘텍스트 데이터가 전달되지 않는다. 다음은 Consumer 컴포넌트가 상위 컴포넌트에서 Provider 컴포넌트를 찾지 못하는 경우를 보여 준다.

코드 3-45 Consumer 컴포넌트가 Provider 컴포넌트를 찾지 못하는 경우

```
const UserContext = React.createContext('unknown'); ❷

function App() {
  return (
    <div>
      <UserContext.Provider value="mike">
          {/* ... */}
      </UserContext.Provider>
      <Profile /> ❶
    </div>
  );
}
```

❶ Profile 컴포넌트 안쪽에서 사용된 Consumer 컴포넌트는 최상위에 도달할 때까지 Provider 컴포넌트를 찾지 못한다. ❷ 따라서 콘텍스트 데이터의 기본값인 unknown이 사용된다.

3.5 ref 속성값으로 자식 요소에 접근하기

리액트로 작업하다 보면 돔 요소에 직접 접근해야 할 때가 있다. 예를 들어, 돔 요소에 포커스를 주거나 돔 요소의 크기나 스크롤 위치를 알고 싶은 경우다. 이 때 ref 속성값을 이용하면 자식 요소에 직접 접근할 수 있다. 자식 요소는 컴포넌트일 수도 있고 돔 요소일 수도 있다.

3.5.1 ref 속성값 이해하기

다음은 ref 속성값을 이용해서 돔 요소를 제어하는 코드다.

코드 3-46 돔 요소에 접근하기 위해 ref 속성값을 사용한 예

```
import React, { useRef, useEffect } from "react";
```

```
function TextInput() {
  const inputRef = useRef();  ❶

  useEffect(() => {
    inputRef.current.focus();  ❸
  }, []);

  return (
    <div>
      <input type="text" ref={inputRef} />  ❷
      <button>저장</button>
    </div>
  );
}
```

❶ useRef 훅이 반환하는 ref 객체를 이용해서 자식 요소에 접근할 수 있다. ❷ 접근하고자 하는 자식 요소의 ref 속성값에 ref 객체를 입력한다. 해당 돔 요소 혹은 컴포넌트가 생성되면 ref 객체로 접근할 수 있다. ❸ ref 객체의 current 속 성을 이용하면 자식 요소에 접근할 수 있다.

useEffect 훅 내부에서 자식 요소에 접근하고 있다는 점에 주목하자. 부수 효과 함수는 컴포넌트 렌더링 결과가 돔에 반영된 후에 호출되므로 해당 돔 요소는 이미 생성된 상태다.

3.5.2 ref 속성값 활용하기

ref 속성값의 다양한 기능과 활용법을 알아보자. 함수형 컴포넌트에서 ref 속성값을 사용하는 방법, forwardRef 함수로 ref 속성값을 직접 처리하는 방법, ref 속성값으로 함수 사용하는 방법에 대해 알아본다.

함수형 컴포넌트에서 ref 속성값 사용하기

클래스형 컴포넌트에 ref 속성값을 입력하면 ref.current는 해당 컴포넌트의 인스턴스를 가리킨다. 따라서 ref.current로 해당 클래스의 메서드를 호출할 수 있다.

함수형 컴포넌트는 인스턴스로 만들어지지 않지만 useImperativeHandle 훅을 사용하면 함수형 컴포넌트에서도 변수와 함수를 외부로 노출시킬 수 있다. useImperativeHandle 훅에 대한 자세한 내용은 3.6절에서 설명한다.

함수형 컴포넌트에 ref 속성값을 입력할 수는 없지만, 다른 이름으로 ref 객

체를 입력받아서 내부의 리액트 요소에 연결할 수는 있다. 다음은 inputRef라는
이름으로 속성값을 입력받아서 input 요소에 연결하는 코드다.

코드 3-47 함수형 컴포넌트에서 ref 속성값을 사용한 예

```
function TextInput({ inputRef }) { ❶
  return (
    <div>
      <input type="text" ref={inputRef} />
      <button>저장</button>
    </div>
  );
}

function Form() {
  const inputRef = useRef();
  useEffect(() => {
    inputRef.current.focus();
  }, []);
  return (
    <div>
      <TextInput inputRef={inputRef} /> ❷
      <button onClick={() => inputRef.current.focus()}>텍스트로 이동</button>
    </div>
  );
}
```

❶ TextInput 컴포넌트는 inputRef 속성값을 input 요소의 ref 속성값으로 넣고
있다. ❷ 부모 컴포넌트 입장에서는 손자 요소에 ref 속성값을 넣는 형태가 된
다. 이 방법은 TextInput 컴포넌트의 내부 구조를 외부에서 알아야 하므로 썩 좋
지는 않다. 따라서 손자 요소의 ref 속성값을 이용하는 방법은 꼭 필요한 경우에
만 사용하기 바란다.

forwardRef 함수로 ref 속성값을 직접 처리하기

컴포넌트의 재사용성을 높이기 위해 Button처럼 단순한 컴포넌트를 만들어서
사용하는 경우가 많다. 이런 작은 컴포넌트는 돔 요소와 밀접하게 연관되어 있
기 때문에 ref 속성값을 손자 요소로 연결하는 게 자연스럽다.

코드 3-47에서는 inputRef라는 독자적인 이름의 속성값을 사용했지만, 일관성
을 위해 ref라는 이름을 사용하는 게 좋다. 하지만 컴포넌트에 ref 속성값을 사
용하면 리액트가 내부적으로 처리하기 때문에 손자 요소에 연결할 수 없다. 이

런 경우 forwardRef 함수를 사용하면 ref 속성값을 직접 처리할 수 있다.

코드 3-48 forwardRef 함수를 사용하는 코드

```
const TextInput = React.forwardRef((props, ref) => ( ❶
  <div>
    <input type="text" ref={ref} />
    <button>저장</button>
  </div>
));

function Form() {
  // ...
  return (
    <div>
      <TextInput ref={inputRef} /> ❷
      <button onClick={() => inputRef.current.focus()}>텍스트로 이동</button>
    </div>
  );
}
```

❶ forwardRef 함수를 이용하면 부모 컴포넌트에서 넘어온 ref 속성값을 직접 처리할 수 있다. ❷ 이전 코드에서 inputRef로 사용했던 이름을 리액트의 예약어인 ref로 사용할 수 있게 됐다.

ref 속성값으로 함수 사용하기

지금까지 useRef 혹으로 만들어진 ref 객체를 ref 속성값에 연결하는 경우를 살펴봤다. ref 속성값에 함수를 입력하면 자식 요소가 생성되거나 제거되는 시점에 호출된다. 다음은 ref 속성값에 함수를 입력하는 경우를 보여준다.

코드 3-49 ref 속성값으로 함수를 사용한 예

```
function Form() {
  const [text, setText] = useState(INITIAL_TEXT);
  const [showText, setShowText] = useState(true);
  return (
    <div>
      {showText && (
        <input
          type="text"
          ref={ref => ref && setText(INITIAL_TEXT)} ❷
          value={text}
          onChange={e => setText(e.target.value)}
        />
      )}
```

```
        <button onClick={() => setShowText(!showText)}> ❶
          보이기/가리기
        </button>
      </div>
    );
  }

const INITIAL_TEXT = "안녕하세요";
```

❶ 보이기/가리기 버튼을 누르면 input 요소가 제거되거나 생성된다. ❷ ref 속성 값으로 입력한 함수는 해당 요소가 제거되거나 생성될 때마다 호출된다. 요소가 생성될 때는 해당 요소를 참조하는 변수가 넘어오고, 삭제될 때는 null 값이 넘어온다. 따라서 ❷번에서 요소가 생성될 때만 INITIAL_TEXT가 입력되도록 했다.

하지만 코드를 실행하면 의도한 대로 동작하지 않는다. input 요소에 텍스트를 입력해도 화면에는 INITIAL_TEXT만 보인다. 이는 컴포넌트가 렌더링될 때마다 새로운 함수를 ref 속성값으로 넣기 때문이다. 리액트는 ref 속성값으로 새로운 함수가 들어오면 이전 함수에 null 인수를 넣어서 호출하고, 새로운 함수에는 요소의 참조값을 넣어서 호출한다. 따라서 텍스트를 입력하면 컴포넌트가 렌더링되고, ref 속성값에 입력된 새로운 함수가 호출되면서 INITIAL_TEXT로 덮어 쓰는 것이다.

이 문제는 다음과 같이 고정된 함수를 입력하면 해결된다.

코드 3-50 ref 속성값으로 고정된 함수 입력하기

```
import React, { useState, useCallback } from "react";

function Form() {
  const [text, setText] = useState(INITIAL_TEXT);
  const [showText, setShowText] = useState(true);

  const setInitialText = useCallback(ref => ref && setText(INITIAL_TEXT),
[]); ❶

  return (
    <div>
      {showText && (
        <input
          type="text"
          ref={setInitialText} ❷
          value={text}
          onChange={e => setText(e.target.value)}
        />
```

```
    )}
    // ...
```

❶ 리액트에서 제공하는 useCallback 훅을 이용해서 setInitialText 함수를 변하지 않게 만들었다. useCallback 훅에 대한 자세한 내용은 3.6절에서 살펴보자. 여기서는 useCallback 훅의 메모이제이션 기능 덕분에 한 번 생성된 함수를 계속 재사용한다는 것만 알아두자. ❷ ref 속성값에 새로운 함수를 입력하지 않으므로 input 요소가 생성되거나 제거될 때만 setInitialText 함수가 호출된다.

이렇게 ref 속성값으로 함수를 사용하면 돔 요소의 생성과 제거 시점을 알 수 있다.

3.5.3 ref 속성값 사용 시 주의할 점

컴포넌트가 생성된 이후라도 ref 객체의 current 속성이 없을 수 있기 때문에 주의해야 한다.

코드 3-51 ref 객체의 current 속성이 없는 경우

```
function Form() {
  const inputRef = useRef();
  const [showText, setShowText] = useState(true);

  return (
    <div>
      {showText && <input type="text" ref={inputRef} />} ❶
      <button onClick={() => setShowText(!showText)}>
        텍스트 보이기/가리기
      </button>
      <button onClick={() => inputRef.current.focus()}>텍스트로 이동</button>
    </div>
  );
}
```

❶ ref 속성값을 입력한 input 요소는 showText 상탯값에 따라 존재하지 않을 수 있다. 이렇게 조건부 렌더링을 하는 경우에는 컴포넌트가 생성된 이후라 하더라도 ref 객체를 사용할 때 주의해야 한다. input 요소가 존재하지 않는 상태에서 **텍스트로 이동** 버튼을 누르면 inputRef 객체의 current 속성은 존재하지 않기 때문에 에러가 발생한다.

따라서 조건부 렌더링이 사용된 요소의 ref 객체는 current 속성을 검사하는 코드가 필요하다.

코드 3-52 **current 속성이 존재하는지 검사하기**

```
<button onClick={() => inputRef.current && inputRef.current.focus()}>
  텍스트로 이동
</button>
```

3.6 리액트 내장 훅 살펴보기

리액트는 useState, useEffect 외에도 다양한 훅을 제공한다. 리액트에 내장된 훅을 하나씩 살펴보자.

3.6.1 Consumer 컴포넌트 없이 콘텍스트 사용하기: useContext

useContext 훅을 이용하면 Consumer 컴포넌트를 사용하지 않고도 부모 컴포넌트로부터 전달된 콘텍스트 데이터를 사용할 수 있다.

다음은 훅을 사용하지 않고 기존 방식으로 콘텍스트 API를 사용한 코드다.

코드 3-53 **훅을 사용하지 않고 콘텍스트 API를 사용하기**

```
const UserContext = React.createContext();
const user = { name: 'mike', age: 23 };

function ParentComponent() { ❶
  return (
    <UserContext.Provider value={user}>
      <ChildComponent />
    </UserContext.Provider>
  );
}

function ChildComponent() { ❷
  // ... ❸
  return (
    <div>
      <UserContext.Consumer>
        {user => (
          <>
            <p>{`name is ${user.name}`}</p>
            <p>{`age is ${user.age}`}</p>
          </>
        )}
      </UserContext.Consumer>
    </div>
  );
}
```

❶ 부모 컴포넌트에서는 Provider 컴포넌트를 통해서 데이터를 전달한다. ❷ 자식 컴포넌트에서는 Consumer 컴포넌트를 통해서 데이터를 사용한다. 이 방식은 Consumer 컴포넌트 안쪽에서만 콘텍스트 데이터에 접근할 수 있다는 한계가 있다. ❸번 영역에서 콘텍스트 데이터를 사용하기 위해서는 복잡한 방법을 쓸 수밖에 없다.

다음과 같이 useContext 훅을 사용하면 ❸번 영역에서도 콘텍스트 데이터에 접근할 수 있다.

코드 3-54 useContext 훅 사용하기

```
function ChildComponent() {
  const user = useContext(UserContext); ❶
  console.log(`user: ${user.name}, ${user.age}`);
  // ...
}
```

❶ Consumer 컴포넌트를 사용하면 JSX 부분이 복잡해지는 단점이 있지만, useContext 훅은 사용하기 간편하다는 장점이 있다.

3.6.2 렌더링과 무관한 값 저장하기: useRef

useRef 훅은 자식 요소에 접근하는 것 외에도 중요한 용도가 한 가지 더 있다. 컴포넌트 내부에서 생성되는 값 중에는 렌더링과 무관한 값도 있는데, 이 값을 저장할 때 useRef 훅을 사용한다. 예를 들어 setTimeout이 반환하는 값은 어딘가에 저장해 두었다가 적절한 시점에서 clearTimeout을 호출할 때 사용해야 한다.[3]

다음은 useRef 훅을 이용해서 이전 상탯값을 저장하는 코드다.

코드 3-55 useRef 훅을 이용해서 이전 상탯값 저장하기

```
import React, { useState, useRef, useEffect } from 'react';

function Profile() {
  const [age, setAge] = useState(20);
  const prevAgeRef = useRef(20); ❶
  useEffect(
    () => {
      prevAgeRef.current = age;    ❷
    },
```

---

3 물론 useState 훅도 변수로 사용될 수 있지만 컴포넌트의 생명 주기와 밀접하게 연관되어 있기 때문에 렌더링과 무관한 값을 저장하기에는 적합하지 않다.

```
        [age],
    );                                    ❷
    const prevAge = prevAgeRef.current;
    const text = age === prevAge ? 'same' : age > prevAge ? 'older' : 'younger';    ❸
    return (
        <div>
            <p>{`age ${age} is ${text} than age ${prevAge}`}</p>
            <button
                onClick={() => {
                    const age = Math.floor(Math.random() * 50 + 1);
                    setAge(age); ❹
                }}
            >
                나이 변경
            </button>
        </div>
    );
}
```

❶ age의 이전 상탯값을 저장하기 위한 용도로 useRef 훅을 사용한다. ❷ age 값
이 변경되면 그 값을 prevAgeRef에 저장한다. ❸ age의 이전 상탯값을 이용한다.
❹ age가 변경돼서 다시 렌더링할 때 ❸의 prevAge는 age의 이전 상탯값을 나타
낸다. 그리고 렌더링이 끝나면 prevAgeRef는 age의 최신 상탯값으로 변경된다.

3.6.3 메모이제이션 훅: useMemo, useCallback

useMemo와 useCallback은 이전 값을 기억해서 성능을 최적화하는 용도로 사용된
다. useMemo와 useCallback의 사용법을 알아보고 어떤 차이가 있는지 살펴보자.

useMemo

useMemo 훅은 계산량이 많은 함수의 반환값을 재활용하는 용도로 사용된다. 다
음은 useMemo 훅의 사용 예다.

코드 3-56 useMemo 훅의 사용 예

```
import React, { useMemo } from 'react';
import { runExpensiveJob } from './util';

function MyComponent({ v1, v2 }) {
    const value = useMemo(() => runExpensiveJob(v1, v2), [v1, v2]); ❶
    return <p>{`value is ${value}`}</p>;
}
```

❶ useMemo 훅의 첫 번째 매개변수로 함수를 입력한다. useMemo 훅은 이 함수가 반환한 값을 기억한다. useMemo 훅의 두 번째 매개변수는 의존성 배열이다. 의존성 배열이 변경되지 않으면 이전에 반환된 값을 재사용한다. 만약 배열의 값이 변경됐으면 첫 번째 매개변수로 입력된 함수를 실행하고 그 반환값을 기억한다.

useCallback

useMemo 훅은 로다시 같은 라이브러리에서 제공해 주는 메모이제이션과 비슷하다. 반면에 useCallback은 리액트의 렌더링 성능을 위해 제공되는 훅이다.

컴포넌트가 렌더링될 때마다 새로운 함수를 생성해서 자식 컴포넌트의 속성값으로 입력하는 경우가 많다. 리액트 팀에서는 최근의 브라우저에서 함수 생성이 성능에 미치는 영향은 작다고 주장한다. 그보다는 속성값이 매번 변경되기 때문에 자식 컴포넌트에서 React.memo를 사용해도 불필요한 렌더링이 발생한다는 문제점이 있다. 리액트에서는 이 문제를 해결하기 위해 useCallback 훅을 제공한다.

다음은 useCallback 훅이 필요한 예다.

코드 3-57 useCallback 훅이 필요한 예

```jsx
import React, { useState } from 'react';
import { saveToServer } from './api';
import UserEdit from './UserEdit';

function Profile() {
  const [name, setName] = useState('');
  const [age, setAge] = useState(0);
  return (
    <div>
      <p>{`name is ${name}`}</p>
      <p>{`age is ${age}`}</p>
      <UserEdit
        onSave={() => saveToServer(name, age)} ❶
        setName={setName}
        setAge={setAge}
      />
    </div>
  );
}
```

❶ Profile 컴포넌트가 렌더링될 때마다 UserEdit 컴포넌트의 onSave 속성값으로 새로운 함수가 입력된다. 따라서 UserEdit 컴포넌트에서 React.memo를 사용

해도 onSave 속성값이 항상 변경되고 그 때문에 불필요한 렌더링이 발생한다. onSave 속성값은 name이나 age 값이 변경되지 않으면 항상 같아야 한다.

useCallback 훅을 사용하면 불필요한 렌더링을 막을 수 있다. 다음은 useCallback 훅을 사용한 코드다.

코드 3-58 **useCallback 훅 사용하기**

```
// ...
function Profile() {
  const [name, setName] = useState('');
  const [age, setAge] = useState(0);
  const onSave = useCallback(() => saveToServer(name, age), [name, age]); ❶
  return (
    <div>
      <p>{`name is ${name}`}</p>
      <p>{`age is ${age}`}</p>
      <UserEdit onSave={onSave} setName={setName} setAge={setAge} />
    </div>
  );
}
```

❶ 이전에 onSave 속성값으로 전달했던 것과 같은 함수를 useCallback 훅의 첫 번째 매개변수로 입력한다. useCallback 훅의 두 번째 매개변수는 의존성 배열이다. 의존성 배열이 변경되지 않으면 이전에 생성한 함수가 재사용된다. 따라서 name과 age 값이 변경되지 않으면, UserEdit 컴포넌트의 onSave 속성값으로 항상 같은 함수가 전달된다.

3.6.4 컴포넌트의 상탯값을 리덕스처럼 관리하기: useReducer

useReducer 훅을 사용하면 컴포넌트의 상탯값을 리덕스의 리듀서처럼 관리할 수 있다. 리덕스에 대한 자세한 내용은 6장에서 살펴본다. 다음은 useReducer 훅의 사용 예다.

코드 3-59 **useReducer 훅의 사용 예**

```
import React, { useReducer } from 'react';

const INITIAL_STATE = { name: 'empty', age: 0 };
function reducer(state, action) {                    ┐
  switch (action.type) {                              │ ❶
    case 'setName':                                   │
      return { ...state, name: action.name };        ┘
```

```
      case 'setAge':
        return { ...state, age: action.age };
      default:
        return state;                                          ❶
    }
  }

function Profile() {
  const [state, dispatch] = useReducer(reducer, INITIAL_STATE); ❷
  return (
    <div>
      <p>{`name is ${state.name}`}</p>
      <p>{`age is ${state.age}`}</p>
      <input
        type="text"
        value={state.name}
        onChange={e =>
          dispatch({ type: 'setName', name: e.currentTarget.value }) ❸
        }
      />
      <input
        type="number"
        value={state.age}
        onChange={e => dispatch({ type: 'setAge', age: e.currentTarget.value })}
      />
    </div>
  );
}
```

❶ 리덕스의 리듀서와 같은 방식으로 작성한 리듀서 함수다. ❷ useReducer 훅의
매개변수로 앞에서 작성한 리듀서와 초기 상탯값을 입력한다. useReducer 훅은
상탯값과 dispatch 함수를 차례대로 반환한다. ❸ 리덕스의 dispatch 함수와 같
은 방식으로 사용한다.

트리의 깊은 곳으로 이벤트 처리 함수 전달하기

보통 상위 컴포넌트에서 다수의 상탯값을 관리한다. 이때 자식 컴포넌트로부터
발생한 이벤트에서 상위 컴포넌트의 상탯값을 변경해야 하는 경우가 많다. 이를
위해 상위 컴포넌트에서 트리의 깊은 곳까지 이벤트 처리 함수를 전달한다. 이
작업은 상당히 손이 많이 가고, 코드의 가독성도 떨어진다.

　useReducer 훅과 콘텍스트 API를 이용하면 다음과 같이 상위 컴포넌트에서 트
리의 깊은 곳으로 이벤트 처리 함수를 쉽게 전달할 수 있다.

코드 3-60 useReducer 훅과 콘텍스트 API를 이용해서 이벤트 처리 함수를 전달하기

```
// ...
export const ProfileDispatch = React.createContext(null); ❶
// ...
function Profile() {
  const [state, dispatch] = useReducer(reducer, INITIAL_STATE);
  return (
    <div>
      <p>{`name is ${state.name}`}</p>
      <p>{`age is ${state.age}`}</p>
      <ProfileDispatch.Provider value={dispatch}>
        <SomeComponent />                                    ❷
      </ProfileDispatch.Provider>
    </div>
  );
}
```

❶ dispatch 함수를 전달해 주는 콘텍스트 객체를 생성한다. ❷ Provider를 통해서 dispatch 함수를 데이터로 전달한다. SomeComponent 하위에 있는 모든 컴포넌트에서는 콘텍스트를 통해서 dispatch 함수를 호출할 수 있다.

useReducer 훅의 dispatch 함수는 값이 변하지 않는 특징이 있어서 콘텍스트의 Consumer 컴포넌트가 불필요하게 자주 렌더링되는 일은 발생하지 않는다.

3.6.5 부모 컴포넌트에서 접근 가능한 함수 구현하기: useImperativeHandle

부모 컴포넌트는 ref 객체를 통해 클래스형 컴포넌트인 자식 컴포넌트의 메서드를 호출할 수 있다. 이 방식은 자식 컴포넌트의 내부 구현에 대한 의존성이 생기므로 지양해야 하지만 꼭 필요한 경우가 종종 생긴다. useImperativeHandle 훅을 이용하면 마치 함수형 컴포넌트에도 메서드가 있는 것처럼 만들 수 있다.

useImperativeHandle 훅으로 외부로 공개할 함수 정의하기

다음은 useImperativeHandle 훅을 이용해서 부모 컴포넌트에서 접근 가능한 함수를 구현한 코드다.

코드 3-61 부모 컴포넌트에서 접근 가능한 함수를 구현하기

```
import React, { forwardRef, useState, useImperativeHandle } from 'react';

function Profile(props, ref) { ❷
  const [name, setName] = useState('');
  const [age, setAge] = useState(0);
```

```
    useImperativeHandle(ref, () => ({ ❸
      addAge: value => setAge(age + value),
      getNameLength: () => name.length,
    }));

    return (
      <div>
        <p>{`name is ${name}`}</p>
        <p>{`age is ${age}`}</p>
        {/* ... */}
      </div>
    );
}

export default forwardRef(Profile); ❶
```

❶ 부모 컴포넌트에서 입력한 ref 객체를 직접 처리하기 위해 forwardRef 함수를 호출한다. ❷ ref 객체는 두 번째 매개변수로 넘어온다. ❸ useImperativeHandle 훅으로 ref 객체와 부모 컴포넌트에서 접근 가능한 여러 함수를 입력한다.

useImperativeHandle 훅으로 정의한 함수를 외부에서 호출하기

다음은 코드 3-61에서 구현한 함수를 부모 컴포넌트에서 호출하는 코드다.

코드 3-62 **부모 컴포넌트에서 자식 컴포넌트 함수 호출하기**

```
function Parent() {
  const profileRef = useRef();
  const onClick = () => {
    if (profileRef.current) {
      console.log('current name length:',
                  profileRef.current.getNameLength());  ❶
      profileRef.current.addAge(5);
    }
  };
  return (
    <div>
      <Profile ref={profileRef} /> ❷
      <button onClick={onClick}>add age 5</button>
    </div>
  );
}
```

❶ Profile 컴포넌트에서 구현한 함수를 호출한다. ❷ Profile 컴포넌트의 속성 값으로 ref 객체를 전달한다.

3.6.6 기타 리액트 내장 훅: useLayoutEffect, useDebugValue

useLayoutEffect

useEffect 훅에 입력된 부수 효과 함수는 렌더링 결과가 돔에 반영된 후 비동기로 호출된다. useLayoutEffect 훅은 useEffect 훅과 거의 비슷하게 동작하지만 부수 효과 함수를 동기로 호출한다는 점이 다르다. 즉, useLayoutEffect 훅의 부수 효과 함수는 렌더링 결과가 돔에 반영된 직후에 호출된다.

useLayoutEffect 훅의 부수 효과 함수에서 연산을 많이 하면 브라우저가 먹통이 될 수 있으므로 주의해야 한다. 특별한 이유가 없다면 useEffect 훅을 사용하는 것이 성능상 이점이 있다. 렌더링 직후 돔 요소의 값을 읽는 경우에는 useLayoutEffect 훅을 사용하는 것이 적합하다.

useDebugValue

useDebugValue는 개발 편의를 위해 제공되는 훅이다. useDebugValue 훅을 사용하면 커스텀 훅의 내부 상태를 관찰할 수 있기 때문에 디버깅에 도움이 된다. 다음은 useToggle 커스텀 훅에서 디버깅을 위해 useDebugValue 훅을 사용하는 코드다.

코드 3-63 useDebugValue 훅을 사용하는 코드

```
function useToggle(initialValue) {
  const [value, setValue] = useState(initialValue);
  const onToggle = () => setValue(!value);
  useDebugValue(value ? 'on' : 'off'); ❶
  return [value, onToggle];
}
```

❶ 디버깅 시 확인할 값을 useDebugValue 훅의 매개변수로 입력한다.

useDebugValue 훅으로 입력한 값은 다음과 같이 리액트 개발자 도구에서 확인할 수 있다.

그림 3-1 useDebugValue 훅으로 입력한 값은 리액트 개발자 도구에서 확인 가능하다

4장

P r a c t i c a l   R e a c t   P r o g r a m m i n g

리액트 실전 활용법

useEffect 훅의 기능은 간단하지만 그것을 제대로 사용하기란 결코 쉽지 않다. 개발자들은 훅이 등장하기 전에 쓰이던 클래스형 컴포넌트에 익숙해져 있어 잘 못된 방법으로 접근하는 경우가 많기 때문이다. useEffect 훅을 잘못 사용하면 오래된 데이터를 참조하거나 부수 효과 함수가 자주 실행되는 문제가 발생할 수 있다.

이번 장에서는 useEffect 훅을 제대로 사용하는 방법을 알아보자. 그리고 가 독성과 생산성을 높이는 컴포넌트 코드 작성 방법, 렌더링 속도를 올리기 위한 성능 최적화 방법도 알아보자.

4.1 가독성과 생산성을 고려한 컴포넌트 코드 작성법

컴포넌트 코드를 작성할 때 가독성과 생산성을 높여 주는 방법을 알아보자. 같 은 기능을 하는 컴포넌트라도 다양한 방식으로 작성될 수 있다. 되도록 컴포넌 트를 작성하는 사람 입장에서는 유지 보수하기 쉬운 코드를, 컴포넌트를 사용하 는 사람 입장에서는 컴포넌트의 인터페이스를 쉽게 파악할 수 있는 코드를 작성 하는 게 좋다. 먼저 필자가 추천하는 컴포넌트 파일 작성법을 소개하고, 컴포넌 트 속성값에 타입 정보를 추가하는 방법을 알아본다. 그리고 조건부 렌더링을 할 때 가독성이 높은 방식은 무엇인지 알아보고, 마지막으로 컨테이너 컴포넌트 와 프레젠테이션 컴포넌트로 구분해서 폴더를 구성하는 방법도 알아보자.

4.1.1 추천하는 컴포넌트 파일 작성법

컴포넌트 파일에는 다양한 종류의 함수와 변수가 등장한다. 그로 인해 코드의 가독성이 떨어지고 관리가 힘들어질 수 있다. 가독성과 생산성을 높이기 위해 코드를 어떻게 배치하면 좋을지 살펴보자.

컴포넌트 파일 작성 순서

다음은 필자가 추천하는 컴포넌트 파일 작성 예다.

코드 4-1 **추천하는 컴포넌트 파일 작성 예**

```
MyComponent.propTypes = { ❶
  // ...
};

export default function MyComponent({prop1, prop2}) { ❷
  // ...
}

const COLUMNES = [
  { id: 1, name: 'phoneNumber', width: 200, color: 'white' },
  { id: 1, name: 'city', width: 100, color: 'grey' },
  // ...
];
const URL_PRODUCT_LIST = '/api/products';          ❸
function getTotalPrice({ price, total }) {
  // ...
}
```

❶ 파일의 최상단에는 속성값의 타입을 정의한다. 속성값 타입이 가장 먼저 오는 이유는 컴포넌트를 사용하는 입장에서 생각하면 쉽게 이해된다. 어떤 컴포넌트를 사용하기 위해서는 그 컴포넌트의 속성값 타입을 알아야 하므로 파일을 열었을 때 속성값 타입이 가장 먼저 보이는 게 좋다. 또한, 컴포넌트 작성자 입장에서도 속성값 타입은 다른 여느 코드 못지않게 중요하다. 따라서 속성값 타입 위쪽으로는 import 코드만 오도록 작성하자.

❷ 컴포넌트 함수의 매개변수는 명명된 매개변수로 정의하는 게 좋다. 속성값을 사용할 때마다 props.을 반복해서 입력하지 않아도 되므로 코드 작성이 편해진다. 그리고 컴포넌트 이름을 꼭 작성하자. function()처럼 이름 없는 컴포넌트로 만들면 리액트 개발자 도구에서 디버깅이 힘들다.

❸ 컴포넌트 바깥의 변수와 함수는 파일의 가장 밑에 정의한다. 특별한 이유가 없다면 변수는 상수 변수(const)로 정의하는 게 좋다. 그리고 상수 변수의 이름은 예제처럼 대문자로 작성하는 게 가독성에 좋다. 컴포넌트 내부에서 커다란 객체를 생성하는 코드가 있을 때, 가능하다면 컴포넌트 외부에서 상수 변수로 정의해서 사용하도록 하자. 그래야 렌더링 시 불필요한 객체 생성을 피할 수 있어서 성능상 이점이 있다.

서로 연관된 코드를 한 곳으로 모으기

이번에는 여러 가지 기능이 섞여 있는 코드를 어떻게 배치하면 좋을지 다음 코드를 통해 알아보자.

코드 4-2 여러 가지 기능이 섞여 있는 컴포넌트 코드

```
function Profile({ userId }) {
  const [user, setUser] = useState(null);
  const [width, setWidth] = useState(window.innerWidth);    ❶
  useEffect(() => {
    getUserApi(userId).then(data => setUser(data));
  }, [userId]);
  useEffect(() => {
    const onResize = () => setWidth(window.innerWidth);
    window.addEventListener("resize", onResize);
    return () => {
      window.removeEventListener("resize", onResize);
    };
  }, []);
  // ...
}
```

❶ 모든 상탯값을 컴포넌트 함수 상단에서 정의하고 있다. 그리고 모든 use Effect 훅을 상탯값 코드 밑에 정의하고 있다.

앞의 코드에는 사용자 정보를 가져오는 기능과 창의 너비를 가져오는 기능이 섞여 있다. 다음은 각 기능별로 코드를 모아 놓은 코드다.

코드 4-3 기능별로 코드를 구분하기

```
function Profile({ userId }) {
  const [user, setUser] = useState(null);
  useEffect(() => {
    getUserApi(userId).then(data => setUser(data));    ❶
  }, [userId]);
```

```
  const [width, setWidth] = useState(window.innerWidth);
  useEffect(() => {
    const onResize = () => setWidth(window.innerWidth);
    window.addEventListener("resize", onResize);
    return () => {
      window.removeEventListener("resize", onResize);
    };
  }, []);                                                   ❷
  // ...
}
```

❶ 사용자 정보를 가져오는 기능을 한곳으로 모았다. ❷ 마찬가지로 창의 너비를 가져오는 기능을 한곳으로 모았다.

코드 4-2보다 4-3이 가독성 면에서 낫다는 걸 알 수 있다. 이처럼 코드를 한곳에 모을 때는 훅의 종류별로 모으는 것보다는 연관된 코드끼리 모으는 게 좋다. 만약 컴포넌트 코드가 복잡하다고 느껴진다면 각 기능을 커스텀 훅으로 분리하는 것도 좋은 방법이다. 다음은 두 가지 기능을 각각 커스텀 훅으로 분리한 코드다.

코드 4-4 각 기능을 커스텀 훅으로 분리하기

```
function Profile({ userId }) {
  const user = useUser(userId);
  const width = useWindowWidth();        ❶
  // ...
}

function useUser(userId) { ❷
  const [user, setUser] = useState(null);
  useEffect(() => {
    getUserApi(userId).then(data => setUser(data));
  }, [userId]);
  return user;
}

function useWindowWidth() { ❸
  const [width, setWidth] = useState(window.innerWidth);
  useEffect(() => {
    const onResize = () => setWidth(window.innerWidth);
    window.addEventListener("resize", onResize);
    return () => {
      window.removeEventListener("resize", onResize);
    };
  }, []);
```

```
    return width;
}
```

❶ 각 기능을 커스텀 훅으로 분리하면 Profile 컴포넌트 코드는 가독성이 좋아진다. ❷❸ 각 기능을 커스텀 훅으로 분리했다.

기능을 커스텀 훅으로 분리하면 같은 기능을 다른 곳에서도 사용하기 좋다. 기능을 재사용하는 곳이 없다고 하더라도 컴포넌트 코드가 복잡해지면 커스텀 훅으로 분리하자. 다만 컴포넌트 코드가 복잡하지 않은 경우에는 커스텀 훅이 오히려 가독성을 떨어뜨릴 수 있으니 필요하다고 판단되는 경우에만 분리하도록 하자.

4.1.2 속성값 타입 정의하기: prop-types

prop-types는 속성값의 타입 정보를 정의할 때 사용하는 리액트 공식 패키지다. 속성값의 타입 정보는 컴포넌트 코드의 가독성을 위해서 필수로 작성하는 게 좋다. 코드에서 타입 정보가 필요한 이유를 간단하게 알아보자. 그리고 prop-types에서 기본적으로 제공하는 타입의 종류를 알아보고, 기본 타입 외에도 타입 정의 함수를 이용해서 자신만의 타입을 만드는 방법도 알아보자.

자바스크립트는 동적 타입 언어다. 타입이 없기 때문에 배우기 쉽고 간단한 프로그램을 작성할 때는 생산성이 좋다. 하지만 소스 파일이 50개가 넘어 가는 규모의 프로그램을 작성할 때는 오히려 생산성이 떨어진다. 그래서 가능하면 정적 타입 언어를 사용하는 게 좋다(동적 타입 언어와 정적 타입 언어에 대한 자세한 설명은 9장에서 확인할 수 있다).

하지만 상황이 여의치 않아서 동적 타입 언어를 사용해야만 할 때가 있다. 이를 위해 리액트에서는 속성값 타입을 정의할 수 있는 prop-types 패키지를 제공한다. prop-types를 사용할 경우 컴포넌트 사용 시 속성값에 잘못된 타입이 입력되면 콘솔에 에러 메시지가 출력된다. 이는 리액트가 렌더링하는 과정에서 잘못된 속성값 타입을 검사해 주기 때문에 가능하다. 물론 속성값 타입을 검사하기 위해 별도의 연산이 필요하므로 타입 검사는 개발 모드에서만 동작한다. 타입 에러를 사전에 검사할 수 있으므로 도움이 된다.

prop-types를 사용했을 때 생기는 또 다른 장점은 타입 정의 자체가 훌륭한 문서가 된다는 점이다. 만약 속성값 타입 정보가 없다면 컴포넌트를 사용하는 사람 입장에서는 속성값의 정보를 파악하기 위해 코드를 일일이 들여다봐야 한다.

다음과 같이 속성값의 타입 정보를 입력하지 않은 컴포넌트를 사용해야 한다
고 가정해 보자.

코드 4-5 **속성값에 타입 정보가 없는 경우**

```
function User({ type, age, male, onChangeName, onChangeTitle }) {
  function onClick1() {
    const msg = `type: ${type}, age: ${age ? age : "알 수 없음"}`;
    log(msg, { color: type === "gold" ? "red" : "black" });
    // ...
  }
  function onClick2(name, title) {
    if (onChangeName) {
      onChangeName(name);
    }
    onChangeTitle(title);
    male ? goMalePage() : goFemalePage();
    // ...
  }
  // ...
}
```

각 속성값의 타입이 무엇인지는 코드를 자세히 들여다보기 전까지 알기가 힘
들다.

다음은 prop-types를 이용해서 코드 4-5에 타입 정보를 추가한 코드다. 컴포넌
트의 로직을 이해하지 않고도 속성값의 타입 정보를 한눈에 파악할 수 있다.

코드 4-6 **prop-types를 이용한 속성값의 타입 정보 정의**

```
User.propTypes = {
  male: PropTypes.bool.isRequired, ❶
  age: PropTypes.number, ❷
  type: PropTypes.oneOf(["gold", "silver", "bronze"]), ❸
  onChangeName: PropTypes.func, ❹
  onChangeTitle: PropTypes.func.isRequired
};
```

❶ male 속성값은 필숫값이기 때문에 부모 컴포넌트에서 이 값을 주지 않으면 에
러 메시지가 출력된다. ❷ 반대로 age 속성값은 필숫값이 아니기 때문에 이 값
을 주지 않아도 에러는 발생하지 않는다. 만약 age 속성값으로 문자열을 줬다면
타입이 잘못됐다는 에러 메시지가 출력된다. ❸ type 속성값에는 gold, silver,
bronze 중의 하나만 입력할 수 있다. ❹ 여기서 한 가지 부족한 타입 정보는

onChangeName과 같은 함수의 타입이다. prop-types에서 함수의 매개변수와 반환
값에 대한 타입 정보는 정의할 수 없다. 이 경우에는 문서화를 위해 타입 정보
를 주석으로 자세히 적기를 추천한다.

prop-types로 정의할 수 있는 타입

다음 코드는 prop-types로 정의할 수 있는 여러 가지 타입을 보여 준다. 자세한
설명은 주석을 통해 확인할 수 있다.

코드 4-7 **prop-types를 사용한 다양한 타입 정의 예**

```
MyComponent.propTypes = {
  // 리액트 요소
  // <div>hello</div> => 참
  // <SomeComponent /> => 참
  // 123 => 거짓
  menu: PropTypes.element,

  // 컴포넌트 함수가 반환할 수 있는 모든 것
  // number, string, array, element, ...
  // <SomeComponent /> => 참
  // 123 => 참
  description: PropTypes.node,

  // Message 클래스로 생성된 모든 객체
  // new Messages() => 참
  // new Car() => 거짓
  message: PropTypes.instanceOf(Message),

  // 배열에 포함된 값 중에서 하나를 만족
  // 'jone' => 참
  // 'messy' => 거짓
  name: PropTypes.oneOf(["jone", "mike"]),

  // 배열에 포함된 타입 중에서 하나를 만족
  // 123 => 참
  // 'messy' => 참
  width: PropTypes.oneOfType([PropTypes.number, PropTypes.string]),

  // 특정 타입만 포함하는 배열
  // [1, 5, 7] => 참
  // ['a', 'b'] => 거짓
  ages: PropTypes.arrayOf(PropTypes.number),

  // 객체의 속성값 타입을 정의
  // {color: 'red', weight: 123} => 참
```

```
// {color: 'red', weight: '123kg'} => 거짓
info: PropTypes.shape({
  color: PropTypes.string,
  weight: PropTypes.number
}),

// 객체에서 모든 속성값의 타입이 같은 경우
// {prop1: 123, prop2: 456} => 참
// {prop1: 'red', prop2: 123} => 거짓
infos: PropTypes.objectOf(PropTypes.number)
};
```

이처럼 prop-types가 제공하는 타입 정의 함수를 이용하면 웬만한 타입 정보는 표현할 수 있다. 그리고 다음과 같이 본인만의 타입 함수를 작성할 수도 있다.

코드 4-8 **함수를 이용한 커스텀 속성값 타입 정의**

```
MyComponent.propTypes = {
  age: function(props, propName, componentName) {
    const value = props[propName];
    if (value < 10 || value > 20) { ❶
      return new Error( ❷
        `Invalid prop ${propName} supplied to ${componentName}.
        It must be 10 <= value <= 20.`
      );
    }
  }
};
```

❶ age 속성값의 타입은 10 이상이고 20 이하인 숫자로 정의됐다. ❷ 조건에 맞지 않는 값이 들어오면 에러를 반환한다.

4.1.3 가독성을 높이는 조건부 렌더링 방법

컴포넌트 함수 내부에서 특정 값에 따라 선택적으로 렌더링하는 것을 조건부 렌더링(conditional rendering)이라 한다. 조건부 렌더링을 구현할 때는 삼항 연산자가 유용한 경우도 있지만 대부분 && 연산자가 가독성이 더 좋다. 예제를 통해 몇 가지 조건부 렌더링 방법을 알아보고, && 연산자를 이용한 방법과 비교해 보자.

개발하다 보면 다음과 같은 조건부 렌더링을 자주 사용하게 된다.

코드 4-9 간단한 조건부 렌더링 예

```javascript
function GreetingA({ isLogin, name }) {
  if (isLogin) {
    return <p>{`${name}님 안녕하세요.`}</p>;
  } else {
    return <p>권한이 없습니다.</p>;
  }
}

function GreetingB({ isLogin, name }) {
  return <p>{isLogin ? `${name}님 안녕하세요.` : '권한이 없습니다.'}</p>;
}
```

GreetingB 컴포넌트가 좀 더 짧기도 하고 p 태그가 한 번만 등장해서 GreetingA 보다 좋은 선택인 것 같다. 하지만 매번 그런 것은 아니다. 다음 코드처럼 좀 더 복잡한 조건부 렌더링의 경우를 보자.

코드 4-10 조금 복잡한 조건부 렌더링 예

```javascript
function GreetingA({ isLogin, name }) {
  if (isLogin) {
    return (
      <p className="greeting" onClick={showMenu}>
        {`${name}님 안녕하세요.`}
      </p>
    );
  } else {
    return (
      <p className="noAuth" onClick={goToLoginPage}>
        권한이 없습니다.
      </p>
    );
  }
}

function GreetingB({ isLogin, name }) {
  return (
    <p
      className={isLogin ? 'greeting' : 'noAuth'}
      onClick={isLogin ? showMenu : goToLoginPage}
    >
      {isLogin ? `${name}님 안녕하세요.` : '권한이 없습니다.'}
    </p>
  );
}
```

코드 4-10에서 어느 방법이 더 좋은지 토론을 하면 갑론을박이 벌어져 쉽게 결론이 나지 않는다. 확실한 답이 없기 때문이다. 그렇다고 어느 쪽을 쓰든 상관없다고 결론지으려는 건 아니다. 때에 따라 상대적으로 더 좋은 코드가 있다.

조건부 렌더링을 무분별하게 사용하면 JSX 코드는 금방 스파게티가 되므로, 더 좋은 코드에 대한 고민을 끊임없이 해야 한다. 특히 JSX 코드에서는 삼항 연산자보다 && 연산자를 사용한 조건부 렌더링 코드가 가독성이 더 높다.

다음은 로그인했을 때만 개인 정보를 보여 주는 코드를 삼항 연산자를 사용해서 구현한 것이다.

코드 4-11 삼항 연산자를 사용한 조건부 렌더링

```
function Greeting({ isLogin, name, cash }) {
  return (
    <div>
      저희 사이트에 방문해 주셔서 감사합니다.
      {isLogin ? (
        <div>
          <p>{name}님 안녕하세요.</p>
          <p>현재 보유하신 금액은 {cash}원입니다.</p>
        </div>
      ) : null}
    </div>
  );
}
```

&& 연산자를 이용한 조건부 렌더링

특정 조건에서만 렌더링할 때는 코드 4-11처럼 삼항 연산자를 사용하는 것보다는 && 연산자를 사용하는 게 낫다.

> **📦 &&, || 연산자 이해하기**
>
> &&와 || 연산이 헷갈리다면 이 시점에서 확실히 이해해 보자.
>
> **코드 4-12 &&, || 연산자의 반환값**
>
> ```
> const v1 = 'ab' && 0 && 2; // v1 === 0
> const v2 = 'ab' && 2 && 3; // v2 === 3
> const v3 = 'ab' || 0; // v3 === 'ab'
> const v4 = '' || 0 || 3; // v4 === 3
> ```

&&, || 연산자 모두 마지막으로 검사한 값을 반환한다. 따라서 && 연산자는 첫 거짓(false) 값 또는 마지막 값을 반환하고, || 연산자는 첫 참(true)값 또는 마지막 값을 반환한다. 따라서 렌더링할 리액트 요소를 && 연산자의 끝에 작성하고, 앞쪽에는 해당 조건을 작성하는 방식으로 조건부 렌더링을 구현할 수 있다.

다음은 && 연산자를 사용해서 조건부 렌더링을 구현한 코드다.

코드 4-13 && 연산자를 사용한 조건부 렌더링

```
function Greeting({ isLogin, name, cash }) {
  return (
    <div>
      저희 사이트에 방문해 주셔서 감사합니다.
      {isLogin && (
        <div>
          <p>{name}님 안녕하세요.</p>
          <p>현재 보유하신 금액은 {cash}원입니다.</p>
        </div>
      )}
    </div>
  );
}
```

코드의 끝에 null을 생략해도 되기 때문에 가독성이 좋아진다. 아직까지는 코드가 간단해서 필자의 말이 크게 와닿지 않을 수도 있다. 예를 들어 기획서가 업데이트됐는데, 이벤트 기간에는 개인 정보를 생략한 채 이벤트 문구를 보여 줘야 하고, 로그인을 했더라도 캐시가 십만 원을 넘으면 해킹한 사람이므로 개인 정보를 보여 주면 안 된다는 전제가 있다고 하자. 이에 삼항 연산자를 좋아하는 개발자는 다음과 같이 작성했다.

코드 4-14 복잡한 조건을 삼항 연산자로 구현한 예

```
function Greeting({ isEvent, isLogin, name, cash }) {
  return (
    <div>
      저희 사이트에 방문해 주셔서 감사합니다.
      {isEvent ? ( ❶
        <div>
          <p>오늘의 이벤트를 놓치지 마세요.</p>
          <button onClick={onClickEvent}>이벤트 참여하기</button>
        </div>
```

```
      ) : isLogin ? (
        cash <= 100000 ? (
          <div>
            <p>{name}님 안녕하세요.</p>
            <p>현재 보유하신 금액은 {cash}원입니다.</p>
          </div>
        ) : null
      ) : null}
    </div>
  );
}
```

삼항 연산자를 중첩해서 사용했다. ❶ 첫 번째 삼항 연산자는 어디에서 끝나는
지 파악하기도 힘들다. 이 코드를 && 연산자를 사용한 버전으로 변경하면 다음
과 같다.

코드 4-15 복잡한 조건을 && 연산자로 구현한 예

```
function Greeting({ isEvent, isLogin, name, cash }) {
  return (
    <div>
      저희 사이트에 방문해 주셔서 감사합니다.
      {isEvent && (                                                    ┐
        <div>                                                          │
          <p>오늘의 이벤트를 놓치지 마세요.</p>                         │ ❶
          <button onClick={onClickEvent}>이벤트 참여하기</button>      │
        </div>                                                         │
      )}                                                               ┘
      {!isEvent &&                                                     ┐
        isLogin &&                                                     │
        cash <= 100000 && (                                            │
          <div>                                                        │ ❷
            <p>{name}님 안녕하세요.</p>                                 │
            <p>현재 보유하신 금액은 {cash}원입니다.</p>                 │
          </div>                                                       │
        )}                                                             ┘
    </div>
  );
}
```

코드가 두 그룹(❶❷)이라는 게 금방 드러난다. 각 그룹의 조건도 한눈에 들어
온다.

📦 && 연산자 사용 시 주의할 점

&& 연산자를 사용할 때 주의해야 할 점이 몇 가지 있다. 변수가 숫자 타입인 경우 0은 거짓이고, 문자열 타입인 경우 빈 문자열도 거짓이다. 당연하게 보이지만 && 연산자를 사용할 때 자주 실수하는 내용이다.

다음 코드는 && 연산자를 잘못 사용한 예를 보여 준다.

코드 4-16 && 연산자를 잘못 사용한 예

```
<div>
  {cash && <p>{cash}원 보유 중</p>} ❶
  {memo && <p>{200 - memo.length}자 입력 가능</p>} ❷
</div>
```

❶ 캐시가 0원일 때도 0원 보유 중을 출력해야 하는데 출력되지 않는다. 사실 더 큰 문제는 의도치 않게 숫자 0이 덩그러니 출력된다는 점이다. && 연산자가 마지막으로 검사한 값이 0이기 때문이다. 만약 의도적으로 0도 거짓으로 처리하고 싶다면 !!cash &&를 입력하는 게 좋다. ❷ 마찬가지로 빈 문자열일 때는 200자 입력 가능이 출력되어야 하는데 출력되지 않는다. 이 경우에는 명확하게 undefined, null이 아닌 경우라고 표현해야 한다.

코드 4-16을 다음과 같이 수정하면 의도한 대로 동작한다.

코드 4-17 && 연산자를 잘 사용한 예

```
<div>
  {cash != null && <p>{cash}원 보유 중</p>} ❶
  {memo != null && <p>{200 - memo.length}자 입력 가능</p>}
</div>
```

❶ cash != null은 cash가 undefined가 아니고 null도 아니면 참이 된다.

변수가 배열인 경우에는 기본값으로 빈 배열을 넣어 주는 게 좋다. 다음 코드에서 students 배열의 기본값이 빈 배열이었다면 조건부 렌더링을 할 때마다 students &&를 입력하지 않아도 되기 때문에 편하게 map 함수를 사용할 수 있다.

코드 4-18 배열의 기본값이 빈 배열이 아닌 경우

```
<div>{students && students.map(/* */)}</div> ❶
<div>{products.map(/* */)}</div> ❷
```

❶ 변수가 undefined 또는 null을 가질 수 있다면, 컴포넌트 함수에서 변수를 사용할 때마다 students && 코드를 작성해야 한다. ❷ 배열의 기본값을 빈 배열로 설정하면 코드가 간결해진다.

조건에 따라 아무것도 렌더링하지 않는 경우에는 null을 반환하기도 한다. 또는 해당 컴포넌트를 사용하는 부모 컴포넌트에서 조건에 따라 자식 컴포넌트를 보이거나 가릴 수도 있다. 후자의 경우는 해당 컴포넌트가 마운트와 언마운트를 반복할 수 있다는 점을 인지해야 한다. 마운트와 언마운트를 반복하면 컴포넌트의 상탯값도 사라지고 렌더링 성능에도 안 좋은 영향을 끼칠 수 있다. 하지만 필요한 조건을 부모 컴포넌트에서 작성하기 때문에 자식 컴포넌트 입장에서는 로직이 더 간단해진다는 장점도 있다.

조건부 렌더링의 방법은 다양하기 때문에 각자의 취향과 프로젝트의 성격에 따라 코딩 컨벤션을 정하는 게 좋다. 특히 코드 리뷰를 할 때 조건부 렌더링 쪽 코드가 복잡해서 힘들어지는 경우가 많다. 조건부 렌더링 코드를 수정할 때는 리뷰어(reviewer)를 배려하는 마음으로 코드를 작성하자.

4.1.4 관심사 분리를 위한 프레젠테이션, 컨테이너 컴포넌트 구분하기

댄 아브라모프(Dan Abramov)의 블로그 포스트[1]로 잘 알려진 컴포넌트 구분법이 있다. 블로그 포스트에서 설명하는 구분법은 너무 복잡하고 헷갈리므로 필자는 보다 더 간단한 규칙을 제안한다. 비즈니스 로직과 상탯값의 유무에 따라 프레젠테이션(presentation)과 컨테이너(container)로 불리는 두 가지 컴포넌트로 구분하는 방법을 알아보자.

프로그래밍 세계에서 관심사의 분리란 복잡한 코드를 비슷한 기능을 하는 코드끼리 모아서 별도로 관리하는 것을 말한다. UI 처리, API 호출, DB 관리 등의 코드가 같은 곳에 있으면 복잡하기 때문에 이들은 서로 관심사가 다르다고 보고 분리해서 관리하는 게 좋다. 코드를 작성하다가 어느 순간 코드가 복잡해진다고 느껴진다면 관심사의 분리가 필요한 순간인지 생각해 보는 게 좋다.

하나의 컴포넌트 안에서 모든 기능을 구현할 수는 없기 때문에 우리는 여러 개의 컴포넌트를 만들어서 조립한다. 하나의 폴더 안에 모든 컴포넌트를 모아 놓고 작업한다고 가정해 보자. 시간이 흐를수록 컴포넌트가 많아지고, 사용하려

---

1 프레젠테이션과 컨테이너 컴포넌트: Presentational and Container Components: *https://medium.com/@dan_abramov/smart-and-dumb-components-7ca2f9a7c7d0*

는 컴포넌트를 찾기가 어려워진다. 이때 기능별로 폴더를 만들어 관리하면 컴포넌트를 찾기가 쉬워지고 간단한 프로그램은 이 정도로도 충분해 보인다.

그러나 프로젝트의 규모가 커지면 문제가 생긴다. 비즈니스 로직과 상탯값이 컴포넌트의 여기저기에 흩어져 있다. 상탯값의 중복도 발생한다. 다음과 같이 부모 컴포넌트가 넘겨준 속성값으로부터 새로운 상탯값을 만드는 경우가 빈번해진다.

코드 4-19 속성값으로부터 새로운 상탯값을 만드는 예

```
function MyComponent({ todos }) {
  const [doneList, setDoneList] = useState(todos.filter(item => item.
done)); ❶
  function onChangeName(key, name) {
    setDoneList(
      doneList.map(item => (item.key === key ? { ...item, name } : item)) ❷
    );
  }
  // ...
}
```

❶ 부모로부터 받은 todos로부터 완료 목록 doneList를 만들었다. ❷ 그러고는 이벤트 처리 함수에서 특정 목록의 이름을 수정하고 있다.

여기서 주목할 부분은 특정 목록의 이름을 수정하는 순간, 부모가 가진 데이터와 정합(sync)이 안 맞는다는 것이다. 대개 이런 상황은 버그로 이어진다. 이렇게 자식 컴포넌트에서 부모의 데이터를 별도의 상탯값으로 관리하는 것은 나쁜 습관(anti-pattern)[2]이라고 할 수 있다. 비즈니스 로직과 상탯값은 일부 컴포넌트로 한정해서 관리하는 게 좋다.

컴포넌트가 비즈니스 로직이나 상탯값을 가지고 있으면 재사용하기 힘들다. 컴포넌트는 재사용하면 할수록 이득인데 말이다. 컴포넌트에 비즈니스 로직이나 상탯값이 있어서 재사용을 못 하고 새로운 컴포넌트를 만들면 코드 중복이 발생할 수 있다. 개발자에게 있어서 코드 중복은 게으름이며 기술 부채다.

---

2 속성값으로부터 상탯값을 만드는 것이 나쁜 습관이라고 말하는 게 아니다. 리액트의 getDerivedState FromProps 생명 주기 메서드가 정확히 이 기능을 위해 존재한다. 필자가 나쁜 습관이라고 말하는 것은 데이터를 복제해서 사용하는 경우를 말한다. 코드 4-19의 경우 name을 변경하는 순간 새로운 객체가 생성되므로 더 이상 부모의 객체를 참조하지 않게 된다. 이는 상탯값을 불변 객체로 관리하기 때문이다. 코드 4-19는 다음과 같이 리팩터링하는 게 좋다.

- doneList는 useMemo를 이용해서 생성한다.
- onChangeName 함수를 부모로부터 속성값으로 받는다.

그렇다면 비즈니스 로직과 상탯값의 유무로 컴포넌트를 분리하면 어떨까? 앞에서 언급한 댄 아브라모프의 블로그 글에서는 재사용성이 좋은 프레젠테이션 컴포넌트와 그렇지 않은 컨테이너 컴포넌트로 구분하는 방법을 설명한다. 하지만 글을 읽어 보면 머리가 더 복잡해질 수 있다. 그 글에서 설명하는 프레젠테이션 컴포넌트의 조건이 다소 복잡하기 때문이다. 필자가 추천하는 프레젠테이션 컴포넌트의 정의는 다음과 같다.

- 비즈니스 로직이 없다.
- 상탯값이 없다. 단, 마우스 오버(mouse over)와 같은 UI 효과를 위한 상탯값은 제외한다.

이처럼 컴포넌트를 프레젠테이션과 컨테이너로 구분하고 폴더도 이에 따라 별도로 관리하는 게 좋다. 일반적으로 프레젠테이션 컴포넌트 코드가 가독성이 더 좋고 재사용성도 높다.

4.2 useEffect 훅 실전 활용법

useEffect 훅 사용 시 의존성 배열을 관리하는 방법을 알아본다. 의존성 배열을 잘 관리하지 못해서 발생한 버그는 디버깅이 쉽지 않으므로 제대로 이해하고 사용해야 한다.

4.2.1 의존성 배열을 관리하는 방법

의존성 배열은 useEffect 훅에 입력하는 두 번째 매개변수다. 의존성 배열의 내용이 변경됐을 때 부수 효과 함수가 실행된다.

의존성 배열은 잘못 관리하면 쉽게 버그로 이어지므로 가능하면 입력하지 않는 게 좋다. 다행히 의존성 배열은 대부분의 경우에 입력하지 않아도 되는데, 꼭 필요한 경우가 생기기도 한다. 몇 가지 예제를 통해 의존성 배열을 관리하는 방법을 알아보자.

부수 효과 함수에서 API를 호출하는 경우

부수 효과 함수에서 API를 호출한다면 불필요한 API 호출이 발생하지 않도록 주의해야 한다. 다음은 사용자 정보를 가져오기 위해 useEffect 훅을 이용하는 코드다.

코드 4-20 useEffect 훅에서 API를 호출하는 코드

```
function Profile({ userId }) {
  const [user, setUser] = useState();
  useEffect(() => {
    fetchUser(userId).then(data => setUser(data)); ❶
  });
  // ...
}
```

❶ fetchUser 함수는 렌더링을 할 때마다 호출되므로 비효율적이다.

이 문제를 해결하기 위해 의존성 배열에 빈 배열을 넣을 수도 있다. 하지만 이
는 userId가 변경돼도 새로운 사용자 정보를 가져오지 못하기 때문에 올바른 해
결책이 아니다. 지금 이 순간에는 userId가 변경되지 않는다는 것을 확신한다고
하더라도 언제 기획서가 변경될지 모르는 일이다.

다음은 이 문제를 의존성 배열을 이용해서 해결하는 코드다.

코드 4-21 의존성 배열로 API 호출 횟수를 최적화하기

```
useEffect(() => {
  fetchUser(userId).then(data => setUser(data));
}, [userId]); ❶
```

❶ userId가 변경될 때만 fetchUser 함수를 호출한다.

나중에 부수 효과 함수를 수정할 때는 새로 추가된 변수를 빠짐없이 의존성
배열에 추가해야 한다. 다음과 같이 fetchUser 함수에 매개변수를 추가한다고
생각해 보자.

코드 4-22 의존성 배열을 잘못 관리한 경우

```
const [needDetail, setNeedDetail] = useState(false);
useEffect(() => {
  fetchUser(userId, needDetail).then(data => setUser(data)); ❶
}, [userId]); ❷
```

❶ 상탯값 needDetail을 부수 효과 함수에서 사용했다. ❷ 부수 효과 함수를 수
정할 때 새로운 상탯값을 사용했다면 의존성 배열에 추가해야 한다. 하지만 사
람이 하는 일이다 보니 이렇게 깜빡하고 needDetail을 의존성 배열에 추가하지
않는 일이 종종 생긴다.

리액트 팀에서는 이러한 문제를 해결하기 위해 eslint에서 사용할 수 있는

exhaustive-deps 규칙을 만들어서 제공한다. exhaustive-deps는 잘못 사용된 의존성 배열을 찾아서 알려 준다. 의존성 배열에서 실수를 하는 경우가 많고, 의존성 배열 때문에 발생한 버그는 원인 파악도 힘들기 때문에 exhaustive-deps를 꼭 사용할 것을 추천한다.

🎁 의존성 배열을 잘못 관리하면 생기는 일

의존성 배열에 입력해야 할 값을 입력하지 않으면 오래된 값을 참조하는 문제가 발생한다. 다음 코드에서 value1 증가 버튼을 누르면 증가된 value1 값이 콘솔에 출력된다. 하지만 value2 증가 버튼을 누르면 오래된 value2 값이 콘솔에 출력된다.

코드 4-23 의존성 배열을 잘못 관리한 경우

```
function MyComponent() {
  const [value1, setValue1] = useState(0);
  const [value2, setValue2] = useState(0);
  useEffect(() => {
    const id = setInterval(() => console.log(value1, value2), 1000);
    return () => clearInterval(id);
  }, [value1]); ❶
  return (
    <div>
      <button onClick={() => setValue1(value1 + 1)}>value1 증가
        </button>
      <button onClick={() => setValue2(value2 + 1)}>value2 증가
        </button>
    </div>
  );
}
```

❶ value2를 의존성 배열에 넣지 않았다. 따라서 value2가 변경돼도 부수 효과 함수는 갱신되지 않으며 value2가 변경되기 전에 등록된 부수 효과 함수가 계속 사용된다.

컴포넌트 함수가 실행될 때마다 부수 효과 함수가 생성되고, 함수는 생성될 당시의 변수를 참조한다. 같은 value2 변수라고 하더라도 컴포넌트 함수가 실행될 때마다 새로운 메모리 공간을 가진다. 즉, 부수 효과 함수는 함수가 생성된 시점의 value2를 참조하므로 예전에 생성된 부수 효과 함수는 예전 value2를 참조하는 것이다.

---

useEffect 훅에서 async await 함수 사용하기

useEffect 훅에서 async await 함수를 사용하기 위해 부수 효과 함수를 async await 함수로 만들면 에러가 난다. 부수 효과 함수의 반환값은 항상 함수 타입이어야 하기 때문이다.

다음은 부수 효과 함수를 async await 함수로 만든 것이다.

코드 4-24 부수 효과 함수를 async await로 만든 예

```
useEffect(async () => { ❶
  const data = await fetchUser(userId);
  setUser(data);
}, [userId]);
```

❶ async await 함수는 프로미스 객체를 반환하므로 부수 효과 함수가 될 수 없다. 부수 효과 함수는 함수만 반환할 수 있으며, 반환된 함수는 부수 효과 함수가 호출되기 직전과 컴포넌트가 사라지기 직전에 호출된다.

useEffect 훅에서 async await 함수를 사용하는 한 가지 방법은 부수 효과 함수 내에서 async await 함수를 만들어서 호출하는 것이다.

코드 4-25 useEffect 훅에서 async await 함수 사용하기

```
useEffect(() => {
  async function fetchAndSetUser() { ❶
    const data = await fetchUser(userId);
    setUser(data);
  }
  fetchAndSetUser(); ❷
}, [userId]);
```

❶ 부수 효과 함수 내에서 async await 함수를 만들고, ❷ 그 함수를 바로 호출한다.

fetchAndSetUser 함수 재사용하기

다음과 같이 fetchAndSetUser 함수를 다른 곳에서도 사용해야 한다면 코드를 어떻게 변경해야 할지 고민해 보자.

코드 4-26 useEffect 훅 밖에서 fetchAndSetUser 함수가 필요한 경우

```
function Profile({ userId }) {
  const [user, setUser] = useState();
  useEffect(() => {
```

```
    async function fetchAndSetUser(needDetail) {
      const data = await fetchUser(userId, needDetail);      ❷
      setUser(data);
    }
    fetchAndSetUser(false);
  }, [userId]);

  if (!user) {
    return <h1>로딩...</h1>;
  }
  return (
    <div>
      <h1>{user.name}</h1>
      <p>{`캐시: ${user.cash}`}</p>
      <p>{`계정 생성일: ${user.createdAt}`}</p>
      <button onClick={() => fetchAndSetUser(true)}>더보기</button>    ❶
      <UserDetail user={user} />
    </div>
  );
}
```

❶ 더보기 버튼을 누르면 사용자 상세 정보를 보여 주는 기능을 추가하려고 한다.
❷ fetchUser 함수에 상세 정보가 필요한지 여부를 알려 주는 needDetail 매개변
수를 추가한다.

useEffect 훅 안에 있는 fetchAndSetUser 함수를 훅 밖으로 빼야 하는 상황이
다. 간단하게는 다음과 같이 해 볼 수 있다.

코드 4-27 fetchAndSetUser 함수를 useEffect 훅 밖으로 이동

```
function Profile({ userId }) {
  const [user, setUser] = useState();
  async function fetchAndSetUser(needDetail) {
    const data = await fetchUser(userId, needDetail);
    setUser(data);
  }
  useEffect(() => {
    fetchAndSetUser(false);
  }, [fetchAndSetUser]); ❶
  // ...
```

❶ 훅 내부에서 fetchAndSetUser 함수를 사용하므로 해당 함수를 의존성 배열
에 넣는다. fetchAndSetUser 함수는 렌더링을 할 때마다 갱신되므로 결과적으로
fetchAndSetUser 함수는 렌더링을 할 때마다 호출된다.

이 문제를 해결하려면 fetchAndSetUser 함수가 필요할 때만 갱신되도록 만들어야 한다. 다음 코드는 useCallback 훅을 이용해서 userId가 변경될 때만 fetchAndSetUser 함수가 갱신된다.

코드 4-28 userId가 변경될 때만 fetchAndSetUser 함수 갱신

```
function Profile({ userId }) {
  const [user, setUser] = useState();
  const fetchAndSetUser = useCallback(
    async needDetail => {
      const data = await fetchUser(userId, needDetail);
      setUser(data);
    },
    [userId]
  );                                                    ❶
  useEffect(() => {
    fetchAndSetUser(false);
  }, [fetchAndSetUser]); ❷
  // ...
```

❶ useCallback 훅을 이용해서 fetchAndSetUser 함수가 필요할 때만 갱신되도록 개선했다. ❷ 이제 fetchAndSetUser 함수는 userId가 변경될 때만 호출된다.

4.2.2 의존성 배열을 없애는 방법

앞에서도 언급했지만 가능하다면 의존성 배열을 사용하지 않는 게 좋다. 의존성 배열을 관리하는데 생각보다 많은 시간과 노력이 들어가기 때문이다. 특히 속성 값으로 전달되는 함수를 의존성 배열에 넣는 순간, 그 함수는 useCallback 등을 사용해서 자주 변경되지 않도록 신경 써서 관리해야 한다.

부수 효과 함수 내에서 분기 처리하기

의존성 배열을 입력하지 않는 대신 부수 효과 함수 내에서 실행 시점을 조절할 수 있다. 다음은 의존성 배열을 사용하지 않고 if 문으로 fetchUser 호출 시점을 관리하는 코드다.

코드 4-29 부수 효과 함수 내에서 분기 처리하기

```
function Profile({ userId }) {
  const [user, setUser] = useState();
  async function fetchAndSetUser(needDetail) { ❸
    const data = await fetchUser(userId, needDetail);
```

```
      setUser(data);
    }
    useEffect(() => {
      if (!user || user.id !== userId) { ❶
        fetchAndSetUser(false);
      }
    }); ❷
    // ...
```

❶ if 문으로 fetchAndSetUser 호출 시점을 관리한다. ❷ 이렇게 의존성 배열을 입력하지 않으면 부수 효과 함수에서 사용된 모든 변수는 가장 최신화된 값을 참조하므로 안심할 수 있다. ❸ 이제 fetchAndSetUser 함수는 useCallback 훅을 사용하지 않아도 된다.

useState의 상탯값 변경 함수에 함수 입력하기

이전 상탯값을 기반으로 다음 상탯값을 계산하기 위해 상탯값을 의존성 배열에 추가하는 경우가 있다. 이런 경우 상탯값 변경 함수에 함수를 입력하면 상탯값을 의존성 배열에서 제거할 수 있다. 다음은 화면을 클릭할 때마다 상탯값 count를 1씩 증가시키는 코드다.

코드 4-30 이전 상탯값을 기반으로 다음 상탯값을 계산하는 경우

```
function MyComponent() {
  const [count, setCount] = useState(0);
  useEffect(() => {
    function onClick() {
      setCount(count + 1); ❶
    }
    window.addEventListener("click", onClick);
    return () => window.removeEventListener("click", onClick);
  }, [count]); ❷
  // ...
}
```

❶ 이전 상탯값을 기반으로 다음 상탯값을 계산한다. ❷ 이전 상탯값을 사용하기 위해 상탯값을 의존성 배열에 추가한다.

상탯값 변경 함수에 함수를 입력하면 이전 상탯값을 매개변수로 받을 수 있다. 다음은 상탯값 변경 함수에 함수를 입력해서 의존성 배열을 제거하는 코드다.

코드 4-31 **상탯값 변경 함수에 함수를 입력해서 의존성 배열을 제거**

```
function MyComponent() {
  const [count, setCount] = useState(0);
  useEffect(() => {
    function onClick() {
      setCount(prev => prev + 1); ❶
    }
    window.addEventListener("click", onClick);
    return () => window.removeEventListener("click", onClick);
  }); ❷
  // ...
}
```

❶ 이전 상탯값을 매개변수로 받는다. ❷ 이제 상탯값을 의존성 배열에서 제거할 수 있다.

useReducer 활용하기

여러 상탯값을 참조하면서 값을 변경할 때는 useReducer 훅을 사용하는 게 좋다. 예를 들어 타이머에서는 시간이 흐를 때 시, 분, 초라는 세 가지 상탯값을 참조하면서 값을 변경한다. 이렇게 여러 상탯값을 참조해야 하는 경우에 useReducer 훅을 사용하면 의존성 배열을 쉽게 제거할 수 있다.

다음은 타이머 컴포넌트에서 여러 상탯값을 참조하면서 값을 변경하는 코드다.

코드 4-32 **여러 상탯값을 참조하면서 값을 변경하는 코드**

```
function Timer({ initialTotalSeconds }) {
  const [hour, setHour] = useState(Math.floor(initialTotalSeconds / 3600)); ┐
  const [minute, setMinute] = useState(
    Math.floor((initialTotalSeconds % 3600) / 60)                            ❶
  );
  const [second, setSecond] = useState(initialTotalSeconds % 60);           ┘
  useEffect(() => {
    const id = setInterval(() => { ❷
      if (second) {
        setSecond(second - 1);
      } else if (minute) {
        setMinute(minute - 1);
        setSecond(59);
      } else if (hour) {
        setHour(hour - 1);
        setMinute(59);
        setSecond(59);
```

```
    }
  }, 1000);
  return () => clearInterval(id);
}, [hour, minute, second]); ❸
// ...
}
```

❶ 세 가지 상탯값을 사용한다. ❷ 1초마다 타이머의 시간을 차감한다. ❸ 세 가지 상탯값을 모두 의존성 배열에 추가한다. setInterval을 사용한 것이 무색하게도 1초마다 clearInterval, setInterval을 반복해서 호출한다.

다음과 같이 useReducer 훅을 사용하면 setInterval을 한 번만 호출하도록 개선할 수 있다.

코드 4-33 useReducer 훅을 사용해서 의존성 배열을 제거

```
function Timer({ initialTotalSeconds }) {
  const [state, dispatch] = useReducer(reducer, {
    hour: Math.floor(initialTotalSeconds / 3600),
    minute: Math.floor((initialTotalSeconds % 3600) / 60),   ❶
    second: initialTotalSeconds % 60
  });
  const { hour, minute, second } = state;
  useEffect(() => {
    const id = setInterval(dispatch, 1000);
    return () => clearInterval(id);
  }); ❷
  // ...
}

function reducer(state) {
  const { hour, minute, second } = state;
  if (second) {
    return { ...state, second: second - 1 };
  } else if (minute) {
    return { ...state, minute: minute - 1, second: 59 };
  } else if (hour) {                                          ❸
    return { hour: hour - 1, minute: 59, second: 59 };
  } else {
    return state;
  }
}
```

❶ 세 가지 상탯값을 모두 useReducer 훅으로 관리한다. useReducer 훅의 두 번째 매개변수는 초기 상탯값이다. ❷ dispatch는 변하지 않는 값이므로 의존성 배

열을 제거할 수 있다. ❸ 상탯값을 변경하는 로직은 reducer 함수에서 구현한다.

물론 시, 분, 초를 하나의 객체에 담아서 useState 훅으로 관리할 수도 있다. 이렇게 useState 훅을 사용해도 의존성 배열을 제거할 수 있다. 다만 useReducer 를 사용하면 다양한 액션과 상탯값을 관리하기 용이하고, 상탯값 변경 로직을 여러 곳에서 재사용하기에도 좋다.

useRef 활용하기

의존성 배열이 자주 변경되는 문제를 해결하는 방법은 여러 가지가 있지만, 상황에 따라 마땅한 방법이 보이지 않을 수 있다. 특히 속성값으로 진달되는 함수는 자주 변경되는 경우가 많다. 해당 속성값이 렌더링 결과에 영향을 주는 값이 아니라면 useRef 훅을 이용해서 의존성 배열을 제거할 수 있다.

다음은 속성값으로 받은 함수를 useEffect 훅 안에서 사용하는 코드다.

코드 4-34 자주 변경되는 속성값을 의존성 배열에 추가한 코드

```
function MyComponent({ onClick }) {
  useEffect(() => {
    window.addEventListener("click", () => {
      onClick();
      // ...
    });
    // 연산량이 많은 코드
  }, [onClick]); ❶
  // ...
}
```

❶ 속성값으로 전달된 함수는 함수 내용은 그대로인데 렌더링할 때마다 변경되는 경우가 많다. 이로 인해 부수 효과 함수가 불필요하게 자주 호출된다.

이를 해결하는 마땅한 방법이 떠오르지 않는다면 useRef 훅이 손쉬운 해결책이 될 수 있다. 다음은 useRef 훅을 사용해서 부수 효과 함수가 자주 호출되지 않도록 개선한 코드다.

코드 4-35 useRef 훅으로 부수 효과 함수가 자주 호출되지 않도록 개선

```
function MyComponent({ onClick }) {
  const onClickRef = useRef();
  useEffect(() => {
    onClickRef.current = onClick;
  });
```
❶

```
useEffect(() => {
  window.addEventListener("click", () => {
    onClickRef.current();
    // ...
  });
  // ...
}); ❷
// ...
}
```

❶ onClick을 useRef에 저장한다. useRef에는 렌더링 결과와 무관한 값만 저장하자. 이는 useRef에 저장된 값이 변경돼도 컴포넌트가 다시 렌더링되지 않기 때문이다. ❷ 부수 효과 함수에서 사용된 useRef 값은 의존성 배열에 추가할 필요가 없다.

📦 useRef 값을 부수 효과 함수에서 변경하는 이유

다음과 같이 useRef 값은 컴포넌트 함수에서 직접 변경해도 된다고 생각할 수 있지만 한 가지 문제가 있다.

코드 4-36 useRef 값을 컴포넌트 함수에서 직접 변경

```
function MyComponent({ onClick }) {
  const onClickRef = useRef();
  onClickRef.current = onClick; ❶
  // ...
}
```

❶ 부수 효과 함수에서 값을 수정하는 것보다 빠른 시점에 수정한다. useEffect 코드를 작성하는 것보다 간편하다.

부수 효과 함수에서 useRef 값을 수정하는 이유는 나중에 도입될 리액트의 concurrent 모드 때문이다. concurrent 모드로 동작할 때는 컴포넌트 함수가 실행됐다고 하더라도 중간에 렌더링이 취소될 수 있다. 렌더링은 취소됐는데 useRef에는 잘못된 값이 저장될 수 있으므로 useRef 값은 컴포넌트 함수에서 직접 수정하면 안 된다. 단, concurrent 모드로 동작하지 않는 리액트 버전에서는 문제가 되지 않는다. concurrent 모드에 대한 자세한 내용은 10장에서 다룬다.

4.3 렌더링 속도를 올리기 위한 성능 최적화 방법

리액트가 실행될 때 가장 많은 CPU 리소스를 사용하는 것은 렌더링이다. 리액트는 UI 라이브러리이기 때문에 프로그램이 실행되는 동안에 화면을 그리고 또 그린다. 리액트는 데이터와 컴포넌트 함수로 화면을 그린다. 그 과정에서 대부분의 연산은 컴포넌트 함수의 실행과 가상 돔에서 발생한다. 여기서 데이터는 컴포넌트의 속성값과 상탯값을 말한다. 속성값이나 상탯값이 변경되면 리액트가 자동으로 컴포넌트 함수를 이용해서 화면을 다시 그린다. 정말 단순하지만 중요한 리액트의 역할이다.

리액트에서 최초 렌더링 이후에는 데이터 변경 시 렌더링을 하는데, 이때 다음과 같은 단계를 거친다.

1. 이전 렌더링 결과를 재사용할지 판단한다.
2. 컴포넌트 함수를 호출한다.
3. 가상 돔끼리 비교해서 변경된 부분만 실제 돔에 반영한다.

첫 번째 단계에서는 속성값이나 상탯값의 이전 이후 값을 비교하고, 이후 단계를 생략할 수 있다. 클래스형 컴포넌트에서는 shouldComponentUpdate 메서드가 그런 역할을 하고, 함수형 컴포넌트에서는 React.memo를 이용해서 구현할 수 있다.

첫 번째 단계에서 렌더링이 필요하다고 판단하면 컴포넌트 함수를 호출한다. 컴포넌트 함수를 호출해서 새로운 가상 돔을 만들고 이전에 만들었던 가상 돔과 비교해서 변경점을 찾는다. 그리고 변경된 부분을 실제 돔에 반영한다.

렌더링 속도를 개선하기 위해 각 단계에서 우리가 할 수 있는 일은 무엇인지 하나씩 알아보자.

성능 최적화 방법을 설명하기 전에 당부하고 싶은 말이 있다. 평상시에는 성능 최적화를 고민하지 말고 편하게 코딩하기를 바란다. 대부분의 웹 페이지는 성능을 고민하지 않아도 문제없이 잘 돌아간다. 성능 이슈가 생기면 그때 고민해도 늦지 않다.

4.3.1 React.memo로 렌더링 결과 재사용하기

컴포넌트의 속성값이나 상탯값이 변경되면 리액트는 그 컴포넌트를 다시 그릴 준비를 한다. 만약 React.memo 함수로 감싼 컴포넌트라면 속성값 비교 함수가 호출된다. 이 함수는 이전 이후 속성값을 매개변수로 받아서 참 또는 거짓을 반환한다. 참을 반환하면 렌더링을 멈추고, 거짓을 반환하면 컴포넌트 함수를 실행해서 가상 돔을 업데이트한 후 변경된 부분만 실제 돔에 반영한다.

컴포넌트를 React.memo 함수로 감싸지 않았다면 항상 거짓을 반환하는 속성값 비교 함수가 사용된다고 생각할 수 있다. 이때는 속성값이 변경되지 않아도 부모 컴포넌트가 렌더링될 때마다 자식 컴포넌트도 렌더링된다.

속성값 비교 함수가 항상 거짓을 반환해도 속성값이 변경되지 않으면 실제 돔도 변경되지 않기 때문에 대부분 문제가 되지 않는다. 하지만 렌더링 성능이 중요한 상황에서는 컴포넌트를 React.memo 함수로 감싸서 컴포넌트 함수의 실행과 가상 돔의 계산을 생략할 수 있다. 다음은 React.memo 함수의 간단한 사용예다.

코드 4-37 **React.memo 함수의 사용 예**

```
function MyComponent(props) {
  // ...
}
function isEqual(prevProps, nextProps) {
  // true 또는 false를 반환
}
React.memo(MyComponent, isEqual); ❶
```

❶ React.memo의 두 번째 매개변수로 속성값 비교 함수를 입력한다. 속성값 비교 함수에서 참을 반환하면 이후 단계를 생략하고 이전 렌더링 결과를 재사용한다. 만약 속성값 비교 함수를 입력하지 않으면 얕은(shallow) 비교를 수행하는 기본 함수가 사용된다.

속성값 비교 함수에서 속성값의 변경 여부를 어떻게 알 수 있을지 알아보자. 다음은 특정 속성값의 변경 전과 변경 후의 데이터를 보여 준다.

코드 4-38 **특정 속성값의 변경 전과 변경 후**

```
const prevProps = {
  todos: [
    { title: 'fix bug', priority: 'high' },
    { title: 'meeting with jone', priority: 'low' }, ❶
    // ...
  ],
```

```
  // ...
};
const nextProps = {
  todos: [
    { title: 'fix bug', priority: 'high' },
    { title: 'meeting with jone', priority: 'high' }, ❷
    // ...
  ],
  // ...
};
```

❶❷ todos 배열에서 두 번째 객체의 priority 속성값이 변경됐다. 만약 todos를 수정 가능한 객체로 관리했다면 속성값이 변경됐는지 알 수 있는 방법은 단순 무식(brute force)하게 모두 비교하는 수밖에 없다. 반대로 불변 객체로 관리했다면 다음과 같이 한 번만 비교해도 충분하다.

코드 4-39 속성값을 불변 객체로 관리했을 때 변경 여부 확인하기

```
prevProps.todos !== nextProps.todos
```

속성값을 불변 객체로 관리했다면 이전 이후 값의 단순 비교만으로 컴포넌트의 속성값이 변경되었는지 알 수 있다. 따라서 속성값을 불변 객체로 관리하면 렌더링 성능에 큰 도움이 된다.

> **📦 리액트에서 속성값의 변경 여부를 계산하는 알고리즘**
>
> React.memo 함수로 컴포넌트를 만들면 속성값이 변경된 경우에만 렌더링된다. React. memo 함수의 두 번째 매개변수인 속성값 비교 함수를 입력하지 않으면 리액트에서 기본으로 제공하는 함수가 사용된다. 이 함수가 어떻게 동작하는지 알아보자.
>
> 객체를 수정 불가능하게 관리하면 다음과 같이 최상위 객체의 참조값만 비교하면 값의 변경 유무를 알 수 있다.
>
> • prevObj === nextObj
>
> 리액트는 속성값의 변경 여부를 판단하기 위해 속성값에 직접 연결된 모든 속성을 비교한다.
>
> • prevProps.prop1 === nextProps.prop1 &&
>   prevProps.prop2 === nextProps.prop2 && ...

최상위 객체의 참조값만 비교하지 않고 이렇게 하는 이유는 JSX 문법이 createElement

로 변환된 코드를 보면 이해할 수 있다.

코드 4-40 JSX 문법이 createElement로 변환된 코드

```
function Parent() {
  return <Child name="mike" age={23} />;
}
function Parent() {
  return React.createElement(Child, { name: 'mike', age: 23 }); ❶
}
```

❶ createElement로 변환된 코드를 보면 렌더링할 때마다 새로운 속성값 객체가 생성된다. 객체의 내부 속성값이 변경되지 않아도 최상위 객체의 참조값은 항상 변경된다. 따라서 리액트는 속성값의 최상위 객체에 직접 연결(1-depth)된 모든 값을 단순 비교한다. 이를 얕은 비교(shallow compare)라 부른다.

4.3.2 속성값과 상탯값을 불변 변수로 관리하는 방법

함수의 값이 변하지 않도록 관리하기

컴포넌트 함수 내부에서 함수를 정의해서 자식 컴포넌트의 속성값으로 입력하면, 함수의 내용이 변경되지 않아도 자식 컴포넌트 입장에서는 속성값이 변경됐다고 인식한다.

다음은 컴포넌트 함수에서 렌더링을 할 때마다 새로운 함수를 만들어서 자식 컴포넌트의 속성값으로 전달하는 코드다.

코드 4-41 렌더링을 할 때마다 새로운 함수를 만들어서 자식 컴포넌트의 속성값으로 전달

```
function Parent() {
  const [selectedFruit, setSelectedFruit] = useState("apple");
  const [count, setCount] = useState(0);
  return (
    <div>
      <p>{`count: ${count}`}</p>
      <button onClick={() => setCount(count + 1)}>increase count</button> ❶
      <SelectFruit
        selected={selectedFruit}
        onChange={fruit => setSelectedFruit(fruit)} ❷
```

```
      />
    </div>
  );
}
```

❶ 버튼을 눌러서 count 상탯값을 변경하면 Parent 컴포넌트의 렌더링이 시작된다. 이때 SelectFruit 컴포넌트로 전달되는 속성값은 변경되지 않으므로 SelectFruit 컴포넌트에서 React.memo를 사용했다면 SelectFruit 컴포넌트 함수는 호출되지 않는다고 생각하기 쉽다. 하지만 count 변수가 변경될 때마다 SelectFruit 컴포넌트 함수도 호출된다. React.memo를 사용했고, SelectFruit 컴포넌트로 전달되는 selectedFruit 값도 변하지 않았는데 왜 컴포넌트 함수가 호출되는 걸까? ❷ 그건 바로 SelectFruit 컴포넌트로 전달되는 onChange 속성값이 변하기 때문이다. onChange 속성값은 부모 컴포넌트가 렌더링될 때마다 새로운 함수로 만들어지고 있다.

useState, useReducer의 상탯값 변경 함수는 변하지 않는다는 점을 이용하면 이 문제를 쉽게 해결할 수 있다. 코드를 다음과 같이 변경하면 onChange 속성값에는 항상 같은 값이 입력된다.

코드 4-42 useState의 상탯값 변경 함수를 입력해서 속성값을 고정

```
function Parent() {
  const [selectedFruit, setSelectedFruit] = useState("apple");
  // ...
      <SelectFruit
        selected={selectedFruit}
        onChange={setSelectedFruit} ❶
      />
  // ...
```

❶ useState의 상탯값 변경 함수는 변하지 않으므로 onChange 속성값에는 항상 같은 값이 입력된다.

이벤트 처리 함수에서 상탯값 변경 외에 다른 처리도 필요하다면 useCallback을 사용할 수 있다. 다음은 useCallback 훅을 이용해서 이벤트 처리 함수가 변하지 않도록 처리한 코드다.

코드 4-43 useCallback을 이용해서 속성값을 고정

```
function Parent() {
  // ...
```

```
const onChangeFruit = useCallback(fruit => {   ❶
  setSelectedFruit(fruit);
  sendLog({ type: "fruit change", value: fruit });
}, []);   ❷
// ...
    <SelectFruit
      selected={selectedFruit}
      onChange={onChangeFruit}   ❸
    />
// ...
```

❶ useCallback 훅을 이용해서 이벤트 처리 함수를 구현한다. ❷ 의존성 배열로 빈 배열을 입력했으므로 이 함수는 항상 고정된 값을 가진다. ❸ useCallback 훅이 반환한 함수를 속성값으로 입력한다.

객체의 값이 변하지 않도록 관리하기

함수와 마찬가지로 컴포넌트 내부에서 객체를 정의해서 자식 컴포넌트의 속성값으로 입력하면, 자식 컴포넌트는 객체의 내용이 변경되지 않았는데도 속성값이 변경됐다고 인식한다.

다음은 컴포넌트 함수에서 렌더링을 할 때마다 새로운 객체를 만들어서 자식 컴포넌트의 속성값으로 전달하는 코드다.

코드 4-44 렌더링을 할 때마다 새로운 객체를 만들어서 자식 컴포넌트의 속성값으로 전달

```
function SelectFruit({ selectedFruit, onChange }) {
  // ...
  return (
    <div>
      <Select
        options={[   ❶
          { name: "apple", price: 500 },
          { name: "banana", price: 1000 },
          { name: "orange", price: 1500 }
        ]}
        selected={selectedFruit}
        onChange={onChange}
      />
      {/* ... */}
    </div>
  );
}
```

❶ SelectFruit 컴포넌트가 렌더링될 때마다 options 속성값으로 새로운 객체가 입력된다.

과일 목록은 렌더링과 무관하게 항상 같은 값을 가지므로 다음과 같이 컴포넌트 밖에서 상수 변수로 관리할 수 있다.

코드 4-45 **변하지 않는 값은 상수 변수로 관리하기**

```
function SelectFruit({ selectedFruit, onChange }) {
  // ...
  return (
    <div>
      <Select options={FRUITS} selected={selectedFruit}
              onChange={onChange} /> ❷
      {/* ... */}
    </div>
  );
}

const FRUITS = [ ❶
  { name: "apple", price: 500 },
  { name: "banana", price: 1000 },
  { name: "orange", price: 1500 }
];
```

❶ 과일 목록을 컴포넌트 밖에서 상수 변수로 관리한다. ❷ 이제 options 속성값은 컴포넌트 렌더링과 무관하게 항상 같은 값을 가진다.

하지만 다른 상탯값이나 속성값을 이용해서 계산되는 값은 상수 변수로 관리할 수 없다. 다음은 과일의 가격 조건에 따라 과일 목록을 계산하는 코드다.

코드 4-46 **상탯값을 이용해서 속성값을 계산**

```
function SelectFruit({ selectedFruit, onChange }) {
  const [maxPrice, setMaxPrice] = useState(1000); ❶
  // ...
  return (
    <div>
      <Select
        options={FRUITS.filter(item => item.price <= maxPrice)} ❷
        selected={selectedFruit}
        onChange={onChange}
      />
      {/* ... */}
    </div>
  );
}
```

❶ maxPrice 상탯값은 화면에 보여 줄 과일의 최대 가격을 의미한다. ❷ 상탯값 maxPrice를 이용해서 속성값 options를 계산한다.

useMemo 훅을 이용하면 필요한 경우에만 속성값 options의 값이 변하도록 만들 수 있다. 다음은 useMemo 훅을 이용한 코드다.

코드 4-47 useMemo 훅을 이용해서 속성값을 계산

```
function SelectFruit({ selectedFruit, onChange }) {
  // ...
  const fruits = useMemo(() => FRUITS.filter(item => item.price <= maxPrice), [
    maxPrice
  ]);
  return (
    <div>
      <Select options={fruits} selected={selectedFruit} onChange={onChange} />
      {/* ... */}
    </div>
  );
}
```
❶

❶ maxPrice 값이 같으면 fruits 값은 변하지 않는다. 이처럼 useMemo 훅은 꼭 필요할 때만 반환되는 값이 변경되도록 한다.

useMemo 훅의 또 다른 중요한 역할은 입력된 함수를 최소한으로 실행한다는 것이다. 만약 FRUITS 배열이 상당히 크다면 렌더링할 때마다 filter 연산을 수행하는 것은 부담스러울 수 있다. useMemo 훅은 maxPrice 값이 변하지 않으면 불필요한 filter 연산을 막아준다.

그렇다고 무조건 useMemo, useCallback, React.memo 등을 사용하는 것은 좋지 않다. 성능을 최적화하는 코드는 가독성이 안 좋고 유지보수 비용을 증가시킨다. 성능 이슈가 발생했을 때 해당하는 부분의 코드만 최적화 하도록 하자.

🎁 **상탯값을 불변 객체로 관리하기**

속성값이나 상탯값이 변경되면 반드시 객체도 새로 생성해야 한다. 다음은 상탯값을 변경하면서 객체를 새로 생성하지 않는 코드다.

코드 4-48 상탯값을 변경하면서 객체를 새로 생성하지 않는 경우

```
function SelectFruit({ selectedFruit, onChange }) {
  const [fruits, setFruits] = useState(["apple", "banana", "orange"]); ❶
```

```
    const [newFruit, setNewFruit] = useState(""); ❷
    function addNewFruit() {
      fruits.push(newFruit); ❸
      setNewFruit(""); ❹
    }
    // ...
    return (
      <div>
        <Select options={fruits} selected={selectedFruit}
                onChange={onChange} /> ❺
        <input
          type="text"
          value={newFruit}
          onChange={e => setNewFruit(e.target.value)}
        />
        <button onClick={addNewFruit}>추가하기</button>
        {/* ... */}
      </div>
    );
}
```

❶ 과일 목록을 상탯값으로 관리한다. ❷ 사용자는 키보드를 입력해서 새로운 과일 이름을 newFruit에 저장한다. ❸ 새로운 과일을 과일 목록에 추가한다. fruits 상탯값의 내용은 변경되지만 fruits 변수가 가리키는 배열의 참조값은 변하지 않는다. ❹ newFruit 상탯값을 초기화하면서 SelectFruit 컴포넌트는 다시 렌더링된다. ❺ Select 컴포넌트 입장에서는 속성값이 변하지 않았다. 만약 Select 컴포넌트가 React.memo를 이용했다면 새로 추가된 과일은 반영되지 않는다.

과일 목록에 새로운 과일을 추가할 때는 코드를 다음과 같이 작성해야 한다.

코드 4-49 상탯값을 불변 객체로 관리하기

```
function addNewFruit() {
  setFruits([...fruits, newFruit]);
  setNewFruit("");
}
```

4.3.3 가상 돔에서의 성능 최적화

가상 돔이 만들어지고 실제 돔에 반영되는 과정에서 성능을 최적화할 수 있는 부분은 무엇인지 알아보자.

요소의 타입 또는 속성을 변경하는 경우

요소의 타입을 변경하면 해당 요소의 모든 자식 요소도 같이 변경된다. 자식 요소의 내용이 변경되지 않아도 실제 돔에서 삭제되고 다시 추가되므로 많이 비효율적이다. 다음은 요소의 타입을 변경하는 코드다.

코드 4-50 요소의 타입을 변경하는 코드

```
function App() {
  const [flag, setFlag] = useState(true);
  useEffect(() => {
    setTimeout(() => setFlag(prev => !prev), 1000);
  });
  if (flag) {
    return (
      <div>
        <Counter />
        <p>사과</p>
        <p>바나나</p>
      </div>
    );
  } else {                          ❶
    return (
      <span>
        <Counter />
        <p>사과</p>
        <p>바나나</p>
      </span>
    );
  }
}

function Counter() {
  const [count, setCount] = useState(0); ❷
  useEffect(() => {
    setTimeout(() => setCount(prev => prev + 1), 1000);
  });
  return <p>count: {count}</p>;
}
```

❶ 최상위 요소의 타입이 1초마다 div 또는 span으로 변경된다. 리액트는 부모 요소의 타입이 변경되면 모든 자식 요소를 삭제하고 다시 추가한다. ❷ 부모 요소의 타입이 변경되면 자식 컴포넌트도 삭제 후에 다시 추가되므로 상텃값은 초기화된다.

자식이 컴포넌트가 아닌 일반 요소인 경우에는 실제 돔에서 제거하고 다시 추가한다. 따라서 자식 요소가 많은 부모 요소의 타입을 변경하면 화면이 끊기는 느낌이 들 수 있다.

요소의 속성값만 변경하면 해당하는 속성만 실제 돔에 반영한다. 다음은 요소의 className, style 속성값을 변경하는 코드다.

코드 4-51 요소의 속성값을 변경하는 경우

```
function App() {
  // ...
  return (
    <div
      className={flag ? 'yes' : 'no'} ❶
      style={{ color: 'black', backgroundColor: flag ? 'green' : 'red' }} ❷
    >
      <Counter />
      <p>사과</p>
      <p>바나나</p>
    </div>
  );
}
```

❶ 요소의 속성값을 변경하면 해당 속성만 실제 돔에 반영한다. ❷ style 속성은 변경된 부분만 실제 돔에 반영한다. 따라서 color 속성은 그대로 두고 backgroundColor 속성만 실제 돔에 반영한다.

요소를 추가하거나 삭제하는 경우

일반적으로 새로운 요소를 추가하거나 삭제하면 해당 요소만 실제 돔에 추가 또는 삭제하고, 기존 요소는 건드리지 않는다. 다음은 새로운 요소를 추가하거나 삭제하는 코드다.

코드 4-52 새로운 요소를 추가하거나 삭제하는 경우

```
function App() {
  // ...
  if (flag) {
    return (
      <div>
        <p>사과</p>
        <p>바나나</p>
      </div>
    );
  } else {
```

```
    return (
      <div>
        <p>사과</p>
        <p>바나나</p>
        <p>파인애플</p> ❶
      </div>
    );
  }
}
```

❶ 1초마다 **파인애플**을 추가하거나 삭제한다. 리액트는 가상 돔 비교를 통해 앞의 두 요소가 변경되지 않았다는 것을 안다. 따라서 실제 돔에는 **파인애플**만 추가하거나 삭제한다.

만약 중간에 요소를 추가하거나 중간에 있던 요소를 삭제하면 실제 돔 변경은 어떻게 되는지 알아보자. 다음은 1초마다 **파인애플**을 중간에 넣었다가 삭제하는 코드다.

코드 4-53 **1초마다 중간에 요소를 추가하고 삭제**

```
function App() {
  // ...
  if (flag) {
    return (
      <div>
        <p>사과</p>
        <p>바나나</p>
      </div>
    );
  } else {
    return (
      <div>
        <p>사과</p>
        <p>파인애플</p> ❶
        <p>바나나</p>
      </div>
    );
  }
}
```

❶ 리액트는 중간에 요소를 추가하면 그 뒤에 있는 요소가 변경되지 않았다는 것을 알지 못한다. **바나나**가 변경되지 않았다는 것을 알기 위해서는 모든 값을 비교해야 하므로 연산량은 기하급수적으로 늘어난다.

비교 연산이 너무 많아지면 배보다 배꼽이 더 커질 수 있다. 리액트는 효율적으로 연산하기 위해 순서 정보를 이용한다. 두 번째 요소는 **바나나**였고 이후 **파인 애플**로 변경됐으므로 두 번째 요소에서 변경된 부분만 실제 돔에 반영한다. 세 번째 요소는 없다가 생겼으므로 실제 돔에 추가한다.

key 속성값을 이용하면 **파인애플**만 실제 돔에 추가할 수 있다. 우리가 key 속성값을 입력하면 리액트는 같은 키를 가지는 요소끼리만 비교한다. 다음은 key 속성값을 입력하는 코드다.

코드 4-54 key 속성값을 입력하는 경우

```
function App() {
  // ...
  if (flag) {
    return (
      <div>
        <p key="apple">사과</p>
        <p key="banana">바나나</p>
      </div>
    );
  } else {
    return (
      <div>
        <p key="apple">사과</p>
        <p key="pineapple">파인애플</p>
        <p key="banana">바나나</p>
      </div>
    );
  }
}
```

이처럼 key 속성값을 입력하면 같은 키를 가지는 요소끼리만 비교해서 변경점을 찾는다. 따라서 리액트는 **바나나** 요소가 변경되지 않았다는 것을 안다. pineapple 키는 새로 입력됐으므로 실제 돔에는 **파인애플** 요소만 추가된다.

key 속성값은 리액트가 렌더링을 효율적으로 할 수 있도록 우리가 제공하는 추가 정보다. 대부분의 데이터는 ID 값이 있으므로 그 값을 key 속성값에 입력하면 된다.

만약 key 속성값에 입력할 만한 값이 없다면 차선책으로 배열 내에서의 순서 (index) 정보를 입력할 수 있다. 하지만 배열 중간에 원소를 추가하거나 삭제하는 경우 또는 원소의 순서를 변경하는 경우에는 비효율적으로 렌더링된다. 따라서 key 속성값에 순서 정보를 입력하는 것은 배열의 끝에서만 원소를 추가하거나 삭제하면서 원소의 순서를 변경하지 않는 경우에 적합하다.

다음은 key 속성값으로 배열의 순서 정보를 입력하는 코드다.

코드 4-55 key 속성값으로 배열의 순서 정보를 입력

```
function App() {
  // ...
  const fruits = flag ? FRUITS_1 : FRUITS_2;
  return (
    <div>
      {fruits.map((item, index) => (
        <p key={index}>{item}</p> ❶
      ))}
    </div>
  );
}

const FRUITS_1 = ['사과', '바나나'];
const FRUITS_2 = ['사과', '파인애플', '바나나'];
```

❶ key 속성값으로 배열의 순서 정보를 입력한다. **사과** 요소를 제외하고 나머지 요소가 1초마다 실제 돔에 반영된다. 이는 **바나나** 요소의 내용이 변경되지 않았지만 순서가 변경됐기 때문이다. 이처럼 배열 중간에 원소를 추가하거나 삭제할 경우 또는 배열을 새롭게 정렬하는 경우에는 key 속성값으로 순서 정보를 입력하는 것이 바람직하지 않다.

5장

P r a c t i c a l   R e a c t   P r o g r a m m i n g

레거시 프로젝트를 위한 클래스형 컴포넌트

혹이 등장하면서 클래스형 컴포넌트를 작성할 일이 거의 없어졌다. 신규 프로젝트에서는 클래스형 컴포넌트보다는 혹을 사용해서 함수형 컴포넌트로 작성하는 게 좋다. 하지만 기존 클래스형 컴포넌트를 무리하게 함수형 컴포넌트로 변환할 필요는 없다. 리액트에서 갑자기 클래스형 컴포넌트의 지원을 중단할 일은 없을 것으로 보인다.

이번 장에서는 레거시 프로젝트를 위한 내용을 다룬다. 클래스형 컴포넌트의 생명 주기 메서드를 알아보고, 클래스형 컴포넌트의 공통 기능을 관리하는 방법도 알아본다. 그리고 기존 클래스형 컴포넌트를 혹으로 변환하는 방법도 알아본다. 레거시 프로젝트를 관리하지 않는다면 이번 장은 건너뛰어도 괜찮다.

5.1 클래스형 컴포넌트의 생명 주기 메서드

모든 컴포넌트는 다음과 같이 세 단계를 거친다.

- 초기화 단계
- 업데이트 단계
- 소멸 단계

각 단계에서 몇 개의 메서드들이 정해진 순서대로 호출된다. 각 단계 속에서 호출되는 메서드를 생명 주기 메서드라 한다.

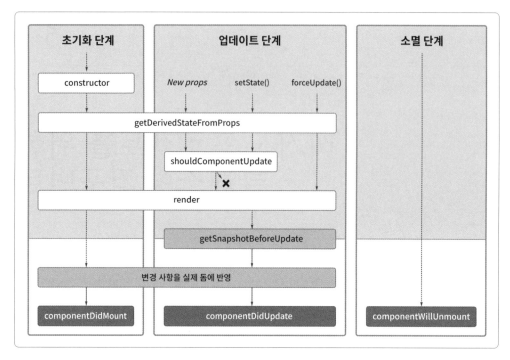

그림 5-1 리액트의 각 단계에서 호출되는 생명 주기 메서드

초기화 단계는 최초에 컴포넌트 객체가 생성될 때 한 번 수행된다. 초기화 단계에서 호출되는 생명 주기 메서드의 호출 순서는 다음과 같다.

- constructor()
- static getDerivedStateFromProps()
- render()
- componentDidMount()

업데이트 단계는 초기화 단계와 소멸 단계 사이에서 반복해서 수행된다. 컴포넌트의 속성값 또는 상태값이 변경되면 업데이트 단계가 수행된다. 업데이트 단계에서 실행되는 생명 주기 메서드의 호출 순서는 다음과 같다.

- static getDerivedStateFromProps()
- shouldComponentUpdate()
- render()
- getSnapshotBeforeUpdate()

- componentDidUpdate()

마지막으로 소멸 단계에서는 다음 생명 주기 메서드가 호출된다.

- componentWillUnmount()

앞의 세 단계와 별개로 렌더링 시 예외가 발생하면 다음 메서드가 호출된다.

- static getDerivedStateFromError()
- componentDidCatch()

생명 주기 메서드를 한 장의 페이지로 잘 정리한 사이트[1]를 브라우저에 북마크할 것을 추천한다. 생명 주기 메서드의 호출 순서가 헷갈릴 때마다 참고하면 큰 도움이 된다.

반면, 생명 주기 메서드를 잘못된 방식으로 사용하는 경우도 많이 발생한다. constructor 메서드에서 setState 메서드를 호출하거나 render 메서드에서 API를 호출하는 것은 잘못된 사용법이다. 지금부터 각 생명 주기 메서드에서 주의해야 할 점들과 생명 주기 메서드의 올바른 사용법을 알아본다.

5.1.1 constructor 메서드

constructor 메서드의 구조는 다음과 같다.

- constructor(props)

props 매개변수는 컴포넌트의 기본 속성값(defaultProps)이 적용된 상태로 호출된다. constructor 메서드 내부에서 반드시 super 함수를 호출해야 한다.

코드 5-1 constructor 메서드의 기본 구조

```
class MyComponent extends React.Component {
  constructor(props) {
    super(props); ❶
    // ...
  }
}
```

❶ super 함수를 호출해야 React.Component 클래스의 constructor 메서드가 호

---

1 *http://projects.wojtekmaj.pl/react-lifecycle-methods-diagram*

출된다. 따라서 super 함수를 호출하지 않으면 컴포넌트가 제대로 동작하지 않는다. 다행히 리액트 개발 모드에서는 super 함수를 호출하지 않는 경우 예외를 발생시킨다.

constructor 메서드 작성이 필요한 대표적인 예는 초기 속성값으로부터 상태값을 만드는 경우다.

코드 5-2 초기 속성값으로부터 상태값을 만드는 코드

```
class MyComponent extends React.Component {
  constructor(props) {
    super(props);
    this.state = { ❶
      currentMovie: props.age < 10 ? '뽀로로' : '어벤져스', ❷
    };
  }
}
```

❶ 이렇게 상태값을 직접 할당하는 것은 constructor 메서드에서만 허용된다. 다른 생명 주기 메서드에서 상태값을 변경할 때는 setState 메서드를 사용해야 한다. ❷ 초기 속성값을 이용해서 상태값을 정의하기 위해 constructor 메서드를 작성하는 경우가 많다.

자바스크립트 표준이 될 것이 거의 확실(stage 3)[2]한 클래스 필드(class fields)를 사용하면 constructor 메서드를 사용하지 않고 같은 기능을 구현할 수 있다.

코드 5-3 constructor 메서드 없이 속성값을 이용하는 코드

```
class MyComponent extends React.Component {
  state = {
    currentMovie: this.props.age < 10 ? '뽀로로' : '어벤져스',
  };
}
```

클래스 필드를 사용하면 constructor 메서드 없이도 초기 속성값으로부터 상태값을 정의할 수 있다. 참고로 클래스 필드 문법은 create-react-app에서도 지원한다.

코드 5-3은 currentMovie 상태값이 초기에만 age 속성값에 의존적이라고 가정

---

2   자바스크립트 표준은 TC39로 불리는 위원회에 의해서 정해진다. 새로운 기능이 표준으로 채택되기 위해서는 stage 0부터 stage 4까지의 단계를 거쳐야 한다. stage 0은 새로운 기능을 누구나 제안할 수 있는 초기 단계이고, stage 4는 모든 절차가 마무리돼서 표준으로 채택된 단계이다. stage 3은 완성도가 높은 단계이므로 특별한 이유가 없는 한 stage 4로 올라간다.

한 코드다. 만약 currentMovie 상탯값이 항상 age 속성값에 의존적이라면 다른 방법을 사용해야 한다. 한 가지 방법은 별도의 함수를 만들어서 필요할 때마다 함수를 호출하는 것이다.

코드 5-4 속성값에 항상 의존적인 상탯값을 함수로 대체한 코드

```
class MyComponent extends React.Component {
  getCurrentMovie() {
    const { age } = this.props;
    return age < 10 ? '뽀로로' : '어벤져스';
  }
}
```

constructor 메서드에서는 setState 메서드를 호출하지 말자

setState 메서드 호출은 컴포넌트가 마운트된 이후에만 유효하기 때문에 다음과 같이 constructor 메서드 내부에서 호출되는 setState 메서드는 무시된다.

코드 5-5 constructor 메서드에서 setState 메서드를 호출하는 잘못된 예

```
class MyComponent extends React.Component {
  constructor(props) {
    super(props);
    this.state = {
      count: 0,
    };
    this.setState({ count: 10 }); ❶
  }
  render() {
    const { count } = this.state;
    return <div>{count}</div>; ❷
  }
}
```

❶ constructor 메서드 내부에서 호출된 setState 메서드는 무시된다. ❷ 따라서 render 메서드에서는 초깃값 0이 출력된다.

마찬가지로 constructor 메서드에서 비동기로 데이터를 가져온 후 setState 메서드를 호출하는 것도 문제가 될 수 있다. 다음은 constructor 메서드에서 API를 호출하는 예다.

코드 5-6 constructor 메서드에서 API를 호출하는 잘못된 예

```
class MyComponent extends React.Component {
  state = {
```

```
      products: [],
  };
  constructor(props) {
    super(props);
    callApi('/products').then(data => {
      // ...
      this.setState({ products: data }); ❶
    });
  }
}
```

❶ constructor 메서드에서 비동기로 받아온 데이터를 setState 메서드를 이용해서 상탯값으로 저장하고 있다. 앞의 코드에서 마운트되기 전에 데이터가 도착하면 ❶번 줄의 setState 호출은 무시된다. 따라서 데이터를 가져오기 위해 호출하는 API는 이후에 설명할 componentDidMount 메서드 내부에서 호출하는 게 적절하다.

5.1.2 getDerivedStateFromProps 메서드

getDerivedStateFromProps 메서드는 속성값을 이용해서 새로운 상탯값을 만들 때 사용된다. 이 메서드는 render 메서드가 호출되기 직전에 호출된다.

getDerivedStateFromProps 메서드의 구조는 다음과 같다.

· static getDerivedStateFromProps(props, state)

정적 메서드이기 때문에 함수 내부에서 this 객체에 접근할 수 없다. 오로지 속성값과 상탯값을 기반으로 새로운 상탯값을 만든다.

getDerivedStateFromProps 메서드는 시간에 따라 변하는 속성값으로부터 상탯값을 계산하기 위해 추가됐다. 주로 애니메이션과 관련된 속성값으로부터 상탯값을 계산할 때 유용하게 쓰인다. 이를테면, 특정 요소의 Y축 위치가 속성값일 때 스크롤 여부를 상탯값으로 저장하는 용도로 사용될 수 있다. 그런데 매개변수에 현재 속성값은 있어도 이전 속성값은 없다. 따라서 다음과 같이 상탯값에 이전 속성값을 저장해야 한다.

코드 5-7 getDerivedStateFromProps 메서드에서 이전 속성값 이용하기

```
class MyComponent extends React.Component {
  state = {
    // ...
```

```
      prevSpeed: this.props.speed, ❶
  };
  static getDerivedStateFromProps(props, state) {
    if (props.speed !== state.prevSpeed) { ❷
      // ...
      return {
        // ...
        prevSpeed: props.speed,
      };
    }
    return null; ❸
  }
}
```

❶ prevSpeed 상탯값은 이전 speed 속성값을 저장하기 위한 용도로 사용한다. ❷ getDerivedStateFromProps 메서드에서 속성값이 변경된 경우에 필요한 처리를 하고, 변경된 속성값을 상탯값으로 저장한다. ❸ 상탯값을 변경할 필요가 없다면 null을 반환한다.

리액트 팀에서 getDerivedStateFromProps 메서드의 매개변수에 이전 속성값을 넣지 않은 이유는 다음과 같다.

- 이전 속성값을 넣을 경우, 최초에 호출될 때는 이전 속성값이 없기 때문에 항상 null을 검사하는 코드가 필요하다.
- 앞으로 모든 생명 주기 메서드의 매개변수에서 이전 속성값을 제거할 예정이다. 이전 속성값이 필요 없어지면 더 이상 메모리에 담고 있지 않아도 되기 때문에 메모리를 절약할 수 있다.

속성값 변화에 따른 추가적인 처리를 getDerivedStateFromProps 메서드에서만 할 수 있는 것은 아니다. 사실 getDerivedStateFromProps 메서드가 꼭 필요한 경우는 그렇게 많지 않다. 다음 세 가지는 getDerivedStateFromProps 메서드를 잘못 사용하는 대표적인 경우다. 각각의 경우를 하나씩 살펴보자.

- 속성값 변화에 따라 API를 호출해야 하는 경우
- 속성값을 입력으로 하는 메모이제이션(memoization)을 상탯값으로 관리하는 경우
- 속성값이 변경될 때 상탯값을 초기화하는 경우

속성값 변화에 따른 API 호출

getDerivedStateFromProps는 정적 메서드이기 때문에 this 객체에 접근할 수 없다. 보통 API 호출은 this 객체가 필요한 경우가 많기 때문에 getDerived StateFromProps 메서드로 해결되지 않는다. 그런 경우 componentDidUpdate 메서드에서 처리할 수 있다.

코드 5-8 **componentDidUpdate 메서드에서 API를 호출하는 코드**

```
class MyComponent extends React.Component {
  componentDidUpdate(prevProps) {
    const { productId } = this.props;
    if (prevProps.productId !== productId) {
      this.requestData(productId); ❶
    }
  }
}
```

❶ requestData를 호출하려면 this 객체가 필요하므로 getDerivedStateFrom Props 메서드에서는 호출할 수 없다.

속성값을 입력으로 하는 메모이제이션

메모이제이션은 불필요한 계산량을 줄이기 위한 기술이다. 같은 입력값에 대해 항상 같은 출력값이 나온다면 메모이제이션을 이용할 수 있다. 다음은 getDerivedStateFromProps 메서드를 이용한 메모이제이션 예제 코드다.

코드 5-9 **getDerivedStateFromProps 메서드를 이용한 메모이제이션**

```
class MyComponent extends React.Component {
  static getDerivedStateFromProps(props, state) {
    const { products } = props;
    if (products !== state.prevProducts) { ❶
      return {
        filteredProducts: products.filter(product => product.price < 1000),
        prevProducts: products,
      };
    }
    return null;
  }
  render() {
    const { filteredProducts } = this.state;
    return <div>{filteredProducts.map(/* ... */)}</div>;
  }
}
```

❶ 상품 리스트가 변경된 경우 filteredProducts 값을 새로 계산한다. get
DerivedStateFromProps 메서드를 이용한 메모이제이션은 최소 두 개의 상탯값
이 필요하다. 상탯값이 많아지면 컴포넌트 코드가 복잡해지므로 되도록 상탯값
의 개수를 최소화하는 게 좋다. 따라서 메모이제이션을 위해 getDerivedState
FromProps 메서드를 이용하는 것보다는 render 메서드에서 직접 메모이제이션
을 이용하는 게 좋다.

코드 5-10 로다시 패키지를 이용한 메모이제이션의 예

```
import memoize from 'lodash/memoize'; ❶

class MyComponent extends React.Component {
  getFilteredProducts = memoize(function(products) { ❷
    return products.filter(product => product.price < 1000);
  });
  render() {
    const { products } = this.props;
    const filteredProducts = this.getFilteredProducts(products); ❸
    return <div>{filteredProducts.map(/* ... */)}</div>;
  }
}
```

❶ 메모이제이션을 위해 로다시(lodash) 패키지의 memoize 함수를 이용한다.
❷ getFilteredProducts 메서드는 products 매개변수가 변경되는 경우에만 계산
하고, 변경되지 않으면 이전의 결과를 반환한다. ❸ render 메서드가 호출될 때
마다 getFilteredProducts 메서드를 호출한다. 결과적으로 메모이제이션을 위
해 상탯값을 추가할 필요가 없어졌다.

속성값 변경 시 상탯값 초기화

getDerivedStateFromProps 메서드에서 속성값 변경 시 상탯값을 초기화하는 코
드는 지양하기 바란다.

코드 5-11 속성값 변경 시 상탯값을 초기화하는 코드

```
class PriceInput extends React.Component {
  static getDerivedStateFromProps(props, state) {
    if (props.price !== state.prevPrice) { ❶
      return {
        price: props.price,
        prevPrice: props.price,
      };
```

```
    }
    return null;
  }
  onChange = event => {
    const price = Number(event.target.value);
    if (!Number.isNaN(price)) {
      this.setState({ price }); ❷
    }
  };
  render() {
    const { price } = this.state;
    return <input onChange={this.onChange} value={price} />;
  }
}
```

❶ price 속성값이 변경되면 price 상탯값을 새로운 값으로 초기화하고 있다.
❷ price 상탯값은 사용자 입력에 의해 변경될 수 있다.

상품 정보를 수정하는 페이지를 개발한다고 가정해 보자. 그리고 PriceInput
의 부모 컴포넌트는 상품 정보를 가진 ProductEdit 컴포넌트라고 하자. 만약 상
품이 변경되면 PriceInput 컴포넌트의 price 상탯값도 초기화되어야 한다. 하지
만 앞의 코드는 두 상품의 가격이 같다면 price 상탯값은 초기화되지 않는다.

이 문제를 해결하는 첫 번째 방법은 PriceInput 컴포넌트에 key 속성값을 부
여하는 것이다.

코드 5-12 **key 속성값을 이용한 코드**

```
class ProductEdit extends React.Component {
  // ...
  render() {
    const { product } = this.props;
    return <PriceInput key={product.id} value={product.price} />; ❶
  }
}

class PriceInput extends React.Component {
  state = {
    price: this.props.price, ❷
  };
  onChange = event => {
    const price = Number(event.target.value);
    if (!Number.isNaN(price)) {
      this.setState({ price });
    }
  };
```

```
  render() {
    const { price } = this.state;
    return <input onChange={this.onChange} value={price} />;
  }
}
```

컴포넌트에 key 속성값을 부여하고 key 값을 변경하면 이전의 컴포넌트 인스턴스는 사라지고 새로운 인스턴스가 생성된다. ❶ product.id를 key 속성값으로 입력했으므로 상품이 변경되면 PriceInput 컴포넌트 인스턴스는 다시 생성된다. ❷ 따라서 PriceInput 컴포넌트에서는 초기 가격만 상태값에 넣으면 되므로, 이제 getDerivedStateFromProps 메서드는 필요 없게 된다.

이 문제를 해결하는 두 번째 방법은 상태값을 부모 컴포넌트에서 관리하는 것이다.

코드 5-13 상태값을 부모 컴포넌트에서 관리하는 코드

```
class ProductEdit extends React.Component {
  state = {
    currentPrice: this.props.product.price, ❶
  };
  onChangePrice = event => { ❷
    const currentPrice = Number(event.target.value);
    if (!Number.isNaN(currentPrice)) {
      this.setState({ currentPrice });
    }
  };
  render() {
    const { currentPrice } = this.state;
    return <PriceInput onChange={this.onChangePrice} value={currentPrice} />;
  }
}

function PriceInput({ price, onChange }) { ❸
  return <input onChange={onChange} value={price} />;
}
```

❶ 이전에 PriceInput 컴포넌트가 가지고 있던 상태값을 부모 컴포넌트가 관리한다. ❷ 상태값을 변경하는 이벤트 처리 메서드도 부모 컴포넌트에서 정의한다. ❸ PriceInput 컴포넌트에서 상태값과 이벤트 처리 메서드를 구현할 필요가 없기 때문에 함수형 컴포넌트로 정의할 수 있다.

getDerivedStateFromProps 메서드가 필요한 경우

getDerivedStateFromProps 메서드가 유의미한 경우는 다음과 같이 이전 속성값과 이후 속성값 모두에 의존적인 상태값이 필요할 때다.

코드 5-14 **상태값이 전후 속성값에 의존적인 경우**

```
class MyComponent extends React.Component {
  state = {
    // ...
    prevSpeed: this.props.speed,
    isMovingFaster: false,
  };
  static getDerivedStateFromProps(props, state) {
    if (props.speed !== state.prevSpeed) {
      return {
        isMovingFaster: state.prevSpeed < props.speed, ❶
        prevSpeed: props.speed,
      };
    }
    return null;
  }
}
```

❶ isMovingFaster 상태값은 이전 속성값과 이후 속성값으로 계산된다. 전후 속성값에 의존적이므로 getDerivedStateFromProps 메서드를 사용하는 것이 적절하다.

5.1.3 render 메서드

render 메서드는 컴포넌트를 정의할 때 반드시 작성해야 한다. render 메서드의 반환값은 화면에 보여질 내용을 결정하며, 속성값과 상태값만으로 결정되어야 한다. 즉, 속성값과 상태값이 변하지 않았다면 render 메서드의 반환값도 변하지 않아야 한다.

render 메서드에서는 부수 효과를 발생시키면 안 된다. 서버와 통신하기, 브라우저의 쿠키에 저장하기 등은 부수 효과이므로 render 메서드 내부에서는 피해야 한다. 부수 효과가 필요하다면 다른 생명 주기 메서드에서 하면 된다.

5.1.4 componentDidMount 메서드

componentDidMount 메서드는 render 메서드의 첫 번째 반환값이 실제 돔에 반영된 직후 호출된다. 따라서 render 메서드에서 반환한 리액트 요소가 돔에 반영되어야 알 수 있는 값을 얻을 수 있다. 예를 들어, CSS 코드에서 width: 100%로 표현된 요소는 돔에 반영된 후에 픽셀 단위의 가로 길이를 알 수 있다. 다음은 width: 100% 스타일이 적용된 요소의 가로 길이가 400픽셀 이상인지 여부에 따라 다른 배경색을 보여 주는 코드다.

코드 5-15 componentDidMount 메서드에서 돔 요소에 접근하는 코드

```javascript
class Box extends React.Component {
  state = {
    boxWidth: 0,
  };
  divRef = React.createRef(); ❶
  componentDidMount() {
    const rect = this.divRef.current.getBoundingClientRect(); ❷
    this.setState({ boxWidth: rect.width });
  }
  render() {
    const { boxWidth } = this.state;
    const backgroundColor = boxWidth < 400 ? 'red' : 'blue';
    return (
      <div
        ref={this.divRef}
        style={{ width: '100%', height: '100px', backgroundColor }}
      >
        box
      </div>
    );
  }
}
```

❶ 돔 요소에 접근하기 위해 createRef 함수를 사용했다. createRef 함수가 반환한 값은 ref 속성값에 입력해서 사용한다. ref 속성값에 대한 자세한 내용은 3.5절에서 설명했다. ❷ componentDidMount 메서드가 호출될 때는 리액트 요소가 돔 요소로 만들어진 시점이기 때문에 돔 요소로부터 필요한 정보를 가져올 수 있다. componentDidMount 메서드에서 setState 메서드를 호출하면 다시 렌더링된다.

componentDidMount 메서드는 API 호출을 통해 데이터를 가져올 때 적합하다. setState 메서드가 마운트 이후에만 동작하기 때문이다. constructor 메서드에서 API 호출 후 setState 메서드를 호출하면 데이터가 저장되지 않을 수 있으므로 주의하자.

하지만 constructor 메서드가 componentDidMount 메서드보다 먼저 호출되기 때문에 API 호출 결과를 더 빨리 받아올 수 있다는 사실에는 변함이 없다. 그렇다면 constructor 메서드에서 API를 호출하고 componentDidMount 메서드에서 setState 메서드를 호출할 수는 없을까? 할 수 있다. 다음과 같은 프로미스를 이용하는 방법이다.

코드 5-16 constructor 메서드에서 API 요청을 보내는 코드

```
class MyComponent extends React.Component {
  constructor(props) {
    super(props);
    this.dataPromise = requestData(); ❶
  }
  componentDidMount() {
    this.dataPromise.then(data => this.setState({ data })); ❷
  }
}
```

❶ requestData 함수는 API 호출을 하고 프로미스 객체를 반환한다. ❷ componentDidMount 메서드에서 API 응답값을 컴포넌트 상탯값으로 저장한다.

이 방법은 코드가 다소 복잡해지는 단점이 있다. 따라서 응답 속도에 민감한 애플리케이션이 아니라면 componentDidMount 메서드에서 API를 호출하는 것이 좋은 선택이다.

5.1.5 shouldComponentUpdate 메서드

shouldComponentUpdate 메서드는 성능 최적화를 위해 존재한다. shouldComponentUpdate 메서드의 구조는 다음과 같다.

- shouldComponentUpdate(nextProps, nextState)

이 메서드는 불 타입을 반환한다. 참(true)을 반환하면 render 메서드가 호출된다. 반대로 거짓(false)을 반환하면 업데이트 단계는 여기서 멈춘다. 개발자는 속성값과 상탯값을 기반으로 거짓 혹은 참을 반환하는 코드를 작성한다.

코드 5-17 shouldComponentUpdate 메서드의 기본 구조

```
class MyComponent extends React.Component {
  shouldComponentUpdate(nextProps, nextState) {
    const { price } = this.state;
```

```
    return price !== nextState.price; ❶
  }
}
```

❶ price 상탯값이 변경된 경우에만 참을 반환하므로, 속성값과 나머지 상탯값이 변경돼도 렌더링되지 않는다.

shouldComponentUpdate 메서드에서 참을 반환하면 render 메서드가 호출되고, 가상 돔 수준에서 변경된 내용이 있는지 비교한다. 코드 5-17은 한 번의 변수 비교를 통해 불필요한 연산을 줄이는 효과가 있다.

이 메서드를 별도로 구현하지 않았다면 항상 참을 반환하는 함수가 사용된다. 이때는 실제 돔이 변경되지 않는 상황에서도 항상 가상 돔 비교를 하게 된다.

이처럼 shouldComponentUpdate 메서드는 렌더링 성능 최적화에 사용된다. 하지만 성급하게 성능을 고려해서 개발할 필요는 없다. 성능 이슈가 발생했을 때 shouldComponentUpdate 메서드를 작성해도 늦지 않다.

5.1.6 getSnapshotBeforeUpdate 메서드

getSnapshotBeforeUpdate 메서드는 렌더링 결과가 실제 돔에 반영되기 직전에 호출된다. 따라서 getSnapshotBeforeUpdate 메서드가 호출되는 시점에 이전 돔 요소의 상탯값을 가져오기 좋다. 업데이트 단계에서 실행되는 생명 주기 메서드의 호출 순서를 다시 한번 살펴보자.

- static getDerivedStateFromProps()
- shouldComponentUpdate()
- render()
- getSnapshotBeforeUpdate()
- componentDidUpdate()

getSnapshotBeforeUpdate 메서드와 componentDidUpdate 메서드 사이에서 가상 돔이 실제 돔에 반영된다. 따라서 componentDidUpdate 메서드가 호출될 때는 실제 돔이 새로운 상태로 변경된 상태다.

getSnapshotBeforeUpdate 메서드의 구조는 다음과 같다.

- getSnapshotBeforeUpdate(prevProps, prevState) => snapshot

getSnapshotBeforeUpdate 메서드가 반환한 값은 componentDidUpdate 메서드의 세 번째 인자로 들어간다. 따라서 getSnapshotBeforeUpdate 메서드에서 이전 돔의 상탯값을 반환하면, componentDidUpdate 메서드에서는 돔의 이전 상탯값과 이후 상탯값을 모두 알기 때문에 돔의 상탯값 변화를 알 수 있다.

다음은 데이터 추가 시 div 돔 요소의 높잇값이 변경됐는지 검사하는 코드다.

코드 5-18 돔 요소의 높잇값이 변경됐는지 검사하는 코드

```
class MyComponent extends React.Component {
  state = {
    items: [],
  };
  divRef = React.createRef(); ❶
  getSnapshotBeforeUpdate(prevProps, prevState) {
    const { items } = this.state;
    if (prevState.items.length < items.length) { ❷
      const rect = this.divRef.current.getBoundingClientRect();
      return rect.height;
    }
    return null;
  }
  componentDidUpdate(prevProps, prevState, snapshot) { ❸
    if (snapshot !== null) {
      const rect = this.divRef.current.getBoundingClientRect();
      if (rect.height !== snapshot) { ❹
        alert('새로운 줄이 추가되었습니다.');
      }
    }
  }
  onClick = () => {
    const { items } = this.state;
    this.setState({ items: [...items, '아이템'] });
  };
  render() {
    const { items } = this.state;
    return (
      <React.Fragment>
        <button onClick={this.onClick}>추가하기</button>
        <div ref={this.divRef} style={{ width: '100%' }}>
          {items.map(item => <span style={{ height: 50 }}>{item}</span>)}  ❺
        </div>
      </React.Fragment>
    );
  }
}
```

❶ 높잇값 변경을 검사할 div 요소의 ref 객체를 정의한다. ❷ 데이터가 추가되기 직전에 div의 높잇값을 반환한다. ❸ getSnapshotBeforeUpdate 메서드에서 반환한 값이 componentDidUpdate 메서드의 세 번째 매개변수로 들어온다. ❹ 높잇값이 변경되면 알림창을 띄운다. ❺ div 요소 안에 데이터 개수만큼의 span 요소를 넣기 때문에 데이터 개수에 따라 div 요소의 높이가 변한다. 앞의 코드를 실행해서 버튼을 계속해서 클릭하면 div 요소의 높잇값이 변경될 때마다 알림창이 뜨는 것을 확인할 수 있다.

5.1.7 componentDidUpdate 메서드

componentDidUpdate 메서드는 업데이트 단계에서 마지막으로 호출되는 생명 주기 메서드다. 이 메서드의 구조는 다음과 같다.

- componentDidUpdate(prevProps, prevState, snapshot)

componentDidUpdate 메서드는 가상 돔이 실제 돔에 반영된 후 호출된다. 따라서 componentDidUpdate는 새로 반영된 돔의 상탯값을 가장 빠르게 가져올 수 있는 생명 주기 메서드다. 다음은 div 요소의 공간이 부족해서 스크롤이 가능해지면 알림창으로 알려 주는 코드다.

코드 5-19 스크롤이 가능해지면 알려 주는 코드

```
class MyComponent extends React.Component {
  state = {
    text: '',
  };
  divRef = React.createRef();
  componentDidUpdate() {
    const div = this.divRef.current;
    const rect = div.getBoundingClientRect();
    if (div.scrollWidth > rect.width) { ❶
      alert('스크롤이 가능합니다.');
    }
  }
  onChange = event => {
    const text = event.target.value;
    this.setState({ text });
  };
  render() {
    const { text } = this.state;
    return (
```

```
      <React.Fragment>
        <input onChange={this.onChange} value={text} />
        <div
          ref={this.divRef}
          style={{ width: 100, height: 100, overflow: 'scroll' }} ❷
        >
          {text} ❸
        </div>
      </React.Fragment>
    );
  }
}
```

❶ div 요소의 가로 길이보다 스크롤 영역의 가로 길이가 더 크면 스크롤이 가능하다고 알려 준다. ❷ 스크롤이 가능하도록 overflow: 'scroll' 속성을 준다. ❸ text 상탯값의 문자열이 충분히 길어지면 div 요소 내부는 스크롤이 가능해진다.

componentDidUpdate 메서드는 속성값이나 상탯값이 변경된 경우 API를 호출하는 용도로 사용되기도 한다. 다음 코드는 사용자가 변경되면 친구 목록을 가져오는 API를 호출한다.

코드 5-20 componentDidUpdate 메서드에서 API를 호출하는 코드

```
class UserInfo extends React.Component {
  componentDidUpdate(prevProps) {
    const { user } = this.props;
    if (prevProps.user.id !== user.id) { ❶
      requestFriends(user).then(friends => this.setState({ friends }));
    }
  }
}
```

❶ componentDidUpdate 메서드 내부에서는 이전, 이후의 상탯값과 속성값을 모두 알 수 있기 때문에 이와 같은 코드를 자주 작성하게 된다.

componentDidUpdate 메서드는 초기화 단계에서는 호출되지 않는다. 따라서 코드 5-20에서 친구 목록을 가져오는 API는 다음과 같이 componentDidMount 메서드에서도 호출할 필요가 있다.

코드 5-21 componentDidMount 메서드에서도 API를 호출하도록 변경하기

```
class UserInfo extends React.Component {
  componentDidMount() {
```

```
    const { user } = this.props;
    this.setFriends(user); ❶
  }
  componentDidUpdate(prevProps) {
    const { user } = this.props;
    if (prevProps.user.id !== user.id) {
      this.setFriends(user); ❷
    }
  }
  setFriends(user) {
    requestFriends(user).then(friends => this.setState({ friends }));
  }
}
```

❶❷ componentDidMount 메서드와 componentDidUpdate 메서드 양쪽에서 친구 목록을 가져온다.

　실제로 코드 5-21과 같은 패턴이 자주 사용되지만, 단지 componentDidUpdate 메서드가 첫 렌더링 직후에 호출되지 않는다는 이유로 코드가 복잡해진다. 비슷한 로직을 양쪽 모두에 작성하기 때문에 코드 중복이 발생하고, 한쪽에 코드를 작성하는 것을 깜빡해서 버그가 생기기도 한다. 이 문제는 리액트 16.8에 추가된 훅을 이용하면 쉽게 해결할 수 있다. 리액트 훅에 대한 자세한 내용은 3장에서 다루었다.

5.1.8 componentWillUnmount 메서드

componentWillUnmount 메서드는 소멸 단계에서 호출되는 유일한 생명 주기 메서드다. 끝나지 않은 네트워크 요청을 취소, 타이머 해제, 구독(subscription) 해제 등의 작업을 처리하기 좋다. 컴포넌트에서 componentDidMount 메서드가 호출되면 componentWillUnmount 메서드도 호출되는 것이 보장된다. 따라서 componentDidMount 메서드에서 구독하고 componentWillUnmount 메서드에서 구독을 해제하는 코드가 자주 사용된다. 예를 들어, 특정 돔 요소에 addEventListener 함수를 이용하여 이벤트 처리 함수를 등록하고, removeEventListener 함수를 이용하여 등록을 해제할 수 있다.

코드 5-22 **componentWillUnmount 메서드에서 이벤트 처리 메서드 해제하기**

```
class MyComponent extends React.Component {
  componentDidMount() {
    const domNode = document.getElementById('someNode');
```

```
    domNode.addEventListener('change', this.onChange);
    domNode.addEventListener('dragstart', this.onDragStart);
  }
  componentWillUnmount() {
    const domNode = document.getElementById('someNode');
    domNode.removeEventListener('change', this.onChange);
    domNode.removeEventListener('dragstart', this.onDragStart);
  }
}
```

이와 같은 패턴은 두 생명 주기 메서드의 코드가 길어질수록 서로 연관된 등록과 해제 코드가 물리적으로 멀어진다는 단점이 있다. 등록하는 코드는 있고 해제하는 코드를 깜빡해서 버그가 생기는 경우도 종종 발생한다. componentDidUpdate 의 경우와 마찬가지로 이 문제도 리액트 훅을 이용하면 쉽게 해결할 수 있다. 리액트 훅에 대한 자세한 내용은 3장에서 다루었다.

5.1.9 getDerivedStateFromError, componentDidCatch 메서드

getDerivedStateFromError, componentDidCatch 메서드는 생명 주기 메서드에서 발생한 예외를 처리할 수 있다. 생명 주기 메서드에서 예외가 발생하면 getDerivedStateFromError 또는 componentDidCatch 메서드를 구현한 가장 가까운 부모 컴포넌트를 찾는다. 두 메서드의 구조는 다음과 같다.

- static getDerivedStateFromError(error)
- componentDidCatch(error, info)

error 매개변수는 예외가 발생할 때 전달된 에러 객체다. info 매개변수는 어떤 컴포넌트에서 예외가 발생했는지 알려 준다.

　getDerivedStateFromError 정적 메서드는 에러 정보를 상탯값에 저장해서 화면에 나타내는 용도로 사용된다. componentDidCatch 메서드는 에러 정보를 서버로 전송하는 용도로 사용된다. 현재(리액트 버전 16.7)는 componentDidCatch 메서드에서도 에러 정보를 상탯값에 저장해서 화면에 나타낼 수 있지만, 추후 componentDidCatch 메서드에서 setState 호출이 막힐 것으로 보인다. componentDidCatch 메서드는 렌더링 결과를 돔에 반영한 후에 호출되기 때문에 몇 가지 문제를 안고 있다. 서버사이드 렌더링 시 에러가 발생해도 componentDidCatch 메서드는 호출되지 않는다.

> 📦 **componentDidCatch 메서드에서 에러 정보를 서버로 전송하는 이유**
>
> componentDidCatch 메서드를 작성하지 않고 getDerivedStateFromError 메서드에서 에러 정보를 서버로 전송해도 되지 않을까? 결론부터 말하자면 그렇게 하지 않는 게 좋다. 이는 나중에 도입될 concurrent 모드 때문이다.
>
> 리액트에서 데이터 변경에 의한 화면 업데이트는 렌더 단계(render phase)와 커밋 단계(commit phase)를 거친다. 렌더 단계에서는 실제 돔에 반영할 변경 사항을 파악하고, 커밋 단계에서는 파악된 변경 사항을 실제 돔에 반영한다. concurrent 모드에서는 렌더 단계에서 실행을 멈췄다가 나중에 다시 실행하는 과정에서 같은 생명 주기 메서드를 여러 번 호출할 수 있다. concurrent 모드는 10장에서 설명한다.
>
> 다음은 커밋 단계에서 호출되는 생명 주기 메서드다.
>
> - getSnapshotBeforeUpdate
> - componentDidMount
> - componentDidUpdate
> - componentDidCatch
>
> 이 메서드를 제외한 나머지 생명 주기 메서드는 렌더 단계에서 호출된다.
>
> getDerivedStateFromError 메서드는 렌더 단계에서 호출되고, componentDidCatch 메서드는 커밋 단계에서 호출된다. 만약 getDerivedStateFromError 메서드에서 에러 정보를 서버로 전송한다면 같은 에러 정보가 여러 번 전송될 수 있다. 커밋 단계의 생명 주기 메서드는 concurrent 모드에서도 한 번만 호출되기 때문에 에러 정보는 componentDidCatch 메서드에서 전송하는 게 좋다.

ErrorBoundary 컴포넌트

다음은 자식 컴포넌트에서 발생한 예외를 처리하는 부모 컴포넌트의 코드다.

코드 5-23 **ErrorBoundary 컴포넌트**

```
class ErrorBoundary extends React.Component {
  state = { error: null };
  static getDerivedStateFromError(error) {
    return { error }; ❶
  }
}
```

```
  componentDidCatch(error, info) {
    sendErrorToServer(error, info); ❷
  }
  render() {
    const { error } = this.state;
    if (error) { ❸
      return <div>{error.toString()}</div>;
    }
    return this.props.children; ❹
  }
}
```

❶ 자식 컴포넌트에서 예외가 발생하면 상탯값에 에러 정보를 저장한다. getDerivedStateFromError 메서드가 반환한 값은 기존 상탯값과 병합된다. ❷ componentDidCatch 메서드에서는 에러 정보를 서버로 전송한다.

❸ render 메서드에서는 에러가 존재하면 에러 정보를 렌더링하고, ❹ 에러가 없다면 자식 컴포넌트를 렌더링한다.

ErrorBoundary 컴포넌트를 애플리케이션의 최상위 컴포넌트로 만들면 생명 주기 메서드에서 발생하는 모든 예외를 처리할 수 있다.

코드 5-24 ErrorBoundary 컴포넌트를 사용한 코드

```
class Counter extends React.Component {
  state = { count: 0 };
  onClick = () => {
    const { count } = this.state;
    this.setState({ count: count + 1 });
  };
  render() {
    const { count } = this.state;
    if (count >= 3) { ❶
      throw new Error('에러 발생!!!');
    }
    return <div onClick={this.onClick}>{`클릭하세요(${count})`}</div>;
  }
}

function App() {
  return (
    <ErrorBoundary>
      <Counter />          ❷
    </ErrorBoundary>
  );
}
```

❶ Counter 컴포넌트의 버튼을 세 번 클릭하면 예외가 발생한다. render 메서드는 생명 주기 메서드이므로 여기서 발생한 예외는 ErrorBoundary 컴포넌트에서 처리할 수 있다. ❷ ErrorBoundary 컴포넌트를 애플리케이션의 최상위 컴포넌트로 만들었다. 따라서 자식 컴포넌트인 Counter 컴포넌트에서 발생하는 예외를 처리할 수 있다. 프로그램을 실행해서 버튼을 세 번 클릭하면 의도한 대로 에러 정보가 렌더링된다.

ErrorBoundary 컴포넌트는 애플리케이션의 최상위 컴포넌트가 아니어도 된다. 단, ErrorBoundary 컴포넌트의 자식 컴포넌트에서 발생한 예외만 처리할 수 있다는 점을 명심하자. ErrorBoundary 컴포넌트를 여러 곳에서 사용해도 괜찮다. 그러면 예외가 발생한 일부 화면에만 에러 정보가 렌더링되고, 나머지 부분은 정상적으로 렌더링된다.

ErrorBoundary 컴포넌트로 처리되지 않는 경우

리액트는 예외 발생 시 ErrorBoundary 컴포넌트로 처리되지 않으면 모든 컴포넌트를 언마운트한다. 이는 잘못된 정보를 사용자에게 보여 주는 것보다는 아무것도 보여 주지 않는 것이 낫기 때문이다. 예를 들어, 은행 사이트에서 예외가 발생했을 때 사용자에게 잘못된 숫자를 보여 주는 것보다는 아무것도 보여 주지 않는 게 낫다. 물론 아무것도 보여 주지 않는 것보다는 ErrorBoundary 컴포넌트를 이용해서 에러 화면을 보여 주는 게 더 낫다.

이벤트 처리 메서드에서 발생하는 예외는 ErrorBoundary 컴포넌트로 처리되지 않는다. 이벤트 처리 메서드는 생명 주기 메서드가 아니기 때문이다.

코드 5-25 이벤트 처리 메서드에서 예외가 발생하는 경우

```
onClick = () => {
  this.setState({ name: 'mike' }); ❶
  throw new Error('some error');
  this.setState({ age: 23 }); ❷
};
```

❶ 예외가 발생하기 전에 호출된 setState 메서드는 정상적으로 상태값을 변경한다. ❷ 예외가 발생한 코드 밑에 있는 setState 메서드는 호출되지 않는다. 이 경우 일부 상태값만 변경되기 때문에 잘못된 정보가 사용자에게 노출될 수 있다.

이벤트 처리 메서드에서는 try catch 문을 이용해서 예외 처리를 해야 한다.

코드 5-26 이벤트 처리 메서드에서 예외를 처리하는 코드

```
onClick = () => {
  try { ❶
    this.setState({ name: 'mike' });
    throw new Error('some error');
    this.setState({ age: 23 });
  } catch (e) {
    // ... ❷
  }
};
```

❶ 이벤트 처리 메서드에서 예외 처리를 하기 위해 try catch 문을 사용했다.

❷ 예외 발생 시 상탯값을 롤백한다.

5.2 클래스형 컴포넌트 기본 사용법

클래스형 컴포넌트의 기본 사용법을 알아보자. 먼저 상탯값을 변경할 때 호출하는 setState 메서드를 알아본다. 그리고 클래스형 컴포넌트에서 이벤트 처리 메서드를 구현하는 방법과 컨텍스트 데이터를 사용하는 방법도 알아보자.

5.2.1 setState 메서드 이해하기

setState는 상탯값을 병합

setState는 클래스형 컴포넌트에서 상탯값을 변경할 때 호출하는 메서드다. setState 메서드로 입력된 객체는 기존 상탯값과 병합된다. 다음은 setState 메서드를 이용해서 상탯값을 일부만 변경하는 코드다.

코드 5-27 상탯값을 일부만 변경하는 코드

```
class MyComponent extends React.Component {
  state = {
    count1: 0,
    count2: 0,
  };
  onClick = () => {
    const { count1 } = this.state;
    this.setState({ count1: count1 + 1 }); ❶
  };
  // ...
}
```

❶ setState 메서드로 입력된 객체는 기존 상탯값과 병합된다. 따라서 setState 메서드로 입력되지 않은 count2 상탯값은 변경되지 않는다. 리액트는 setState 메서드가 호출되면 해당 컴포넌트를 다시 렌더링한다.

setState는 비동기로 상탯값을 변경

setState 메서드는 비동기로 상탯값을 변경한다. 다음은 setState 메서드를 연속해서 호출하는 코드다.

코드 5-28 **setState 메서드를 연속해서 호출하는 코드**

```
class MyComponent extends React.Component {
  state = {
    count: 0,
  };
  onClick = () => {
    this.setState({ count: this.state.count + 1 });
    this.setState({ count: this.state.count + 1 });   ❶
  };
  render() {
    console.log('render called');  ❷
    // ...
  }
}
```

❶ 이 코드가 의도한 바는 count 상탯값을 두 번 증가시키는 것이다. 하지만 의도대로 동작하지 않고 1만큼 증가한다. 이는 setState 메서드가 비동기로 동작하기 때문이다. 리액트는 효율적으로 렌더링하기 위해 여러 개의 setState 메서드를 배치(batch)로 처리한다. 따라서 onClick 메서드가 호출되어도 ❷번의 로그는 한 번만 출력된다.

코드 5-28에서 생긴 문제를 해결하기 위해 다음과 같이 setState의 인수로 함수를 입력할 수 있다.

코드 5-29 **setState 메서드의 인수로 함수를 사용한 코드**

```
onClick = () => {
  this.setState(prevState => ({ count: prevState.count + 1 }));
  this.setState(prevState => ({ count: prevState.count + 1 }));
};
```

setState 메서드로 입력된 함수는 자신이 호출되기 직전의 상탯값을 매개변수로 받는다. 앞의 코드에서 첫 번째 setState 호출이 변경한 상탯값이 두 번째

setState 호출의 인수로 사용된다고 이해할 수 있다. 따라서 onClick 메서드를 호출하면 count 상탯값은 2만큼 증가한다.

상탯값 로직을 분리해서 사용하는 패턴

setState 메서드의 인수로 함수를 넘길 수 있기 때문에 다음과 같이 상탯값을 관리하는 코드를 분리할 수도 있다.

코드 5-30 상탯값 로직을 분리해서 사용하는 패턴

```
const actions = {
  init() {
    return { count: 0 };
  },
  increment(state) {
    return { count: state.count + 1 };   ❶
  },
  decrement(state) {
    return { count: state.count - 1 };
  },
};

class MyComponent extends React.Component {
  state = actions.init();
  onIncrement = () => {
    this.setState(actions.increment);   ❷
  };
  onDecrement = () => {
    this.setState(actions.decrement);   ❸
  };
  // ...
}
```

❶ 상탯값을 관리하는 로직을 컴포넌트로부터 분리했다. ❷❸ 컴포넌트에서 setState 메서드를 호출할 때는 필요한 함수를 인수로 넣는다.

상탯값 변경 완료 콜백 함수

setState 메서드가 비동기로 처리되기 때문에 처리된 시점을 알고 싶을 수 있다. setState 메서드의 두 번째 매개변수는 처리가 끝났을 때 호출되는 콜백 함수다. 다음 코드는 setState 메서드의 두 번째 매개변수를 이용해서 count 상탯값 변경이 완료되면 로그를 출력한다.

코드 5-31 setState 메서드의 두 번째 매개변수는 처리가 끝났을 때 호출된다

```
onClick = () => {
  this.setState({ count: 123 }, () => console.log('count is 123'));
};
```

콜백 함수는 상탯값 변경 후에 호출되기 때문에 변경된 상탯값을 기반으로 다음 작업을 처리할 때 유용하게 사용된다.

forceUpdate 메서드

속성값은 값을 수정하려고 하면 에러가 발생하지만 상탯값은 직접 수정이 가능하다. 다음은 상탯값을 직접 수정하는 코드다.

코드 5-32 상탯값을 직접 수정하는 코드

```
onClick = () => {
  this.state.comment = 'Hello';
  this.forceUpdate(); ❶
};
```

❶ 직접 수정 후 forceUpdate 메서드를 호출하면 새로운 값과 함께 화면을 다시 그린다. 하지만 상탯값도 속성값과 같이 불변 객체로 관리하는 게 좋다. 불변 객체로 관리하면 코드의 복잡도가 낮아지고 렌더링 성능도 좋아진다.

5.2.2 클래스 필드를 이용해 이벤트 처리 메서드 작성하기

클래스 필드(class field)를 이용해서 이벤트 처리 메서드를 작성하면 함수에 바인딩을 적용하면서 렌더링 성능과 가독성이라는 두 마리 토끼를 잡을 수 있다. 기존에 많이 사용되던 방식은 렌더링 성능과 가독성 중에서 하나를 선택해야 했다. 클래스 필드는 아직 자바스크립트 표준이 아니지만, 표준이 거의 확실시되고 있기 때문에 바벨을 이용해서 안심하고 사용할 수 있다.

> 📦 **함수 바인딩이 필요한 이유**
>
> 클래스형 컴포넌트의 이벤트 처리 메서드는 자식 컴포넌트 또는 돔 요소의 속성값으로 전달할 수 있다. 이때 이벤트 처리 메서드와 this 객체를 바인딩하지 않으면 메서드 호출 시 엉뚱한 객체를 가리킬 수 있다. 따라서 함수 바인딩을 이용해서 this 객체를 고정할 필요가 있다.

다음 코드는 함수 바인딩이 필요한 경우의 예다.

코드 5-33 함수 바인딩이 필요한 경우

```
const counter = {
  value: 0,
  increase: function() { ❶
    this.value++;
  },
};
counter.increase();
console.log(counter.value); // 1
const incFunc1 = counter.increase;
incFunc1();                          ❷
console.log(counter.value); // 1
const incFunc2 = counter.increase.bind(counter); ❸
incFunc2(); // 2
console.log(counter.value);
```

❶ increase 함수는 this.value를 증가시킨다. ❷ 함수를 외부로 전달해서 호출하면 increase 함수의 this 객체가 counter 객체라고 보장할 수 없다. ❸ 함수의 bind 메서드를 이용하면 increase 함수의 this 객체를 counter 객체로 고정할 수 있다.

다음은 이벤트 처리 메서드의 함수 바인딩을 render 메서드와 생성자에서 구현한 코드다.

코드 5-34 이벤트 처리 메서드의 함수 바인딩 코드를 작성하는 기존의 방법

```
class MyComponent extends Component {
  constructor(props) {
    super(props);
    this.onClickInc = this.onClickInc.bind(this); ❸
  }
  onClickHello(e) { ❶
    e.preventDefault();
    alert('hello world');
  }
  onClickDec(e) {
    const { count } = this.state;
    this.setState({ count: count - 1 });
  }
  onClickInc(e) {
    const { count } = this.state;
    this.setState({ count: count + 1 });
```

```
    }
    render() {
      return (
        <div>
          <button onClick={this.onClickHello} />
          <button onClick={this.onClickDec.bind(this)} /> ❷
          <button onClick={this.onClickInc} />
        </div>
      );
    }
}
```

❶ onClickHello 메서드는 this 객체와 무관하기 때문에 함수 바인딩이 필요 없다. 반대로 나머지 두 메서드는 this 객체를 사용하기 때문에 함수 바인딩이 필요하다. ❷ onClickDec 메서드는 render 메서드 내부에서 바인딩을 하고 있고, ❸ onClickInc 메서드는 생성자 안에서 바인딩을 하고 있다. 이 두 방식에 어떤 차이가 있을지 생각해 보자. render 메서드 내부에서 바인딩하는 게 코드를 작성하는 입장에서는 더 편해 보인다. 그런데 onClickInc 메서드는 왜 생성자 안에서 바인딩을 하는 걸까? 그건 바로 성능 때문이다. 함수를 바인딩할 때마다 새로운 함수가 생성되기 때문에 render 메서드 내부에서 함수를 바인딩하는 건 성능에 마이너스 요소가 된다. 따라서 성능을 걱정한다면 생성자 안에서 바인딩하는 방법을 이용한다.

📦 **함수 생성이 성능에 미치는 영향**

render 메서드는 렌더링이 발생할 때마다 호출된다. render 메서드 내부에서 새로운 함수를 생성하면 성능에 부정적인 영향을 미친다. render 메서드에서 새로운 함수의 생성은 주로 두 가지 방식으로 발생한다.

코드 5-35 render 메서드에서 새로운 함수를 생성하는 코드

```
class MyComponent extends Component {
  // ...
  onChangeAge(e) {
    this.setState({ age: e.currentTarget.value });
  }
  render() {
    const { name, onChange } = this.props;
    const { age } = this.state;
    return (
```

```
      <div>
        <input value={name}
               onChange={e => onChange(e.currentTarget.value)} />      ┐❶
        <input value={age}
               onChange={this.onChangeAge.bind(this)} />      ┐❷
      </div>
    );
  }
}
```

❶ 화살표 함수 또는 일반 함수를 render 메서드 내부에서 구현하면 render 메서드가 호출될 때마다 새로운 함수가 생성된다. ❷ 함수의 bind 메서드를 호출하면 마찬가지로 새로운 함수가 생성된다.

일반적으로 ❷번 방식이 ❶번 방식보다 성능에 더 큰 영향을 준다. 하지만 성능 개선이 많이 이루어진 최근의 브라우저에서는 함수 생성이 성능에 미치는 영향은 크지 않다. 브라우저의 성능이 개선된 덕분에 리액트 버전 16.8부터 도입된 훅은 렌더 함수[3] 내부에서의 함수 생성을 적극적으로 활용한다.

하지만 오래된 브라우저도 지원해야 하는 프로젝트의 경우 bind 메서드를 사용한 함수 생성이 눈에 띄는 성능 저하를 일으킬 수 있으므로 유의해야 한다.

생성자 안에서 바인딩하는 방식으로 코딩을 해 본 사람은 알겠지만 이게 여간 귀찮은 일이 아니다. 이벤트 처리 메서드를 작성한 후 기계처럼 반복적으로 생성자로 돌아가서 또다시 같은 메서드명을 이용해 바인딩하는 코드를 작성해야 했다.

하지만 클래스 필드가 자바스크립트 표준으로 제안됐기 때문에 다음과 같이 작성할 수 있게 됐다.

코드 5-36 클래스 필드를 이용한 이벤트 처리 메서드의 구현

```
class MyComponent extends Component {
  onClickHello = e => {
    e.preventDefault();
    alert('hello world');
  };
  onClickDec = () => {
    const { count } = this.state;
    this.setState({ count: count - 1 });
  };
```

3　이 책에서는 클래스형 컴포넌트의 render 메서드와 함수형 컴포넌트를 모두 렌더 함수라 한다.

```
  onClickInc = () => {
    const { count } = this.state;
    this.setState({ count: count + 1 });
  };
  render() {
    return (
      <div>
        <button onClick={this.onClickHello} />
        <button onClick={this.onClickDec} />
        <button onClick={this.onClickInc} />
      </div>
    );
  }
}
```

화살표 함수(arrow function)를 사용했기 때문에 this 객체는 자동으로 바인딩된다. 클래스 인스턴스가 생성될 때 한 번만 바인딩되므로 렌더링 성능에도 문제가 없다. 참고로 onClickHello 메서드는 this 객체를 사용하지 않기 때문에 클래스 바깥으로 빼도 좋다.

"렌더 함수에서 바인딩하면 성능이 나쁘네", "생성자에서 바인딩하는 건 귀찮네" 같은 이야기를 더는 할 필요가 없어졌다.

클래스 필드는 표준이 될 것이 거의 확실하므로 바벨의 도움을 받아서 안심하고 사용하자.

5.2.3 생명 주기 메서드에서 컨텍스트 데이터 사용하기

컨텍스트 데이터는 생명 주기 메서드에서도 사용할 수 있다. 클래스형 컴포넌트의 contextType 정적 멤버 변수에 컨텍스트 객체를 입력하면 클래스 내부에서 컨텍스트 데이터에 접근할 수 있다. 다음은 componentDidMount 메서드에서 컨텍스트 데이터에 접근하는 코드다.

코드 5-37 생명 주기 메서드에서 컨텍스트 데이터 사용하기

```
const ThemeContext = React.createContext('dark');

class MyComponent extends React.Component {
  componentDidMount() {
    const theme = this.context; ❷
    // ...
  }
  // ...
}
MyComponent.contextType = ThemeContext; ❶
```

❶ 클래스 내부에서 컨텍스트 데이터에 접근하기 위해 contextType 정적 멤버 변수에 컨텍스트 객체를 입력한다. ❷ 생명 주기 메서드에서 context 멤버 변수를 통해서 컨텍스트 데이터를 사용할 수 있다.

contextType을 이용한 방식은 하나의 컨텍스트만 연결할 수 있다는 단점이 있다. 여러 개의 컨텍스트 데이터에 접근하고 싶다면 다음과 같이 고차 컴포넌트를 이용한다.

코드 5-38 **생명 주기 메서드에서 여러 개의 컨텍스트 데이터 사용하기**

```
const UserContext = React.createContext('unknown');
const ThemeContext = React.createContext('dark');

class MyComponent extends React.Component {
  componentDidMount() {
    const { username, theme } = this.props; ❷
    // ...
  }
  // ...
}

export default props => (
  <UserContext.Consumer>
    {username => (
      <ThemeContext.Consumer>
        {theme => <MyComponent {...props} username={username} theme={theme} />}   ❶
      </ThemeContext.Consumer>
    )}
  </UserContext.Consumer>
);
```

❶ Consumer 컴포넌트를 이용해서 컨텍스트 데이터를 MyComponent 컴포넌트의 속성값으로 넣는다. ❷ 이제 username, theme 데이터는 MyComponent 컴포넌트 내부의 모든 메서드에서 사용될 수 있다.

5.3 컴포넌트의 공통 기능 관리하기

공통 로직은 함수로 만들어서 사용하면 되고, 공통 버튼은 컴포넌트를 만들어서 재사용하면 된다. 원주율은 상수 변수(const)로 만들어서 사용하면 된다. 그렇다면 컴포넌트의 공통 로직은 어떻게 관리하면 좋을까? 함수형 컴포넌트에서는 훅을 이용해서 간단하게 공통 기능을 관리할 수 있지만 클래스형 컴포넌트에서는 훅을 사용할 수 없다. 클래스형 컴포넌트의 공통 기능을 관리하기 위한 방법으로 고차 컴포넌트(higher order component)와 렌더 속성값(render props) 패턴에 대해 알아보자.

5.3.1 고차 컴포넌트를 이용한 공통 기능 관리

컴포넌트의 공통 기능을 관리하기 위해 고차 컴포넌트를 사용할 수 있다. 고차 컴포넌트 코드가 처음에는 복잡하고 어색하겠지만 여러 가지 상황별 예제 코드를 통해 익숙해지도록 노력해 보자. 물론 고차 컴포넌트에도 단점이 있다. 지피지기면 백전백승이라고, 고차 컴포넌트의 단점을 알아보고 적절한 상황에 효율적으로 사용할 수 있는 안목을 길러 보자.

고차 컴포넌트는 컴포넌트를 입력으로 받아서 컴포넌트를 출력해 주는 함수다. 이 함수에서 출력되는 컴포넌트는 내부적으로 입력받은 컴포넌트를 사용한다. 이때 입력된 컴포넌트를 사용하는 방법은 무궁무진하다.

마운트 시 서버로 이벤트를 보내는 고차 컴포넌트

어떤 화면이 사용자에게 자주 노출되는지 확인하고 싶다고 가정해 보자. 화면이 사용자에게 보이는 시점은 그 화면의 최상위 컴포넌트가 마운트되는 시점이라고 할 수 있다. 그러면 각 화면의 최상위 컴포넌트가 마운트될 때마다 서버에 이벤트를 보내면 된다.

가장 단순한 방법은 필요한 모든 컴포넌트에 componentDidMount 생명 주기 메서드를 만들고 그 안에서 서버에 이벤트를 보내는 것이다. 서버에 이벤트를 보내는 로직은 공통 함수를 만들어서 처리하더라도 모든 컴포넌트가 똑같은 생명 주기 메서드 안에서 똑같은 함수를 호출하면 코드 중복이다. 그러나 다음과 같이 고차 컴포넌트를 이용해서 코드 중복을 없앨 수 있다.

코드 5-39 마운트 시 서버로 이벤트를 보내는 고차 컴포넌트

```
// withMountEvent.jsx
function withMountEvent(InputComponent, componentName) { ❶
  return class OutputComponent extends Component {
    componentDidMount() {
      sendMountEvent(componentName);
    }
    render() {
      return <InputComponent {...this.props} />;
```

```
    }
  };
}

// MyComponent.jsx
function MyComponent() {
  // ...
}
export default withMountEvent(MyComponent, 'MyComponent'); ❷
```

❶ withMountEvent 함수가 고차 컴포넌트다. withMountEvent 함수를 이용해서 만들어진 모든 컴포넌트는 마운트될 때마다 서버로 이벤트를 보낸다. 즉, 서버로 마운트 이벤트를 보내는 공통 기능이 withMountEvent 함수로 구현된 것이다. ❷ 공통 기능을 적용하고 싶은 컴포넌트를 고차 컴포넌트의 인수로 입력한다.

마운트 여부를 알려 주는 고차 컴포넌트

출력되는 컴포넌트의 속성값으로 추가 정보를 제공하는 고차 컴포넌트도 많이 사용된다. react-redux의 connect 함수가 대표적인 예다. 코드 5-39를 조금 변형해서 마운트 여부를 알려 주는 고차 컴포넌트를 작성해 보자.

코드 5-40 **마운트 여부를 알려 주는 고차 컴포넌트**

```
function withHasMounted(InputComponent) {
  return class OutputComponent extends React.Component {
    state = {
      hasMounted: false,
    };
    componentDidMount() {
      this.setState({ hasMounted: true });
    }
    render() {
      const { hasMounted } = this.state;
      return <InputComponent {...this.props} hasMounted={hasMounted} />; ❶
    }
  };
}
```

❶ 출력되는 컴포넌트에 hasMounted라는 이름의 새로운 속성값이 전달된다. 서버 렌더링을 사용하는 프로젝트에서는 화면 일부분이 클라이언트 측에서만 렌더링되기를 원하는 경우가 많이 발생한다. 마운트 이후에만 렌더링하면 클라이언트 측에서만 렌더링되기 때문에 마운트 정보가 자주 사용된다.

로그인 여부에 따라 다르게 보여 주는 고차 컴포넌트

이번에는 로그인한 사용자에게만 화면을 보여 주는 기능을 구현해 보자.

코드 5-41 로그인 여부에 따라 다르게 보여 주는 고차 컴포넌트

```
function withOnlyLogin(InputComponent) {
  return function({ isLogin, ...rest }) {
    if (isLogin) {
      return <InputComponent {...rest} />;
    } else {
      return <p>권한이 없습니다.</p>;
    }
  };
}
```

로그인한 사용자의 경우에는 입력된 컴포넌트를 렌더링하고 그렇지 않은 경우에는 **권한이 없습니다.** 문구를 보여 준다. 설명이 필요 없을 정도로 간단한 코드지만 withOnlyLogin 고차 컴포넌트를 사용하지 않았다면 필요한 모든 컴포넌트에서 일일이 로그인 여부를 검사하는 코드가 필요했을 것이다.

한 가지 주목할 점은 isLogin 속성값은 입력된 컴포넌트에게 필요하지 않으므로 전달하지 않는다는 것이다. 이처럼 고차 컴포넌트 내부에서 속성값 일부를 사용하고 입력된 컴포넌트로 나머지 속성값만 내려 주는 게 가능하다. 예제의 고차 컴포넌트에서는 렌더 함수만 필요하기 때문에 출력되는 컴포넌트를 함수형 컴포넌트로 정의했다.

클래스 상속을 이용한 고차 컴포넌트

클래스 상속을 이용하면 좀 더 재밌는 기능을 만들 수 있다. 다음과 같이 입력된 컴포넌트를 상속받아서 새로운 컴포넌트를 생성할 수 있다.

코드 5-42 클래스 상속을 이용한 고차 컴포넌트

```
function withSomething(InputComponent) {
  return class OutputComponent extends InputComponent {
    // ...
  };
}
```

상속되어 생성된 컴포넌트는 입력된 컴포넌트의 멤버 변수와 메서드에 접근할 수 있다. 이는 입력된 컴포넌트로 만들어진 인스턴스의 속성값, 상탯값, 생명 주기 메서드, 기타 멤버 변수 및 메서드에 접근할 수 있다는 말이다. 아직 무슨 뜻인지 와닿지 않을 수 있다. 예제를 통해 알아보자.

특정 컴포넌트의 속성값과 상탯값을 디버깅하고 싶다고 가정해 보자. 물론 리액트 개발자 도구를 이용해도 되지만 어떤 이벤트 발생 시 해당 컴포넌트가 언마운트 후 다시 마운트되는 상황이라면 리액트 개발자 도구는 매우 불편하다. 다음은 디버깅을 위한 고차 컴포넌트의 예제 코드다.

코드 5-43 디버깅에 사용되는 고차 컴포넌트

```
function withDebug(InputComponent) {
  return class OutputComponent extends InputComponent {
    render() {
      return (
        <React.Fragment>
          <p>props: {JSON.stringify(this.props)}</p>  ┐
          <p>state: {JSON.stringify(this.state)}</p>  ┘ ❶
          {super.render()} ❷
        </React.Fragment>
      );
    }
  };
}
```

❶ this 객체를 이용해서 입력된 컴포넌트의 속성값과 상탯값에 접근하고 있다.
❷ 입력된 컴포넌트의 render 메서드를 호출한다. 결과적으로 withDebug 고차 컴포넌트는 입력된 컴포넌트 위에 속성값과 상탯값을 항상 보여 준다.

컴포넌트의 내부 메서드 이용하기

이번에는 입력된 컴포넌트의 내부 메서드를 이용해 보자. 어떤 컴포넌트라도 렌더링된 최상위 요소는 div 요소로 강제하고 싶다고 가정해 보자. 먼저 입력된 컴포넌트가 div 요소를 최상위 요소로 출력하는지 알아야 한다. 따라서 입력된 컴포넌트의 render 메서드를 호출해야 한다. 그리고 render 메서드의 결괏값에서 최상위 요소가 div 요소가 아니라면 그 결괏값을 div 요소로 감싸면 된다.

코드 5-44 div 요소로 감싸 주는 고차 컴포넌트

```
export function withDiv(InputComponent) {
  return class OutputComponent extends InputComponent {
    render() {
      const rendered = super.render(); ❶
```

```
        if (rendered && rendered.type !== 'div') { ❷
          return React.createElement('div', null, rendered);
        }
        return rendered;
      }
    };
}
```

❶ 입력된 컴포넌트의 render 메서드를 호출한다. ❷ 최상위 요소가 div 요소가
아니면 div 요소로 감싼다.

렌더링된 결과를 조작할 수 있다는 사실이 놀랍지 않은가? 여기까지 이해했다
면 고차 컴포넌트로 할 수 있는 일은 무궁무진하다는 말에 동의할 것이다. 여기
서는 render 메서드만 이용했지만 입력된 컴포넌트 내부의 모든 메서드를 호출
할 수 있다. 하지만 생명 주기 메서드를 호출하는 것은 자제하자. 각 생명 주기
메서드는 항상 약속된 시점에 호출되어야 하므로 강제로 호출하면 버그를 발생
시킬 수 있다.

여러 개의 고차 컴포넌트 사용하기

다음과 같이 고차 컴포넌트 여러 개를 동시에 사용하는 것도 가능하다.

코드 5-45 여러 개의 고차 컴포넌트를 동시에 사용하기

```
withDebug(withDiv(MyComponent));
```

그렇다고 기능을 잘게 쪼개서 너무 많은 수의 고차 컴포넌트를 사용하면 렌더
링 성능에 좋지 않다. 또한, 리액트 개발자 도구에서 디버깅할 때에도 불편하
므로 고차 컴포넌트는 필요한 만큼만 사용하는 게 좋다. 그리고 리액트 개발
자 도구에서 디버깅을 편하게 하기 위해 displayName 값을 수정해 주면 좋다.
recompose 패키지에서 제공하는 getDisplayName 함수를 이용하면 쉽게 적용할
수 있다.

코드 5-46 고차 컴포넌트에서 displayName 설정하기

```
import getDisplayName from 'recompose/getDisplayName';

function withSomething(InputComponent) {
  class OutputComponent extends Component {
    // ...
  }
```

```
OutputComponent.displayName = `withSomething(${getDisplayName( ❶
  InputComponent,
)})`;
return OutputComponent;
}
```

❶ displayName을 설정해 주면 리액트 개발자 도구에서 디버깅이 편해진다.

고차 컴포넌트를 사용할 때 유의점

고차 컴포넌트를 사용할 때 한 가지 주의할 점은 입력되는 컴포넌트가 정적 메서드를 가지고 있을 때다. 고차 컴포넌트를 사용하는 순간 입력되는 컴포넌트의 정적 메서드는 출력되는 컴포넌트에 전달되지 않는다. 이 문제를 해결하기 위해서 hoist-non-react-statics 패키지를 많이 사용한다.

코드 5-47 고차 컴포넌트에서 정적 메서드 전달하기

```
import hoistNonReactStatic from 'hoist-non-react-statics';
function withSomething(InputComponent) {
  class OutputComponent extends Component {
    // ...
  }
  hoistNonReactStatic(OutputComponent, InputComponent); ❶
  return OutputComponent;
}
```

❶ InputComponent 컴포넌트의 모든 정적 메서드를 OutputComponent 컴포넌트로 연결해 준다.

🎁 리액트 라우터의 고차 컴포넌트

고차 컴포넌트가 실제 리액트 생태계에서 어떻게 만들어지고 있는지 알아보자. 단일 페이지 애플리케이션(single page application)을 만들 때 많이 사용되는 리액트 라우터 (react-router)의 withRouter 고차 컴포넌트는 다음과 같다.

코드 5-48 withRouter 고차 컴포넌트

```
import hoistStatics from 'hoist-non-react-statics'; ❶

const withRouter = Component => {
  const C = props => {
    const { wrappedComponentRef, ...remainingProps } = props; ❷
```

```
    return (
      <Route
        render={routeComponentProps => (
          <Component
            {...remainingProps}
            {...routeComponentProps}
            ref={wrappedComponentRef}
          />
        )}
      />
    );
  };

  C.displayName = `withRouter(${Component.displayName || Component.
                                name})`; ❸
  C.WrappedComponent = Component;
  C.propTypes = {
    wrappedComponentRef: PropTypes.func,
  };
  return hoistStatics(C, Component);
};

export default withRouter;
```

❶ 정적 메서드를 전달하기 위해 hoist-non-react-statics 패키지를 사용했다. ❷
ref 속성값을 전달하기 위해 wrappedComponentRef라는 속성값을 사용한다. ❸ 편리한
디버깅을 위해 displayName을 설정해 주고 있다.

고차 컴포넌트의 단점

어떤 기능이든지 그 기능의 단점을 이해하고 사용하는 게 좋다. 고차 컴포넌트
에도 몇 가지 단점이 있다. 첫 번째 단점은 고차 컴포넌트를 사용하면 속성값이
암묵적으로 넘어온다는 점이다. react-redux의 connect 고차 컴포넌트를 사용
하면 사용자가 명시한 속성값 외에도 dispatch라는 함수가 암묵적으로 넘어온
다. 따라서 connect 고차 컴포넌트를 사용한 컴포넌트 내부에서는 this.props.
dispatch라는 코드가 등장하게 된다. connect 고차 컴포넌트에 익숙한 사람이라
면 코드를 읽는 데 큰 불편을 느끼지 않겠지만 고차 컴포넌트의 종류가 많아지
면 헷갈리게 되고, 그럴 때마다 react-redux의 문서를 찾게 된다. 이는 고차 컴포
넌트가 속성값을 암묵적으로 넘기기 때문에 발생하는 단점이다.

두 번째 문제는 서로 다른 고차 컴포넌트가 똑같은 속성값 이름을 사용할 때 발생한다. 만약 어떤 고차 컴포넌트가 dispatch라는 새로운 속성값을 만들어 낸다고 가정해 보자. 이 고차 컴포넌트와 react-redux의 connect 고차 컴포넌트를 동시에 사용하면 속성값 이름이 충돌하는 문제가 발생한다. 마지막으로 호출된 고차 컴포넌트의 속성값으로 덮어써진다. 하나의 고차 컴포넌트만 사용해도 같은 문제가 발생할 수 있다. 입력된 컴포넌트가 원래 dispatch라는 속성값을 가지고 있을 때 문제가 된다. 컴포넌트를 사용할 때 입력된 dispatch 속성값은 고차 컴포넌트가 생성한 값으로 덮어써질 것이다. 우리가 만든 컴포넌트라면 속성값 이름을 수정하면 쉽게 해결되지만, 고차 컴포넌트와 입력된 컴포넌트가 모두 외부 패키지의 것이라면 같이 사용하기가 힘들다.

세 번째 문제는 의례적인 절차(ceremony)가 필요하다는 점이다. 고차 컴포넌트를 만들 때는 항상 함수로 감싸 줘야 하고, displayName을 설정해 줘야 하고, 정적 메서드를 전달하기 위한 코드가 필요하다. 특히 함수로 감싸져 있다는 부분은 타입스크립트(typescript)와 같은 정적 타입 언어를 사용할 때 타입을 정의하기 까다롭다는 문제가 있다.

이러한 단점에도 불구하고 고차 컴포넌트는 여전히 유용하다. 반복되는 코드를 재사용할 수 있게 해 준다는 강력한 장점이 있기 때문이다.

5.3.2 렌더 속성값을 이용한 공통 기능 관리

컴포넌트의 공통 기능을 관리하는 두 번째 방법으로 렌더 속성값(render props)을 알아보자. 같은 기능을 고차 컴포넌트로 구현할 수도 있고 렌더 속성값으로 구현할 수도 있다. 고차 컴포넌트와 렌더 속성값의 장단점을 알아보고 자신의 상황에 맞는 방법을 선택할 수 있도록 하자.

렌더 속성값이란 코드 재사용을 위해 함수 타입의 속성값을 이용하는 패턴을 말한다. 간단한 예로 이전에 만들었던 고차 컴포넌트를 렌더 속성값으로 변환해 보자. 컴포넌트가 마운트될 때마다 서버로 이벤트를 보내 주는 withMountEvent 고차 컴포넌트를 다음과 같이 변환했다.

코드 5-49 **마운트 시 서버로 이벤트를 보내는 렌더 속성값**

```
// MountEvent.jsx
class MountEvent extends Component {
  componentDidMount() {
```

```
    const { name } = this.props;
    sendMountEvent(name);
  }
  render() {
    const { children } = this.props;
    return children(); ❶
  }
}

// MyComponent.jsx
function MyComponent() {
  return (
    <MountEvent name="MyComponent">{() => <div>{/* ... */}</div>}</MountEvent> ❷
  );
}
```

❶ 속성값 children은 함수이고, children 함수의 반환값을 render 메서드의 반환값으로 사용하고 있다. ❷ 결과적으로 <div>{/* ... */}</div> 코드가 렌더링될 것이다. 이처럼 children 속성값은 함수가 될 수도 있다. 렌더 속성값은 children뿐만 아니라 다음과 같이 다른 속성값 이름을 사용해도 무방하다.

코드 5-50 children을 사용하지 않은 렌더 속성값

```
function MyComponent() {
  return (
    <MountEvent name="MyComponent" render={() => <div>{/* ... */}</div>} /> ❶
  );
}
```

❶ render라는 이름의 속성값이 코드 5-49의 children을 대체한다.

이제 렌더 속성값의 기본 개념을 알았으니 좀 더 실용적인 사용 예를 알아보자. 서버로부터 데이터를 가져오고 사용하는 과정에서 코드 중복이 발생할 수 있다. 일반적으로 componentDidMount 생명 주기 메서드에서 서버로 요청을 보낸다. 그리고 렌더 함수에서는 데이터가 아직 도착하지 않았다면 로딩 애니메이션을 보여 주거나 null을 반환한다. 다음 코드의 DataFetcher가 데이터 처리 로직을 렌더 속성값으로 구현한 컴포넌트다.

코드 5-51 데이터 처리 로직을 렌더 속성값으로 구현하기

```
// DataFetcher.tsx
import React from 'react';
import axios from 'axios'; ❶
```

```
class DataFetcher extends React.Component {
  state = {
    data: null,
  };
  componentDidMount() {
    const { url, parseData } = this.props;
    axios(url).then(response => {
      const data = parseData(response.data);
      this.setState({ data });
    });
  }
  render() {
    const { children } = this.props;
    const { data } = this.state;
    if (data == null) {
      return <p>데이터 로딩 중...</p>;
    } else {
      return children({ data });
    }
  }
}


// MyComponent.tsx
export default function MyComponent() {
  return (
    <DataFetcher
      url="https://api.github.com/repos/facebook/react"
      parseData={parseRepoData}
    >
      {(({ data }) => (
        <div>
          <p>{`name: ${data.name}`}</p>
          <p>{`stars: ${data.stars}`}</p>
          <p>{`open issues: ${data.openIssues}`}</p>
        </div>
      )}
    </DataFetcher>
  );
}

function parseRepoData(data) {
  return {
    name: data.name,
    stars: data.stargazers_count,
    openIssues: data.open_issues,
  };
}
```

❸ (데이터 로딩 중 분기 부분)

❷ (DataFetcher props 부분)

❶ axios는 API 호출 시 많이 사용되는 유명한 패키지다. ❷ DataFetcher 컴포넌트를 사용하는 입장에서는 API 주소와 데이터 파싱 함수를 전달한다. ❸ 데이터가 도착하기 전까지는 DataFetcher가 자체적으로 로딩 문구를 보여 주고 도착 후에는 사용하는 측에서 정의한 함수가 호출된다.

또 다른 예제로 렌더 속성값을 이용해서 마우스의 위치를 추적해 보자. 다음은 onMouseMove 이벤트를 이용해서 특정 돔 요소 위에서 마우스가 움직일 때마다 마우스의 위치값을 알려 주는 렌더 속성값이다.

코드 5-52 마우스의 위치 정보를 알려 주는 렌더 속성값

```tsx
// MouseTracer.tsx
import React from 'react';

class MouseTracer extends React.Component {
  state = {
    x: null,
    y: null,
  };
  onMouseMove = e => {
    this.setState({
      x: e.clientX,          ❶
      y: e.clientY,
    });
  };
  render() {
    const { children } = this.props;
    const { x, y } = this.state;
    return <div onMouseMove={this.onMouseMove}>{children({ x, y })}</div>; ❷
  }
}

// MyComponent.tsx
export default function MyComponent() {
  return (
    <MouseTracer>{({ x, y }) => <p>{`(x, y): (${x}, ${y})`}</p>}</MouseTracer> ❸
  );
}
```

❶ 마우스가 이동할 때마다 상탯값의 좌푯값을 갱신한다. ❷ 현재 좌푯값과 함께 children 함수를 호출한다.

❸ MyComponent에서 현재 마우스의 위치 정보를 이용할 수 있게 되었다. 예제의 함수처럼 매개변수를 넘길 때는 명명된 매개변수를 사용하는 게 좋다.

지금까지의 예제를 살펴보면 렌더 함수 내부에서는 렌더 속성값을 위한 함수를 정의하고, 그 함수는 약속된 매개변수와 함께 호출된다. 이제는 조금 다른 형식의 렌더 속성값을 알아보자.

이전에 구현했던 withHasMounted 고차 컴포넌트는 속성값으로 넘어온 hasMounted 변수를 모든 생명 주기 메서드에서 사용할 수 있었다. 그런데 우리가 지금까지 살펴본 렌더 속성값은 렌더 함수에서 정의한 함수의 매개변수를 통해서만 정보를 받을 수 있었다. 얼핏 생각해 보면 withHasMounted 고차 컴포넌트는 렌더 속성값으로 구현할 수 없을 것 같다. 하지만 다음과 같이 렌더 속성값 함수의 매개변수를 컴포넌트의 속성값으로 전달해 주는 래퍼(Wrapper) 컴포넌트를 이용하면 구현할 수 있다.

코드 5-53 렌더 속성값 함수의 매개변수를 속성값으로 전달하는 방법

```tsx
// MountInfo.tsx
import React from 'react';

class MountInfo extends React.Component {
  state = {
    hasMounted: false,
  };
  componentDidMount() {
    this.setState({
      hasMounted: true,
    });
  }
  render() {
    const { children } = this.props;
    const { hasMounted } = this.state;
    return children({ hasMounted }); ❶
  }
}

// MyComponent.tsx
class MyComponent extends React.Component {
  componentDidUpdate() {
    const { hasMounted } = this.props; ❷
    console.log(`lifecyccle functions can access
hasMounted(${hasMounted})`);
  }
  render() {
    const { hasMounted } = this.props;
    return <p>{`hasMounted: ${hasMounted}`}</p>;
  }
}
```

```
export default function MyComponentWrapper(props) { ❸
  return (
    <MountInfo>
      {(({ hasMounted }) => <MyComponent {...props} hasMounted={hasMounted} />}
    </MountInfo>
  );
}
```
❹

❶ MountInfo 컴포넌트는 마운트 정보와 함께 children 함수를 호출한다.
❷ MountInfo 컴포넌트로부터 전달된 마운트 정보를 생명 주기 메서드에서 사용
하고 있다. ❸ MyComponentWrapper 컴포넌트를 외부로 노출한다. ❹ 마운트 정보
를 MyComponent 컴포넌트의 속성값으로 전달해 준다.

렌더 속성값 함수의 매개변수를 속성값으로 전달해 주는 MyComponentWrapper
컴포넌트 덕분에 MyComponent 컴포넌트는 hasMounted 속성값을 사용할 수 있게
됐다. 고차 컴포넌트를 사용하지 않고도 가능하다는 것을 보여 줬지만, 간단한
기능을 구현하는 코드치고 너무 복잡하다. 사실 이 경우에는 렌더 속성값보다는
고차 컴포넌트가 더 좋은 선택으로 보인다.

🗃 children을 이용해서 코드 재사용하기

렌더 속성값은 아니지만 children을 함수로 사용하지 않고 단순히 리액트 요소로 사용해
도 많은 수의 코드 중복을 피할 수 있다. 웹 페이지의 전체적인 구조를 정의하는 레이아웃
컴포넌트를 다음과 같이 구현할 수 있다.

코드 5-54 children 속성값을 이용해서 작성한 레이아웃 컴포넌트

```
// Layout.jsx
function Layout({ children }) {
  return (
    <div>
      <div>여기는 Header입니다.</div>
      {children}                        ❶
      <div>여기는 Footer입니다.</div>
    </div>
  );
}

// MyComponent.jsx
function MyComponent() {
  return (
```

```
    <Layout>
      <div>{/* ... */}</div>    ❷
    </Layout>
  );
}
```

❶ Layout 컴포넌트에서는 원하는 위치에 children을 렌더링한다. 여기서 children은 함수가 아니라 리액트 요소다. ❷ Layout 컴포넌트를 사용하는 곳에서는 children 속성값으로 입력될 리액트 요소를 정의한다.

렌더 속성값을 사용하지는 않았지만 코드를 재사용할 수 있는 매우 간단하고 중요한 방법이다. 이전에 구현했던 withOnlyLogin, withDiv 등의 고차 컴포넌트도 이 방식으로 변환할 수 있다.

고차 컴포넌트 vs. 렌더 속성값

렌더 속성값에는 고차 컴포넌트가 가지고 있던 모든 단점이 존재하지 않는다. 렌더 속성값에서 데이터는 함수의 매개변수로 명시적으로 넘어온다. 렌더 속성값은 함수의 매개변수를 통해서 개별적으로 필요한 정보를 주기 때문에 고차 컴포넌트가 가지고 있던 속성값 이름 충돌 문제도 존재하지 않는다. 단, 생명 주기 메서드에서 렌더 속성값의 데이터에 접근하기 위해서 래퍼 컴포넌트를 사용하는 경우에는 여전히 이름 충돌 문제가 존재한다. 그리고 고차 컴포넌트에서 필요했던 의례적인 절차가 필요 없다. 일반적인 리액트 컴포넌트이기 때문에 타입스크립트와 같은 정적 타입 언어에서 타입으로 정의하는 게 고차 컴포넌트만큼 까다롭지도 않다.

렌더 속성값의 첫 번째 단점은 렌더 함수가 호출될 때마다 새로운 함수를 만들기 때문에 성능에 부정적인 영향을 준다는 점이다. 하지만 최신 브라우저에서는 함수 생성이 성능에 거의 영향이 없을 정도로 많이 개선됐다. 오래된 브라우저에서도 높은 성능이 요구되는 프로그램이 아니라면 크게 신경 쓰지 않아도 된다. 두 번째 단점은 다음과 같이 사용하는 쪽의 렌더 함수가 복잡해진다는 점이다.

코드 5-55 렌더 속성값이 중첩되면 코드가 복잡해진다

```
function MyComponent() {
  return (
    <MountEvent name="MyComponent">  ❶
```

```
      {() => (
        <DataFetcher ❷
          url="https://api.github.com/repos/facebook/react"
          parseData={parseRepoData}
        >
          {({ data }) => (
            <div>
              <MouseTracer> ❸
                {({ x, y }) => <p>{`(x, y): (${x}, ${y})`}</p>}
              </MouseTracer>
              <p>{`name: ${data.name}`}</p>
              <p>{`starts: ${data.starts}`}</p>
              <p>{`open issues: ${data.openIssues}`}</p>
            </div>
          )}
        </DataFetcher>
      )}
    </MountEvent>
  );
}
```

❶❷❸ 세 개의 렌더 속성값이 중첩돼서 사용됐다.

고차 컴포넌트와 렌더 속성값은 모두 코드 재사용성을 높이기 위한 리액트 코딩 패턴이다. 거의 모든 경우에 있어서 고차 컴포넌트를 렌더 속성값으로 또는 그 반대로 변환할 수 있다. 어느 쪽이 더 우월하다고 보기는 힘들며 각자의 취향과 프로젝트의 성격에 따라 어떤 패턴을 주로 사용할지 선택하면 된다.

5.4 클래스형 컴포넌트와 훅의 관계

훅은 기존에 리액트가 가지고 있던 여러 가지 문제를 해결해 준다. 컴포넌트를 새로 작성해야 한다면 되도록 클래스형 컴포넌트보다는 훅을 사용해서 함수형 컴포넌트로 작성하는 게 좋다. 훅이 가진 장점이 많고, 리액트 팀에서 훅과 관련된 기능 개발에 힘을 쏟고 있으므로 대세가 될 가능성이 높다.

클래스형 컴포넌트에서 로직을 재사용하는 방식의 한계와 클래스형 컴포넌트 자체의 한계를 알아보자. 그리고 훅이 이러한 한계를 어떻게 극복하는지 알아보자.

로직을 재사용하는 기존 방식의 한계

리액트에서 로직의 재사용은 주로 고차 컴포넌트와 렌더 속성값 패턴으로 이루어진다. 두 방법은 대상이 되는 컴포넌트를 감싸는 새로운 컴포넌트를 생성하기 때문에 리액트 요소 트리가 깊어진다. 리액트 요소 트리가 깊어지면 성능에 부정적인 영향을 끼치고, 개발 시 디버깅을 힘들게 하는 원인이 되기도 한다.

클래스형 컴포넌트의 한계

리액트 팀에서는 클래스형 컴포넌트에 본질적인 문제가 있다고 말한다. 서로 연관성이 없는 여러 가지 로직을 하나의 생명 주기 메서드에서 작성하는 경우가 많다. 게다가 componentDidMount 메서드에서 등록하고 componentWillUnmount 메서드에서 해제하는 코드가 자주 사용되는데, 등록만 하고 해제하는 것을 깜빡하는 실수를 하기 쉽다. 함수형 컴포넌트에 상탯값이나 생명 주기 함수를 추가하기 위해 클래스형 컴포넌트로 변경하는 작업도 상당히 귀찮은 작업이다. 이는 클래스형 컴포넌트를 작성할 때 부수적으로 작성해야 하는 코드가 많기 때문이다.

클래스형 컴포넌트는 사람뿐만 아니라 컴퓨터의 입장에서도 복잡한 구조로 되어 있다. 클래스 사용 시 코드 압축이 잘 안 되는 경우가 있고, 핫 리로드(hot reload)에서 난해한 버그를 발생시키고, 컴파일 단계에서 코드를 최적화하기 어렵게 만든다.

훅의 장점

훅을 사용하면 재사용 가능한 로직을 쉽게 만들 수 있다. 이는 훅이 단순한 함수이므로 함수 안에서 다른 함수를 호출하는 것으로 새로운 훅을 만들 수 있기 때문이다. 따라서 리액트의 내장 훅과 다른 사람들이 만든 여러 커스텀 훅을 레고처럼 조립해서 쉽게 새로운 훅을 만들 수 있다.

훅을 사용하면 같은 로직을 한곳으로 모을 수 있어서 가독성이 좋다. 클래스형 컴포넌트의 생명 주기 메서드의 경우 서로 다른 로직이 하나의 메서드에 섞여 있어서 가독성이 좋지 않다. 또는 같은 로직이 componentDidMount와 componentDidUpdate 메서드에 중복으로 들어가기도 했다.

훅은 클래스가 아니므로 앞에서 나열한 클래스의 단점이 사라진다. 그리고 훅은 단순한 함수이므로 정적 타입 언어로 타입을 정의하기 쉽다. 이는 귀찮고 까다로운 작업이었던 고차 컴포넌트의 타입 정의와 비교되는 부분이기도 하다.

5.5 클래스형 컴포넌트를 훅으로 변환하기

클래스형 컴포넌트를 훅으로 변환하는 방법을 알아보자. 리액트 버전 16.8에서는 getSnapshotBeforeUpdate, getDerivedStateFromError, componentDidCatch 메서드를 제외한 클래스형 컴포넌트의 모든 기능을 함수형 컴포넌트에서도 사용할 수 있다. 다음 내용은 3장에서 다루었으므로, 간략하게만 소개한다. 기억이 나지 않는다면 3장으로 돌아가 내용을 살펴보자.

- componentDidMount, componentWillUnmount 메서드는 useEffect 또는 useLayoutEffect 훅으로 대체할 수 있다.
- 클래스의 멤버 변수는 useRef 훅으로 대체할 수 있다.

기존에 작성한 클래스형 컴포넌트를 고려하면서 커스텀 훅을 작성하는 방법도 알아보자.

5.5.1 constructor 메서드

클래스형 컴포넌트의 constructor 메서드는 주로 속성값으로부터 초기 상태값을 계산하는 용도로 사용된다. 또는 componentDidMount보다 좀 더 빠르게 작업을 처리하는 용도로도 사용된다. constructor 메서드의 코드를 훅에서 작성하는 방법을 알아보자.

다음은 훅으로 변환할 constructor 메서드다.

코드 5-56 훅으로 변환할 constructor 메서드

```
class Profile extends React.Component {
  constructor(props) {
    super(props);
    this.state = {
      name: `${props.firstName} ${props.lastName}`, ❶
    };
    callApi(); ❷
  }
  // ...
}
```

❶ 속성값으로부터 초기 상태값을 계산한다. ❷ componentDidMount보다 빠른 시점에 API를 호출한다.

다음은 코드 5-56을 혹으로 구현한 코드다.

코드 5-57 **constructor 메서드를 혹으로 구현하기**

```
function Profile({ firstName, lastName }) {
  const [name, setName] = useState(`${firstName} ${lastName}`); ❶
  const isFirstRef = useRef(true);
  if (isFirstRef.current) {
    isFirstRef.current = false;        ❷
    callApi();
  }
  // ...
}
```

❶ 속성값으로부터 계산된 초기 상태값은 useState의 인수로 사용한다. ❷ 컴포
넌트 최초 호출 시에만 callApi 함수를 호출하기 위해 useRef 혹을 이용한다.

5.5.2 componentDidUpdate 메서드

클래스형 컴포넌트에서 최초 렌더링 후에는 componentDidMount 메서드가 호출
되고, 이후에는 componentDidUpdate 메서드가 호출된다. useEffect 혹은 최초 렌
더링 후에도 호출되므로, 이를 피하기 위해 useRef 혹을 이용할 수 있다.

componentDidUpdate 메서드는 매개변수로 이전 상태값과 이전 속성값을 전달
한다. 이는 리액트가 클래스형 컴포넌트의 인스턴스에 이전 값을 저장해서 제공
해 주기 때문에 가능하다. 함수형 컴포넌트는 인스턴스가 없기 때문에 이전 값
이 필요하다면 useRef 혹으로 직접 관리해야 한다. 다음은 이전 상태값이나 이
전 속성값이 필요할 때 유용한 커스텀 혹이다.

코드 5-58 **usePrevious 커스텀 혹**

```
function usePrevious(value) { ❶
  const valueRef = useRef();  ❷
  useEffect(() => {
    valueRef.current = value;   ❸
  }, [value]);
  return valueRef.current; ❹
}
```

❶ 매개변수로 현재 값을 입력받는다. ❷ 이전 값을 기억하기 위해 useRef 혹을 이
용한다. ❸ 렌더링 후에는 현재 값을 이전 값으로 만든다. ❹ 이전 값을 반환한다.

다음은 혹으로 변환할 componentDidUpdate 메서드의 예다.

코드 5-59 **훅으로 변환할 componentDidUpdate 메서드**

```
class Profile extends React.Component {
  state = { name: this.props.name };
  componentDidUpdate(prevProps) {
    const { userId, name } = this.props;
    if (prevProps.userId !== userId) { ❶
      this.setState({ name });
    }
  }
  // ...
}
```

❶ userId가 변경된 경우 name 상탯값을 새로운 사용자의 이름으로 변경한다.

코드 5-59는 다음과 같이 훅으로 변환할 수 있다.

코드 5-60 **componentDidUpdate 메서드를 훅으로 변환하기**

```
function Profile(props) {
  const [name, setName] = useState(props.name);
  const prevUserId = usePrevious(props.userId); ❶
  const isMountedRef = useRef(false); ❷
  useEffect(() => {
    if (isMountedRef.current) {
      if (prevUserId !== props.userId) { ❸
        setName(props.name);
      }
    } else {
      isMountedRef.current = true;
    }
  });
  // ...
}
```

❶ usePrevious 훅을 이용해서 이전 userId를 저장한다. ❷ 마운트 여부를 use
Ref 훅으로 관리한다. ❸ userId가 변경된 경우 name 상탯값을 새로운 사용자 이
름으로 변경한다.

이와 같은 로직이 자주 사용된다면 커스텀 훅으로 만들어서 사용할 수 있다.
다음은 업데이트 시점에 함수를 호출해 주는 커스텀 훅이다.

코드 5-61 **useOnUpdate 커스텀 훅**

```
function useOnUpdate(func) {
  const isMountedRef = useRef(false);
  useEffect(() => {
    if (isMountedRef.current) {
```

```
      func();
    } else {
      isMountedRef.current = true;
    }
  });
}
```

5.5.3 getDerivedStateFromProps 메서드

getDerivedStateFromProps 정적 메서드는 속성값 변경에 따라 상태값도 변경할 때 사용된다. 다음은 훅으로 변경할 getDerivedStateFromProps 정적 메서드 코드다.

코드 5-62 훅으로 변경할 getDerivedStateFromProps 정적 메서드

```
class SpeedIndicator extends React.Component {
  state = { isFaster: false, prevSpeed: 0 }; ❶
  static getDerivedStateFromProps(props, state) {
    if (props.speed !== state.prevSpeed) {    ❷
      return {
        isFaster: props.speed > state.prevSpeed,
        prevSpeed: props.speed,
      };
    }
    return null;
  }
  render() {
    const { isFaster } = this.state;
    return <p>It's getting faster: {isFaster ? 'yes' : 'no'}</p>;
  }
}
```

❶ 이전 속도를 prevSpeed 상태값에 저장한다. ❷ speed 속성값이 변경되면 관련된 상태값도 변경한다.

다음은 코드 5-62의 getDerivedStateFromProps 정적 메서드를 훅으로 변경한 코드다.

코드 5-63 getDerivedStateFromProps 정적 메서드를 훅으로 변경하기

```
function SpeedIndicator({ speed }) {
  const [isFaster, setIsFaster] = useState(false);
  const [prevSpeed, setPrevSpped] = useState(0);
  if (speed !== prevSpeed) {
    setIsFaster(speed > prevSpeed);       ❶
    setPrevSpped(speed);
  }
```

```
    return <p>It's getting faster: {isFaster ? 'yes' : 'no'}</p>;
}
```

❶ speed 속성값이 변경되면 렌더링 과정에서 바로 상탯값을 변경한다. 리액트는 렌더 함수에서 상탯값을 변경하면 변경된 상탯값으로 렌더 함수를 다시 호출한다. getDerivedStateFromProps 정적 메서드를 사용한 방법보다는 조금 비효율적인 측면이 있지만 돔을 변경하기 전에 발생하는 연산이므로 성능에 크게 영향을 주지는 않는다.

한 가지 주의할 점은 잘못하면 렌더 함수가 무한대로 호출될 수 있다는 것이다. 만약 코드 5-63에서 prevSpeed를 useState 훅으로 관리하지 않고 이전에 작성한 usePrevious 커스텀 훅으로 관리했다면 렌더 함수가 무한대로 호출될 수 있다.

5.5.4 forceUpdate 메서드

forceUpdate 메서드의 사용은 지양해야 하지만 필요한 경우 훅으로 구현할 수 있다. 다음은 useReducer 훅을 이용해서 forceUpdate 메서드를 구현한 코드다.

코드 5-64 useReducer 훅을 이용해서 forceUpdate 메서드를 구현하기

```
function MyComponent() {
  const [_, forceUpdate] = useReducer(s => s + 1, 0); ❶
  function onClick() {
    forceUpdate();
  }
  // ...
}
```

❶ forceUpdate 함수를 호출하면 상탯값이 항상 변경되므로 클래스형 컴포넌트의 forceUpdate 메서드처럼 동작한다.

5.6 기존 클래스형 컴포넌트를 고려한 커스텀 훅 작성법

클래스형 컴포넌트에서는 훅이 동작하지 않는다. 따라서 로직을 재사용하기 위해 커스텀 훅을 만들어도 레거시 프로젝트에 존재하는 수많은 클래스형 컴포넌트에는 사용할 수 없다.

커스텀 훅을 감싸는 래퍼(wrapper) 컴포넌트를 만들면 클래스형 컴포넌트에

서도 커스텀 훅의 로직을 재사용할 수 있다. 래퍼 컴포넌트는 주로 고차 컴포넌트 또는 렌더 속성값으로 구현한다. 커스텀 훅의 반환값 유무에 따라 래퍼 컴포넌트를 작성하는 방법을 알아보자.

5.6.1 커스텀 훅의 반환값이 없는 경우

반환값이 없는 커스텀 훅을 클래스형 컴포넌트에서 사용하는 방법을 알아보자.

디바운스 기능을 제공하는 useDebounce 훅

다음은 디바운스 기능을 제공하는 커스텀 훅과 그것을 사용하는 코드다.

코드 5-65 **디바운스 기능을 제공하는 useDebounce 훅의 구현 및 사용**

```
function useDebounce({ callback, ms, deps }) { ❶
  useEffect(() => {
    const id = setTimeout(callback, ms);
    return () => clearTimeout(id);
  }, deps);
}

function Profile() {
  let [name, setName] = useState('');
  let [nameTemp, setNameTemp] = useState('');
  useDebounce({
    callback: () => setName(nameTemp),
    ms: 1000,                           ❷
    deps: [nameTemp],
  });
  return (
    <div>
      <p>{name}</p>
      <input
        type="text"
        onChange={e => setNameTemp(e.currentTarget.value)}
        value={nameTemp}
      />
    </div>
  );
}
```

❶ ms 시간 동안 deps가 변경되지 않으면 callback 함수를 호출하는 커스텀 훅이다. ❷ 사용자가 입력하는 문자열을 nameTemp에 기록하다가 1초간 입력이 없으면 name에 저장한다.

클래스형 컴포넌트에서 useDebounce 훅 이용하기

useDebounce처럼 반환값이 없는 훅은 간단한 래퍼 컴포넌트를 통해서 클래스형 컴포넌트에서 사용할 수 있다. 다음은 useDebounce 훅의 래퍼 컴포넌트다.

코드 5-66 useDebounce 훅의 래퍼 컴포넌트

```
function Debounce({ children, ...props }) {
  useDebounce(props);
  return children;
}
```

반환값이 없으므로 children을 그대로 반환하면 된다.

다음은 클래스형 컴포넌트에서 Debounce 컴포넌트를 사용하는 코드다. render 메서드의 반환값을 Debounce 컴포넌트로 감싸는 방식으로 사용할 수 있다.

코드 5-67 클래스형 컴포넌트에서 Debounce 컴포넌트를 사용하기

```
class Profile extends React.Component {
  state = { name: '', nameTemp: '' };
  render() {
    const { name, nameTemp } = this.state;
    return (
      <Debounce
        callback={() => this.setState({ name: nameTemp })}
        ms={1000}
        deps={[nameTemp]}
      >
        <div>
          <p>{name}</p>
          <input
            type="text"
            onChange={e => this.setState({ nameTemp: e.currentTarget.value })}
            value={nameTemp}
          />
        </div>
      </Debounce>
    );
  }
}
```

5.6.2 커스텀 훅의 반환값이 있는 경우

반환값이 있는 커스텀 훅을 클래스형 컴포넌트에서 사용하는 방법을 알아보자.

마운트 상태를 관리하는 useMounted 훅

컴포넌트의 마운트 여부를 알려 주는 useMounted처럼 반환값이 있는 훅은 고차
컴포넌트 또는 렌더 속성값으로 반환값을 전달할 수 있다. 다음은 useMounted 훅
의 기능을 제공하기 위해 구현한 고차 컴포넌트와 렌더 속성값이다.

코드 5-68 **useMounted 훅의 기능을 제공하기 위해 구현한 고차 컴포넌트와 렌더 속성값**

```
function Mounted({ children }) {
  const mounted = useMounted();
  return children(mounted); ❶
}

function withMounted(Component) {
  return function(props) {
    const mounted = useMounted();
    return <Component {...props} mounted={mounted} />; ❷
  };
}
```

❶ 렌더 속성값에서는 children 속성값이 함수이므로 매개변수로 정보를 전달할
수 있다. ❷ 고차 컴포넌트는 새로 생성하는 컴포넌트의 속성값으로 정보를 전
달할 수 있다.

클래스형 컴포넌트에서 useMounted 훅 이용하기

다음은 클래스형 컴포넌트에서 withMounted 고차 컴포넌트를 사용하는 코드다.

코드 5-69 **클래스형 컴포넌트에서 withMounted 고차 컴포넌트를 사용하기**

```
class MyComponent extends React.Component {
  render() {
    const { mounted } = this.props; ❶
    return <p>{mounted ? 'yes' : 'no'}</p>;
  }
}
export default withMounted(MyComponent);
```

❶ 속성값으로 마운트 정보를 받아서 사용한다.

만약 커스텀 훅이 매개변수를 가지고 있다면 고차 컴포넌트로 구현하는 것은
힘들 수 있다. 이때는 렌더 속성값을 활용해 보자.

6장

리덕스로 상태 관리하기

리덕스(redux)는 자바스크립트를 위한 상태 관리 프레임워크다. 리액트를 사용하는 많은 프로젝트에서 리덕스도 같이 사용하는데, 그 이유는 다음과 같다.

- 컴포넌트 코드로부터 상태 관리 코드를 분리할 수 있다.
- 서버 렌더링 시 데이터 전달이 간편하다.
- 로컬 스토리지에 데이터를 저장하고 불러오는 코드를 쉽게 작성할 수 있다.
- 같은 상탯값을 다수의 컴포넌트에서 필요로 할 때 좋다.
- 부모 컴포넌트에서 깊은 곳에 있는 자식 컴포넌트에 상탯값을 전달할 때 좋다.
- 알림창과 같은 전역 컴포넌트의 상탯값을 관리할 때 좋다.
- 페이지가 전환되어도 데이터는 살아 있어야 할 때 좋다.

이 장에서는 이러한 리덕스의 장점을 잘 활용할 수 있는 사용법을 리덕스의 기본 개념과 함께 살펴본다. 또한 같이 사용하면 좋을 몇 가지 라이브러리도 알아보자.

6.1 리덕스 사용 시 따라야 할 세 가지 원칙

리덕스 공식 문서에서는 리덕스 사용 시 따라야 할 세 가지 원칙을 설명한다.

- 전체 상탯값을 하나의 객체에 저장한다.
- 상탯값은 불변 객체다.

· 상탯값은 순수 함수에 의해서만 변경되어야 한다.

하나의 객체에 프로그램의 전체 상탯값을 저장한다

전체 상탯값이 하나의 자바스크립트 객체로 표현되기 때문에 활용도가 높아진다. 리덕스를 사용하면 하나의 객체를 직렬화(serialize)해서 서버와 클라이언트가 프로그램의 전체 상탯값을 서로 주고받을 수 있다. 프로그램이 특정한 상태에 있을 때 발생하는 버그를 확인하기 위해 그 상탯값을 저장한 후 반복해서 재현할 수 있다. 최근의 상탯값을 버리지 않고 저장해 놓으면 실행 취소(undo)와다시 실행(redo) 기능을 쉽게 구현할 수 있다.

하지만 프로그램의 전체 상탯값을 리덕스로 관리하는 것은 쉬운 일이 아니다. 애니메이션을 위한 데이터나 문자열 입력창의 현재 상탯값은 컴포넌트에서 관리하는 게 더 나을 수도 있다. 프로그램의 일부 상태만 리덕스를 활용해도 된다. 특별히 로직이 복잡하지 않은 페이지에서는 컴포넌트의 상탯값을 활용하는 게 생산성을 더 높일 수도 있다. 전체 상탯값을 리덕스로 관리하면 시간 여행(time travel)과 같은 기능을 쉽게 구현할 수 있지만, 그런 기능을 사용하지 않는다면 필요한 곳에서만 리덕스를 사용해도 된다.

상탯값을 불변 객체로 관리한다

다음과 같이 상탯값은 오직 액션 객체에 의해서만 변경되어야 한다.

코드 6-1 상탯값은 오직 액션 객체에 의해서만 변경된다

```
const incrementAction = {
  type: 'INCREMENT', ❶
  amount: 123, ❷
};
const conditionalIncrementAction = {
  type: 'CONDITIONAL_INCREMENT', ❶
  amount: 2,
  gt: 10,         ❷
  lt: 100,
};
store.dispatch(incrementAction);
store.dispatch(conditionalIncrementAction);   ❸
```

❶ 액션 객체는 type 속성값이 존재해야 한다. type 속성값으로 액션 객체를 구분한다. ❷ type 속성값을 제외한 나머지는 상탯값을 수정하기 위해 사용되는 정

보다. ❸ 액션 객체와 함께 dispatch 메서드를 호출하면 상태값이 변경된다.

리덕스의 상태값을 수정하는 유일한 방법은 액션 객체와 함께 dispatch 메서드를 호출하는 것이다. 다른 어떤 방법으로도 상태값을 수정하면 안 된다. 상태값은 dispatch 메서드가 호출된 순서대로 리덕스 내부에서 변경되기 때문에 상태값이 변화되는 과정을 쉽게 이해할 수 있다. 게다가 액션 객체는 평범한 자바스크립트 객체이기 때문에 입력된 순서를 저장해 놓고 나중에 그 과정을 쉽게 재현할 수 있다.

상태값 수정이라는 하나의 목적만 놓고 보면 불변 객체를 사용하는 것보다는 상태값을 직접 수정하는 게 더 빠르다. 하지만 이전 상태값과 이후 상태값을 비교해서 변경 여부를 파악할 때는 불변 객체가 훨씬 유리하다. 상태값 변경을 빠르게 확인할 수 있으면 메모이제이션과 같은 기능을 활용하기 좋고, 리액트의 렌더링 성능을 올리는 데도 유리하다.

오직 순수 함수에 의해서만 상태값을 변경해야 한다

리덕스에서 상태값을 변경하는 함수를 리듀서(reducer)라고 부른다. 리듀서의 구조는 다음과 같다.

```
(state, action) => nextState
```

리듀서는 이전 상태값과 액션 객체를 입력으로 받아서 새로운 상태값을 만드는 순수 함수다. 순수 함수는 부수 효과(side effect)[1]를 발생시키지 않아야 한다. 또한 순수 함수는 같은 인수에 대해 항상 같은 값을 반환해야 한다. 다음과 같이 반환값을 계산할 때 랜덤 함수나 시간 함수를 이용하면 순수 함수가 아니다.

코드 6-2 시간 함수를 사용하면 순수 함수가 아니다

```
// 홍길동님 안녕하세요. 지금은 11시 30분입니다. ❶
sayHello1('홍길동');
sayHello2('홍길동', '11:30');
```

❶ 두 함수는 주석의 내용과 같은 문자열을 반환한다. sayHello1 함수는 내부적으로 시간 함수를 호출하기 때문에 순수 함수가 아니다. 같은 인수를 입력해도

---

1 전역 변수의 값을 수정한다거나 API 요청을 보내는 등 함수 외부의 상태를 변경시키는 것을 부수 효과라고 한다.

호출하는 시점에 따라 다른 값을 반환하기 때문이다. 반대로 *sayHello2* 함수는 순수 함수다. 같은 인수를 입력하면 항상 같은 값을 반환한다. 이러한 특성 덕분에 순수 함수는 테스트 코드를 작성하기 쉽다.

코드 6-3 순수 함수는 테스트 코드를 작성하기 쉽다

```
const now = new Date();
const hour = now.getHours();
const minute = now.getMinutes();                                      ❶
expect(sayHello1('홍길동')).toBe(
  `홍길동님 안녕하세요. 지금은 ${hour}시 ${minute}분입니다.`,
);

expect(sayHello2('홍길동', '11:30')).toBe(
  '홍길동님 안녕하세요. 지금은 11시 30분입니다.',      ❷
);
```

❶ sayHello1 함수는 내부적으로 현재 시각을 사용하기 때문에 테스트 코드에서도 현재 시각을 가져와야 한다. 하지만 현재 시각을 가져오는 시점이 서로 다르기 때문에 간헐적으로 테스트가 실패할 수 있다. 일정 수준의 오차는 허용하도록 테스트 코드를 작성할 수도 있지만 번거롭다. ❷ 순수 함수로 작성한 코드는 별다른 고민 없이 쉽게 테스트 코드를 작성할 수 있다.

리듀서는 순수 함수이기 때문에 같은 상탯값과 액션 객체를 입력하면 항상 똑같은 다음 상탯값을 반환한다. 따라서 실행된 액션 객체를 순서대로 저장했다가 나중에 똑같은 순서대로 dispatch 메서드를 호출하면 쉽게 리플레이(replay) 기능을 구현할 수 있다.

6.2 리덕스의 주요 개념 이해하기

리덕스에서 상탯값이 변경되는 과정은 다음 그림과 같다.

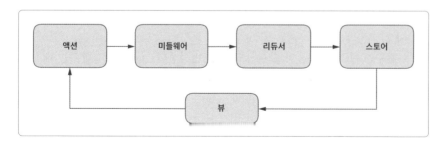

그림 6-1 리덕스에서 상탯값이 변경되는 과정

그림 6-1에서 뷰는 리액트의 컴포넌트라고 생각할 수 있다. 지금부터 상탯값을 변경하는 과정에서 거치게 되는 리덕스의 네 가지 요소(액션, 미들웨어, 리듀서, 스토어)를 순서대로 살펴보자.

6.2.1 액션

액션(action)은 type 속성값을 가진 자바스크립트 객체다. 액션 객체를 dispatch 메서드에 넣어서 호출하면 리덕스는 상탯값을 변경하기 위해 그림 6-1의 과정을 수행한다. 액션 객체에는 type 속성값 외에도 원하는 속성값을 얼마든지 넣을 수 있다.

다음 코드는 할 일 목록을 관리하기 위해 세 가지 액션을 사용하고 있다.

코드 6-4 액션을 발생시키는 예제 코드

```
store.dispatch({ type: 'ADD', title: '영화 보기', priority: 'high' }); ❶
store.dispatch({ type: 'REMOVE', id: 123 });
store.dispatch({ type: 'REMOVE_ALL' });
```

각 액션은 고유한 type 속성값을 사용해야 하는데 ❶ ADD라는 단어 하나만으로는 중복 가능성이 높다. type 이름의 충돌을 피하기 위해서는 다음과 같이 접두사를 붙이는 방법이 많이 사용된다.

코드 6-5 액션 타입을 유일한 값으로 만들기 위해 접두사 이용하기

```
store.dispatch({ type: 'todo/ADD', title: '영화 보기', priority: 'high' });
store.dispatch({ type: 'todo/REMOVE', id: 123 });
store.dispatch({ type: 'todo/REMOVE_ALL' });
```

dispatch 메서드를 호출할 때 직접 액션 객체를 입력하는 방법은 사용하지 않는게 좋다. 'todo/ADD' 액션의 경우 title, priority라는 두 속성값이 항상 존재하도록 강제할 필요가 있다. 이는 다음과 같이 액션 생성자 함수를 이용해서 해결할 수 있다.

코드 6-6 액션 생성자 함수의 예

```
function addTodo({ title, priority }) {
  return { type: 'todo/ADD', title, priority };
}                                                    ❶
function removeTodo({ id }) {
  return { type: 'todo/REMOVE', id };
}
```

```
function removeAllTodo() {
  return { type: 'todo/REMOVE_ALL' };       ❶
}

store.dispatch(addTodo({ title: '영화 보기', priority: 'high' }));
store.dispatch(removeTodo({ id: 123 }));      ❷
store.dispatch(removeAllTodo());
```

❶ 세 개의 액션 생성자 함수를 정의했다. 액션 생성자 함수를 필요한 인수와 함께 호출하면 항상 같은 구조의 액션 객체가 만들어진다. 나중에 액션 객체의 구조를 변경할 때는 액션 생성자 함수만 수정하면 된다. ❷ dispatch 메서드를 호출할 때는 액션 생성자 함수를 이용한다.

type 속성값은 리듀서에서 액션 객체를 구분할 때도 사용되기 때문에 상수 변수로 만드는 게 좋다.

코드 6-7 액션 타입은 변수로 만들어 관리한다

```
export const ADD = 'todo/ADD';
export const REMOVE = 'todo/REMOVE';           ❶
export const REMOVE_ALL = 'todo/REMOVE_ALL';

export function addTodo({ title, priority }) {
  return { type: ADD, title, priority };
}
export function removeTodo({ id }) {
  return { type: REMOVE, id };                  ❷
}
export function removeAllTodo() {
  return { type: REMOVE_ALL };
}
```

❶ type 이름을 상수 변수로 만들었다. 이 변수는 리듀서에서도 필요하기 때문에 export 키워드를 이용해서 외부에 노출한다. ❷ 액션 생성자 함수도 외부에서 호출해야 하므로 외부로 노출한다.

앞에서 살펴본 리덕스의 세 가지 원칙에 위배되지 않으므로 액션 생성자 함수에서는 부수 효과를 발생시켜도 괜찮다. 예를 들어 addTodo 함수에서 새로운 할일을 서버에 저장하기 위해 API 호출을 할 수 있다. 액션 생성자 함수에서 API 호출과 같은 비동기 코드를 제어하는 방법은 6.6절에서 설명한다.

6.2.2 미들웨어

미들웨어(middleware)는 리듀서가 액션을 처리하기 전에 실행되는 함수다. 디버깅 목적으로 상탯값 변경 시 로그를 출력하거나, 리듀서에서 발생한 예외를 서버로 전송하는 등의 목적으로 미들웨어를 활용할 수 있다. 리덕스 사용 시 특별히 미들웨어를 설정하지 않았다면 발생한 액션은 곧바로 리듀서로 보내진다.

미들웨어의 기본 구조는 다음과 같다.

코드 6-8 미들웨어의 기본 구조

```
const myMiddleware = store => next => action => next(action);
```

미들웨어는 함수 세 개가 중첩된 구조로 되어 있다. 화살표 함수가 연속으로 표현된 코드가 익숙하지 않는다면 헷갈릴 수도 있다. 다음은 코드 6-8을 화살표 함수를 사용하지 않고 작성한 코드다.

코드 6-9 화살표 함수를 사용하지 않은 미들웨어 코드

```
const myMiddleware = function(store) {
  return function(next) {
    return function(action) {
      return next(action);
    };
  };
};
```

코드에서 알 수 있듯이 미들웨어는 스토어와 액션 객체를 기반으로 필요한 작업을 수행할 수 있다. next 함수를 호출하면 다른 미들웨어 함수가 호출되면서 최종적으로 리듀서 함수가 호출된다. 코드 6-9는 아무런 작업도 수행하지 않고 next 함수를 호출하기 때문에 무의미한 미들웨어 함수다.

다음은 미들웨어를 사용하기 위해 리덕스를 설정하는 코드다.

코드 6-10 미들웨어를 설정하는 방법

```
import { createStore, applyMiddleware } from 'redux';
const middleware1 = store => next => action => {
  console.log('middleware1 start');
  const result = next(action);                         ❶
  console.log('middleware1 end');
  return result;
};
```

```
const middleware2 = store => next => action => {
  console.log('middleware2 start');
  const result = next(action);                          ❶
  console.log('middleware2 end');
  return result;
};
const myReducer = (state, action) => {  ❷
  console.log('myReducer');
  return state;
};
const store = createStore(myReducer, applyMiddleware(middleware1, middleware2));  ❸
store.dispatch({ type: 'someAction' });  ❹
```

❶ 간단한 두 개의 미들웨어를 정의했다. ❷ 아무 일도 하지 않는 리듀서를 정의했다. ❸ applyMiddleware 함수를 이용해서 미들웨어가 입력된 스토어를 생성했다.

❹번 코드에 의해서 출력되는 로그를 순서대로 나열하면 다음과 같다.

코드 6-11 **미들웨어의 실행 순서**

```
middleware1 start
middleware2 start
myReducer
middleware2 end
middleware1 end
```

middleware1 미들웨어에서 호출한 next 함수는 middleware2 미들웨어 함수를 실행한다. middleware2 미들웨어에서 호출한 next 함수는 스토어가 원래 갖고 있던 dispatch 메서드를 호출한다. 최종적으로 스토어의 dispatch 메서드는 리듀서를 호출한다. 각 미들웨어에서는 리듀서 호출 전후에 필요한 작업을 정의할 수 있다.

📦 **리덕스의 applyMiddleware 함수**

리덕스의 applyMiddleware 함수를 이해하기 위해 다음의 간소화된 코드를 살펴보자.

코드 6-12 **applyMiddleware 함수의 내부 구현**

```
const applyMiddleware = (...middlewares) => createStore => (...args) => {
  const store = createStore(...args);  ❶
  const funcsWithStore = middlewares.map(middleware =>     ❷
                                    middleware(store));
```

```
const chainedFunc = funcsWithStore.reduce(
                            (a, b) => next => a(b(next)));  ❸
  return {
    ...store,
    dispatch: chainedFunc(store.dispatch),  ❹
  };
};
```

❶ 입력된 createStore 함수를 호출해서 스토어를 생성한다. ❷ 생성된 스토어와 함께 모든 미들웨어의 첫 번째 함수를 호출한다. 미들웨어의 첫 번째 함수를 호출하면 next 매개변수를 갖는 두 번째 함수가 만들어진다. funcsWithStore의 모든 함수는 클로저를 통해서 store 객체에 접근할 수 있다. ❸ 모든 미들웨어의 두 번째 함수를 체인으로 연결했다. 만약 미들웨어가 세 개였다면 chainedFunc 함수는 next => a(b(c(next)))와 같다. ❹ 외부에 노출되는 스토어의 dispatch 메서드는 미들웨어가 적용된 버전으로 변경된다. 만약 미들웨어가 두 개였다면 a(b(store.dispatch))와 같다. 따라서 사용자가 dispatch 메서드를 호출하면 첫 번째 미들웨어 함수부터 실행된다. 그리고 마지막 미들웨어가 store.dispatch 메서드를 호출한다.

다음은 리덕스 스토어의 dispatch 메서드를 간소화한 코드다.

코드 6-13 dispatch 메서드의 내부 구현

```
function dispatch(action) {
  currentState = currentReducer(currentState, action);  ❶
  for (let i = 0; i < listeners.length; i++) {
    listeners[i]();  ❷
  }
  return action;
}
```

❶ 리듀서 함수를 호출해서 상태값을 변경한다. ❷ dispatch 메서드가 호출될 때마다 등록된 모든 이벤트 처리 함수를 호출한다. 상태값이 변경되지 않아도 이벤트 처리 함수를 호출하는 것에 주목하자. 상태값 변경을 검사하는 코드는 각 이벤트 처리 함수에서 구현해야 한다. 참고로 react-redux 패키지의 connect 함수에서는 자체적으로 상태값 변경을 검사한다.

미들웨어 활용 예

개발 환경에서 디버깅 목적으로 미들웨어를 활용할 수 있다. 다음은 액션이 발생할 때마다 이전 상탯값과 이후 상탯값을 로그로 출력하는 미들웨어 코드다.

코드 6-14 로그를 출력해 주는 미들웨어

```
const printLog = store => next => action => {
  console.log(`prev state = ${store.getState()}`);
  const result = next(action); ❶
  console.log(`next state = ${store.getState()}`);
  return result;
};
```

❶ next 함수를 호출하면 리듀서가 호출되기 때문에 next 함수 호출 전후로 로그를 출력하고 있다.

다음은 리듀서에서 예외가 발생하면 자동으로 서버에 에러 정보를 전송하는 미들웨어 코드다.

코드 6-15 에러 정보를 전송해 주는 미들웨어

```
const reportCrash = store => next => action => {
  try {
    return next(action);
  } catch (err) {
    // 서버로 예외 정보 전송
  }
};
```

참고로 리듀서뿐만 아니라 하위의 미들웨어 코드에서 발생하는 예외도 catch 문으로 들어온다.

다음은 사용자가 원하는 경우 액션 처리를 일정 시간 동안 연기할 수 있는 미들웨어 코드다.

코드 6-16 실행을 연기할 수 있는 미들웨어

```
const delayAction = store => next => action => {
  const delay = action.meta && action.meta.delay;
  if (!delay) {
    return next(action);                                    ❶
  }
  const timeoutId = setTimeout(() => next(action), delay); ❷
  return function cancel() { ❸
```

```
      clearTimeout(timeoutId);
    };
};
```

❶ 액션 객체에 delay 정보가 포함되어 있지 않다면 아무 일도 하지 않는다. ❷ 만약 delay 정보가 포함되어 있다면 정해진 시간만큼 연기한다. ❸ 반환된 함수를 호출하면 next 함수의 호출을 막을 수 있다.

다음은 delayAction 미들웨어를 활용하는 코드다.

코드 6-17 미들웨어에 의해서 실행이 연기되는 액션의 예

```
const cancel = store.dispatch({
  type: 'SomeAction',
  meta: { delay: 1000 }, ❶
});
// ...
cancel(); ❷
```

❶ 액션 처리를 1초 동안 연기하기 위해 delay 정보를 입력했다. ❷ 원하는 순간에 액션 처리를 취소할 수 있다.

다음은 특정 액션이 발생하면 로컬 스토리지(localStorage)에 값을 저장하는 미들웨어 코드다.

코드 6-18 로컬 스토리지에 값을 저장하는 미들웨어

```
const saveToLocalStorage = store => next => action => {
  if (action.type === 'SET_NAME') { ❶
    localStorage.setItem('name', action.name);
  }
  return next(action);
};
```

❶ 'SET_NAME' 액션이 발생할 때마다 로컬 스토리지에 값을 저장한다.

6.2.3 리듀서

리듀서(reducer)는 액션이 발생했을 때 새로운 상태값을 만드는 함수다. 리듀서의 구조는 다음과 같다.

```
(state, action) => nextState
```

다음은 할 일 목록 데이터를 처리하는 리듀서 함수다.

코드 6-19 **리듀서 함수의 작성 예**

```
function reducer(state = INITIAL_STATE, action) { ❶
  switch (action.type) {
    // ...
    case REMOVE_ALL: ❷
      return {
        ...state,
        todos: [],       ❸
      };
    case REMOVE:
      return {
        ...state,
        todos: state.todos.filter(todo => todo.id !== action.id),
      };
    default:
      return state; ❹
  }
}

const INITIAL_STATE = { todos: [] };
```

리덕스는 스토어를 생성할 때 상탯값이 없는 상태로 리듀서를 호출하므로, ❶ 매개변수의 기본값을 사용해서 초기 상탯값을 정의한다. ❷ 각 액션 타입별로 case 문을 만들어서 처리한다. ❸ 상탯값은 불변 객체로 관리해야 하므로 수정할 때마다 새로운 객체를 생성한다. 전개 연산자를 사용하면 상탯값을 불변 객체로 관리할 수 있다. ❹ 처리할 액션이 없다면 상탯값을 변경하지 않는다.

전개 연산자를 사용하더라도 수정하려는 값이 상탯값의 깊은 곳에 있다면 수정이 쉽지 않다. 다음은 할 일 목록을 추가하는 리듀서 코드다.

코드 6-20 **중첩된 객체의 데이터 수정하기**

```
function reducer(state = INITIAL_STATE, action) {
  switch (action.type) {
    case ADD:
      return {
        ...state, ❶
        todos: [
          ...state.todos, ❷
          { id: getNewId(), title: action.title, priority: action.priority },
        ],
      };
```

```
    // ...
  }
}
```

❶❷ 할 일 목록을 추가하기 위해서 전개 연산자를 두 번 사용했다. 지금은 두 단계 밑에 있는 값을 수정하고 있지만, 더 깊은 곳에 있는 값을 수정할 때는 코드의 가독성이 많이 떨어진다. 자바스크립트에서 불변 객체를 관리할 목적으로 나온 여러 패키지가 있는데 여기서는 이머(immer) 패키지를 사용해서 설명한다.

이머를 이용해서 리듀서 작성하기

다음은 사람 객체에서 나이를 수정하기 위해 이머를 사용한 코드다.

코드 6-21 **이머를 사용해서 불변 객체를 관리하는 예**

```
import produce from 'immer';

const person = { name: 'mike', age: 22 };
const newPerson = produce(person, draft => { ❶
  draft.age = 32; ❷
});
```

❶ produce 함수의 첫 번째 매개변수는 변경하고자 하는 객체를 나타낸다. 두 번째 매개변수는 첫 번째 매개변수로 입력된 객체를 수정하는 함수다. 코드 6-21에서 draft 매개변수는 person 객체라고 생각하고 코드를 작성하면 된다. ❷ draft.age를 수정해도 person 객체의 값은 변경되지 않는다. draft 객체를 수정하면 produce 함수가 새로운 객체를 반환한다.

다음은 코드 6-19의 리듀서 함수를 이머를 사용해서 리팩터링한 코드다.

코드 6-22 **이머를 사용해서 리듀서 함수 작성하기**

```
function reducer(state = INITIAL_STATE, action) {
  return produce(state, draft => { ❶
    switch (action.type) {
      case ADD:
        draft.todos.push(action.todo); ❷
        break;
      case REMOVE_ALL:
        draft.todos = [];
        break;
      case REMOVE:
        draft.todos = draft.todos.filter(todo => todo.id !== action.id);
```

```
      break;
    default:
      break;
    }
  });
}
```

❶ switch 문 전체를 produce로 감싼다. ❷ 이머를 사용했기 때문에 배열의 push
메서드를 사용해도 기존 상탯값은 직접 수정되지 않고 새로운 객체가 생성된다.

리듀서 작성 시 주의할 점: 데이터 참조

리덕스의 상탯값은 불변 객체이기 때문에 언제든지 객체의 참조값이 변경될 수
있다. 따라서 객체를 참조할 때는 객체의 참조값이 아니라 고유한 ID 값을 이용
하는 게 좋다. 다음은 데이터 참조의 잘못된 예다.

코드 6-23 잘못된 데이터 참조의 예

```
function reducer(state = INITIAL_STATE, action) {
  return produce(state, draft => {
    switch (action.type) {
      case SET_SELECTED_PEOPLE:
        draft.selectedPeople = draft.peopleList.find(
          item => item.id === action.id,            ❶
        );
        break;
      case EDIT_PEOPLE_NAME: ❷
        const people = draft.peopleList.find(item => item.id === action.id);
        people.name = action.name;
        break;
      // ...
    }
  });
}
```

❶ selectedPeople 변수는 현재 선택된 사람을 참조한다. ❷ 만약 selected
People 변수가 참조하는 사람의 정보가 수정되면 selectedPeople 변수는 더 이
상 그 사람을 참조하지 못한다. 이는 사람의 정보가 수정될 때 새로운 객체가 생
성되는데, selectedPeople 변수는 오래된 객체를 참조하기 때문이다.

따라서 데이터를 참조할 때는 객체의 참조값이 아니라 다음과 같은 ID 값으로
참조해야 한다.

코드 6-24 **ID 값을 이용해서 데이터를 참조하는 예**

```
function reducer(state = INITIAL_STATE, action) {
  return produce(state, draft => {
    switch (action.type) {
      case SET_SELECTED_PEOPLE:
        draft.selectedPeople = action.id; ❶
        break;
      // ...
    }
  });
}
```

❶ ID 값으로 참조하면 객체의 데이터가 변경되어도 별문제 없이 데이터를 가리킬 수 있다.

리듀서 작성 시 주의할 점: 순수 함수

리듀서는 순수 함수로 작성해야 한다. 다음은 순수 함수가 아닌 리듀서 함수의 예다.

코드 6-25 **순수 함수가 아닌 리듀서 함수의 예**

```
function reducer(state = INITIAL_STATE, action) {
  return produce(state, draft => {
    switch (action.type) {
      case SAY_HELLO:
        const random = Math.floor(Math.random() * 10 + 1); ❶
        draft.msg = `안녕하세요, ${
          action.name
        }님의 행운의 숫자는 ${random}입니다.`;
        break;
      case INCREMENT:
        callApi({ url: '/sendActionLog', data: action }); ❷
        draft.value += 1;
        break;
      // ...
    }
  });
}
```

❶ 랜덤 함수를 이용해서 다음 상탯값을 만들면 안 된다. 랜덤 함수를 사용하면 같은 인수로 호출해도 다른 값이 반환될 수 있기 때문에 순수 함수가 아니다. ❷ API 호출은 부수 효과이기 때문에 API를 호출하는 함수는 순수 함수가 아니다. API 호출은 액션 생성자 함수나 미들웨어에서 하면 된다.

createReducer 함수로 리듀서 작성하기

지금까지 리듀서 함수를 작성할 때 switch 문을 사용했지만, createReducer 함수를 이용하면 switch 문보다 더 간결하게 리듀서 함수를 작성할 수 있다. createReducer 함수는 리덕스에서 제공하는 함수는 아니지만 리덕스 생태계에서 많이 쓰인다.

다음은 할 일 목록 데이터를 처리하는 리듀서 함수를 createReducer 함수로 작성한 코드다.

코드 6-26 createReducer 함수로 작성한 리듀서 함수

```
const reducer = createReducer(INITIAL_STATE, { ❶
  [ADD]: (state, action) => state.todos.push(action.todo),
  [REMOVE_ALL]: state => (state.todos = []),
  [REMOVE]: (state, action) =>
    (state.todos = state.todos.filter(todo => todo.id !== action.id)), ❷
});
```

❶ createReducer 함수의 첫 번째 인자로 초기 상탯값을 입력했다. ❷ create Reducer 함수의 두 번째 인자는 액션 처리 함수를 담고 있는 객체다. 이전에 switch 문으로 작성했던 코드보다 더 간결해진 것을 확인할 수 있다.

다음은 createReducer 함수를 정의한 코드다.

코드 6-27 createReducer 함수의 코드

```
import produce from 'immer';

function createReducer(initialState, handlerMap) {
  return function(state = initialState, action) { ❶
    return produce(state, draft => { ❷
      const handler = handlerMap[action.type];
      if (handler) {
        handler(draft, action);                    ❸
      }
    });
  };
}
```

❶ createReducer 함수는 리듀서 함수를 반환한다. 초기 상탯값인 initialState 변수를 state 매개변수의 기본값으로 사용했다. ❷ 리듀서 함수 전체를 이머의 produce 함수로 감쌌다. ❸ 등록된 액션 처리 함수가 있다면 실행한다.

6.2.4 스토어

스토어(store)는 리덕스의 상탯값을 가지는 객체다. 액션의 발생은 스토어의 dispatch 메서드로 시작된다. 스토어는 액션이 발생하면 미들웨어 함수를 실행하고, 리듀서를 실행해서 상탯값을 새로운 값으로 변경한다. 그리고 사전에 등록된 모든 이벤트 처리 함수에게 액션의 처리가 끝났음을 알린다.

리덕스의 첫 번째 원칙에서 애플리케이션의 전체 상탯값을 하나의 스토어에 저장하라고 했다. 기술적으로는 여러 개의 스토어를 만들어서 사용해도 문제가 되지 않는다. 하지만 단순히 데이터의 종류에 따라 구분하기 위한 용도라면 나중에 설명할 combineReducer 함수를 이용하면 된다. 그리고 특별한 이유가 없다면 스토어는 하나만 만드는 게 좋다.

외부에서 상탯값 변경 여부를 알기 위해서는 스토어에 이벤트 처리 함수를 등록하면 된다. 다음은 스토어의 subscribe 메서드를 사용해서 상탯값 변경 여부를 검사하는 코드다.

코드 6-28 스토어의 subscribe 메서드를 사용한 예

```
const INITIAL_STATE = { value: 0 };
const reducer = createReducer(INITIAL_STATE, {
  INCREMENT: state => (state.value += 1),
});
const store = createStore(reducer);

let prevState;
store.subscribe(() => { ❶
  const state = store.getState();
  if (state === prevState) { ❷
    console.log('상탯값 같음');
  } else {
    console.log('상탯값 변경됨');
  }
  prevState = state;
});

store.dispatch({ type: 'INCREMENT' }); ❸
store.dispatch({ type: 'OTHER_ACTION' }); ❹
store.dispatch({ type: 'INCREMENT' }); ❸
```

❶ subscribe 메서드를 이용해서 이벤트 처리 함수를 등록했다. 스토어에 등록된 함수는 액션이 처리될 때마다 호출된다. ❷ 상탯값이 변경됐는지 검사한다. 상탯값이 불변 객체이기 때문에 이렇게 단순한 비교로 상탯값 변경 여부를 확인

할 수 있다. ❸ 'INCREMENT' 액션이 발생하면 **상탯값 변경됨** 로그가 출력된다. ❹ 등록되지 않은 액션이 발생하면 **상탯값 같음** 로그가 출력된다.

6.3 데이터 종류별로 상탯값 나누기

프로그램 안에서 사용되는 데이터의 양이 많아지면, 데이터를 체계적으로 구조화하는 방법이 필요하다. 프로그램의 모든 액션을 하나의 파일에 작성하거나 모든 액션 처리 로직을 하나의 리듀서 함수로 작성할 수는 없다. 보통 프로그램의 큰 기능별로 폴더를 만들어서 코드를 관리한다. 리덕스 코드도 각 기능 폴더 하위에 작성해서 관리하는 게 좋다.

리덕스에서 제공하는 combineReducer 함수를 이용하면 리듀서 함수를 여러 개로 분리할 수 있다. 이렇게 리듀서 함수를 여러 개로 작성하다 보면 공통 로직이 생길 수 있는데, 공통 로직을 별도로 분리해서 재사용하는 방법을 알아보자.

이 절의 내용은 하나의 프로젝트 안에서 기능 추가와 리팩터링을 반복하면서 진행되므로 직접 코드를 작성하면서 읽을 것을 추천한다.

코드를 작성하기 위한 사전 작업

create-react-app 기반으로 프로젝트를 생성해 보자.

```
npx create-react-app redux-test
```

먼저 src 폴더 밑에서 index.js 파일을 제외한 모든 파일을 지운다. index.js 파일의 내용도 모두 지우고 빈 상태로 둔 다음 두 개의 패키지를 설치한다.

```
npm install redux immer
```

6.3.1 상탯값 나누기 예제를 위한 사전 작업

페이스북 웹사이트를 구현한다고 생각해 보자. 짧게 생각해 봐도 정말 많은 기능이 떠오른다. 그 중에서 타임라인과 친구 목록을 구현해 보자.

타임라인에서는 사용자에게 보여 줄 여러 개의 게시물을 관리해야 한다. 각 게시물 데이터를 배열로 관리하자. 게시물을 배열에 추가하거나 배열에서 삭제할 수 있어야 한다, 그리고 각 게시물의 좋아요 숫자는 변하는 값이므로 배열에 추가된 게시물 데이터를 수정할 수 있어야 한다. 타임라인은 무한 스크롤 기능이 필요하기 때문에 이미 로딩된 데이터의 끝에 도달한다면 자동으로 다음에 이어지는 게시물 데이터를 서버로 요청해야 한다. 이를 위해 다음에 요청할 페이지 번호를 관리할 수 있어야 한다.

친구 목록 데이터도 배열로 관리하자. 타임라인과 마찬가지로 친구를 배열에 추가하거나 배열에서 삭제할 수 있어야 한다. 친구가 수정한 프로필 정보를 반영하기 위해 배열에 있는 친구 데이터를 수정할 수 있는 기능도 필요하다.

리듀서 함수를 만들기 위해 이전에 작성했던 createReducer 함수를 이용하자. src 폴더 밑에 common 폴더를 만든다. 그다음 common 폴더 밑에 createReducer.js 파일을 만들고 다음 내용을 입력한다.

코드 6-29 **createReducer.js**

```
import produce from "immer";

export default function createReducer(initialState, handlerMap) {
  return function(state = initialState, action) {
    return produce(state, draft => {
      const handler = handlerMap[action.type];
      if (handler) {
        handler(draft, action);
      }
    });
  };
}
```

친구 목록을 위한 리덕스 코드 작성하기

이제 친구 목록을 위한 액션과 리듀서 코드를 작성해 보자. src 폴더 밑에 friend 폴더를 만들고 friend 폴더 밑에 state.js 파일을 만들어서 다음 코드를 입력한다.

코드 6-30 **friend/state.js**

```
import createReducer from "../common/createReducer";

const ADD = "friend/ADD";
const REMOVE = "friend/REMOVE";          ❶
const EDIT = "friend/EDIT";

export const addFriend = friend => ({ type: ADD, friend });
export const removeFriend = friend => ({ type: REMOVE, friend });    ❷
export const editFriend = friend => ({ type: EDIT, friend });

const INITIAL_STATE = { friends: [] };
```

```
const reducer = createReducer(INITIAL_STATE, {
  [ADD]: (state, action) => state.friends.push(action.friend),
  [REMOVE]: (state, action) =>
    (state.friends = state.friends.filter(
      friend => friend.id !== action.friend.id
    )),
  [EDIT]: (state, action) => {
    const index = state.friends.findIndex(
      friend => friend.id === action.friend.id
    );
    if (index >= 0) {
      state.friends[index] = action.friend;
    }
  }
});
export default reducer; ❹
```

❶ 액션 타입을 상수 변수로 정의했다. ❷ 액션 생성자 함수를 정의했다. 이 함수는 외부에서 사용해야 하므로 export 키워드를 사용해 외부에 공개한다. ❸ 친구 데이터를 추가, 삭제, 수정하는 리듀서 코드다. ❹ 리듀서는 스토어를 생성할 때 필요하기 때문에 외부로 공개한다. createReducer 함수에서 immer 패키지를 사용했으므로 리듀서 함수에서 간편하게 상탯값을 수정할 수 있다.

> ### 🎁 덕스 패턴
>
> 코드 6-30에서는 친구 목록을 위한 리덕스 코드를 하나의 파일에서 작성했다. 리덕스 공식 문서에서는 액션 타입, 액션 생성자 함수, 리듀서 함수를 각각의 파일로 만들어서 설명한다. 리덕스 공식 문서의 방법으로 리덕스 코드를 작성해 본 사람은 알겠지만, 이게 여간 귀찮은 작업이 아니다. 간단한 액션을 하나만 추가하려고 해도 세 개 이상의 파일을 열어서 수정해야 한다.
>
> 이 문제를 해결하기 위해 제안된 방식이 덕스(ducks) 패턴이다. 이 패턴이 오리와 어떤 관계인지는 모르겠지만 리덕스와 발음이 비슷해서 지어진 이름으로 보인다. 덕스 패턴의 규칙은 다음과 같다.
>
> • 연관된 액션 타입, 액션 생성자 함수, 리듀서 함수를 하나의 파일로 작성한다.
>
> • 리듀서 함수는 export default 키워드로 내보낸다.
>
> • 액션 생성자 함수는 export 키워드로 내보낸다.

• 액션 타입은 접두사와 액션 이름을 조합해서 만든다.

코드 6-30은 덕스 패턴을 따르고 있다. 대부분의 경우 덕스 패턴으로 리덕스 코드를 작성하는 것이 효율적이다. 하지만 특정 파일의 코드가 많아지면 굳이 하나의 파일을 고집할 필요는 없다. 예를 들어, redux-thunk 패키지를 이용해서 비동기 코드를 작성하는 경우에는 액션 생성자 함수의 코드 양이 많아진다. 이럴 때는 리듀서 코드와 액션 코드를 별도의 파일로 분리하는 게 좋다.

타임라인을 위한 리덕스 코드 작성하기

이제 타임라인 코드를 작성해 보자. src 폴더 밑에 timeline 폴더를 만든 다음, timeline 폴더 밑에 state.js 파일을 만들어서 다음 코드를 입력한다.

코드 6-31 **timeline/state.js**

```javascript
import createReducer from "../common/createReducer";

const ADD = 'timeline/ADD';
const REMOVE = 'timeline/REMOVE';
const EDIT = 'timeline/EDIT';
const INCREASE_NEXT_PAGE = 'timeline/INCREASE_NEXT_PAGE'; ❶

export const addTimeline = timeline => ({ type: ADD, timeline });
export const removeTimeline = timeline => ({ type: REMOVE, timeline });
export const editTimeline = timeline => ({ type: EDIT, timeline });
export const increaseNextPage = () => ({ type: INCREASE_NEXT_PAGE }); ❷

const INITIAL_STATE = { timelines: [], nextPage: 0 }; ❸
const reducer = createReducer(INITIAL_STATE, {
  [ADD]: (state, action) => state.timelines.push(action.timeline),
  [REMOVE]: (state, action) =>
    (state.timelines = state.timelines.filter(
      timeline => timeline.id !== action.timeline.id,
    )),
  [EDIT]: (state, action) => {
    const index = state.timelines.findIndex(
      timeline => timeline.id === action.timeline.id,
    );
    if (index >= 0) {
      state.timelines[index] = action.timeline;
    }
  },
```

```
      [INCREASE_NEXT_PAGE]: (state, action) => (state.nextPage += 1), ❹
});
export default reducer;
```

❶ 타임라인의 끝에 도달했을 때 서버에게 요청할 페이지 번호를 관리하는 액션 타입이다. 나머지 액션 타입은 친구 목록의 경우과 비슷하다. ❷ 페이지 번호를 증가시키는 액션 생성자 함수다. 나머지 액션 생성자 함수는 친구 목록의 경우와 비슷하다. ❸ 타임라인의 상탯값에는 다음 페이지 번호도 저장된다. ❹ 페이지 번호를 증가시키는 리듀서 코드다. 나머지 리듀서 코드는 친구 목록의 경우와 비슷하다. 타임라인 코드도 덕스 패턴을 따르고 있다.

지금까지 잘 따라 했다면 프로젝트의 폴더 구조는 다음과 같이 나타난다.

```
redux-test
└── src
        ├── common ────── createReducer.js
        ├── friend ──────── state.js
        ├── timeline ────── state.js
        └── index.js
```

friend, timeline 폴더 밑에는 각각의 기능 구현을 위한 파일을 추가할 수 있다. 각 기능에서 사용되는 리액트 컴포넌트 파일도 해당 폴더 밑에서 작성하면 된다. 물론 이는 하나의 방법일 뿐이므로 각자의 상황에 맞는 폴더 구조를 고민해서 구성하기 바란다.

여러 리듀서를 하나로 합치기

우리는 두 개의 리듀서 함수를 만들었다. 리덕스에서 제공하는 combineReducers 함수를 이용하면 여러 개의 리듀서를 하나로 합칠 수 있다. src 폴더 밑에 있는 index.js 파일에 다음 코드를 입력하자.

코드 6-32 **index.js**

```
import { createStore, combineReducers } from 'redux';
import timelineReducer, {
  addTimeline,
  removeTimeline,
  editTimeline,                          ❶
  increaseNextPage,
} from './timeline/state';
```

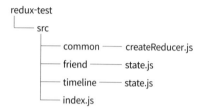

```
import friendReducer, {
  addFriend,
  removeFriend,                    ❶
  editFriend,
} from './friend/state';

const reducer = combineReducers({
  timeline: timelineReducer,       ❷
  friend: friendReducer,
});
const store = createStore(reducer);   ❸
store.subscribe(() => {
  const state = store.getState();      ❹
  console.log(state);
});

store.dispatch(addTimeline({ id: 1, desc: '코딩은 즐거워' }));
store.dispatch(addTimeline({ id: 2, desc: '리덕스 좋아' }));
store.dispatch(increaseNextPage());                          ❺
store.dispatch(editTimeline({ id: 2, desc: '리덕스 너무 좋아' }));
store.dispatch(removeTimeline({ id: 1, desc: '코딩은 즐거워' }));

store.dispatch(addFriend({ id: 1, name: '아이유' }));
store.dispatch(addFriend({ id: 2, name: '손나은' }));
store.dispatch(editFriend({ id: 2, name: '수지' }));          ❻
store.dispatch(removeFriend({ id: 1, name: '아이유' }));
```

❶ 친구 목록과 타임라인 모듈에서 액션 생성자 함수와 리듀서 함수를 가져온다. ❷ combineReducers 함수를 이용해서 두 개의 리듀서를 하나로 합쳤다. 상 탯값에는 각각 timeline, friend라는 이름으로 데이터가 저장된다. ❸ 스토어를 생성한다. ❹ 디버깅을 위해 액션 처리가 끝날 때마다 상탯값을 로그로 출력한다. ❺ 타임라인을 테스트하기 위해 다섯 개의 액션을 생성한다. ❻ 친구 목록을 테스트하기 위해 네 개의 액션을 생성한다.

npm start 명령어를 입력해서 결과를 확인해 보자. 브라우저에서 개발자 모드를 켜서 로그를 확인해 본다. 마지막 상탯값은 다음과 같다.

코드 6-33 **코드 실행 후의 상탯값**

```
const state = {
  timeline: {
    timelines: [{ id: 2, desc: '리덕스 너무 좋아' }],
    nextPage: 1,
  },
  friend: {
```

```
      friends: [{ id: 2, name: '수지' }],
  },
};
```

이처럼 combineReducers 함수를 이용하면 리듀서별로 상탯값을 관리할 수 있다.

6.3.2 리듀서에서 공통 기능 분리하기

지금까지 작성한 타임라인 코드와 친구 목록 코드에는 서로 중복된 코드가 많다. 대략 다음과 같은 코드가 중복이다.

- 배열과 관련된 액션 타입과 액션 생성자 함수
- 초기 상탯값을 빈 배열로 정의
- 배열의 데이터를 추가, 삭제, 수정하는 리듀서 코드

이 중복 코드를 별도의 파일로 분리해 보자. common 폴더 밑에 createItems Logic.js 파일을 만들고 다음 코드를 입력한다.

코드 6-34 **common/createItemsLogic.js 파일의 내용**

```
import createReducer from "./createReducer";

export default function createItemsLogic(name) { ❶
  const ADD = `${name}/ADD`;
  const REMOVE = `${name}/REMOVE`;      ❷
  const EDIT = `${name}/EDIT`;

  const add = item => ({ type: ADD, item });
  const remove = item => ({ type: REMOVE, item });    ❸
  const edit = item => ({ type: EDIT, item });

  const reducer = createReducer(
    { [name]: [] },  ❹
    {
      [ADD]: (state, action) => state[name].push(action.item),
      [REMOVE]: (state, action) => {
        const index = state[name].findIndex(item
                              => item.id === action.item.id);
        state[name].splice(index, 1);
      },                                                          ❺
      [EDIT]: (state, action) => {
        const index = state[name].findIndex(item
                              => item.id === action.item.id);

        if (index >= 0) {
```

```
            state[name][index] = action.item;
        }
      },
    },
  );

  return { add, remove, edit, reducer }; ❺
}
```

❶ 배열의 고유한 이름을 매개변수로 받는다. ❷ 입력받은 이름을 이용해서 액션 타입을 만든다. ❸ 액션 생성자 함수를 만든다. ❹ 초기 상탯값으로 빈 배열을 넣는다. ❺ 액션 생성자 함수와 리듀서 함수를 내보낸다. ❻ ADD와 EDIT를 처리하는 리듀서 코드의 로직은 이전에 작성했던 코드와 같다.

📦 값에 의한 호출과 참조에 의한 호출

코드 6-34에서 REMOVE를 처리하는 코드는 `filter` 메서드를 이용하는 방법에서 `splice` 메서드를 이용하는 방법으로 변경됐다. 만약 다음과 같이 `filter` 메서드를 이용하면 원하는 대로 동작하지 않는다.

코드 6-35 상탯값이 의도한 대로 변경되지 않는 코드

```
[REMOVE]: (state, action) => {
  state = state.filter(item => item.id !== action.item.id); ❶
},
```

❶ 순간적으로 매개변수의 값만 변경될 뿐이다. 다음 코드는 이 상황을 구체적으로 설명해 준다.

코드 6-36 매개변수의 값만 변경되는 예

```
function myFunc(a) {
  a = 20; ❶
}
let v = 10;
myFunc(v);
console.log(v); // 10
```

❶ 매개변수의 값만 변경되고, 인수로 사용된 변수 v는 변하지 않는다. 이는 자바스크립트에서 함수의 호출은 값에 의한 호출(call by value)이기 때문이다.

기존 코드 리팩터링하기

friend/state.js 파일의 코드는 다음과 같이 간소화된다.

코드 6-37 friend/state.js 파일의 내용

```
import createItemsLogic from "../common/createItemsLogic"; ❶

const { add, remove, edit, reducer} = createItemsLogic("friends"); ❷
export const addFriend = add;
export const removeFriend = remove;    ❸
export const editFriend = edit;
export default reducer; ❹
```

❶ 코드 6-34에서 작성한 공통 로직의 생성자 함수를 가져온다. ❷ friends라는 이름으로 공통 로직을 생성한다. ❸ 액션 생성자 함수를 원하는 이름으로 변경해서 내보낸다. ❹ 리듀서 함수를 그대로 내보낸다. 친구 목록의 모든 로직은 공통 로직으로 대체됐다.

이제 타임라인 코드도 공통 로직을 사용해서 리팩터링해 보자. timeline/state. js 파일의 내용을 다음과 같이 수정한다.

코드 6-38 timeline/state.js 파일의 내용

```
import createReducer from "../common/createReducer";
import createItemsLogic from "../common/createItemsLogic";
import mergeReducers from "../common/mergeReducers"; ❶

const { add, remove, edit, reducer: timelinesReducer } = createItemsLogic(
  "timelines"                                                              ❷
);

const INCREASE_NEXT_PAGE = "timeline/INCREASE_NEXT_PAGE"; ❸

export const addTimeline = add;
export const removeTimeline = remove;
export const editTimeline = edit;
export const increaseNextPage = () => ({ type: INCREASE_NEXT_PAGE }); ❹

const INITIAL_STATE = { nextPage: 0 };
const reducer = createReducer(INITIAL_STATE, {
  [INCREASE_NEXT_PAGE]: (state, action) => (state.nextPage += 1)    ❺
});
const reducers = [reducer, timelinesReducer];     ❻
export default mergeReducers(reducers);
```

❶ 공통 로직을 사용하기 위해 mergeReducers 함수를 사용했다. mergeReducers.js 파일의 내용은 잠시 후 살펴보자. ❷ timelines라는 이름으로 공통 로직을 생성한다. ❸❹❺ 공통 로직에 포함되지 않은 액션 타입, 액션 생성자 함수, 리듀서 코드를 정의한다. ❻ mergeReducers 함수를 사용해서 공통 로직의 리듀서 함수와 직접 작성한 리듀서 함수를 합친다. mergeReducers 함수는 리듀서 함수의 배열을 입력으로 받는다.

여러 리듀서를 합치는 mergeReducers 함수

리덕스에서 제공하는 combineReducers 함수를 이용하면 상탯값의 깊이가 불필요하게 깊어진다. 다음은 리덕스에서 제공하는 combineReducers 함수를 사용해서 작성한 코드다.

코드 6-39 combineReducers 함수를 사용한 예

```
import { combineReducers } from 'redux';
// ...
export default combineReducers({
  common: reducer,
  timelines: timelinesReducer,
});
```

각 리듀서마다 새로운 이름을 부여하면서 객체의 깊이가 깊어진다. 다음은 코드 6-39로 만들어진 초기 상탯값의 모습이다.

코드 6-40 combineReducers 함수를 사용한 상탯값의 구조

```
const state = {
  timeline: {
    common: { ❶
      nextPage: 0,
    },
    // ...
```

❶ 불필요하게 common이라는 이름의 객체가 추가되었다.

이를 피하기 위해 mergeReducers 함수를 만들어 보자. common 폴더 밑에 mergeReducers.js 파일을 만들고 다음 코드를 입력하자.

코드 6-41 common/mergeReducers.js 파일의 내용

```
export default function mergeReducers(reducers) {
```

```
    return function(state, action) { ❶
      if (!state) {
        return reducers.reduce((acc, r) => ({ ...acc, ...r(state, action) }), {}); ❷
      } else {
        let nextState = state;
        for (const r of reducers) {
          nextState = r(nextState, action);         ❸
        }
        return nextState;
      }
    };
}
```

❶ mergeReducers 함수는 리듀서를 반환한다. ❷ 초기 상탯값을 계산할 때는 모든 리듀서 함수의 결괏값을 합친다. ❸ 초기화 단계가 아니라면 입력된 모든 리듀서를 호출해서 다음 상탯값을 반환한다.

npm start 명령어를 실행해 보면 리팩토링하기 이전의 코드와 같은 결과가 출력되는 것을 확인할 수 있다. 하지만 공통 로직을 분리했기 때문에 코드는 더 간결해졌다.

6.4 리액트 상탯값을 리덕스로 관리하기

리덕스는 리액트뿐만 아니라 자바스크립트를 사용하는 모든 곳에서 사용할 수 있다. 지금까지 살펴본 예제 코드만 보더라도 리액트 없이 별도로 동작할 수 있다는 것을 알 수 있다.

리덕스는 리액트와 궁합이 잘 맞는다. 리액트 컴포넌트의 상탯값과 마찬가지로 리덕스의 상탯값도 불변 객체다. 상탯값이 불변 객체이면 값의 변경 여부를 빠르게 확인할 수 있고, 이는 리액트의 렌더링 성능을 좋게 만드는 요인이 된다.

리액트에서 리덕스를 사용할 때는 react-redux 패키지가 많이 사용된다. 하지만 react-redux 패키지 없이도 리액트에서 리덕스를 사용할 수 있다. 먼저 react-redux 패키지 없이 간단한 프로그램을 만들어 보고, react-redux 패키지를 사용하는 코드로 리팩터링해 보자.

6.4.1 react-redux 패키지 없이 직접 구현하기

react-redux 패키지의 도움 없이 리듀서를 리액트에 적용하는 코드를 직접 작성해 보자. 이는 react-redux 패키지가 하는 일을 이해하는 데 도움이 된다. 여기서는 6.3절에서 작성한 친구 목록과 타임라인 코드를 기반으로 작성한다.

먼저 스토어 객체를 원하는 곳에서 가져다 사용할 수 있도록 하기 위해 별도
의 파일로 분리하자. index.js 파일에서 스토어를 생성하는 코드를 별도의 파일
로 분리한다. 이를 위해 common 폴더 밑에 store.js 파일을 만들고 다음 내용을
입력하자.

코드 6-42 common/store.js 파일의 내용

```
import { createStore, combineReducers } from "redux";
import timelineReducer from "../timeline/state";
import friendReducer from "../friend/state";

const reducer = combineReducers({
  timeline: timelineReducer,
  friend: friendReducer
});
const store = createStore(reducer);
export default store; ❶
```

❶ 스토어 객체를 내보낸다. 이제 스토어 객체를 원하는 곳에서 가져다 사용할
수 있다.

타임라인 화면 만들기

타임라인 컴포넌트를 만들어 보자. timeline 폴더 밑에 component, container
폴더를 만든다. 앞으로 프레젠테이션 컴포넌트는 component 폴더에 넣고, 컨
테이너 컴포넌트는 container 폴더에 넣는다. 그다음 component 폴더 밑에
TimelineList.js 파일을 만들고 다음 코드를 입력하자.

코드 6-43 timeline/component/TimelineList.js 파일의 내용

```
import React from "react";

function TimelineList({ timelines }) { ❶
  return (
    <ul>
      {timelines.map(timeline => (
        <li key={timeline.id}>{timeline.desc}</li>
      ))}
    </ul>
  );
}
export default TimelineList;
```

❶ TimelineList 컴포넌트는 타임라인 배열을 받아서 화면에 그리는 프레젠테이션 컴포넌트다.

이제 리덕스의 상태값에 접근하는 컴포넌트를 작성할 차례다. container 폴더 밑에 TimelineMain.js 파일을 만들고 다음 코드를 입력하자.

코드 6-44 timeline/container/TimelineMain.js 파일의 내용

```
import React, { useEffect, useReducer } from "react";
import store from "../../common/store"; ❶
import { getNextTimeline } from "../../common/mockData"; ❷
import { addTimeline } from "../state"; ❸
import TimelineList from "../component/TimelineList.js";

export default function TimelineMain() {
  const [, forceUpdate] = useReducer(v => v + 1, 0);
  useEffect(() => {
    const unsubscribe = store.subscribe(() => forceUpdate()); ❹
    return () => unsubscribe(); ❺
  }, []);
  function onAdd() {
    const timeline = getNextTimeline();
    store.dispatch(addTimeline(timeline)); ❻
  }
  console.log("TimelineMain render"); ❼
  const timelines = store.getState().timeline.timelines; ❽
  return (
    <div>
      <button onClick={onAdd}>타임라인 추가</button>
      <TimelineList timelines={timelines} />
    </div>
  );
}
```

❶ 이전에 작성한 파일로부터 스토어 객체를 가져온다. ❷ getNextTimeline 함수를 이용하면 필요할 때마다 타임라인 데이터를 가져올 수 있다. getNextTimeline 함수는 서버를 흉내 내기 위해 만들었다. mockData.js 파일의 내용은 뒤에서 확인할 수 있다. ❸ 타임라인 데이터를 추가하기 위한 액션 생성자 함수를 가져온다. ❹ 액션이 처리될 때마다 화면을 다시 그리기 위해 subscribe 메서드를 사용한다. 리덕스 상태가 변경되면 무조건 컴포넌트를 렌더링하기 위해 forceUpdate 함수를 사용한다. ❺ 컴포넌트가 언마운트될 때 subscribe 메서드에 등록한 이벤트 처리 함수를 해제한다. ❻ 타임라인 추가 버튼을 누르면 타임라인을 추가하는 액션을 발생시킨다. ❼ 렌더링 시점을 확인하기 위해 로그를 출력

한다. ❽ 스토어에서 타임라인 배열을 가져온다.

친구 목록 화면 만들기

이제 친구 목록 컴포넌트를 구현해 보자.

friend 폴더 밑에 component, container 폴더를 만든다. 그 다음 component 폴더 밑에 FriendList.js 파일을 만들고 다음 코드를 입력한다.

코드 6-45 friend/component/FriendList.js 파일의 내용

```
import React from "react";

function FriendList({ friends }) { ❶
  return (
    <ul>
      {friends.map(friend => (
        <li key={friend.id}>{friend.name}</li>
      ))}
    </ul>
  );
}
export default FriendList;
```

❶ FriendList 컴포넌트는 친구 배열을 받아서 화면에 그리는 프레젠테이션 컴포넌트다.

container 폴더 밑에 FriendMain.js 파일을 만들고 다음 코드를 입력하자.

코드 6-46 friend/container/FriendMain.js 파일의 내용

```
import React, { useEffect, useReducer } from "react";
import store from "../../common/store";
import { getNextFriend } from "../../common/mockData";
import { addFriend } from "../state";
import FriendList from "../component/FriendList";

export default function FriendMain() {
  const [, forceUpdate] = useReducer(v => v + 1, 0);
  useEffect(() => {
    const unsubscribe = store.subscribe(() => forceUpdate());
    return () => unsubscribe();
  }, []);
  function onAdd() {
    const friend = getNextFriend();
    store.dispatch(addFriend(friend));
  }
```

```
  console.log("FriendMain render");
  const friends = store.getState().friend.friends;
- return (
    <div>
      <button onClick={onAdd}>친구 추가</button>
      <FriendList friends={friends} />
    </div>
  );
}
```

TimelineMain.js 파일의 내용에서 몇 가지 단어만 교체됐다.

나머지 코드 작성하기

common 폴더 밑에 mockData.js 파일을 만들고 다음과 같이 getNextFriend,
getNextTimeline 함수를 구현해 보자.

코드 6-47 **common/mockData.js 파일의 내용**

```
const friends = [
  { name: "쯔위", age: 15 },
  { name: "수지", age: 20 },
  { name: "아이유", age: 25 },
  { name: "손나은", age: 30 }
];                                          ❶
const timelines = [
  { desc: "점심이 맛있었다", likes: 0 },
  { desc: "나는 멋지다", likes: 10 },
  { desc: "호텔에 놀러 갔다", likes: 20 },
  { desc: "비싼 핸드폰을 샀다", likes: 30 }
];

function makeDataGenerator(items) { ❷
  let itemIndex = 0;
  return function getNextData() { ❸
    const item = items[itemIndex % items.length];
    itemIndex += 1;
    return { ...item, id: itemIndex }; ❹
  };
}
export const getNextFriend = makeDataGenerator(friends);
export const getNextTimeline = makeDataGenerator(timelines);
```

❶ 친구 목록과 타임라인 데이터를 생성할 때 사용할 기본 데이터다. ❷ 친구 목
록과 타임라인 데이터를 생성하는 로직이 같기 때문에 하나의 함수로 작성한다.

이 함수는 getNextFriend, getNextTimeline 함수를 생성하는 데 사용된다. ❸ getNextData 함수는 items, itemIndex 변수를 기억하는 클로저다. ❹ getNextData 함수는 중복되지 않는 id 값을 넣어서 반환한다.

마지막으로 index.js 파일에 다음 내용을 입력하자.

코드 6-48 index.js 파일의 내용

```
import React from "react";
import ReactDOM from "react-dom";
import TimelineMain from "./timeline/container/TimelineMain";
import FriendMain from "./friend/container/FriendMain";

ReactDOM.render(
  <div>
    <FriendMain />
    <TimelineMain />       ❶
  </div>,
  document.getElementById("root")
);
```

❶ 우리가 만든 컨테이너 컴포넌트를 가져와서 화면에 그린다.

npm start 명령어를 실행해서 친구 추가 버튼과 타임라인 추가 버튼을 눌러 보자. 친구 추가 버튼을 누르면 친구 데이터가 리덕스의 상탯값에 추가된다. 리덕스의 상탯값이 변경되면 컴포넌트의 forceUpdate 함수가 호출되면서 화면이 갱신된다.

개발자 모드를 켜서 로그를 확인해 보면, 타임라인 추가 버튼을 눌렀을 뿐인데 FriendMain 컴포넌트 함수가 호출되어 있다는 걸 알 수 있다. FriendMain 컴포넌트 함수는 친구 데이터가 변경될 때만 호출되도록 하는 게 좋다.

FriendMain 컴포넌트 개선하기

불필요하게 컴포넌트 함수가 호출되지 않도록 하려면 상탯값 변경 여부를 검사해야 한다. FriendMain.js 파일을 다음과 같이 수정해 보자.

코드 6-49 friend/container/FriendMain.js 파일의 내용

```
// ...
export default function FriendMain() {
  // ...
  useEffect(() => {
    let prevFriends = store.getState().friend.friends;   ❶
```

```
    const unsubscribe = store.subscribe(() => {
      const friends = store.getState().friend.friends;
      if (prevFriends !== friends) { ❷
        forceUpdate();
      }
      prevFriends = friends;
    });
    return () => unsubscribe();
  }, []);
  // ...
}
```

❶ 이전 상탯값을 저장하기 위해 변수를 선언한다. ❷ 상탯값이 변경된 경우에만 forceUpdate 함수를 호출한다.

이제 타임라인 추가 버튼을 눌러도 FriendMain 컴포넌트 함수는 호출되지 않는다. TimelineMain.js 파일도 같은 방식으로 변경하면 된다.

지금까지 작업한 코드의 폴더 구조는 다음과 같다.

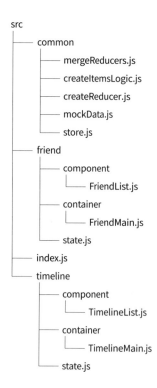

```
src
├── common
│   ├── mergeReducers.js
│   ├── createItemsLogic.js
│   ├── createReducer.js
│   ├── mockData.js
│   └── store.js
├── friend
│   ├── component
│   │   └── FriendList.js
│   ├── container
│   │   └── FriendMain.js
│   └── state.js
├── index.js
└── timeline
    ├── component
    │   └── TimelineList.js
    ├── container
    │   └── TimelineMain.js
    └── state.js
```

6.4.2 react-redux 패키지 사용하기

지금까지 작성한 코드를 기반으로 react-redux 패키지를 사용해 보자. 먼저 react-redux 패키지를 설치한다.

```
npm install react-redux
```

Provider 컴포넌트 사용하기

가장 먼저 작성할 코드는 react-redux에서 제공하는 Provider 컴포넌트를 사용하는 코드다. Provider 컴포넌트를 리액트의 최상위 컴포넌트로 정의해 보자. Provider 컴포넌트 하위에 있는 컴포넌트는 리덕스의 상탯값이 변경되면 자동으로 컴포넌트 함수가 호출되도록 할 수 있다.

index.js 파일을 다음과 같이 수정한다.

코드 6-50 index.js 파일의 내용

```
// ...
import store from "./common/store";
import { Provider } from "react-redux";

ReactDOM.render(
  <Provider store={store}> ❶
    <div>
      <FriendMain />
      <TimelineMain />
    </div>
  </Provider>,
  document.getElementById("root")
);
```

❶ 스토어 객체를 Provider 컴포넌트의 속성값으로 넣는다. Provider 컴포넌트는 전달받은 스토어 객체의 subscribe 메서드를 호출해서 액션 처리가 끝날 때마다 알림을 받는다. 그 다음 컨텍스트 API를 사용해서 리덕스의 상탯값을 하위 컴포넌트로 전달한다.

FriendMain 컴포넌트 리팩터링하기

이제 FriendMain 컴포넌트가 react-redux를 사용하도록 수정해 보자. Friend Main.js 파일을 다음과 같이 수정한다.

코드 6-51 **friend/container/FriendMain.js 파일의 내용**

```
// ...
import { useSelector, useDispatch } from "react-redux";

export default function FriendMain() {
  const friends = useSelector(state => state.friend.friends); ❶
  const dispatch = useDispatch(); ❷
  function onAdd() {
    const friend = getNextFriend();
    dispatch(addFriend(friend));   ❸
  }
  console.log("FriendMain render");
  return (
    <div>
      <button onClick={onAdd}>친구 추가</button>
      <FriendList friends={friends} />
    </div>
  );
}
```

❶ 컴포넌트가 리덕스 상탯값 변경에 반응하기 위해서는 react-redux에서 제공하는 useSelector 훅을 사용해야 한다. useSelector 훅에 입력하는 함수를 선택자 함수라고 부르며, 이 함수가 반환하는 값이 그대로 훅의 반환값으로 사용된다. useSelector 훅은 리덕스의 상탯값이 변경되면 이전 반환값과 새로운 반환값을 비교한다. 두 값이 다른 경우에만 컴포넌트를 다시 렌더링한다. ❷ 액션을 발생시키기 위해서는 dispatch 함수가 필요하다. useDispatch 훅을 호출하면 dispatch 함수를 반환한다. ❸ dispatch 함수를 이용해서 친구를 추가하는 액션을 발생시킨다.

이제 npm start 명령어로 실행해 보자. 타임라인 추가 버튼을 클릭해도 Friend Main 컴포넌트 함수는 호출되지 않는다.

useSelector 훅으로 여러 상탯값 반환하기

useSelector 훅으로 여러 상탯값을 가져오려면 선택자 함수가 객체를 반환해야 한다. 이때 객체 리터럴 문법을 이용하면 실제 상탯값이 바뀌지 않아도 매번 새로운 객체가 반환되어 문제가 된다. useSelector 훅으로 여러 상탯값을 반환하기 위해서는 다음과 같은 방법을 생각해 볼 수 있다.

- useSelector 훅을 필요한 상탯값 개수만큼 사용한다.
- 메모이제이션을 이용한다.
- useSelector 훅의 두 번째 매개변수를 활용한다.

useSelector 훅을 여러 번 사용한다고 특별히 성능이 떨어지거나 하지는 않는다. 따라서 코드를 여러 번 작성하는 번거로움을 감수할 수 있다면 이 방법을 사용해도 된다. 또는 reselect와 같은 라이브러리의 메모이제이션 기능을 이용하는 방법도 있는데 reselect에 대한 자세한 내용은 뒤에서 설명한다.

useSelector 훅의 두 번째 매개변수는 컴포넌트 렌더링 여부를 판단하는 역할을 한다. 이 매개변수를 입력하지 않으면 참조값만 비교하는 단순 비교 함수가 사용된다. 따라서 선택자 함수가 객체 리터럴을 반환하면 컴포넌트가 불필요하게 자주 렌더링되는 문제가 생길 수 있다. 이때 react-redux에서 제공하는 shallowEqual 함수를 이용할 수 있다.

다음은 shallowEqual 함수를 이용해서 여러 개의 상탯값을 반환하는 코드다.

코드 6-52 **shallowEqual 함수 이용하기**

```
import { shallowEqual } from 'react-redux';

export default function MyComponent() {
  const [value1, value2, value3] = useSelector(
    state => [state.value1, state.value2, state.value3], ❶
    shallowEqual, ❷
  );
}
```

❶ 여러 개의 상탯값을 배열에 담아서 반환한다. ❷ useSelector 훅의 두 번째 매개변수에 shallowEqual 함수를 입력하면 배열의 각 원소가 변경됐는지 검사한다. 원한다면 반환값으로 배열뿐만 아니라 객체를 사용할 수도 있다.

만약 shallowEqual 함수를 자주 사용하게 된다면 다음과 같이 커스텀 훅으로 만들어서 사용하면 편하다.

코드 6-53 **항상 shallowEqual 함수를 이용하는 커스텀 훅**

```
function useMySelector(selector) {
  return useSelector(selector, shallowEqual); ❶
}

function MyComponent() {
  const [value1, value2] = useMySelector(state => [state.value1, state.
```

```
value2]);
  const value3 = useMySelector(state => state.value3); ❷
  const [value4] = useMySelector(state => [state.value4]); ❸
}
```

❶ 항상 shallowEqual 함수를 입력한다. ❷ 단, 이 방법은 상탯값을 하나만 반환하는 경우에는 다소 비효율적으로 동작할 수 있다. 상탯값이 하나라면 한 번의 단순 비교만으로도 충분하지만 value3 내부의 모든 속성값을 비교하게 된다. ❸ 만약 성능이 걱정된다면 상탯값을 하나만 반환할 때도 배열로 감싸면 된다.

6.5 reselect 패키지로 선택자 함수 만들기

리덕스에 저장된 데이터를 화면에 보여 줄 때는 다양한 형식으로 가공할 필요가 있다. 예를 들어, 친구 목록을 보여 주는 화면에서는 여러 가지 필터 옵션을 제공할 수 있다. 내 위치에서 10km 이내에 사는 친구들만 보여 줄 수도 있고, 성별이나 나이로 필터링할 수도 있다. 그리고 필터링된 친구 목록을 다양한 방식으로 정렬할 수도 있다.

reselect 패키지는 원본 데이터를 다양한 형태로 가공해서 사용할 수 있도록 도와준다. 특히 리덕스의 데이터를 리액트 컴포넌트에서 필요한 데이터로 가공하는 용도로 많이 사용된다.

우리가 이전에 구현한 친구 목록에 연령 제한 옵션과 개수 제한 옵션을 설정할 수 있도록 추가해 보자. 그리고 연령 제한을 적용한 친구 목록과 연령 제한과 개수 제한을 둘 다 적용한 친구 목록을 보여 줘야 한다. 먼저 reselect 패키지 없이 해당 기능을 구현해 보고, reselect 패키지를 사용하는 코드로 리팩터링해 보자.

6.5.1 reselect 패키지 없이 구현해 보기

옵션을 선택할 수 있는 기능을 가진 컴포넌트를 만들어 보자. friend/component 폴더 밑에 NumberSelect.js 파일을 만들고 다음 코드를 입력하자.

코드 6-54 **friend/component/NumberSelect.js 파일의 내용**

```
import React from "react";

export default function NumberSelect({ value, options, postfix, onChange })
{
```

```
    return (
      <div>
        <select
          onChange={e => {
            const value = Number(e.currentTarget.value);
            onChange(value); ❶
          }}
          value={value}
        >
          {options.map(option => (
            <option key={option} value={option}>
              {option}
            </option>
          ))}
        </select>
        {postfix}
      </div>
    );
}
```

❶ 사용자가 옵션을 선택하면 이를 부모 컴포넌트에게 알려 준다. ❷ 부모 컴포넌트가 알려 준 옵션 목록을 화면에 출력한다. 주어진 속성값으로 화면을 그리는 방법만 표현하고 있으므로 프레젠테이션 컴포넌트로 만들었다.

friend 폴더 밑에 common.js 파일을 만들고 다음 코드를 입력한다.

코드 6-55 friend/common.js 파일의 내용

```
export const MAX_AGE_LIMIT = 30;  ❶
export const MAX_SHOW_LIMIT = 8;
```

❶ 연령 제한과 개수 제한의 최댓값이다. friend 폴더 밑에 있는 여러 파일에서 공통으로 사용되는 상숫값은 이 파일에서 관리한다.

친구 목록의 리덕스 코드 리팩터링하기

연령 제한과 개수 제한 정보를 관리하기 위해 friend/state.js 파일을 다음과 같이 수정한다.

코드 6-56 friend/state.js 파일의 내용

```
import createReducer from "../common/createReducer";
import createItemsLogic from "../common/createItemsLogic";
import mergeReducers from "../common/mergeReducers";
import { MAX_AGE_LIMIT, MAX_SHOW_LIMIT } from "./common";
```

```
const { add, remove, edit, reducer: friendsReducer } = createItemsLogic(
  "friends"
);

const SET_AGE_LIMIT = "friend/SET_AGE_LIMIT";          ❶
const SET_SHOW_LIMIT = "friend/SET_SHOW_LIMIT";

export const addFriend = add;
export const removeFriend = remove;
export const editFriend = edit;
export const setAgeLimit = ageLimit => ({ type: SET_AGE_LIMIT, ageLimit });      ❷
export const setShowLimit = showLimit => ({ type: SET_SHOW_LIMIT, showLimit });

const INITIAL_STATE = { ageLimit: MAX_AGE_LIMIT, showLimit: MAX_SHOW_LIMIT }; ❹
const reducer = createReducer(INITIAL_STATE, {
  [SET_AGE_LIMIT]: (state, action) => (state.ageLimit = action.ageLimit),      ❸
  [SET_SHOW_LIMIT]: (state, action) => (state.showLimit = action.showLimit)
});
const reducers = [reducer, friendsReducer];
export default mergeReducers(reducers); ❺
```

❶❷❸ 연령 제한과 개수 제한 정보를 처리하는 액션 타입, 액션 생성자 함수, 리듀서 함수를 작성한다. ❹ 초깃값으로 두 값의 최댓값을 넣는다. ❺ 친구 목록을 처리하는 리듀서 함수와 하나로 합친다.

FriendMain 컴포넌트 리팩터링하기

마지막으로 FriendMain.js 파일을 다음과 같이 수정해 보자.

코드 6-57 friend/container/FriendMain.js 파일의 내용

```
// ...
import NumberSelect from "../component/NumberSelect";
import { MAX_AGE_LIMIT, MAX_SHOW_LIMIT } from "../common";

export default function FriendMain() {
  const [
    ageLimit,
    showLimit,
    friendsWithAgeLimit,
    friendsWithAgeShowLimit
  ] = useSelector(state => {
    const { friends, ageLimit, showLimit } = state.friend;
    const friendsWithAgeLimit = friends.filter( ❶
      friend => friend.age <= ageLimit
    );
```

```
    return [
      ageLimit,
      showLimit,
      friendsWithAgeLimit,
      friendsWithAgeLimit.slice(0, showLimit) ❷
    ];
  }, shallowEqual);
  const dispatch = useDispatch();
  function onAdd() {
    const friend = getNextFriend();
    dispatch(actions.addFriend(friend));
  }
  return (
    <div>
      <button onClick={onAdd}>친구 추가</button>
      <NumberSelect
        onChange={v => dispatch(actions.setAgeLimit(v))}
        value={ageLimit}
        options={AGE_LIMIT_OPTIONS}
        postfix="세 이하만 보기"
      />                                                    ❸
      <FriendList friends={friendsWithAgeLimit} /> ❹
      <NumberSelect
        onChange={v => dispatch(actions.setShowLimit(v))}
        value={showLimit}
        options={SHOW_LIMIT_OPTIONS}
        postfix="명 이하만 보기 (연령 제한 적용)"
      />                                                    ❺
      <FriendList friends={friendsWithAgeShowLimit} /> ❻
    </div>
  );
}

const AGE_LIMIT_OPTIONS = [15, 20, 25, MAX_AGE_LIMIT];     ❼
const SHOW_LIMIT_OPTIONS = [2, 4, 6, MAX_SHOW_LIMIT];
```

❶ 친구 목록에 연령 제한을 적용해서 새로운 목록을 만든다. ❷ 연령 제한이 적용된 목록에 개수 제한을 적용해서 새로운 목록을 만든다. ❸ 연령 제한 옵션을 보여 준다. 연령 제한 옵션을 선택하면 setAgeLimit 액션이 생성되고, 리덕스의 상태값이 변경된다. ❹ 연령 제한으로 필터링된 친구 목록을 보여 준다. ❺ 개수 제한 옵션을 보여 준다. 개수 제한 옵션을 선택하면 setShowLimit 액션이 생성되고, 리덕스의 상태값이 변경된다. ❻ 연령 제한과 개수 제한이 모두 적용된 친구 목록을 보여 준다. ❼ 연령 제한과 개수 제한을 위한 옵션 목록이다.

코드 6-57에서 주목할 부분은 선택자 함수의 내부 코드다. 리덕스에 저장된 원본 데이터를 화면에 보여 줄 데이터로 가공하고 있다. 한 가지 문제점은 리덕스의 액션이 처리될 때마다 새로운 목록을 만드는 연산이 수행된다는 점이다. 친구 목록이 변경되지 않았을 때도 새로운 목록을 만드는 연산이 수행된다. 친구 목록의 크기가 크면 클수록 불필요한 연산도 증가한다.

6.5.2 reselect 패키지 사용하기

지금까지 작성한 코드를 reselect 패키지를 사용하는 코드로 리팩터링해 보자. 먼저 reselect 패키지를 설치해 보자

```
npm install reselect
```

reselect 패키지로 선택자 함수를 작성할 수 있다. 이 책의 예제에서는 연령 제한이 적용된 친구 목록을 반환해 주는 선택자 함수와 연령 제한과 개수 제한이 모두 적용된 친구 목록을 반환해 주는 선택자 함수가 필요하다.

친구 목록 데이터의 선택자 함수 만들기

상태값을 처리하는 파일을 한곳으로 모으기 위해 friend 폴더 밑에 state 폴더를 만든다. 그다음 friend/state.js 파일을 friend/state/index.js 경로로 이동한다. friend/state 폴더 밑에 선택자 함수를 작성할 selector.js 파일을 만들고 다음 코드를 입력해 보자.

코드 6-58 friend/state/selector.js 파일의 내용

```
import { createSelector } from "reselect"; ❶

const getFriends = state => state.friend.friends;
const getAgeLimit = state => state.friend.ageLimit;      ❷
const getShowLimit = state => state.friend.showLimit;

export const getFriendsWithAgeLimit = createSelector( ❸
  [getFriends, getAgeLimit], ❹
  (friends, ageLimit) => friends.filter(friend => friend.age <= ageLimit) ❺
);
export const getFriendsWithAgeShowLimit = createSelector(
  [getFriendsWithAgeLimit, getShowLimit], ❻
  (friendsWithAgeLimit, showLimit) => friendsWithAgeLimit.slice(0,
showLimit)
);
```

❶ createSelector 함수를 이용해서 선택자 함수를 만든다. ❷ 상탯값에 있는 데이터를 단순히 전달하는 함수들이고, 이 함수들도 선택자 함수다. 이렇게 함수로 만들어 놓으면 코드 중복을 없앨 수 있다. ❸ 연령 제한이 적용된 친구 목록을 반환해 주는 선택자 함수를 정의한다. ❹ 아래 함수로 전달될 인수를 정의한다. 배열의 각 함수가 반환하는 값이 순서대로 전달된다. ❺ 배열의 함수들이 반환한 값을 입력받아서 처리하는 함수다. ❻ getFriendsWithAgeShowLimit 함수는 getFriendsWithAgeLimit 함수를 이용한다.

reselect 패키지는 메모이제이션 기능이 있다. 즉, 연산에 사용되는 데이터가 변경된 경우에만 연산을 수행하고, 변경되지 않았다면 이전 결괏값을 재사용한다. 따라서 getFriendsWithAgeLimit 함수는 friends, ageLimit가 변경될 때만 연산하고, getFriendsWithAgeShowLimit 함수는 friends, ageLimit, showLimit가 변경될 때만 연산한다.

이렇게 선택자 함수를 정의해 놓으면 여러 컴포넌트에서 쉽게 재사용할 수 있다. 게다가 데이터를 가공하는 코드가 컴포넌트 파일에서 분리되기 때문에 컴포넌트 파일에서는 UI 코드에 집중할 수 있다는 장점이 있다.

선택자 함수 사용하기

FriendMain.js 파일의 선택자 함수는 다음과 같이 수정하자.

코드 6-59 friend/container/FriendMain.js 파일의 내용

```
export default function FriendMain() {
  const [
    ageLimit,
    showLimit,
    friendsWithAgeLimit,
    friendsWithAgeShowLimit
  ] = useSelector(
    state => [
      getAgeLimit(state),
      getShowLimit(state),
      getFriendsWithAgeLimit(state),
      getFriendsWithAgeShowLimit(state)
    ],
    shallowEqual
  );
  // ...
}
```

이전 코드보다 더 간결해졌다. 선택자 함수는 다른 컴포넌트에서도 쉽게 가져다 쓸 수 있다.

또는 다음과 같이 useSelector 훅에 선택자 함수만 입력하는 방식으로 간편하게 사용할 수 있다.

코드 6-60 **useSelector 훅에 선택자 함수만 입력하는 방식**

```
export default function FriendMain() {
  const ageLimit = useSelector(getAgeLimit);
  const showLimit = useSelector(getShowLimit);
  const friendsWithAgeLimit = useSelector(getFriendsWithAgeLimit);
  const friendsWithAgeShowLimit = useSelector(getFriendsWithAgeShowLimit);
  // ...
}
```

6.5.3 reselect에서 컴포넌트의 속성값 이용하기

선택자 함수는 상탯값 외에도 속성값을 입력으로 받을 수 있다. 선택자 함수에서 속성값을 이용하면 컴포넌트의 각 인스턴스에 특화된 값을 반환할 수 있다.

index.js 파일을 다음과 같이 수정하자.

코드 6-61 **index.js 파일의 내용**

```
// ...
ReactDOM.render(
  <Provider store={store}>
    <div>
      <FriendMain ageLimit={30} />  ─┐
      <FriendMain ageLimit={15} />  ─┘ ❶
    </div>
  </Provider>,
  document.getElementById("root")
);
```

❶ 연령 제한 정보를 속성값으로 받는다. 이제 FriendMain 컴포넌트의 인스턴스는 두 개다.

FriendMain.js 파일은 다음과 같이 수정해 보자.

코드 6-62 **friend/container/FriendMain.js 파일의 내용 수정하기**

```
// ...
export default function FriendMain({ ageLimit }) {  ❶
  const friendsWithAgeLimit = useSelector(state =>
    getFriendsWithAgeLimit(state, ageLimit)  ❷
```

```
  );
  // ...
  return (
    <div>
      <button onClick={onAdd}>친구 추가</button>        ┐
      <FriendList friends={friendsWithAgeLimit} />      │  ❸
    </div>                                              ┘
  );
}
```

❶ ageLimit를 속성값으로 받는다. ❷ 선택자 함수의 인수로 상태값과 속성값을 모두 넘긴다. ❸ 이해를 돕기 위해 JSX 부분은 필요한 코드만 남겼다.

selector.js 파일에서 getAgeLimit 함수를 다음과 같이 수정하자.

코드 6-63 friend/state/selector.js 파일의 내용 수정하기

```
// ...
export const getAgeLimit = (_, ageLimit) => ageLimit; ❶
// ...
```

❶ 단순히 두 번째 매개변수를 사용한다.

코드를 실행하면 의도한 대로 동작한다. 하지만 눈에 보이지 않는 한 가지 문제가 있다. reselect에서 제공하는 메모이제이션 기능이 제대로 동작하지 않는다. 이는 두 개의 FriendMain 컴포넌트 인스턴스가 서로 다른 연령 제한 속성값을 가지고 있기 때문이다. 부모 컴포넌트가 렌더링될 때마다 두 인스턴스는 같은 선택자 함수를 다른 속성값으로 호출한다. 각 컴포넌트 인스턴스 입장에서는 친구 목록과 연령 제한 정보가 변경되지 않더라도 선택자 함수의 입장에서 연령 제한 정보가 변경된다[2]. 선택자 함수는 이전의 결괏값을 재사용하지 못하고 매번 반복해서 연산을 수행한다.

6.5.4 컴포넌트 인스턴스별로 독립된 메모이제이션 적용하기

컴포넌트 인스턴스별로 독립된 메모이제이션 기능을 제공하기 위해서는 선택자 함수도 여러 인스턴스로 만들어져야 한다.

selector.js 파일을 다음과 같이 수정해 보자.

---

2 이 문제를 확인하기 위해 getFriendsWithAgeLimit 함수에 콘솔 로그를 추가하고, **타임라인 추가** 버튼을 눌러 보자. 친구 목록과 연령 제한 정보는 변경되지 않지만 콘솔 로그가 출력되는 것을 확인할 수 있다. 이때 useSelector 혹 하나당 두 개의 로그가 출력되는데, 이는 선택자 함수를 인라인으로 구현하면서 매번 새로운 함수가 입력되기 때문이다.

코드 6-64 friend/state/selector.js 파일의 내용 수정하기

```
// ...
export const makeGetFriendsWithAgeLimit = () => { ❶
  return createSelector([getFriends, getAgeLimit], (friends, ageLimit) =>
    friends.filter(friend => friend.age <= ageLimit)
  );
};
// 기존 getFriendsWithAgeLimit, getFriendsWithAgeShowLimit 함수는 삭제한다
```

❶ 선택자 함수를 생성하는 함수를 정의한다. 각 컴포넌트 인스턴스가 makeGet
FriendsWithAgeLimit 함수를 호출하면 자신만의 선택자 함수를 가질 수 있다.

　FriendMain.js 파일은 다음과 같이 수정한다.

코드 6-65 friend/container/FriendMain.js 파일의 내용 수정하기

```
// ...
export default function FriendMain({ ageLimit }) {
  const getFriendsWithAgeLimit = useMemo(makeGetFriendsWithAgeLimit, []); ❶
  const friendsWithAgeLimit = useSelector(state =>
    getFriendsWithAgeLimit(state, ageLimit)
  );
  // ...
}
```

❶ makeGetFriendsWithAgeLimit 함수를 이용해서 getFriendsWithAgeLimit 함
수를 생성한다. 이때 useMemo 훅을 이용해서 getFriendsWithAgeLimit 함수의
참조값이 변경되지 않도록 한다. 결과적으로 각 컴포넌트 인스턴스는 각자의
getFriendsWithAgeLimit 함수를 확보하는 셈이다.

　이처럼 createSelector 함수로 생성된 선택자 함수에서 컴포넌트의 속성값을
이용할 때는 코드 6-65처럼 작성해야 불필요한 연산을 줄일 수 있다.

6.6 리덕스 사가를 이용한 비동기 액션 처리

상탯값 변경은 비동기로 발생하는 경우가 많다. API 호출을 통해서 서버로부터
데이터를 받아 오는 것이 대표적인 비동기 코드다. 리덕스에서 비동기 액션을
처리하기 위해 많이 사용되는 패키지는 다음과 같다.

패키지명	선택 기준	특징
redux-thunk	• 여러 개의 비동기 코드가 중첩되지 않는다. • 비동기 코드의 로직이 간단하다.	• 가장 간단하게 시작할 수 있다.
redux-observable	• 비동기 코드가 많이 사용된다.	• RxJS 패키지를 기반으로 만들어졌다. 따라서 리액티브 프로그래밍을 공부해야 하므로 진입 장벽이 가장 높다.
redux-saga	• 비동기 코드가 많이 사용된다.	• 제너레이터를 적극적으로 활용한다. • 테스트 코드 작성이 쉽다.

표 6-1 비동기 액션을 위한 여러 패키지의 비교

여기서는 리덕스에서 비동기 액션을 처리하는 방법으로 리덕스 사가(redux-saga)를 알아보자. 리덕스 사가는 ES6의 제너레이터를 기반으로 만들어졌다. 먼저 리덕스 사가를 사용하기 위해서는 제너레이터를 잘 이해해야 한다. 아직 제너레이터가 헷갈린다면 2장의 제너레이터 부분을 다시 한번 읽어 보기 바란다. 제너레이터를 이해했다면 리덕스 사가를 사용할 준비가 된 것이다. 이제 리덕스 사가에서 제공하는 API를 익히면 된다.

비동기 코드의 테스트 코드를 작성해 본 사람은 알겠지만, 신경 써야 할 부분이 많은 게 사실이다. 리덕스 사가에서는 모든 부수 효과가 리덕스의 액션 객체처럼 자바스크립트 객체로 표현된다. 덕분에 API 통신을 위한 설정을 하지 않고도 테스트 코드를 쉽게 작성할 수 있다.

6.6.1 리덕스 사가 시작하기

6.5절에서 사용했던 프로젝트를 기반으로 설명한다. 리덕스 사가를 이용해서 타임라인에 좋아요 기능을 추가해 보자. 좋아요 버튼을 누르면 서버로 이벤트를 전송하고, 클라이언트에서는 좋아요 숫자를 증가시킨다.

리덕스 코드 리팩터링하기

timeline 폴더 밑에 state 폴더를 만들어 보자. timeline/state.js 파일의 경로를 timeline/state/index.js 파일로 변경한 후, timeline/state/index.js 파일의 내용을 다음과 같이 수정해 보자.

코드 6-66 timeline/state/index.js 파일의 내용 수정하기

```
// ... (import 문에서 common 폴더의 경로를 수정한다)
export const types = { ❶
  INCREASE_NEXT_PAGE: 'timeline/INCREASE_NEXT_PAGE',
  REQUEST_LIKE: "timeline/REQUEST_LIKE", ❸
  ADD_LIKE: "timeline/ADD_LIKE", ❹
  SET_LOADING: "timeline/SET_LOADING", ❺
};

export const actions = { ❷
  addTimeline: add,
  removeTimeline: remove,
  editTimeline: edit,
  increaseNextPage: () => ({ type: types.INCREASE_NEXT_PAGE }),
  requestLike: timeline => ({ type: types.REQUEST_LIKE, timeline }),
  addLike: (timelineId, value) => ({ type: types.ADD_LIKE, timelineId, value }),
  setLoading: isLoading => ({
    type: types.SET_LOADING,
    isLoading
  }),                                                                      ❻
};

const INITIAL_STATE = { nextPage: 0, isLoading: false }; ❼
const reducer = createReducer(INITIAL_STATE, {
  [types.INCREASE_NEXT_PAGE]: (state, action) => (state.nextPage += 1),
  [types.ADD_LIKE]: (state, action) => {
    const timeline = state.timelines.find(
      item => item.id === action.timelineId
    );
    if (timeline) {                                                        ❽
      timeline.likes += action.value;
    }
  },
  [types.SET_LOADING]: (state, action) => (state.isLoading = action.isLoading)
});
// ...
```

❶ 리덕스 사가에서 사용할 목적으로 모든 액션 타입을 하나의 객체에 담아서 내보낸다. 기존에는 각 액션 생성자 함수를 개별적으로 내보내고, 가져가는 쪽에서는 import * as actions 코드를 이용해서 모든 액션 생성자 함수를 가져갔었다. 이제는 액션 타입 객체도 내보내기 때문에 ❷ 액션 생성자 함수도 하나의 객체에 담아서 내보낸다. ❸ 좋아요 버튼을 클릭하면 발생하는 액션 타입이다. 이 액션 타입은 리덕스 사가에서만 사용되고 리듀서 함수에서는 사용되지 않는다. ❹ 좋아요 숫자를 변경할 때 사용할 액션 타입이다. ❺ 로딩 여부를 알려 줄

액션 타입이다. ❻ 액션 생성자 함수를 추가한다. ❼ 로딩 상탯값을 추가한다. ❽
리듀서 코드를 추가한다.

리액트 컴포넌트에 좋아요 기능 추가하기

timeline/component/TimelineList.js 파일을 다음과 같이 수정해 보자. 각 타임
라인에 좋아요 버튼을 붙인다.

코드 6-67 timeline/component/TimelineList.js 파일의 내용 수정하기

```
import React from "react";

function TimelineList({ timelines, onLike }) { ❶
  return (
    <ul>
      {timelines.map(({ id, desc, likes }) => (
        <li key={id}>
          {desc}
          <button data-id={id} onClick={onLike}>{`좋아요(${likes})`}</button> ❷
        </li>
      ))}
    </ul>
  );
}
export default TimelineList;
```

❶ 좋아요 버튼에 반응하는 이벤트 처리 함수를 속성값으로 받는다. ❷ 좋아요
버튼을 추가한다. 이벤트 처리 함수에 타임라인 객체의 id 정보를 넘기기 위해
데이터 세트(dataset)를 이용한다.

timeline/container/TimelineMain.js 파일을 다음과 같이 수정해 보자.

코드 6-68 timeline/container/TimelineMain.js 파일의 내용 수정하기

```
// ...
import { actions } from '../state';

export default function TimelineMain() {
  const dispatch = useDispatch();
  const timelines = useSelector(state => state.timeline.timelines);
  const isLoading = useSelector(state => state.timeline.isLoading); ❶
  function onAdd() {
    const timeline = getNextTimeline();
    dispatch(actions.addTimeline(timeline));
  }
  function onLike(e) { ❷
```

```
      const id = Number(e.target.dataset.id);
      const timeline = timelines.find(item => item.id === id);
      dispatch(actions.requestLike(timeline)); ❸
    }
    return (
      <div>
        <button onClick={onAdd}>타임라인 추가</button>
        <TimelineList timelines={timelines} onLike={onLike} />
        {!!isLoading && <p>전송 중...</p>} ❹
      </div>
    );
  }
```

❶ 리덕스 상탯값에서 로딩 정보를 가져온다. ❷ 좋아요 버튼에 반응하는 이벤트 처리 함수다. ❸ REQUEST_LIKE 액션을 발생시킨다. ❹ 로딩 중일 때 화면에 텍스트 정보를 출력한다.

좋아요 이벤트를 처리하는 사가 함수 작성하기

리덕스 사가에서는 API 통신하기, 리덕스 액션 발생시키기 등의 부수 효과를 허용한다. 단, 이러한 부수 효과를 사용하려면 리덕스 사가에서 제공하는 부수 효과 함수를 이용해야 한다. 그리고 부수 효과 함수를 이용해서 하나의 완성된 로직을 담고 있는 함수를 사가 함수라 한다.

좋아요 이벤트를 처리하는 사가 함수를 작성해 보자. timeline/state/saga.js 파일을 만들고 다음 코드를 입력하자.

코드 6-69 **timeline/state/saga.js**

```
import { all, call, put, take, fork } from "redux-saga/effects"; ❶
import { actions, types } from "./index";
import { callApiLike } from "../../common/api"; ❷

export function* fetchData(action) { ❸
  while (true) { ❹
    const { timeline } = yield take(types.REQUEST_LIKE); ❺
    yield put(actions.setLoading(true)); ❻
    yield put(actions.addLike(timeline.id, 1)); ❼
    yield call(callApiLike); ❽
    yield put(actions.setLoading(false)); ❾
  }
}

export default function* watcher() { ❿
  yield all([fork(fetchData)]); ⓫
}
```

❶ 리덕스 사가에서 부수 효과를 발생시킬 때 사용할 함수를 가져온다. ❷ 좋아요 이벤트를 서버로 전송하는 비동기 함수를 가져온다. ❸ REQUEST_LIKE 액션을 처리하는 제너레이터 함수이며, 이를 사가 함수라 한다. ❹ 이 함수는 무한 반복한다. ❺ take 함수는 인수로 전달된 액션 타입을 기다린다. REQUEST_LIKE 액션이 발생하면 다음 줄의 코드가 실행된다. yield take는 액션 객체를 반환한다. REQUEST_LIKE의 액션 객체에는 timeline 객체가 들어 있다. ❻ put 함수는 새로운 액션을 발생시킨다. 결과적으로 store.dispatch 메서드를 호출하는 효과가 있다. ❼ put 함수를 이용해서 좋아요 숫자를 증가시키는 액션을 발생시킨다. ❽ call 함수는 입력된 함수를 대신 호출해 준다. 만약 입력된 함수가 프로미스를 반환하면 프로미스가 처리됨 상태가 될 때까지 기다린다. 여기서는 서버로부터 응답이 올 때까지 기다린다. ❾ 로딩이 끝났다는 것을 알리는 액션을 발생시킨다. 이것으로 하나의 REQUEST_LIKE 액션에 대한 처리가 끝나고 ❺번 코드에서 새로운 REQUEST_LIKE 액션이 발생할 때까지 기다린다. 이렇게 fetchData 사가 함수를 통해서 REQUEST_LIKE 액션이 발생했을 때 필요한 로직을 정의했다.

❿ 여러 개의 사가 함수를 모아 놓은 함수이며, 나중에 사가 미들웨어에 입력된다. ⓫ all, fork 함수에 대해서는 자세히 설명하지 않겠다. fetchData 함수만으로도 충분히 머릿속이 복잡할 것이기 때문이다. 그러므로 사가 함수를 추가할 때는 다음과 같이 작성한다는 것만 알아 두자.

```
yield all([fork(f1), fork(f2)]);
```

📦 리덕스 사가의 부수 효과 함수

한 가지 재밌는 사실은 take, put, call 등의 함수가 반환하는 값은 해야 할 일을 설명하는 자바스크립트 객체라는 것이다. put 함수를 실행했다고 store.dispatch 메서드가 즉시 실행되지 않고, call 함수를 실행했다고 입력된 함수를 즉시 실행하지 않는다. 다음은 take, put, call 함수가 반환하는 값을 설명한다.

코드 6-70 **리덕스 사가의 부수 효과 함수가 반환하는 값**

```
const a = take(types.REQUEST_LIKE);
const b = put(actions.setLoading(false));      ❶
const c = call(callApiLike);
console.log({ a, b, c });
```

```
const logResult = { ❷
  a: { ❸
    TAKE: {
      pattern: 'timeline/REQUEST_LIKE',
    },
  },
  b: { ❹
    PUT: {
      channel: null,
      action: {
        type: 'timeline/SET_LOADING',
        isLoading: false,
      },
    },
  },
  c: { ❺
    CALL: {
      context: null,
      fn: callApiLike,
      args: [],
    },
  },
};
```

❶ take, put, call 함수를 실행한 결과를 로그로 출력한다. ❷ 로그로 출력된 결과를 자바스크립트 객체로 표현했다. ❸ take 함수의 반환값이다. pattern이라는 속성값의 이름에서 알 수 있듯이 take 함수는 여러 개의 액션을 기다릴 수도 있다. ❹ put 함수의 반환값이며 호출 시 입력했던 액션 객체를 담고 있다. ❺ call 함수의 반환값이며 호출 시 입력한 함수를 담고 있다.

이처럼 리덕스 사가의 부수 효과 함수는 해야 할 일을 설명하는 자바스크립트 객체를 반환한다. 이렇게 반환된 객체는 사가 미들웨어에게 전달된다. 사가 미들웨어는 부수 효과 객체가 설명하는 일을 하고 그 결과와 함께 실행 흐름을 우리가 작성한 함수로 넘긴다. 이 과정을 반복하면서 우리가 작성한 함수와 사가 미들웨어가 협업하는 것이다.

작업 마무리하기

계속해서 남은 코드를 작성해 보자. common 폴더 밑에 api.js 파일을 만들고 다음과 같이 callApiLike 함수의 코드를 작성한다.

코드 6-71 **common/api.js 파일의 내용**

```
export function callApiLike() {
  return new Promise((resolve, reject) => { ❶
    setTimeout(resolve, 1000);
  });
}
```

❶ callApiLike 함수는 1초 후에 이행됨 상태가 되는 프로미스 객체를 반환한다.

리덕스에 사가 미들웨어를 추가하기 위해 common/store.js 파일을 다음과 같이 수정한다.

코드 6-72 **common/store.js 파일의 내용 수정하기**

```
// ...
import createSagaMiddleware from "redux-saga";
import timelineSaga from "../timeline/state/saga";
// ... (reducer를 만드는 코드는 기존과 동일하다)

const sagaMiddleware = createSagaMiddleware(); ❶
const store = createStore(reducer, applyMiddleware(sagaMiddleware)); ❷
export default store;
sagaMiddleware.run(timelineSaga); ❸
```

❶ 사가 미들웨어 함수를 만들고 ❷ 스토어를 생성할 때 입력한다. ❸ 사가 미들웨어에 코드 6-69에서 작성한 함수를 입력한다.

npm start 명령어를 실행해 보자. 타임라인을 추가하고 타임라인의 좋아요 버튼을 누르면 좋아요 숫자가 증가한다. 그리고 1초간 '로딩 중'이라는 문구가 표시됐다가 사라진다.

6.6.2 여러 개의 액션이 협업하는 사가 함수

지금까지는 REQUEST_LIKE라는 하나의 액션에만 반응하는 사가 함수를 작성했다. 원한다면 서로 연관된 다수의 액션을 하나의 사가 함수에서 사용할 수 있다. 다음 코드는 로그인 액션과 로그아웃 액션이 협업하는 사가 함수의 예다.

코드 6-73 **로그인과 로그아웃 액션을 처리하는 사가 함수**

```
function* loginFlow() {
  while (true) {
    const { id, password } = yield take(types.LOGIN); ❶
    const userInfo = yield call(callApiLogin, id, password); ❷
    yield put(types.SET_USER_INFO, userInfo); ❸
```

```
      yield take(types.LOGOUT); ❹
      yield call(callApiLogout, id); ❺
      yield put(types.SET_USER_INFO, null); ❻
    }
  }
```

❶ 로그인 액션이 발생할 때까지 기다린다. ❷ 로그인 액션이 발생하면 서버로
로그인 요청을 보낸다. ❸ 서버로부터 사용자 정보가 도착하면 사용자 정보를
저장하는 액션을 발생시킨다. ❹ 로그아웃 액션이 발생할 때까지 기다린다. ❺
로그아웃 액션이 발생하면 서버로 로그아웃 요청을 보낸다. ❻ 로그아웃에 성공
하면 사용자 정보를 지운다. 그러고 나서 다시 ❶번 코드로 돌아가 로그인 액션
을 기다린다.

이처럼 두 개 이상의 액션을 조합해서 하나의 완성된 사가 함수를 작성할 수
있다.

6.6.3 사가 함수의 예외 처리

타임라인 코드에 예외 처리 기능을 추가해 보자. 예외를 발생시키기 위해 간헐
적으로 프로미스 객체가 거부됨 상태가 되도록 하자. common/api.js 파일의
callApiLike 함수를 다음과 같이 수정하자.

코드 6-74 common/api.js 파일의 내용 수정하기

```
export function callApiLike() {
  return new Promise((resolve, reject) => {
    setTimeout(() => {
      if (Math.random() * 10 < 5) {
        resolve();
      } else {
        reject("callApiLike 실패");
      }                              ❶
    }, 1000);
  });
}
```

❶ Math.random 함수를 이용해서 간헐적으로 프로미스 객체가 거부됨 상태가 되
도록 한다.

예외 발생 시 사용자가 에러 정보를 확인할 수 있도록 timeline/container/
TimelineMain.js 파일을 다음과 같이 수정해 보자.

코드 6-75 timeline/container/TimelineMain.js 파일의 내용 수정하기

```
// ...
export default function TimelineMain() {
  // ...
  const error = useSelector(state => state.timeline.error); ❶
  // ...
  return (
    <div>
      // ...
      {!!error && <p>에러 발생: {error}</p>} ❷
    </div>
  );
}
```

❶ 리덕스 상탯값으로부터 에러 값을 가져온다. ❷ 에러가 발생하면 화면에 출력한다.

에러 정보를 리덕스에 저장하기 위해 timeline/state/index.js 파일을 다음과 같이 수정해 보자.

코드 6-76 timeline/state/index.js 파일의 내용 수정하기

```
// ...
export const types = {
  // ...
  SET_ERROR: "timeline/SET_ERROR", ❶
};
export const actions = {
  // ...
  setError: error => ({
    type: types.SET_ERROR,
    error
  }),
};
const INITIAL_STATE = { nextPage: 0, isLoading: false, error: "" }; ❷
const reducer = createReducer(INITIAL_STATE, {
  // ...
  [types.SET_ERROR]: (state, action) => (state.error = action.error),
});
// ...
```

❶ 에러 정보를 저장하는 SET_ERROR 액션 타입을 추가한다. ❷ error 상탯값의 초깃값은 빈 문자열이다.

예외 발생 시 에러 정보를 리덕스에 저장하도록 timeline/state/saga.js 파일을 다음과 같이 수정하자.

코드 6-77 **timeline/state/saga.js 파일의 내용 수정하기**

```
// ...
export function* fetchData(action) {
  while (true) {
    const { timeline } = yield take(types.REQUEST_LIKE);
    yield put(actions.setLoading(true));
    yield put(actions.addLike(timeline.id, 1));
    yield put(actions.setError('')); ❶
    try {
      yield call(callApiLike); ❷
    } catch (error) {
      yield put(actions.setError(error)); ❸
      yield put(actions.addLike(timeline.id, -1)); ❹
    }
    yield put(actions.setLoading(false));
  }
}
// ...
```

❶ 새로운 '좋아요' 요청이 들어오면 이전 에러 정보를 초기화한다. ❷ callApi
Like에서 프로미스 객체를 거부됨 상태로 만드는 경우를 처리하기 위해 try
catch 문을 사용한다. ❸ 프로미스 객체가 거부됨 상태가 되면 에러 객체를 저장
하는 액션을 발생시킨다. ❹ 미리 증가시켰던 좋아요 숫자를 감소시키는 액션을
발생시킨다.

npm start 명령어를 실행해 보자. 좋아요 버튼을 몇 번 누르다 보면 에러 메시
지가 화면에 출력된다.

6.6.4 리덕스 사가로 디바운스 구현하기

짧은 시간에 같은 이벤트가 반복해서 발생할 때 모든 이벤트를 처리하기 부담스
러울 수 있는데, 이때 디바운스를 사용한다. 디바운스(debounce)는 같은 함수
가 연속해서 호출될 때 첫 번째 또는 마지막 호출만 실행하는 기능을 말한다. 사
가에서 제공하는 debounce 부수 효과 함수를 사용해 보자.

타임라인에 새로운 내용을 등록할 수 있도록 문자열 입력창을 추가하자. 연속
해서 문자열을 입력할 때 발생하는 모든 이벤트를 리덕스로 보내면 부담이 될
수 있다. 연속해서 문자열을 입력하다가 일정 시간 동안 입력이 없을 때 리덕스
의 상태값을 변경하는 기능을 구현해 보자.

문자열을 리덕스에 저장하기 위해 timeline/state/index.js 파일의 내용을 다음과 같이 수정한다.

코드 6-78 timeline/state/index.js 파일의 내용 수정하기

```
// ...
export const types = {
  // ...
  SET_TEXT: "timeline/SET_TEXT", ❶
  TRY_SET_TEXT: "timeline/TRY_SET_TEXT" ❷
};
export const actions = {
  // ...
  setText: text => ({
    type: types.SET_TEXT,
    text
  }),
  trySetText: text => ({
    type: types.TRY_SET_TEXT,
    text
  })
};
const INITIAL_STATE = { nextPage: 0, isLoading: false, error: "", text: ""
}; ❸
const reducer = createReducer(INITIAL_STATE, {
  // ...
  [types.SET_TEXT]: (state, action) => (state.text = action.text),
});
// ...
```

❶ 리덕스의 text 상탯값을 변경하는 액션 타입을 추가한다. ❷ 리덕스의 text 상탯값 변경을 시도하는 액션 타입이다. TRY_SET_TEXT 액션 타입은 사가 함수에서만 사용된다. 따라서 리듀서에서는 TRY_SET_TEXT 액션 타입을 처리하지 않는다. ❸ text 상탯값의 초깃값으로 빈 문자열을 넣는다.

화면에 문자열 입력창을 보여 주기 위해 timeline/container/TimelineMain.js 파일의 내용을 다음과 같이 수정한다.

코드 6-79 timeline/container/TimelineMain.js 파일의 내용 수정하기

```
// ...
export default function TimelineMain() {
  // ...
  const text = useSelector(state => state.timeline.text);
  const [currentText, setCurrentText] = useState(""); ❶
  function onChangeText(e) {
```

```
      const text = e.target.value;
      dispatch(actions.trySetText(text)); ❷
      setCurrentText(text);
    }
    return (
      <div>
        <button onClick={onAdd}>타임라인 추가</button>
        <TimelineList timelines={timelines} onLike={onLike} />
        {!!isLoading && <p>전송 중...</p>}
        {!!error && <p>에러 발생: {error}</p>}
        <input type="text" value={currentText} onChange={onChangeText} />
        {!!text && <p>{text}</p>} ❸
      </div>
    );
}
```

❶ 현재 입력 중인 문자열을 컴포넌트의 상탯값에 저장한다. ❷ 문자열을 입력할 때마다 TRY_SET_TEXT 액션을 발생시킨다. ❸ 리덕스에 저장된 text를 입력창 아래쪽에 출력한다.

timeline/state/saga.js 파일에 debounce 부수 효과 함수를 사용하는 코드를 추가해 보자.

코드 6-80 timeline/state/saga.js 파일의 내용

```
import {
  // ...
  debounce ❶
} from "redux-saga/effects";
// ...
export function* trySetText(action) {
  const { text } = action;
  yield put(actions.setText(text));
}

export default function* watcher() {
  yield all([fork(fetchData), debounce(500, types.TRY_SET_TEXT,
trySetText)]); ❶
}
```

❶ TRY_SET_TEXT 액션이 발생하고 0.5초 동안 재발생하지 않으면 trySetText 사가 함수를 실행한다.

npm start 명령어를 실행해 보자. 문자열을 연속으로 입력하면 리덕스의 상태값을 출력하는 하단의 문자열은 변경되지 않는다. 그러다가 문자열 입력을 멈추면 하단의 문자열이 가장 최신의 문자열로 변경된다.

6.6.5 사가 함수 테스트하기

리덕스 사가는 특히 테스트 코드를 작성할 때 빛을 발한다. 일반적으로 API 통신과 같은 비동기 코드를 테스트하려면 모조(mock) 객체를 생성해야 하지만 리덕스 사가에서는 모조 객체가 필요 없다. 이는 부수 효과 함수를 호출한 결과가 간단한 자바스크립트 객체이기 때문이다. 앞에서 작성한 fetchData 사가 함수를 테스트하는 코드를 작성해 보자.

리덕스 사가는 테스트 코드 작성을 지원하기 위해 별도의 패키지를 제공한다. 다음과 같이 해당 패키지를 설치하자.

```
npm install @redux-saga/testing-utils
```

테스트 코드를 작성하기 전에 fetchData 함수의 코드를 다시 한번 살펴보자.

코드 6-81 **fetchData 함수**

```
export function* fetchData() {
  while (true) {
    const { timeline } = yield take(types.REQUEST_LIKE);
    yield put(actions.setLoading(true));
    yield put(actions.addLike(timeline.id, 1));
    try {
      yield call(callApiLike);
    } catch (error) {
      yield put(actions.setError(error));
      yield put(actions.addLike(timeline.id, -1));
    }
    yield put(actions.setLoading(false));
  }
}
```

❶ 처음에 네 개의 부수 효과가 잘 발생하는지 테스트할 예정이다. ❷ 예외가 발생하는 경우와 발생하지 않은 경우를 각각 테스트해 보자.

timeline/state 폴더 밑에 saga.test.js 파일을 만들고 테스트 코드를 작성한다.

코드 6-82 **timeline/state/saga.test.js 파일의 내용**

```
import { take, put, call } from "redux-saga/effects";
import { cloneableGenerator } from "@redux-saga/testing-utils"; ❶
import { types, actions } from "./index";
import { fetchData } from "./saga";
import { callApiLike } from "../../common/api";
```

```
describe("fetchData", () => {
  const timeline = { id: 1 };
  const action = actions.requestLike(timeline);          ❷
  const gen = cloneableGenerator(fetchData)();  ❸
  expect(gen.next().value).toEqual(take(types.REQUEST_LIKE));
  expect(gen.next(action).value).toEqual(put(actions.setLoading(true)));
  expect(gen.next().value).toEqual(put(actions.addLike(timeline.id, 1)));   ❹
  expect(gen.next(action).value).toEqual(put(actions.setError('')));
  expect(gen.next().value).toEqual(call(callApiLike));
  it("on fail callApiLike", () => {
    const gen2 = gen.clone();
    const errorMsg = "error";                                              ❺
    expect(gen2.throw(errorMsg).value).toEqual(put(actions.setError(errorMsg)));
    expect(gen2.next().value).toEqual(put(actions.addLike(timeline.id, -1)));
  });
  it("on success callApiLike", () => {
    const gen2 = gen.clone();
    expect(gen2.next(Promise.resolve()).value).toEqual(
      put(actions.setLoading(false))
    );                                                     ❻
    expect(gen2.next().value).toEqual(take(types.REQUEST_LIKE));
  });
});
```

❶ cloneableGenerator 함수를 이용하면 복사가 가능한 제너레이터 객체를 만들 수 있다. 제너레이터 객체를 복사하면 다양한 경우를 테스트하기 좋다. ❷ 테스트에 사용될 데이터를 미리 만들어 놓는다. ❸ 복사가 가능한 제너레이터 객체를 생성한다. fetchData 함수를 직접 호출해도 제너레이터 객체가 생성되지만 복사 기능은 없다. ❹ 처음 네 개의 yield 키워드로 반환되는 값을 순차적으로 테스트한다. ❺ callApiLike 함수에서 프로미스 객체를 거부됨 상태로 만드는 경우를 테스트한다. 프로미스 객체가 처리됨 상태가 되는 경우도 테스트해야 하므로 제너레이터 객체를 복사한다. 제너레이터 객체의 next 함수 대신에 throw 함수를 호출하면 예외를 발생시킬 수 있다. ❻ callApiLike 함수에서 프로미스 객체를 처리됨 상태로 변경하는 경우를 테스트한다.

7장

P r a c t i c a l   R e a c t   P r o g r a m m i n g

바벨과 웹팩 자세히 들여다보기

바벨(babel)과 웹팩(webpack)은 웹 애플리케이션을 제작할 때 없어서는 안 되는 기반 기술이 되었다. 리액트 또는 뷰(vue)를 기반으로 프로젝트를 구축해 주는 create-react-app, next.js, vue-cli, nuxt 등의 도구는 바벨과 웹팩을 기본적으로 포함한다.

물론 도구의 도움을 받아서 자동으로 프로젝트를 구축하면 바벨과 웹팩을 모르더라도 간단한 웹 애플리케이션을 제작할 수 있다. 리액트와 뷰를 처음 배우는 단계에서는 바벨과 웹팩을 모르는 편이 나을 수도 있다. 하지만 프로젝트의 규모가 점점 커지는 상황에서 바벨과 웹팩을 계속해서 외면하기는 힘들다. 제스트(jest)와 같은 테스트 프레임워크를 도입할 때, 스토리북(storybook)과 같이 별도의 빌드 과정이 필요할 때, 서버사이드 렌더링을 위해서 서버 측 코드를 빌드해야 할 때 등 바벨과 웹팩을 이해해야만 하는 순간이 반드시 온다.

이 장에서는 바벨과 웹팩의 주요 개념과 기본적인 사용법을 설명한다. 그리고 바벨의 플러그인, 웹팩의 로더와 플러그인을 직접 제작해 보면서 바벨과 웹팩의 내부 동작에 대한 이해를 돕는다.

7.1 바벨 실행 및 설정하기

리액트로 개발을 하다 보면 개발자 대부분이 바벨 설정 때문에 애를 먹는다. 바벨을 제대로 이해하지 못하면 인터넷에 떠도는 바벨 설정을 무분별하게 가져오기 쉽다. 그렇게 가져온 설정으로 한동안은 잘 돌아가는 듯 보이지만 예상치 못한 상황에서 문제가 발생하기 마련이다. 여기서는 바벨을 설정하는 여러 가지 방법을 알아보고, 각자의 프로젝트에 적합한 설정은 무엇인지 고민해 보자.

또한 폴리필은 무엇이고 바벨에서 어떻게 설정하는지 알아보기로 한다. 바벨과 폴리필의 관계를 이해하지 못하면 오래된 브라우저에서 에러가 발생하는 코드가 만들어질 수 있다. core-js 패키지와 @babel/preset-env 프리셋을 통해 폴리필을 관리하는 방법을 알아보자.

7.1.1 바벨을 실행하는 여러 가지 방법

바벨은 다음과 같이 다양한 방식으로 실행될 수 있다.

- @babel/cli로 실행하기
- 웹팩에서 babel-loader로 실행하기
- @babel/core를 직접 실행하기
- @babel/register로 실행하기

@babel/register를 이용하면 노드(Node.js)에서 require 코드가 실행될 때 동적으로 바벨이 실행되게 할 수 있다. 리액트를 @babel/register와 함께 사용하는 경우는 많지 않으므로 이 책에서는 @babel/register를 제외한 나머지 세 방식을 설명한다.

📦 **바벨이란?**

바벨은 입력과 출력이 모두 자바스크립트 코드인 컴파일러다. 이는 보통의 컴파일러가 고수준의 언어를 저수준의 언어로 변환하는 것과 비교된다.

초기의 바벨은 ES6 코드를 ES5 코드로 변환해 주는 컴파일러였다. 현재는 바벨을 이용해서 리액트의 JSX 문법, 타입스크립트와 같은 정적 타입 언어, 코드 압축, 제안 (proposal) 단계에 있는 문법 등을 사용할 수 있다.

실습을 위한 프로젝트를 생성해 보자.

```
mkdir test-babel-how
cd test-babel-how
npm init -y
```

먼저 필요한 패키지를 설치하자.

```
npm install @babel/core @babel/cli @babel/plugin-transform-arrow-functions
@babel/plugin-transform-template-literals @babel/preset-react
```

바벨을 실행하기 위해서는 @babel/core 패키지를 필수로 설치해야 한다. 두 개의 플러그인과 프리셋 하나를 추가로 설치했다.

이제 컴파일할 코드를 작성해 보자. 프로젝트 루트에 src 폴더를 만들고 그 밑에 code.js 파일을 만들자. code.js 파일의 내용은 다음과 같다.

코드 7-1 **code.js**

```
const element = <div>babel test</div>; ❶
const text = `element type is ${element.type}`; ❷
const add = (a, b) => a + b; ❸
```

❶ 리액트 프리셋을 이용해서 JSX 문법을 변환할 예정이다. ❷ 템플릿 리터럴 플러그인을 이용해서 템플릿 리터럴 코드를 변환할 예정이다. ❸ 화살표 함수 플러그인을 이용해서 화살표 함수를 변환할 예정이다.

@babel/cli로 실행하기

이제 @babel/cli로 바벨을 실행할 준비가 끝났다. 다음 명령어를 실행해 보자.

```
npx babel src/code.js --presets=@babel/preset-react --plugins=@babel/
plugin-transform-template-literals,@babel/plugin-transform-arrow-functions
```

이렇게 바벨을 실행하면 콘솔에 다음 내용이 출력된다.

코드 7-2 **바벨 실행 후 콘솔에 출력되는 내용**

```
const element = React.createElement("div", null, "babel test"); ❶
const text = "element type is ".concat(element.type); ❷

const add = function (a, b) { ❸
  return a + b;
};
```

❶ JSX 문법은 createElement 함수 호출로 변환된다. ❷ 템플릿 리터럴은 문자열의 concat 메서드 호출로 변환된다. ❸ 화살표 함수는 일반 함수로 변환된다.

@babel/cli로 거의 모든 설정값을 표현할 수 있지만, 설정할 내용이 많거나 실

행 환경에 따라 설정값이 다른 경우에는 설정 파일을 따로 만드는 게 좋다. 바벨 6까지는 .babelrc 파일로 설정값을 관리했지만, 바벨 7부터는 babel.config.js 파일로 관리하는 것을 추천한다. 두 파일의 차이점은 뒤에서 설명한다.

프로젝트 루트에 babel.config.js 파일을 만든 다음 내용을 입력해 보자.

코드 7-3 **babel.config.js**

```
const presets = ['@babel/preset-react'];
const plugins = [
  '@babel/plugin-transform-template-literals',
  '@babel/plugin-transform-arrow-functions',
];

module.exports = { presets, plugins };
```

앞에서 @babel/cli 명령어로 입력했던 설정과 같은 내용이다. 자바스크립트 파일이기 때문에 동적으로 설정값을 만들 수 있다. 참고로 바벨 6에서는 .babelrc.js 파일로 코드 7-3처럼 작성할 수 있다.

이제 명령어는 다음과 같이 간소화된다.

```
npx babel src/code.js
```

컴파일된 결과를 파일로 저장하고 싶다면 다음과 같이 입력해 보자.

```
npx babel src/code.js --out-file dist.js
npx babel src --out-dir dist
```

첫 번째 명령어는 파일 단위로 처리하고, 두 번째 명령어는 폴더 단위로 처리한다.

웹팩의 babel-loader로 실행하기

두 번째 방법은 웹팩의 babel-loader로 실행하는 것이다. 웹팩을 이용하기 위해 다음과 같이 추가로 패키지를 설치해 보자.

```
npm install webpack webpack-cli babel-loader
```

프로젝트 루트에 webpack.config.js 파일을 만들고, 다음 내용을 입력한다.

코드 7-4 **babel-loader를 설정하는 webpack.config.js**

```
const path = require('path');
```

```
module.exports = {
  entry: './src/code.js', ❶
  output: {
    path: path.resolve(__dirname, 'dist'),
    filename: 'code.bundle.js',                ❷
  },
  module: {
    rules: [{ test: /\.js$/, use: 'babel-loader' }], ❸
  },
  optimization: { minimizer: [] }, ❹
};
```

❶ 웹팩으로 번들링(bundling)한 파일을 지정한다. ❷ 번들링된 결과를 dist/
code.bundle.js 파일로 저장한다. ❸ 자바스크립트 파일을 babel-loader가 처리
하도록 설정한다. babel-loader는 바벨의 설정 파일을 이용하므로 이전에 만들
어 놓은 babel.config.js 파일의 내용이 설정값으로 사용된다. ❹ 웹팩은 기본적
으로 자바스크립트 파일을 압축한다. 그렇지만 바벨이 제대로 실행됐는지 확인
하기 위해 압축 기능을 잠시 끄기로 한다.

이제 웹팩을 실행해 보자.

```
npx webpack
```

생성된 dist/code.bundle.js 파일의 내용은 다음과 같다.

코드 7-5 컴파일된 code.bundle.js 파일

```
// ... ❶
const element = React.createElement("div", null, "babel test");
const text = "element type is ".concat(element.type);

const add = function (a, b) {
  return a + b;
};
// ...
```

❶ 파일의 앞부분에는 웹팩의 런타임 코드가 추가된다. 파일의 뒷부분에서는 바
벨이 생성한 코드를 확인할 수 있다.

@babel/core를 직접 이용하기

이전에 살펴봤던 @babel/cli와 babel-loader는 모두 @babel/core를 이용해서 바
벨을 실행한다. 이번에는 직접 @babel/core를 사용하는 코드를 작성해서 바벨

을 실행해 보자.

먼저 프로젝트 루트에 runBabel.js 파일을 만들고, 다음 코드를 입력한다.

코드 7-6 @babel/core로 바벨을 직접 실행하기

```
const babel = require('@babel/core'); ❶
const fs = require('fs');

const filename = './src/code.js';
const source = fs.readFileSync(filename, 'utf8'); ❷
const presets = ['@babel/preset-react'];
const plugins = [
  '@babel/plugin-transform-template-literals',    ❸
  '@babel/plugin-transform-arrow-functions',
];
const { code } = babel.transformSync(source, {    ❹
  filename,
  presets,
  plugins,
  configFile: false, ❺
});
console.log(code); ❻
```

❶ @babel/core 모듈을 가져온다. ❷ 컴파일할 파일의 내용을 가져온다. ❸ 바벨 플러그인과 프리셋을 설정한다. ❹ transformSync 함수를 호출해서 바벨을 실행한다. ❺ babel.config.js 설정 파일을 사용하지 않도록 한다. ❻ 변환된 코드를 콘솔에 출력한다. 파일로 저장하기를 원한다면 fs 모듈을 이용하면 된다.

다음 명령어를 실행하면 의도한 대로 잘 동작하는 것을 확인할 수 있다.

```
node runBabel.js
```

@babel/core 모듈을 직접 사용하는 방식은 자유도가 높다는 장점이 있다. 같은 코드에 대해 다음과 같이 두 가지 설정을 적용한다고 생각해 보자.

코드 7-7 같은 프리셋을 사용하는 두 가지 설정

```
// 설정 1
const presets = ['@babel/preset-react'];
const plugins = ['@babel/plugin-transform-template-literals'];

// 설정 2
const presets = ['@babel/preset-react'];
const plugins = ['@babel/plugin-transform-arrow-functions'];
```

@babel/cli 또는 babel-loader를 이용한다면 바벨을 두 번 실행해야 한다. @babel
/core를 사용하면 바벨을 좀 더 효율적으로 실행할 수 있다. 바벨은 컴파일 시
다음 세 단계를 거친다.

- 파싱(parse) 단계: 입력된 코드로부터 AST(abstract syntax tree)를 생성한다.
- 변환(transform) 단계: AST를 원하는 형태로 변환한다.
- 생성(generate) 단계: AST를 코드로 출력한다.

AST는 코드의 구문(syntax)이 분석된 결과를 담고 있는 구조체다. 코드가 같다
면 AST도 같기 때문에 같은 코드에 대해서 하나의 AST를 만들어 놓고 재사용할
수 있다.

프로젝트 루트에 runBabel2.js 파일을 만들고, 다음 코드를 입력해 보자.

코드 7-8 AST를 활용해서 효율적으로 바벨을 실행하는 코드

```
const babel = require('@babel/core');
const fs = require('fs');

const filename = './src/code.js';
const source = fs.readFileSync(filename, 'utf8');
const presets = ['@babel/preset-react'];

const { ast } = babel.transformSync(source, {
  filename,
  ast: true,
  code: false,
  presets,
  configFile: false,
});                                                    ❶

const { code: code1 } = babel.transformFromAstSync(ast, source, {
  filename,
  plugins: ['@babel/plugin-transform-template-literals'],   ❷
  configFile: false,
});
const { code: code2 } = babel.transformFromAstSync(ast, source, {
  filename,
  plugins: ['@babel/plugin-transform-arrow-functions'],     ❸
  configFile: false,
});
console.log('code1:\n', code1);
console.log('code2:\n', code2);
```

❶ 코드는 생성하지 않고 AST만 생성한다. 프리셋은 두 가지 설정 모두 같으므로 AST를 만들 때 해당 프리셋을 미리 적용한다. ❷ 이렇게 만들어진 AST로부터 첫 번째 설정의 플러그인이 반영된 코드를 생성한다. ❸ 마찬가지로 두 번째 설정이 적용된 코드를 생성한다. 설정의 개수가 많아질수록 이 방식의 효율은 높아진다.

7.1.2 확장성과 유연성을 고려한 바벨 설정 방법

바벨 설정 파일에서 사용할 수 있는 다양한 속성 중에서 extends, env, overrides 속성을 알아보자. extends 속성을 이용하면 다른 설정 파일을 가져와서 확장할 수 있고, env 또는 overrides 속성을 이용하면 환경별 또는 파일별로 다른 설정을 적용할 수 있다.

이제 실습을 위한 프로젝트를 만들어 보자.

```
mkdir test-babel-config
cd test-babel-config
npm init -y
npm install @babel/core @babel/cli @babel/plugin-transform-arrow-functions
@babel/plugin-transform-template-literals @babel/preset-react babel-preset-minify
```

extends 속성으로 다른 설정 파일 가져오기

먼저 프로젝트 루트에 common 폴더를 만들고 그 밑에 .babelrc 파일을 만든다. babel.config.js 파일을 만들지 않고 .babelrc 파일을 만든 이유는 뒤에서 설명할 두 파일의 차이를 보면 이해할 수 있다. .babelrc 파일에 다음 내용을 입력해 보자.

코드 7-9 **common/.babelrc**

```
{
  "presets": ["@babel/preset-react"],
  "plugins": [
    [
      "@babel/plugin-transform-template-literals",
      {
        "loose": true
      }
    ]                                              ❶
  ]
}
```

❶ 플러그인에 옵션을 설정할 때는 배열로 만들어서 두 번째 자리에 옵션을 넣는다. 템플릿 리터럴 플러그인에 loose 옵션을 주면 문자열을 연결할 때 concat 메서드를 사용하는 대신 + 연산자를 사용한다.

프로젝트 루트에 src 폴더를 만들고 src 폴더 밑에 example-extends 폴더를 만들자. 그다음 example-extends 폴더 밑에 .babelrc 파일을 만들고, 다음 내용을 입력한다.

코드 7-10 **src/example-extends/.babelrc**

```
{
  "extends": "../../common/.babelrc", ❶
  "plugins": [ ❷
    "@babel/plugin-transform-arrow-functions",
    "@babel/plugin-transform-template-literals" ❸
  ]
}
```

❶ extends 속성을 이용해서 다른 파일에 있는 설정을 가져온다. ❷ 가져온 설정에 플러그인을 추가한다. ❸ 템플릿 리터럴 플러그인은 가져온 설정에 이미 존재한다. 이때 플러그인 옵션은 현재 파일의 옵션으로 결정된다. 따라서 기존에 설정했던 loose 옵션은 사라진다.

example-extends 폴더 밑에 code.js 파일을 만들고, 다음 코드를 입력해 보자.

코드 7-11 **example-extends/code.js**

```
const element = <div>babel test</div>;
const text = `element type is ${element.type}`;
const add = (a, b) => a + b;
```

이제 바벨을 실행해 보자.

```
npx babel src/example-extends/code.js
```

실행 결과는 다음과 같다.

코드 7-12 **code.js 파일을 컴파일한 결과**

```
const element = React.createElement("div", null, "babel test"); ❶
const text = "element type is ".concat(element.type); ❷

const add = function (a, b) { ❸
  return a + b;
};
```

❶ 리액트 프리셋이 적용됐다. ❷ 템플릿 리터럴 플러그인이 적용됐다. loose 옵션이 적용되지 않았기 때문에 concat 메서드가 보인다. ❸ 화살표 함수 플러그인이 적용됐다.

env 속성으로 환경별로 설정하기

이제 환경별로 다른 설정값을 적용하는 방법을 알아보자. src 폴더 밑에 example-env 폴더를 만들자. example-env 폴더 밑에 .babelrc 파일을 만들고, 다음 내용을 입력하자.

코드 7-13 env 속성 사용 예

```
{
  "presets": ["@babel/preset-react"],
  "plugins": [
    "@babel/plugin-transform-template-literals",        ❶
    "@babel/plugin-transform-arrow-functions"
  ],
  "env": { ❷
    "production": {
      "presets": ["minify"]        ❸
    }
  }
}
```

❶ 지금까지 하던 대로 프리셋과 플러그인을 설정한다. ❷ env 속성을 이용하면 환경별로 다른 설정을 줄 수 있다. ❸ 프로덕션 환경에서는 압축 프리셋을 사용하도록 설정한다. 앞에서 설정한 리액트 프리셋은 유지되고 압축 프리셋이 추가되는 형태가 된다.

example-env 폴더 밑에 code.js 파일을 만들고 example-extends/code.js 파일과 같은 코드를 입력해 보자.

바벨에서 현재 환경은 다음과 같이 결정된다.

```
process.env.BABEL_ENV || process.env.NODE_ENV || "development"
```

다음과 같이 프로덕션 환경으로 바벨을 실행해 보자.

- 맥: `NODE_ENV=production npx babel ./src/example-env`
- 윈도우: `set NODE_ENV=production && npx babel ./src/example-env`

콘솔에 출력되는 내용은 다음과 같다.

코드 7-14 env 속성이 적용되어 컴파일된 결과

```
const element=React.createElement("div",null,"babel test 2"),
text="element type is ".concat(element.type),add=function(c,a){return c+a};
```

여기서는 압축 프리셋이 적용되어 코드를 읽기가 힘들다. 이번에는 개발 환경에서 바벨을 실행해 보자.

```
npx babel ./src/example-env
```

NODE_ENV 환경 변수를 설정하지 않으면 기본값 development가 사용된다. 콘솔에 출력되는 내용은 다음과 같다.

코드 7-15 개발 환경으로 컴파일된 결과

```
const element = React.createElement("div", null, "babel test 2");
const text = "element type is ".concat(element.type);

const add = function (a, b) {
  return a + b;
};
```

overrides 속성으로 파일별로 설정하기

src 폴더 밑에 example-overrides 폴더를 만든다. example-overrides 폴더 밑에 .babelrc 파일을 만든 다음 내용을 입력해 보자.

코드 7-16 overrides 속성 사용 사용 예

```
{
  "presets": ["@babel/preset-react"],
  "plugins": ["@babel/plugin-transform-template-literals"],     ❶
  "overrides": [ ❷
    {
      "include": "./service1",  ❸
      "exclude": "./service1/code2.js",  ❺
      "plugins": ["@babel/plugin-transform-arrow-functions"] ❹
    }
  ]
}
```

❶ 리액트 프리셋과 템플릿 리터럴 플러그인을 설정한다. ❷ overrides 속성을

이용하면 파일별로 다른 설정을 할 수 있다. ❸ service1 폴더 밑에 있는 파일에는 ❹번 설정을 적용한다. ❺ service1/code2.js 파일에는 ❹번 설정을 적용하지 않는다. 따라서 service1 폴더 하위에서 code2.js 파일을 제외한 모든 파일에 화살표 함수 플러그인을 적용한다.

example-overrides 폴더 밑에 code.js 파일을 만들고 example-env/code.js 파일과 같은 코드를 입력한다. example-overrides 폴더 밑에 service1 폴더를 만든다. 그 다음 code.js 파일을 복사해서 service1 폴더 밑에 code1.js, code2.js 파일을 만든다.

이제 바벨을 실행해서 세 개의 파일을 변환해 보자.

```
npx babel ./src/example-overrides
```

콘솔에 출력되는 내용은 다음과 같다.

코드 7-17 overrides 속성으로 컴파일된 결과

```
// code.js
const element = React.createElement("div", null, "babel test");
const text = "element type is ".concat(element.type);

const add = (a, b) => a + b; ❶

// code1.js
const element = React.createElement("div", null, "babel test");
const text = "element type is ".concat(element.type);

const add = function (a, b) { ❷
  return a + b;
};

// code2.js
const element = React.createElement("div", null, "babel test");
const text = "element type is ".concat(element.type);

const add = (a, b) => a + b; ❸
```

❶ code.js 파일은 화살표 함수 플러그인이 적용되지 않는다. ❷ code1.js 파일만 화살표 함수 플러그인이 적용된다. ❸ code2.js 파일은 service1 폴더 밑에 있지만 exclude 속성 때문에 화살표 함수 플러그인이 적용되지 않는다.

7.1.3 전체 설정 파일과 지역 설정 파일

바벨 설정 파일은 크게 두 가지 종류로 나눌 수 있다. 첫 번째는 모든 자바스크립트 파일에 적용되는 전체(project-wide) 설정 파일이다. 바벨 버전 7에 추가된 babel.config.js 파일이 전체 설정 파일이다. 두 번째는 자바스크립트 파일의 경로에 따라 결정되는 지역(file-relative) 설정 파일이다. .babelrc, .babelrc.js 파일과 바벨 설정이 있는 package.json 파일이 지역 설정 파일이다. 여기서 잠시 전체 설정 파일과 지역 설정 파일이 어떤 차이가 있는지 알아보자.

먼저 실습을 위해 다음과 같이 프로젝트를 생성한다.

```
mkdir test-babel-config-file
cd test-babel-config-file
npm init -y
npm install @babel/core @babel/cli @babel/plugin-transform-arrow-functions
    @babel/plugin-transform-template-literals @babel/preset-react
```

프로젝트 루트에 babel.config.js 파일을 만들고, 다음 코드를 입력하자.

코드 7-18 **babel.config.js**

```
const presets = ['@babel/preset-react'];
const plugins = [
  [
    '@babel/plugin-transform-template-literals',
    {
      loose: true,
    },
  ],
];

module.exports = { presets, plugins };
```

리액트 프리셋과 loose 옵션을 갖는 템플릿 리터럴 플러그인을 설정했다.

프로젝트 루트에 src 폴더를 만든 다음, src 폴더 밑에 service1 폴더를 만든다. service1 폴더 밑에 .babelrc 파일을 만들고 다음 내용을 입력해 보자.

코드 7-19 **src/service1/.babelrc**

```
{
  "plugins": [
    "@babel/plugin-transform-arrow-functions",
    "@babel/plugin-transform-template-literals"
  ]
}
```

화살표 함수와 템플릿 리터럴 플러그인을 설정했다.

service1 폴더 밑에 code.js 파일을 만들고 test-babel-config 프로젝트에서 작성했던 code.js 파일의 코드를 그대로 입력한다.

src/service1/code.js 파일을 위한 설정은 다음과 같이 결정된다.

- package.json, .babelrc, .babelrc.js 파일을 만날 때까지 부모 폴더로 이동한다. src/service1/.babelrc 파일을 만났고, 그 파일이 지역 설정 파일이다.
- 프로젝트 루트의 babel.config.js 파일이 전체 설정 파일이다.
- 전체 설정 파일과 지역 설정 파일을 병합한다.

다음과 같이 바벨을 실행해 보자.

```
npx babel src
```

콘솔에 출력되는 내용은 다음과 같다.

코드 7-20 두 설정 파일이 병합되어 컴파일된 결과

```
const element = React.createElement("div", null, "babel test 1"); ❶
const text = "element type is ".concat(element.type); ❷

const add = function (a, b) { ❸
  return a + b;
};
```

❶ 전체 설정 파일의 리액트 프리셋이 적용됐다. ❷ 지역 설정 파일의 템플릿 리터럴 플러그인이 적용됐다. 전체 설정 파일의 loose 옵션이 적용되지 않은 것을 확인할 수 있다. 이는 지역 설정이 전체 설정을 덮어쓰기 때문이다. ❸ 지역 설정 파일의 화살표 함수 플러그인이 적용됐다.

src 폴더 밑에 service2 폴더를 만들고 다음과 같은 구조로 폴더와 파일을 생성하자. .babelrc, code.js 파일은 service1 폴더의 내용을 복사해서 붙여 넣는다. 그리고 package.json 파일은 npm init -y 명령어로 생성한다.

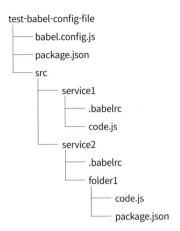

```
test-babel-config-file
├── babel.config.js
├── package.json
└── src
    ├── service1
    │   ├── .babelrc
    │   └── code.js
    └── service2
        ├── .babelrc
        └── folder1
            ├── code.js
            └── package.json
```

src/service2/folder1/code.js 파일을 위한 설정은 다음과 같이 결정된다.

- package.json 파일을 만났고 package.json 파일에 babel 속성이 없으므로 지역 설정 파일은 없다.
- 프로젝트 루트의 babel.config.js 파일이 전체 설정 파일이다.

다음과 같이 바벨을 실행해 보자.

```
npx babel src
```

콘솔에 출력되는 내용을 확인해 보면 전체 설정 파일만 적용된 것을 확인할 수 있다.

7.1.4 바벨과 폴리필

자바스크립트의 최신 기능을 모두 사용하면서 오래된 브라우저를 지원하려면 바벨로 코드 문법을 변환하는 동시에 폴리필도 사용해야 한다. 폴리필(polyfill)은 런타임에 기능을 주입하는 것을 말한다. 런타임에 기능이 존재하는지 검사해서 기능이 없는 경우에만 주입한다. 바벨을 사용하면 최신 자바스크립트 표준에 추가된 모든 기능을 사용할 수 있다고 오해하기 쉽다. 바벨을 사용하더라도 폴리필에 대한 설정은 별도로 해야 한다.

한 가지 예로 ES8에 추가된 String.padStart 메서드는 폴리필을 이용해서 추가할 수 있다. 반면에 async await는 폴리필로 추가할 수 없으며, 컴파일 타임에 코드 변환을 해야 한다.

다음은 `String.padStart` 메서드를 폴리필로 추가하는 코드다.

코드 7-21 **폴리필 코드의 예**

```
if (!String.prototype.padStart) { ❶
  String.prototype.padStart = func; // func는 padStart 폴리필 함수
}
```

❶ padStart 메서드가 있는지 검사해서 없는 경우에만 기능을 주입한다.

지금부터 폴리필을 주입하는 다양한 방법을 알아보자.

core-js 모듈의 모든 폴리필 사용하기

core-js는 바벨에서 폴리필을 위해 공식적으로 지원하는 패키지다. 가장 간단한
사용법은 core-js 모듈을 자바스크립트 코드로 불러오는 것이다.

코드 7-23 **core-js 모듈의 사용 예**

```
import 'core-js'; ❶

const p = Promise.resolve(10);
const obj = {
  a: 10,
  b: 20,
  c: 30,
};
const arr = Object.values(obj);
const exist = arr.includes(20);
```

❶ core-js 모듈을 가져오면 해당 모듈의 모든 폴리필이 포함된다. 따라서 낮은
버전의 브라우저에서도 프로미스, `Object.values`, 배열의 `includes` 메서드를 사
용할 수 있다.

웹팩을 사용하는 경우에는 다음과 같이 entry 속성에 core-js 모듈을 넣는다.

코드 7-24 **웹팩에서 core-js 모듈을 사용한 예**

```
module.exports = {
  entry: ['core-js', './src/index.js'],
  // ...
};
```

core-js 모듈은 사용법이 간단하지만, 필요하지 않은 폴리필까지 포함되므로 번
들 파일의 크기가 커진다. 이 말은 반대로 번들 파일의 크기에 민감하지 않은 프

로젝트에서 사용하기 좋다는 의미이기도 하다.

core-js 모듈에서 필요한 폴리필만 가져오기

core-js로부터 직접 필요한 폴리필만 가져오면 번들 파일의 크기를 줄일 수 있다.

코드 7-25 core-js에서 필요한 폴리필을 직접 넣는 코드

```
import 'core-js/features/promise';
import 'core-js/features/object/values';
import 'core-js/features/array/includes';

const p = Promise.resolve(10);
const obj = {
  a: 10,
  b: 20,
  c: 30,
};
const arr = Object.values(obj);
const exist = arr.includes(20);
```

core-js 모듈은 폴리필을 추가하는 과정이 번거롭고, 필요한 폴리필을 깜빡하고 포함시키지 않는 실수를 할 수 있다. 하지만 번들 파일의 크기를 최소화할 수 있는 방법이므로 크기에 민감한 프로젝트에 적합하다.

@babel/preset-env 프리셋 이용하기

@babel/preset-env 프리셋은 실행 환경에 대한 정보를 설정해 주면 자동으로 필요한 기능을 주입해 준다. 예를 들어, babel.config.js 파일에 다음 내용을 입력하면 특정 버전의 브라우저를 위한 플러그인만 포함한다.

코드 7-26 @babel/preset-env 설정 예

```
const presets = [
  [
    '@babel/preset-env',
    {
      targets: '> 0.25%, not dead', ❶
    },
  ],
];

module.exports = { presets };
```

❶ targets 속성으로 지원하는 브라우저 정보를 입력한다. 여기서는 시장 점유율이 **0.25%** 이상이고 업데이트가 종료되지 않은 브라우저를 입력했다. 브라우저 정보는 browserslist라는 패키지의 문법을 사용하므로, 자세한 설정은 해당 패키지의 공식 문서[1]를 참고하기 바란다.

먼저 실습을 위한 프로젝트를 생성한다.

```
mkdir test-babel-env
cd test-babel-env
npm init -y
npm install @babel/core @babel/cli @babel/preset-env core-js
```

프로젝트 루트에 babel.config.js 파일을 만들고, 다음 코드를 입력한다.

코드 7-28 **babel.config.js**

```
const presets = [
  [
    '@babel/preset-env', ❶
    {
      targets: {
        chrome: '40', ❷
      },
      useBuiltIns: 'entry', ❸
      corejs: { version: 3, proposals: true }, ❹
    },
  ],
];

module.exports = { presets };
```

❶ @babel/preset-env 프리셋을 사용한다. ❷ 크롬 버전을 최소 40으로 설정한다. ❸ useBuiltIns 속성은 폴리필과 관련된 설정이다. useBuiltIns 속성에 entry를 입력하면 지원하는 브라우저에서 필요한 폴리필만 포함시킨다. ❹ 바벨에게 core-js 버전을 알려 준다.

프로젝트 루트에 src 폴더를 만들어 보자. src 폴더 밑에 code.js 파일을 만들고, 다음 코드를 입력해 보자.

코드 7-29 **src/code.js**

```
import 'core-js'; ❶
```

---

1 *https://github.com/browserslist/browserslist#full-list*

```
const p = Promise.resolve(10);
const obj = {
  a: 10,
  b: 20,
  c: 30,
};
const arr = Object.values(obj);
const exist = arr.includes(20);
```

❶ useBuiltIns 속성에 entry를 입력하면 core-js 모듈을 가져오는 코드는 각 폴리필 모듈을 가져오는 여러 줄의 코드로 변환된다.

바벨을 실행해 보자.

```
npx babel src/code.js
```

콘솔에 출력되는 내용은 다음과 같다.

코드 7-30 useBuiltIns 속성을 entry로 입력 후 컴파일한 결과

```
use strict";

require("core-js/modules/es.symbol");
require("core-js/modules/es.symbol.description");     ❶
// ...
require("core-js/modules/web.url-search-params");

var p = Promise.resolve(10);
var obj = {
  a: 10,
  b: 20,
  c: 30
};
var arr = Object.values(obj);
var exist = arr.includes(20);
```

❶ 모듈을 가져오는 코드가 수십 줄에 걸쳐서 출력된다. 여기에 출력되는 폴리필은 크롬 버전 40에 없는 기능을 위한 것이다.

실제로 사용한 기능은 프로미스, Object.values, 배열의 includes 메서드밖에 없는데 불필요하게 많은 폴리필 코드가 추가됐다. useBuiltIns 속성에 usage를 입력하면 코드에서 사용된 기능의 폴리필만 추가된다.

babel.config.js 파일에서 useBuiltIns 속성값을 usage로 입력하자. usage를 입력할 때는 core-js 모듈을 가져오는 코드가 필요하지 않다. src/code.js 파일에서

core-js 모듈을 가져오는 코드를 제거해 보자.

다음과 같이 바벨을 실행해 보자.

```
npx babel src/code.js
```

콘솔에 출력되는 내용은 다음과 같다.

코드 7-32 usage 옵션으로 컴파일한 결과

```
"use strict";

require("core-js/modules/es.array.includes");
require("core-js/modules/es.object.values");      ❶
require("core-js/modules/es.promise");
require("core-js/modules/es.string.includes");    ❷
require("core-js/modules/es.object.to-string");

var p = Promise.resolve(10);
var obj = {
  a: 10,
  b: 20,
  c: 30
};
var arr = Object.values(obj);
var exist = arr.includes(20);
```

❶ 이 파일의 코드와 관련된 세 개의 폴리필이 추가됐다. ❷ 문자열의 includes 폴리필이 불필요하게 추가됐다. 이는 바벨이 코드에서 사용된 변수의 타입을 추론하지 못하기 때문이다. 따라서 바벨 입장에서는 보수적으로 폴리필을 추가할 수밖에 없다.

자바스크립트는 동적 타입 언어이기 때문에 바벨 입장에서 타입 추론은 까다로운 문제다. 타입스크립트와 같은 정적 타입 언어를 사용한다면 이런 문제를 비교적 쉽게 해결할 수 있다.

babel.config.js 파일에서 크롬 버전을 조금씩 올려 보면서 바벨을 실행해 보자. 출력되는 코드에 포함되는 폴리필의 개수가 점점 줄어드는 것을 확인할 수 있다.

번들 파일의 크기를 최적화할 목적이라면 필요한 폴리필을 직접 추가하는 방식이 가장 좋다. 만약 적당한 번들 파일 크기를 유지하면서 폴리필 추가를 깜빡하는 실수를 막고 싶다면 @babel/preset-env가 좋은 선택이 될 수 있다.

7.2 바벨 플러그인 제작하기

바벨은 프리셋과 플러그인을 누구나 제작할 수 있도록 API를 제공한다. API를 이용해 바벨 플러그인을 직접 제작해 보고, 바벨이 내부적으로 어떻게 동작하는지 이해해 보자.

7.2.1 AST 구조 들여다보기

바벨은 문자열로 입력되는 코드를 AST(abstract syntax tree)라는 구조체로 만들어서 처리한다. 플러그인에서는 AST를 기반으로 코드를 변경한다. 따라서 플러그인을 제작하려면 AST의 구조를 알아야 한다. AST의 구조를 이해하는 가장 빠른 방법은 astexplorer[2] 사이트에서 코드를 작성해 보고 그 코드로부터 만들어진 AST를 확인하는 것이다.

astexplorer 사이트에서 const v1 = a + b; 코드의 AST를 확인해 보자. 바벨은 babylon이라는 파서(parser)를 이용해서 AST를 만든다. 따라서 astexplorer 사이트의 파서 목록에서 babylon을 선택하면 다음과 같은 결과가 나온다. 가독성을 위해 loc와 같은 일부 속성은 제외했다.

코드 7-33 const v1 = a + b; 코드로 만들어진 AST

```
{
  "type": "Program", ❶
  "start": 0,
  "end": 17,
  "body": [
    {
      "type": "VariableDeclaration", ❷
      "start": 0,
      "end": 17,
      "declarations": [ ❸
        {
          "type": "VariableDeclarator", ❹
          "start": 6,
          "end": 16,
          "id": {
            "type": "Identifier", ❺
            "start": 6,
            "end": 8,
            "name": "v1" ❻
```

2   https://astexplorer.net

```
        },
        "init": {
          "type": "BinaryExpression", ❼
          "start": 11,
          "end": 16,
          "left": {
            "type": "Identifier",
            "start": 11,
            "end": 12,
            "name": "a"
          },
          "operator": "+",
          "right": {
            "type": "Identifier",
            "start": 15,
            "end": 16,
            "name": "b"
          }
        }
      }
    ],
    "kind": "const"
    }
  ],
  "sourceType": "module"
}
```

❶ AST의 각 노드는 type 속성이 있다. ❷ 변수 선언은 VariableDeclaration 타입이다. ❸ 하나의 문장에서 여러 개의 변수를 선언할 수 있기 때문에 배열로 관리된다. ❹ 선언된 변수를 나타내는 타입은 VariableDeclarator이다. ❺ 개발자가 만들어낸 각종 이름은 Identifier 타입으로 만들어진다. ❻ 실제 코드에 사용된 v1이라는 이름이 보인다. ❼ 사칙연산은 BinaryExpression 타입으로 만들어진다. left, right 속성으로 연산에 사용되는 변수나 값이 들어간다.

타입의 종류는 매우 많기 때문에 여기서 모두 나열하는 것은 큰 의미가 없다. 필요할 때마다 문서를 찾거나 astexplorer 사이트에서 직접 확인하면 된다.

7.2.2 바벨 플러그인의 기본 구조

바벨 플러그인은 하나의 자바스크립트 파일로 만들 수 있다. 바벨 플러그인의 기본 구조는 다음과 같다.

코드 7-34 바벨 플러그인의 기본 구조

```
module.exports = function({ types: t }) { ❶
  const node = t.BinaryExpression('+', t.Identifier('a'), t.Identifier('b')); ❷
  console.log('isBinaryExpression:', t.isBinaryExpression(node)); ❸
  return {}; ❹
};
```

❶ types 매개변수를 가진 함수를 내보낸다. ❷ types 매개변수를 이용해서 AST 노드를 생성할 수 있다. 여기서는 두 변수의 덧셈을 AST 노드로 만들었다. ❸ types 매개변수는 AST 노드의 타입을 검사하는 용도로도 사용된다. ❹ 빈 객체를 반환하면 아무 일도 하지 않는다.

이제 반환값의 형태를 자세히 살펴보자.

코드 7-35 바벨 플러그인 함수가 반환하는 값의 형태

```
module.exports = function({ types: t }) {
  return {
    visitor: { ❶
      Identifier(path) { ❷
        console.log('Identifier name:', path.node.name);
      },
      BinaryExpression(path) { ❸
        console.log('BinaryExpression operator:', path.node.operator);
      // ... (모든 괄호 닫기)
```

❶ visitor 객체 내부에서 노드의 타입 이름으로 된 함수를 정의할 수 있다. 해당하는 타입의 노드가 생성되면 같은 이름의 함수가 호출된다. ❷ Identifier 타입의 노드가 생성되면 호출되는 함수다. 만약 const v1 = a + b; 코드가 입력되면 이 함수는 세 번 호출된다. ❸ BinaryExpression 타입의 노드가 생성되면 호출되는 함수다. 만약 const v1 = a + b; 코드가 입력되면 이 함수는 한 번 호출된다.

7.2.3 바벨 플러그인 제작하기: 모든 콘솔 로그 제거

실습을 위해 다음과 같이 프로젝트를 생성한다.

```
mkdir test-babel-custom-plugin
cd test-babel-custom-plugin
npm init -y
npm install @babel/core @babel/cli
```

코드에서 모든 콘솔 로그를 제거하는 플러그인을 만들어 보자.

먼저 프로젝트 루트에 src 폴더를 만들고 src 폴더 밑에 code.js 파일을 만든후, 다음과 같이 콘솔 로그가 포함된 코드를 작성한다.

코드 7-36 콘솔 로그를 포함하는 code.js 파일

```
console.log('aaa');
const v1 = 123;
console.log('bbb');
function onClick(e) {
  const v = e.target.value;
}
function add(a, b) {
  return a + b;
}
```

우리의 목표는 코드에 등장하는 두 개의 콘솔 로그를 제거하는 것이다.

플러그인을 제작하기 위해서는 콘솔 로그 코드의 AST 구조를 이해해야 한다. `console.log('asdf');` 코드의 AST는 다음과 같다.

코드 7-37 콘솔 로그의 AST

```
{
  "type": "Program",
  "start": 0,
  "end": 20,
  "body": [
    {
      "type": "ExpressionStatement", ❶
      "start": 0,
      "end": 20,
      "expression": {
        "type": "CallExpression", ❷
        "start": 0,
        "end": 19,
        "callee": {
          "type": "MemberExpression", ❸
          "start": 0,
          "end": 11,
          "object": {
            "type": "Identifier",
            "start": 0,
            "end": 7,
            "name": "console"
          },
          "property": {
            "type": "Identifier",
            "start": 8,
```

```
    "end": 11,
    "name": "log"
  },
  // ...
```

❶ 콘솔 로그 코드는 ExpressionStatement 노드로 시작한다. ❷ 함수 또는 메서드를 호출하는 코드는 CallExpression 노드로 만들어진다. ❸ 메서드 호출은 CallExpression 노드 내부에서 MemberExpression 노드로 만들어진다. Member Expression 노드 내부에 객체와 메서드의 이름 정보가 보인다.

코드 7-37의 AST 구조를 이용해서 콘솔 로그를 제거하는 플러그인을 작성해 보자. 먼저 프로젝트 루트에 plugins 폴더를 만든다. plugins 폴더 밑에 remove-log.js 파일을 만들고, 다음 코드를 입력한다.

코드 7-38 콘솔 로그를 제거하는 플러그인 코드

```
module.exports = function({ types: t }) {
  return {
    visitor: {
      ExpressionStatement(path) { ❶
        if (t.isCallExpression(path.node.expression)) { ❷
          if (t.isMemberExpression(path.node.expression.callee)) { ❸
            const memberExp = path.node.expression.callee;
            if (
              memberExp.object.name === 'console' &&
              memberExp.property.name === 'log'          ❹
            ) {
              path.remove(); ❺
              // ... (모든 괄호 닫기)
```

❶ ExpressionStatement 노드가 생성되면 호출되도록 메서드를 등록한다. ❷ ExpressionStatement 노드의 expression 속성이 CallExpression 노드인지 검사한다. ❸ callee 속성이 MemberExpression 노드인지 검사한다. ❹ console 객체의 log 메서드가 호출된 것인지 검사한다. ❺ 모든 조건을 만족하면 AST에서 ExpressionStatement 노드를 제거한다.

우리가 만든 플러그인을 바벨 설정에 추가해 보자. 프로젝트 루트에 babel. config.js 파일을 만들고, 다음 코드를 입력한다.

코드 7-39 직접 제작한 플러그인을 사용하도록 설정하기

```
const plugins = ['./plugins/remove-log.js'];
module.exports = { plugins };
```

직전에 만든 플러그인이 사용되도록 설정했다. 바벨을 실행해 보자.

```
npx babel src/code.js
```

콘솔에 출력되는 내용은 다음과 같다.

코드 7-40 콘솔 로그가 제거된 결과

```
const v1 = 123;

function onClick(e) {
  const v = e.target.value;
}

function add(a, b) {
  return a + b;
}
```

의도한 대로 모든 콘솔 로그 코드가 제거됐다.

7.2.4 바벨 플러그인 제작하기: 함수 내부에 콘솔 로그 추가

이번에는 이름이 on으로 시작하는 모든 함수에 콘솔 로그를 추가해 주는 플러그인을 제작해 보자. 먼저 함수의 AST 구조를 파악해 보자. 다음은 `function f1(p1) {let v1;}` 코드로 만들어진 AST다.

코드 7-41 함수의 AST

```
{
  "type": "Program",
  "start": 0,
  "end": 25,
  "body": [
    {
      "type": "FunctionDeclaration", ❶
      "start": 0,
      "end": 25,
      "id": {
        "type": "Identifier",
        "start": 9,
        "end": 11,
        "name": "f1" ❷
      },
      "body": {
        "type": "BlockStatement",
        "start": 16,
```

```
      "end": 25,
      "body": [ ... ], ❸
      // ...
```

❶ 함수를 정의하는 코드는 FunctionDeclaration 노드로 만들어진다. ❷ 함수 이름은 id 속성에 들어 있다. 우리는 이 값이 on으로 시작하는지 검사하면 된다. ❸ BlockStatement 노드의 body 속성에는 함수의 모든 내부 코드에 대한 노드가 배열로 담겨 있다. 우리는 이 배열의 가장 앞쪽에 콘솔 로그 노드를 넣으면 된다.

plugins 폴더 밑에 insert-log.js 파일을 만들고, 다음 코드를 입력해 보자.

코드 7-42 콘솔 로그를 추가하는 플러그인

```
module.exports = function({ types: t }) {
  return {
    visitor: {
      FunctionDeclaration(path) { ❶
        if (path.node.id.name.substr(0, 2) === 'on') { ❷
          path
            .get('body')
            .unshiftContainer( ❸
              'body',
              t.expressionStatement(
                t.callExpression(
                  t.memberExpression(
                    t.identifier('console'),
                    t.identifier('log'),
                  ),
                  [t.stringLiteral(`call ${path.node.id.name}`)],
                ),
              ),
              // ... (모든 괄호 닫기)
```

❹

❶ FunctionDeclaration 노드가 생성되면 호출되는 함수를 정의한다. ❷ 함수 이름이 on으로 시작하는지 검사한다. ❸ body 배열의 앞쪽에 노드를 추가하기 위해 unshiftContainer 메서드를 호출한다. ❹ 콘솔 로그 노드를 생성한다. 이 노드는 console.log(`call ${함수 이름}`); 형태의 코드를 담고 있다.

babel.config.js 파일을 수정해서 remove-log.js 플러그인을 insert-log.js 플러그인으로 교체하자.

이제 바벨을 실행해 보자.

```
npx babel src/code.js
```

콘솔에 출력되는 코드는 다음과 같다.

코드 7-44 콘솔 로그가 추가된 결과

```
console.log('aaa');
const v1 = 123;
console.log('bbb');

function onClick(e) {
  console.log("call onClick"); ❶
  const v = e.target.value;
}

function add(a, b) {
  return a + b;
}
```

❶ on으로 시작하는 함수의 최상단에 콘솔 로그를 출력하는 코드가 생성된 것을 확인할 수 있다.

7.3 웹팩 초급편

웹팩은 모듈(module) 번들러(bundler)다.[3] 여기서 모듈은 각 리소스 파일을 말하고, 번들은 웹팩 실행 후에 나오는 결과 파일이다. 하나의 번들 파일은 여러 모듈로 만들어진다. 웹팩을 이용하면 우리가 제작한 여러 가지 리소스를 사용자에게 전달하기 좋은 형태로 만들 수 있다.

웹팩이 필요한 이유

2000년대 초반의 웹 페이지는 페이지가 바뀔 때마다 새로운 HTML을 요청해서 화면을 매번 그리는 방식이었다. 자바스크립트는 돔을 조작하는 간단한 역할만 했기 때문에 HTML의 script 태그에 넣는 것으로도 충분했다. Ajax가 유행했을 때는 자바스크립트의 비중이 조금 더 커졌지만 그래 봐야 페이지당 자바스크립트 파일 몇 개면 충분했다. 그러나 단일 페이지 애플리케이션은 하나의 HTML에 수십, 수백 개의 자바스크립트 파일을 포함하기 때문에 더는 기존 방식이 통할 리 없었다.

　다음은 모든 자바스크립트 파일을 script 태그로 가져오는 코드다.

3　*https://webpack.js.org/concepts*

코드 7-45 모든 자바스크립트 파일을 script 태그로 가져오는 코드

```html
<html>
  <head>
    <script src="javascript_file_1.js" />
    <script src="javascript_file_2.js" />
    // ...
    <script src="javascript_file_999.js" />
  </head>
  // ...
</html>
```

코드 7-45의 방식으로는 계속 늘어나는 자바스크립트 파일을 관리하기 힘들다.
또한 실행되는 순서도 신경 써야 하고, 기존에 생성된 전역 변수를 덮어쓰는 위
험도 존재한다.

다음은 웹팩을 사용하지 않고 script 태그를 이용해서 외부 모듈을 가져오는
코드다.

코드 7-46 웹팩을 사용하지 않고 script 태그를 이용해서 외부 모듈을 가져오는 코드

```html
// index.html
<html>
  <head>
    <script src="https://unpkg.com/lodash@4.17.11"></script> ❷
  </head>
  <body>
    <script src="./index.js"></script>
  </body>
</html>

// index.js
const element = document.createElement('div');
element.innerHTML = _.join(['hello', 'world'], ' '); ❶
document.body.appendChild(element);
```

❶ index.js 파일에서는 로다시를 사용하는데, 로다시가 전역 변수로 등록되어
있다고 가정하고 코드를 작성한다. ❷ index.html 파일에서 script 태그를 이용
해서 로다시를 가져온다.

사실 이 방식은 여러 가지 문제를 안고 있다. ❷의 주솟값에 오타가 있다면 로
다시를 가져오는 데 실패한다. 주솟값을 제대로 입력했더라도 unpkg 사이트에
장애가 있는 경우에는 마찬가지로 로다시를 가져오는 데 실패한다. 로다시가 필
요 없어져 모든 자바스크립트 코드에서 로다시를 제거할 때도 문제가 생길 수

있다. script 태그를 지우는 것을 깜빡하면 불필요한 리소스의 다운로드가 발생하고 초기 렌더링 속도를 느리게 하는 원인이 된다.

그러나 웹팩을 이용하면 앞에서 나열한 문제들을 해결할 수 있다. 지금부터 실습을 통해 웹팩으로 할 수 있는 일들을 하나씩 살펴보자.

7.3.1 웹팩 실행하기

먼저 실습을 위한 프로젝트를 다음과 같이 생성해 보자.

```
mkdir webpack-init
cd webpack-init
npm init -y
npm install webpack webpack-cli
```

webpack-cli를 이용하면 CLI(command line interface)에서 웹팩을 실행할 수 있다.[4]

프로젝트 루트에 src 폴더를 만들고 그 밑에 util.js 파일을 만들자. util.js 파일의 내용은 다음과 같다.

코드 7-47 **util.js 파일**

```
export function sayHello(name) {
  console.log('hello', name);
}
```

그 다음에는 src 폴더 밑에 index.js 파일을 만들고 util.js 모듈의 **sayHello** 함수를 사용하는 코드를 작성한다.

코드 7-48 **util.js 모듈을 사용하는 index.js 파일**

```
import { sayHello } from './util';

function myFunc() {
  sayHello('mike');
  console.log('myFunc');
}
myFunc();
```

이제 웹팩을 실행해 보자.

---

4 webpack-cli를 이용하지 않고 코드를 통해 직접 실행할 수도 있다. create-react-app이나 next.js 같은 프레임워크에서는 세밀하게 웹팩을 다뤄야 하므로 webpack-cli를 이용하지 않고 코드에서 직접 실행한다. 이 책에서는 webpack-cli를 이용해서 웹팩을 실행하는 방법만 설명한다.

```
npx webpack
```

웹팩을 실행하면 dist 폴더가 만들어지고 그 밑에 main.js 번들 파일이 생성된다. index.js 모듈과 util.js 모듈이 main.js 번들 파일로 합쳐졌다. 별다른 설정 없이 웹팩을 실행하면 ./src/index.js 모듈을 입력으로 받아서 ./dist/main.js 번들 파일을 만든다.

설정 파일 이용하기

설정 파일을 이용하는 방법을 알아보자. 프로젝트 루트에 webpack.config.js 파일을 만들고, 다음 코드를 입력한다.

코드 7-49 **webpack.config.js 파일**

```
const path = require('path');

module.exports = {
  entry: './src/index.js', ❶
  output: {
    filename: 'main.js',
    path: path.resolve(__dirname, 'dist'),   ❷
  },
  mode: 'production', ❸
  optimization: { minimizer: [] }, ❹
};
```

❶ index.js 모듈을 입력 파일로 사용한다. ❷ dist 폴더 밑에 main.js 번들 파일을 생성한다. ❸ 프로덕션 모드로 설정하면 자바스크립트 코드 압축을 포함한 여러 가지 최적화 기능이 기본으로 들어간다. ❹ 번들 파일의 내용을 쉽게 확인하기 위해 압축하지 않도록 설정한다.

웹팩을 실행해 보자.

```
npx webpack
```

그러면 자동으로 프로젝트 루트의 설정 파일이 사용된다. 생성된 dist/main.js 파일의 내용은 다음과 같다.

코드 7-50 **웹팩이 생성한 번들 파일의 내용**

```
(function(modules) { ❶
```

```
    var installedModules = {};
    function __webpack_require__(moduleId) {/* ... */}
    __webpack_require__.m = modules;
    __webpack_require__.c = installedModules;
    __webpack_require__.d = function(exports, name, getter) {/* ... */}      ❷
    __webpack_require__.r = function(exports) {/* ... */}
    __webpack_require__.t = function(value, mode) {/* ... */}
    __webpack_require__.n = function(module) {/* ... */}
    __webpack_require__.o = function(object, property) {/* ... */}
    __webpack_require__.p = '';
    return __webpack_require__((__webpack_require__.s = 0));
  })([
    function(module, __webpack_exports__, __webpack_require__) {
      'use strict';
      __webpack_require__.r(__webpack_exports__);
      function sayHello(name) {
        console.log('hello', name);
      }
      function myFunc() {                         ❸
        sayHello('mike');
        console.log('myFunc');
      }
      myFunc();
    },
  ]);
```

❶ 번들 파일 전체가 즉시 실행 함수(immediately invoked function expression)
로 묶여 있다. ❷ 모듈을 관리하는 웹팩 런타임(runtime) 코드다. 설정 파일에서
entry 파일을 여러 개 입력하면 각 entry에 의해 생성되는 번들 파일에는 웹팩
런타임 코드가 들어간다. ❸ 우리가 작성한 코드다. 우리가 작성한 코드는 ❶ 즉
시 실행 함수의 매개변수로 입력된다. window, global 등의 전역 변수를 사용하
는지, commonJS, AMD 등의 모듈 시스템을 사용하는지의 여부에 따라 번들 파
일의 내용은 달라질 수 있다.

7.3.2 로더 사용하기

로더(loader)는 모듈을 입력으로 받아서 원하는 형태로 변환한 후 새로운 모듈
을 출력해 주는 함수다. 자바스크립트 파일뿐만 아니라 이미지 파일, CSS 파일,
CSV 파일 등 모든 파일은 모듈이 될 수 있다. 몇 가지 로더를 살펴보면서 다양한
형태의 모듈이 어떻게 처리될 수 있는지 알아보자.

먼저 실습을 위한 프로젝트를 생성하자.

```
mkdir webpack-loader
cd webpack-loader
npm init -y
npm install webpack webpack-cli
```

자바스크립트 파일 처리하기

가장 먼저 자바스크립트 파일을 처리하는 babel-loader를 알아보자. babel-loader를 사용하기 위해 다음과 같이 필요한 패키지를 설치한다.

```
npm install babel-loader @babel/core @babel/preset-react react react-dom
```

이는 자바스크립트 코드에서 JSX 문법으로 작성된 리액트 코드를 처리하기 위해 필요한 패키지들이다.

프로젝트 루트에 src 폴더를 만들고 그 밑에 index.js 파일을 만들자. index.js 파일에는 다음과 같이 JSX 문법을 사용하는 코드를 입력한다.

코드 7-51 **JSX 문법을 사용한 자바스크립트 코드**

```
import React from 'react';
import ReactDOM from 'react-dom';

function App() {
  return (
    <div className="container">
      <h3 className="title">webpack example</h3>
    </div>
  );
}

ReactDOM.render(<App />, document.getElementById('root'));
```

프로젝트 루트에 babel.config.js 파일을 만들고, 다음과 같이 @babel/preset-react 프리셋을 사용하도록 설정한다.

코드 7-52 **@babel/preset-react을 사용하도록 설정하기**

```
const presets = ['@babel/preset-react'];
module.exports = { presets };
```

프로젝트 루트에 webpack.config.js 파일을 만들고 다음과 같이 babel-loader를 설정해 보자.

코드 7-53 **babel-loader 설정하기**

```
const path = require('path');

module.exports = {
  entry: './src/index.js',
  output: {
    filename: 'main.js',
    path: path.resolve(__dirname, 'dist'),
  },
  module: {
    rules: [
      {
        test: /\.js$/,
        exclude: /node_modules/,     ❶
        use: 'babel-loader',
      },
    ],
  },
  mode: 'production',
};
```

❶ js 확장자를 갖는 모듈은 babel-loader가 처리하도록 설정한다.

웹팩을 실행해 보면 dist 폴더 밑에 main.js 파일이 생성된다. 잘 동작하는지 확인하기 위해 dist 폴더 밑에 index.html 파일을 만들고, 다음 코드를 입력한다.

코드 7-54 **index.html 파일**

```
<html>
  <body>
    <div id="root" />
    <script src="./main.js"></script>
  </body>
</html>
```

index.html 파일을 브라우저에서 실행해 보면 의도한 대로 잘 동작하는 것을 확인할 수 있다. 만약 babel-loader를 설정하지 않고 웹팩을 실행하면 웹팩이 JSX 문법을 이해하지 못하기 때문에 에러가 발생한다.

CSS 파일 처리하기

이제 CSS 파일을 처리하는 로더를 알아보자.

```
npm install css-loader
```

src 폴더 밑에 App.css 파일을 만들고 다음 내용을 입력해 보자.

코드 7-55 **App.css**

```css
.container {
  border: 1px solid blue;
}
.title {
  color: red;
}
```

index.js 파일에는 App.css 파일을 사용하는 코드를 추가한다.

코드 7-56 **App.css 파일을 사용하는 코드**

```js
// ...
import Style from './App.css'; ❶
console.log({ Style });
// ...
```

❶ 자바스크립트 모듈에서 CSS 모듈을 불러온다. 현재는 CSS 모듈을 처리하는 로더가 없기 때문에 웹팩을 실행하면 에러가 발생한다. webpack.config.js 파일에 다음 코드를 추가해 보자.

코드 7-57 **css-loader 설정하기**

```js
  // ...
  module: {
    rules: [
      // ...
      {
        test: /\.css$/, ❶
        use: 'css-loader',
      },
      //...
```

❶ css 확장자를 갖는 모듈은 css-loader가 처리하도록 설정한다.

웹팩 실행 후 index.html을 브라우저에서 확인해 보자. 콘솔에 출력된 내용을 확인해 보면 CSS 모듈의 내용이 보인다. 하지만 화면에 보이는 돔 요소의 스타일은 변경되지 않았다. 스타일을 실제로 적용하기 위해서는 style-loader가 필요하다.

```
npm install style-loader
```

style-loader를 사용하도록 webpack.config.js 파일의 내용을 다음과 같이 수정
하자.

코드 7-58 style-loader를 사용하도록 설정하기

```
{
  test: /\.css$/,
  use: ['style-loader', 'css-loader'], ❶
}
```

❶ 로더를 배열로 입력하면 오른쪽 로더부터 실행된다. style-loader는 css-loader
가 생성한 CSS 데이터를 style 태그로 만들어서 HTML head에 삽입한다. style-
loader는 번들 파일이 브라우저에서 실행될 때 style 태그를 삽입한다. 따라서
번들 파일이 실행되다가 에러가 발생하면 style 태그가 삽입되지 않을 수 있다.

css-module 기능을 이용하면 스타일 코드를 지역화할 수 있다는 것을 1장에서
확인했다. 사실 css-module은 css-loader가 제공해 주는 기능이다. css-loader는
이 외에도 CSS 코드에서 사용된 @import, url() 등의 처리를 도와준다.

이제 웹팩을 실행해서 브라우저로 결과를 확인해 보자. 스타일이 제대로 적용
된 것을 확인할 수 있다.

기타 파일 처리하기

다른 종류의 파일도 처리해 보자. 먼저 임의의 PNG 파일을 src 폴더 밑에 icon.
png 파일로 저장한다. src 폴더 밑에 data.txt 파일을 만들고 아무 내용이나 입력
해 보자. 마찬가지로 src 폴더 밑에 data.json 파일을 만든 다음 내용을 입력한다.

코드 7-59 data.json 파일

```
{
  "name": "mike",
  "age": 23
}
```

index.js 파일에서 지금까지 추가한 파일을 사용하도록 다음과 같이 수정해
보자.

코드 7-60 다양한 종류의 모듈을 사용하는 코드

```
// ...
import './App.css';
```

```
import Icon from './icon.png';
import Json from './data.json';
import Text from './data.txt';

export function App() {
  return (
    <div className="container">
      <h3 className="title">webpack example</h3>
      <div>{`name: ${Json.name}, age: ${Json.age}`}</div>
      <div>{`text: ${Text}`}</div>
      <img src={Icon} />
    </div>
  );
}
// ...
```

❶ JSON, TXT, PNG 모듈을 사용한다.

JSON 모듈은 웹팩에서 기본적으로 처리해 주기 때문에 별도의 로더를 설치하지 않아도 된다. TXT 모듈과 PNG 모듈을 처리하기 위해 다음 패키지를 설치하자.

```
npm install file-loader raw-loader
```

file-loader는 모듈의 내용을 그대로 복사해서 dist 폴더 밑에 복사본을 만든다. 그리고 모듈을 사용하는 쪽에는 해당 모듈의 경로를 넘겨준다. raw-loader는 모듈의 내용을 그대로 자바스크립트 코드로 가져온다.

webpack.config.js 파일에 file-loader와 raw-loader를 설정하는 코드를 추가하자.

코드 7-61 **file-loader와 raw-loader 설정하기**

```
module: {
  rules: [
    // ...
    {
      test: /\.(png|jpg|gif)$/, ❶
      use: 'file-loader',
    },
    {
      test: /\.txt$/, ❷
      use: 'raw-loader',
    },
    // ...
```

❶ PNG 모듈은 `file-loader`가 처리하도록 설정한다. ❷ TXT 모듈은 `raw-loader`가 처리하도록 설정한다.

웹팩 실행 후 dist 폴더에 생성된 이미지 파일의 이름에는 해시값이 포함되어 있다. 이 해시값은 이미지 파일을 수정하는 경우에만 변경되기 때문에 사용자에게 전달된 이미지 파일은 브라우저의 캐싱 효과를 최대한 활용할 수 있다.

브라우저에서 결과를 보면 의도한 대로 잘 나오는 것을 확인할 수 있다.

이미지 파일의 요청 횟수 줄이기

이미지 파일을 번들 파일에 포함시키면 브라우저의 파일 요청 횟수를 줄일 수 있다. 이때 번들 파일 크기가 너무 커지면 자바스크립트가 늦게 실행되므로 작은 이미지 파일만 포함시키는 게 좋다. url-loader를 사용해서 크기가 작은 이미지 파일만 번들 파일에 포함시켜 보자.

```
npm install url-loader
```

webpack.config.js 파일에서 이전에 작성했던 file-loader 설정을 지우고 다음과 같이 url-loader 설정으로 변경하자.

코드 7-62 **url-loader 설정하기**

```
// ...
module: {
  rules: [
    // ...
    {
      test: /\.(png|jpg|gif)$/,
      use: [
        {
          loader: 'url-loader',
          options: {
            limit: 8192, ❶
          // ... (모든 괄호 닫기)
```

❶ url-loader는 파일 크기가 이 값보다 작은 경우에는 번들 파일에 파일의 내용을 포함시킨다. 만약 파일 크기가 이 값보다 큰 경우에는 다른 로더가 처리할 수 있도록 `fallback` 옵션을 제공한다. `fallback` 옵션을 입력하지 않으면 기본적으로 file-loader가 처리하게 되어 있다.

`limit` 옵션에 icon.png 파일보다 큰 값을 입력하고 웹팩을 실행해 보자. 브라

우저에서 img 태그의 src 속성값을 확인해 보면 파일의 경로가 아니라 데이터가 입력된 것을 확인할 수 있다.

7.3.3 플러그인 사용하기

플러그인은 로더보다 강력한 기능을 갖는다. 로더는 특정 모듈에 대한 처리만 담당하지만 플러그인은 웹팩이 실행되는 전체 과정에 개입할 수 있다. 몇 가지 유용한 플러그인을 살펴보자.

실습을 위한 프로젝트 준비하기

먼저 실습을 위한 프로젝트를 생성해 보자.

```
mkdir webpack-plugin
cd webpack-plugin
npm init -y
npm install webpack webpack-cli
```

프로젝트 루트에 src 폴더를 만들고 그 밑에 index.js 파일을 만든다. index.js 파일에 간단한 리액트 프로그램의 코드를 작성해 보자.

코드 7-63 **간단한 리액트 프로그램의 코드**

```
import React from 'react';
import ReactDom from 'react-dom';

function App() {
  return (
    <div>
      <h3>안녕하세요, 웹팩 플러그인 예제입니다.</h3>
      <p>html-webpack-plugin 플러그인을 사용합니다.</p>
    </div>
  );
}

ReactDom.render(<App />, document.getElementById('root'));
```

이 코드를 컴파일하기 위한 패키지를 설치해 보자.

```
npm install @babel/core @babel/preset-react babel-loader react react-dom
```

프로젝트 루트에 webpack.config.js 파일을 만들고 다음과 같이 babel-loader를 사용하도록 설정한다.

코드 7-64 babel-loader를 사용하도록 설정하기

```
const path = require('path');

module.exports = {
  entry: './src/index.js',
  output: {
    filename: '[name].[chunkhash].js', ❶
    path: path.resolve(__dirname, 'dist'),
  },
  module: {
    rules: [
      {
        test: /\.js$/,
        use: {
          loader: 'babel-loader',
          options: {                          ❷
            presets: ['@babel/preset-react'],
          },
        },
      },
    ],
  },
  mode: 'production',
};
```

❶ chunkhash를 사용하면 파일의 내용이 수정될 때마다 파일 이름이 변경되도록 할 수 있다. ❷ 자바스크립트 모듈을 처리하도록 babel-loader를 설정한다. babel.config.js 파일로 바벨을 설정할 수도 있지만 여기처럼 babel-loader에서 직접 바벨 설정을 할 수도 있다.

html-webpack-plugin

웹팩을 실행해서 나오는 결과물을 확인하기 위해서는 이전처럼 HTML 파일을 수동으로 작성해야 한다. 여기서는 번들 파일 이름에 chunkhash 옵션을 설정했기 때문에 파일의 내용이 변경될 때마다 HTML 파일의 내용도 수정해야 한다. 이 작업을 자동으로 하는 플러그인이 html-webpack-plugin이다. 다음과 같이 필요한 플러그인을 설치하자.

```
npm install clean-webpack-plugin html-webpack-plugin
```

clean-webpack-plugin은 웹팩을 실행할 때마다 dist 폴더를 정리한다. 여기서는 번들 파일의 내용이 변경될 때마다 파일 이름도 변경되기 때문에 이전에 생성된 번들 파일을 정리하는 용도로 사용한다.

설치한 플러그인을 사용하기 위해 webpack.config.js 파일에 다음 설정을 추가해 보자.

코드 7-65 **html-webpack-plugin을 사용하도록 설정하기**

```
// ...
const { CleanWebpackPlugin } = require('clean-webpack-plugin');
const HtmlWebpackPlugin = require('html-webpack-plugin');

module.exports = {
  // ...
  plugins: [
    new CleanWebpackPlugin(), ❶
    new HtmlWebpackPlugin({
      template: './template/index.html',    ❷
    }),
  ],
  //...
```

❶ 웹팩이 실행될 때마다 dist 폴더를 정리하도록 clean-webpack-plugin을 설정한다. ❷ index.html 파일이 자동으로 생성되도록 html-webpack-plugin을 설정한다. 이때 우리가 원하는 형태를 기반으로 index.html 파일이 생성되도록 template 옵션을 설정한다.

프로젝트 루트에 template 폴더를 만들고 그 밑에 index.html 파일을 만들어 보자. html-webpack-plugin이 생성하는 HTML에 포함시킬 내용을 index.html 파일에 추가한다.

코드 7-66 **template/index.html**

```
<html>
<head>
  <title>웹팩 플러그인 예제</title> ❶
</head>
<body>
  <div id="root" /> ❷
</body>
</html>
```

❶ head 태그 안에 제목을 입력한다. ❷ 리액트에서 사용될 div 요소를 정의한다. 기타 필요한 태그를 이 파일에 추가하면 html-webpack-plugin이 생성하는 새로

운 HTML 파일에 같이 포함된다.

웹팩을 실행하면 dist 폴더 밑에 index.html 파일이 생성된다. dist/index.html 파일의 내용은 다음과 같다.

코드 7-67 html-webpack-plugin이 생성한 HTML 파일

```
<html>
<head>
  <title>웹팩 플러그인 예제</title>
</head>
<body>
  <div id="root" />
  <script type="text/javascript" src="main.8d77122044eebd82d355.js">
  </script></body>
</html>
```
❶

❶ 번들 파일이 script 태그로 등록된다. 이 파일을 브라우저에서 실행하면 제대로 동작하는 것을 확인할 수 있다.

DefinePlugin

이번에는 모듈 내부에 있는 문자열을 대체해 주는 DefinePlugin을 사용해 보자. 이 플러그인은 웹팩에 내장된 플러그인이기 때문에 별도로 설치할 필요는 없다.

먼저 다음과 같이 DefinePlugin으로 대체할 문자열을 index.js 파일에 추가한다.

코드 7-68 DefinePlugin으로 대체할 문자열

```
// ...
    <div>
      // ...
      <p>{`앱 버전은 ${APP_VERSION}입니다.`}</p>
      <p>{`10 * 10 = ${TEN * TEN}`}</p>
    </div>
// ...
```
❶

❶ APP_VERSION, TEN 문자열을 우리가 원하는 문자열로 대체한다.

webpack.config.js 파일에 다음 코드를 추가해 보자.

코드 7-69 DefinePlugin을 사용하도록 설정하기

```
// ...
const webpack = require('webpack');
```

```
module.exports = {
  // ...
  plugins: [
    // ...
    new webpack.DefinePlugin({ ❶
      APP_VERSION: '"1.2.3"', // 또는 JSON.stringify('1.2.3'), ❷
      TEN: '10', ❸
    }),
    // ...
```

❶ DefinePlugin은 웹팩 모듈에 포함되어 있다. ❷ APP_VERSION 문자열을 '1.2.3'으로 대체한다. ❸ TEN 문자열을 10으로 대체한다.

웹팩 실행 후 번들 파일의 내용을 확인해 보자. 코드가 압축된 상태라서 확인이 쉽지는 않지만 대략 다음과 같은 코드를 확인할 수 있다.

코드 7-70 **DefinePlugin으로 문자열을 대체한 결과**

```
o.a.createElement(
  'div',
  null,
  o.a.createElement('h3', null, '안녕하세요, 웹팩 플러그인 예제입니다.'),
  o.a.createElement('p', null, 'html-webpack-plugin 플러그인을 사용합니다.'),
  o.a.createElement('p', null, '앱 버전은 1.2.3입니다.'), ❶
  o.a.createElement('p', null, '10 * 10 = 100'), ❷
);
```

❶ APP_VERSION 문자열이 의도대로 대체된 것을 확인할 수 있다. ❷ TEN 문자열은 10으로 대체된 후 곱하기 연산의 결과인 100이 번들 파일에 들어간다. 두 경우 모두 프로덕션 모드로 웹팩을 실행했기 때문에 미리 계산된 결과가 번들 파일에 포함됐다.

ProvidePlugin

자주 사용되는 모듈은 import 키워드를 사용해서 가져오는 게 귀찮을 수 있다. 다음은 자주 사용되는 대표적인 모듈의 예다.

코드 7-71 **자주 사용되는 모듈의 예**

```
import React from 'react'; ❶
import $ from 'jquery'; ❷
```

❶ JSX 문법을 사용하면 리액트 모듈을 사용하지 않는 것처럼 느껴질 수 있다.

사실은 바벨이 JSX 문법을 React.createElement 코드로 변환해 주기 때문에 리액트 모듈이 필요하다. 따라서 JSX 문법을 사용하는 파일을 작성한다면 ❶번 코드를 상단에 적어야 한다. ❷ 리액트와 같은 프레임워크에서는 거의 필요가 없지만 jquery에 익숙한 개발자는 이와 같은 코드를 반복적으로 작성하게 된다.

ProvidePlugin를 사용하면 미리 설정한 모듈을 자동으로 등록해 준다. 이 플러그인은 웹팩에 기본으로 포함되어 있기 때문에 별도로 설치할 필요는 없다. ProvidePlugin의 기능을 확인하기 위해 index.js 파일을 수정해 보자.

코드 7-72 import 키워드 없이 모듈을 사용하는 코드

```
// import React from 'react'; ❶
import ReactDom from 'react-dom';
// ...
ReactDom.render(<App />, $('#root')[0]); ❷
```

❶ 리액트 모듈을 주석 처리했다. ❷ jquery를 사용해서 돔 요소를 가져온다. jquery 모듈을 가져오는 import 코드는 작성하지 않아도 된다.

이제 webpack.config.js 파일에 ProvidePlugin을 설정하는 코드를 추가해 보자.

코드 7-73 ProvidePlugin을 사용하도록 설정하기

```
// ...
  plugins: [
    // ...
    new webpack.ProvidePlugin({
      React: 'react',   ⎤❶
      $: 'jquery',      ⎦
    }),
  ],
  // ...
```

❶ 리액트 모듈과 jquery 모듈을 ProvidePlugin 설정에 추가한다.

다음과 같이 jquery 패키지를 설치하자.

```
npm install jquery
```

웹팩을 실행해 보면 에러 없이 번들 파일이 생성되는 것을 확인할 수 있다.

7.4 웹팩 고급편

지금까지 웹팩의 기본적인 사용법을 알아봤다. 이제 웹팩을 이용해서 애플리케이션의 번들 파일을 최적화하는 몇 가지 방법을 살펴보자. 그리고 로더와 플러그인을 직접 제작해 보면서 웹팩이 내부적으로 어떻게 동작하는지 이해해 보자.

7.4.1 나무 흔들기

나무 흔들기(tree shaking)는 불필요한 코드를 제거해 주는 기능이다. 나무를 흔들어서 말라 죽은 잎을 떨어뜨리는 것을 비유해서 지은 이름이다. 웹팩은 기본적으로 나무 흔들기 기능을 제공한다. 단, 웹팩이 알아서 모든 경우를 잘 처리해 주면 좋겠지만 제대로 동작하지 않는 경우가 있다. 따라서 나무 흔들기를 잘 이해하고 있어야 번들 파일 크기를 최소로 유지할 수 있다.

먼저 나무 흔들기를 실습할 프로젝트를 생성해 보자.

```
mkdir webpack-tree-shaking
cd webpack-tree-shaking
npm init -y
npm install webpack webpack-cli
```

프로젝트 루트에 src 폴더를 만들고 그 밑에 util_esm.js 파일을 만든다. util_esm.js 파일에는 다음과 같이 두 개의 함수를 내보내는 코드를 입력한다.

코드 7-74 **util_esm.js 파일**

```
export function func1() {
  console.log('func1');
}
export function func2() {
  console.log('func2');
}
```

ESM(ECMAScript Modules) 문법을 사용하는 코드다. ESM은 자바스크립트 표준 모듈 시스템이다. ESM에서는 import, export 등의 키워드를 사용한다.

이번에는 코드 7-74를 commonJS 문법으로 작성해 보자. src 폴더 밑에 util_commonjs.js 파일을 만들고 다음 코드를 입력한다.

코드 7-75 **util_commonjs.js**

```
function func1() {
```

```
  console.log('func1');
}
function func2() {
  console.log('func2');
}
module.exports = { func1, func2 }; ❶
```

❶ commonJS에서는 `module.exports`, `require` 등의 키워드를 사용한다. commonJS 문법은 노드(Node.js)에서 많이 사용된다.

src 폴더 밑에 index.js 파일을 만들고 util_esm.js 모듈로부터 함수를 가져오는 코드를 입력해 보자.

코드 7-76 util_esm.js 모듈의 일부 함수만 가져오는 코드

```
import { func1 } from './util_esm'; ❶
func1();
```

❶ ESM 문법으로 작성된 모듈을 ESM 문법으로 가져오고 있다. func1 함수만 사용하고 func2 함수는 사용하지 않는다.

웹팩 실행 후 번들 파일을 열어 보면 func2 함수가 보이지 않는다. 나무 흔들기 덕분에 func2 함수가 제거된 것을 확인할 수 있다.

나무 흔들기가 실패하는 경우

이번에는 index.js 파일에서 util_commonjs 모듈을 사용하도록 수정해 보자.

코드 7-77 commonJS 모듈의 일부 함수만 사용하는 코드

```
import { func1 } from './util_commonjs'; ❶
func1();
```

❶ commonJS 문법으로 작성된 모듈을 ESM 문법으로 가져오고 있다.

웹팩 실행 후 번들 파일을 열어 보면 func2 함수가 보인다. 무엇이 문제일까? 나무 흔들기는 다음과 같은 경우에 동작하지 않는다.

- 사용되는 모듈이 ESM(ECMAScript Modules)이 아닌 경우
- 사용하는 쪽에서 ESM이 아닌 다른 모듈 시스템을 사용하는 경우
- 동적 임포트(dynamic import)를 사용하는 경우

코드 7-77에서는 사용되는 util_commonjs.js 모듈이 ESM이 아니기 때문에 나무

흔들기가 동작하지 않았다. 사용되는 쪽과 사용하는 쪽 모두 ESM 문법을 사용하면 나무 흔들기가 제대로 동작한다.

이번에는 동적 임포트를 사용하도록 index.js 파일을 수정해 보자.

코드 7-79 동적 임포트를 사용하는 코드

```
import('./util_esm').then(util => util.func1()); ❶
```

❶ 동적 임포트를 사용하면 동적으로 모듈을 가져올 수 있다. 하지만 동적 임포트를 사용하면 나무 흔들기가 동작하지 않는다. 동적 임포트에 대해서는 뒤에서 자세히 설명한다.

util_esm.js 모듈의 func2 함수를 사용하지 않는다고 무조건 코드를 제거하면 문제가 될 수 있다. 예를 들어, 다음과 같이 모듈 내부에서 자신의 함수를 호출하는 경우에는 웹팩이 해당 함수를 제거하지 않는다.

코드 7-80 모듈 내부에서 자신의 함수를 호출하는 코드

```
const arr = [];
export function func1() {
  console.log('func1', arr.length);
}
export function func2() {
  arr.push(10); ❶
  console.log('func2');
}
func2(); ❷
```

❶ func2 함수는 전역 변수를 변경한다. ❷ 모듈이 평가(evaluation)될 때 func2 함수가 실행된다. 모듈은 최초로 사용될 때 한 번 평가되는데, 이때 전역 변수 arr이 변경된다. 만약 나무 흔들기 단계에서 func2 함수가 제거되면 func1 함수는 의도한 대로 동작하지 않는다. 다행히 웹팩은 ❷와 같이 모듈이 평가되는 시점에 호출되는 함수를 제거하지 않는다.

외부 패키지의 나무 흔들기

외부 패키지에 대해서도 나무 흔들기가 적용된다. 하지만 외부 패키지는 저마다 다양한 방식의 모듈 시스템을 사용하기 때문에 나무 흔들기가 제대로 동작하지 않을 수 있다.

예를 들어, 로다시 패키지는 ESM으로 되어 있지 않기 때문에 나무 흔들기로 코드가 제거되지 않는다. 다음은 로다시 모듈을 사용하는 코드다.

코드 7-81 로다시 모듈의 잘못된 사용 예

```
import { fill } from 'lodash'; ❶
const arr = [1, 2, 3];
fill(arr, 'a');
```

❶ 여기서는 로다시의 fill 함수만 사용하지만 웹팩으로 만들어진 번들 파일 (70.4kb)에는 로다시의 모든 코드가 포함되어 있다.

　로다시는 각 함수를 별도의 파일로 만들어서 제공해 준다. 따라서 다음과 같이 특정 함수의 모듈을 가져올 수 있다.

코드 7-82 로다시 모듈을 잘 사용한 예 (1)

```
import fill from 'lodash/fill';
// ...
```

코드 7-82와 함께 웹팩을 실행하면 번들 파일(4.16kb)에는 fill 함수의 코드만 포함된다. 로다시에서는 ESM 모듈 시스템을 사용하는 lodash-es 패키지를 별도로 제공한다. 다음은 lodash-es 패키지를 사용하는 코드다.

코드 7-83 로다시 모듈을 잘 사용한 예 (2): loadash-es 패키지 사용하기

```
import { fill } from 'lodash-es';
// ...
```

lodash-es 모듈을 가져오는 경우에는 나무 흔들기가 제대로 적용된다.

　이처럼 본인이 사용하는 패키지에 적용된 모듈 시스템이 무엇인지, ESM이 아니라면 각 기능을 별도의 파일로 제공하는지 여부를 파악해야 번들 크기를 줄일 수 있다.

바벨 사용 시 주의할 점

또 하나 주의할 점은 우리가 작성한 코드를 바벨로 컴파일한 이후에도 ESM 문법으로 남아 있어야 한다는 것이다. 만약 @babel/preset-env 플러그인을 사용한다면 babel.config.js 파일에서 다음과 같이 설정해야 한다.

코드 7-84 ESM 모듈을 유지하도록 설정하기

```
const presets = [
```

```
  [
    '@babel/preset-env',
    {
      // ...
      modules: false, ❶
    },
  ],
  // ...
];
// ...
```

❶ 모듈 시스템을 변경하지 않도록 설정한다. ESM 문법으로 컴파일된 코드는 웹 팩에서 자체적으로 사용 후 제거되기 때문에 오래된 브라우저에 대한 걱정은 하지 않아도 된다.

7.4.2 코드 분할

애플리케이션의 전체 코드를 하나의 번들 파일로 만드는 것은 좋은 생각이 아닐 수 있다. 불필요한 코드까지 전송되어 사용자의 요청으로부터 페이지가 렌더링되기까지 오랜 시간이 걸릴 수 있기 때문이다(번들 파일을 하나만 만들면 관리 부담이 적어지므로 회사 내부 직원용 애플리케이션을 만들 때는 좋은 선택이 될 수 있다). 많은 수의 사용자를 대상으로 하는 서비스라면 응답 시간을 최소화하기 위해 코드를 분할하는 게 좋다.

먼저 코드 분할을 실습하기 위한 프로젝트를 생성하자.

```
mkdir webpack-split
cd webpack-split
npm init -y
npm install webpack webpack-cli react lodash
```

코드를 분할하는 가장 직관적인 방법은 웹팩의 entry 설정값에 페이지별로 파일을 입력하는 것이다. 두 개의 페이지를 가진 간단한 프로그램을 만들어 보자. src 폴더를 만들고 index1.js, index2.js 파일을 만든다. 다음 두 파일의 코드를 살펴보자.

코드 7-85 각 페이지의 코드

```
// index1.js
import { Component } from 'react';
import { fill } from 'lodash';
```

```
import { add } from './util';
const result = fill([1, 2, 3], add(10, 20));
console.log('this is index1', { result, Component });

// index2.js
import { Component } from 'react';
import { fill } from 'lodash';
import { add } from './util';
const result = fill([1, 2, 3], add(10, 20));
console.log('this is index2', { result, Component });
```

두 파일 모두 같은 종류의 모듈을 사용하고 있다.

src 폴더 밑에 util.js 파일을 만들고 add 함수의 코드를 입력해 보자.

코드 7-86 util.js 파일

```
export function add(a, b) {
  console.log('this is add function');
  return a + b;
}
```

프로젝트 루트에 webpack.config.js 파일을 만들고 페이지별로 entry를 설정해 보자.

코드 7-87 페이지별로 entry 설정하기

```
const path = require('path');
const { CleanWebpackPlugin } = require('clean-webpack-plugin');

module.exports = {
  entry: {
    page1: './src/index1.js',
    page2: './src/index2.js',      ❶
  },
  output: {
    filename: '[name].js',
    path: path.resolve(__dirname, 'dist'),
  },
  plugins: [new CleanWebpackPlugin()], ❷
  mode: 'production',
};
```

❶ 각 페이지의 자바스크립트 파일을 entry로 입력한다. ❷ dist 폴더를 정리하기 위해 clean-webpack-plugin을 사용한다.

```
npm install clean-webpack-plugin
```

웹팩을 실행해 보면 page1.js, page2.js 두 파일이 생성된다. 하지만 두 파일 모두 같은 모듈의 내용을 포함하고 있기 때문에 비효율적이다.

SplitChunksPlugin

웹팩에서는 코드 분할을 위해 기본적으로 SplitChunksPlugin을 내장하고 있다. 별도의 패키지를 설치하지 않고 설정 파일을 조금 수정하는 것만으로 코드 분할을 할 수 있다.

SplitChunksPlugin을 사용하도록 webpack.config.js 파일을 다음과 같이 수정해 보자.

코드 7-88 SplitChunksPlugin을 사용하도록 설정하기

```
// ...
module.exports = {
  entry: {
    page1: './src/index1.js', ❶
  },
  // ...
  optimization: {
    splitChunks: { ❷
      chunks: 'all', ❸
      name: 'vendor',
    },
  },
  // ...
};
```

❶ 이해를 돕기 위해 하나의 페이지만 생성한다. ❷ optimization의 splitChunks 속성을 이용하면 코드를 분할할 수 있다. ❸ chunks 속성의 기본값은 동적 임포트만 분할하는 async다. 우리는 동적 임포트가 아니더라도 코드가 분할되도록 all로 설정한다.

이 상태로 웹팩을 빌드하면 로다시와 리액트 모듈은 vendor.js 파일로 만들어진다. util.js 모듈은 파일의 크기가 작기 때문에 page1.js 파일에 포함된다.

splitChunks 속성을 제대로 이해하기 위해서는 먼저 기본값의 형태를 이해해야 한다.

코드 7-89 splitChunks 속성의 기본값

```
module.exports = {
  //...
  optimization: {
    splitChunks: {
      chunks: 'async',  ❶
      minSize: 30000,  ❷
      minChunks: 1,    ❸
      // ...
      cacheGroups: { ❹
        default: {
          minChunks: 2, ❺
          priority: -20,
          reuseExistingChunk: true,
        },
        defaultVendors: {
          test: /[\\/]node_modules[\\/]/,
          priority: -10,
        // ... (모든 괄호 닫기)
```

❶ 동적 임포트만 코드를 분할하도록 설정되어 있다. ❷ 파일 크기가 30kb 이상인 모듈만 분할 대상으로 한다. ❸ 한 개 이상의 청크(chunk)에 포함되어 있어야 한다. 청크는 웹팩에서 내부적으로 사용되는 용어인데 대개 번들 파일이라고 이해해도 괜찮다. ❹ 파일 분할은 그룹별로 이뤄진다. 기본적으로 외부 모듈 (vendors)과 내부 모듈(default) 두 그룹으로 설정되어 있다. 외부 모듈은 내부 모듈보다 비교적 낮은 비율로 코드가 변경되기 때문에 브라우저에 오래 캐싱될 수 있다는 장점이 있다. ❺ 내부 모듈은 두 개 이상의 번들 파일에 포함되어야 분할된다.

util.js 모듈을 내부 모듈 그룹으로 분할하기 위해서 다음과 같이 설정한다.

코드 7-90 util.js 모듈도 분할되도록 설정하기

```
// ...
module.exports = {
  // ...
  optimization: {
    splitChunks: {
      chunks: 'all',
      minSize: 10, ❶
      cacheGroups: {
        vendors: {
          test: /[\\/]node_modules[\\/]/,
          priority: 2,
```

```
        name: 'venders',
      },
      defaultVendors: {
        minChunks: 1, ❷
        priority: 1,
        name: 'default',
      // ... (모든 괄호 닫기)
```

❶ 파일 크기 제한에 걸리지 않도록 낮은 값을 설정한다. ❷ 청크 개수 제한을 최소 한 개로 설정한다.

이 상태로 웹팩을 실행하면 page1.js, vendors.js, default.js 세 개의 번들 파일이 생성된다. util.js 모듈은 default.js 번들 파일에 포함된다.

새로운 그룹을 추가해서 리액트 패키지만 별도의 번들 파일로 분할해 보자. 다음과 같이 설정하면 리액트 패키지는 react.bundle.js 파일로 분할된다.

코드 7-91 리액트 패키지는 별도로 분할하도록 설정하기

```
// ...
module.exports = {
  // ...
  optimization: {
    splitChunks: {
      chunks: 'all',
      cacheGroups: {
        defaultVendors: {
          test: /[\\/]node_modules[\\/]/,
          name: 'vendors',
          priority: 1,
        },
        reactBundle: {
          test: /[\\/]node_modules[\\/](react|react-dom)[\\/]/,
          name: 'react.bundle',
          priority: 2, ❶
          minSize: 100,
        // ... (모든 괄호 닫기)
```

❶ 이 그룹의 우선순위가 높아야 리액트 모듈이 vendors 그룹에 들어가지 않는다.

동적 임포트

동적 임포트(dynamic import)는 동적으로 모듈을 가져올 수 있는 기능이다. 웹팩에서 동적 임포트를 사용하면 해당 모듈의 코드는 자동으로 분할되며, 오래된 브라우저에서도 잘 동작한다. 참고로 동적 임포트는 자바스크립트 표준이 될 것이 거의 확실한 상황(stage 3)이다.

src 폴더 밑에 index3.js 파일을 만들고, 동적 임포트를 사용하는 코드를 입력해 보자.

코드 7-92 동적 임포트를 사용하는 코드

```
function myFunc() {
  import('./util').then(({ add }) => ❶
    import('lodash').then(({ default: _ }) =>
      console.log('value', _.fill([1, 2, 3], add(10, 20))),
    ),
  );
}
myFunc();
```

❶ import 함수를 사용하면 동적으로 모듈을 가져올 수 있다. import 함수는 프로미스 객체를 반환하기 때문에 then 메서드로 연결할 수 있다.

index3.js 파일의 번들링을 위해 webpack.config.js 파일을 다음과 같이 수정한다.

코드 7-93 index3.js 파일을 번들링하도록 설정하기

```
const path = require('path');
const { CleanWebpackPlugin } = require('clean-webpack-plugin');

module.exports = {
  entry: {
    page3: './src/index3.js',
  },
  output: {
    filename: '[name].js',
    chunkFilename: '[name].chunk.js', ❶
    path: path.resolve(__dirname, 'dist'),
  },
  plugins: [new CleanWebpackPlugin()],
  mode: 'production',
};
```

❶ chunkFilename 속성을 이용해서 동적 임포트로 만들어지는 번들 파일의 이름을 설정한다.

웹팩을 실행하면 page3.js, 1.chunk.js, 2.chunk.js 세 파일이 생성된다. 두 청크 파일에는 util.js 모듈과 로다시 모듈의 코드가 들어간다. 참고로 웹팩 런타임 코드는 page3.js 파일에만 들어간다.

다음과 같이 dist 폴더 밑에 index.html 파일을 만들어서 브라우저에서 실행해 보자.

코드 7-94 index.html 파일

```
<html>
<body>
  <script type="text/javascript" src="./page3.js"></script> ❶
</body>
</html>
```

❶ page3.js 파일의 script 태그만 만들어도 된다. page3.js 파일이 실행되면서 동적으로 나머지 두 파일을 가져온다.

import 함수가 프로미스를 반환하기 때문에 index3.js 파일은 다음과 같이 수정할 수 있다.

코드 7-95 두 모듈을 동시에 가져오는 코드

```
async function myFunc() {
  const [{ add }, { default: _ }] = await Promise.all([ ❶
    import('./util'),
    import('lodash'),
  ]);
  console.log('value', _.fill([1, 2, 3], add(30, 20)));
}
myFunc();
```

❶ Promise.all 함수를 이용해서 두 모듈을 동시에 가져온다.

분할된 파일을 prefetch, preload로 빠르게 가져오기

만약 myFunc 함수가 버튼의 이벤트 처리 함수로 사용된다면 버튼을 클릭하기 전에는 두 모듈을 가져오지 않는다. 이는 꼭 필요할 때만 모듈을 가져오기 때문에 게으른 로딩(lazy loading)으로 불린다. 게으른 로딩은 번들 파일의 크기가 큰 경우에는 응답 속도가 느리다는 단점이 있다.

웹팩에서는 동적 임포트를 사용할 때 HTML의 prefetch, preload 기능을 활용할 수 있도록 옵션을 제공한다. prefetch는 가까운 미래에 필요한 파일이라고 브라우저에게 알려 주는 기능이다. HTML에서 prefetch로 설정된 파일은 브라우저가 바쁘지 않을 때 미리 다운로드된다. 따라서 prefetch는 게으른 로딩의 단점을 보완해줄 수 있다.

preload는 지금 당장 필요한 파일이라고 브라우저에게 알리는 기능이다. HTML에서 preload로 설정된 파일은 첫 페이지 로딩 시 즉시 다운로드된다. 따라서 preload를 남발하면 첫 페이지 로딩 속도에 부정적인 영향을 줄 수 있으므로 주의해야 한다.

preload, prefetch 기능을 이용하기 위해 index3.js 파일을 다음과 같이 수정해보자.

코드 7-96 **preload, prefetch 설정하기**

```
// ...
await new Promise(res => setTimeout(res, 1000)); ❶
const [{ add }, { default: _ }] = await Promise.all([
  import(/* webpackPreload: true */ './util'),    ❷
  import(/* webpackPrefetch: true */ 'lodash'),   ❸
]);
// ...
```

❶ 너무 빠르게 처리하면 prefetch 효과를 확인할 수 없으므로 1초 기다린다. ❷ util.js 모듈은 preload로 설정한다. ❸ 로다시 모듈은 prefetch로 설정한다.

웹팩 실행 후 브라우저에서 결과를 확인해 보자. 브라우저에서 개발자 모드로 확인한 HTML 요소는 다음과 같다.

코드 7-97 **prefetch 설정이 적용된 HTML**

```
<html>
  <head>
    <link rel="prefetch" as="script" href="1.chunk.js"> ❶
    <script charset="utf-8" src="1.chunk.js"></script>  ┐
    <script charset="utf-8" src="2.chunk.js"></script>  ┘ ❷
  </head>
  <body>
    <script type="text/javascript" src="./page3.js"></script>
  </body>
</html>
```

❶ 1.chunk.js 파일은 prefetch가 적용됐다. link 태그는 page3.js 파일이 실행되면서 웹팩에 의해서 삽입된다. ❷ script 태그도 myFunc 함수가 실행될 때 웹팩에 의해서 삽입된다.

그런데 이상한 점이 발견되었다. 분명 preload 기능을 이용한다고 했는데, pre

load 설정이 HTML 코드에 반영되지 않은 것이다. 사실 preload는 첫 페이지 요청 시 전달된 HTML 태그 안에 미리 설정되어 있어야 하므로 웹팩이 지원할 수 있는 기능은 아니다. 대신 웹팩은 page3.js 파일이 평가될 때 2.chunk.js 파일을 즉시 다운로드함으로써 어느 정도는 preload 기능을 흉내 낸다.

7.4.3 로더 제작하기

로더는 모듈을 입력으로 받아서 원하는 형태로 변경 후 자바스크립트 코드를 반환한다. 로더가 자바스크립트 코드를 반환하기 때문에 웹팩은 CSS, PNG, CSV 확장자를 갖는 모듈도 처리할 수 있다.

여러 로더가 협력 관계에 있을 때는 중간 과정에서 처리되는 css-loader처럼 자바스크립트가 아닌 다른 형태의 데이터를 반환할 수도 있다. 하지만 style-loader처럼 가장 마지막에 처리되는 로더는 항상 자바스크립트 코드를 반환한다.

CSV 모듈을 처리하는 로더를 제작하면서 로더가 모듈을 처리하는 방식을 이해해 보자. 먼저 실습을 위한 프로젝트를 생성한다.

```
mkdir webpack-custom-loader
cd webpack-custom-loader
npm init -y
npm install webpack webpack-cli
```

프로젝트 루트에 src 폴더를 만들고 그 밑에 index.js 파일을 만들어 보자. index.js 파일에는 CSV 모듈을 사용하는 코드를 입력한다.

코드 7-98 CSV 모듈을 사용하는 코드

```
import members from './member.csv'; ❶

for (const row of members.rows) {
  const name = row[1];
  const age = row[2];
  console.log(`${name} is ${age} years old`);
}
```

src 폴더 밑에 member.csv 파일을 만들고, 다음 내용을 입력해 보자.

코드 7-99 **member.csv 파일**

```
index,name,age
1,mike,23
2,jone,26
```

프로젝트 루트에 webpack.config.js 파일을 만들고 CSV 모듈을 처리하는 로더를 설정해 보자.

코드 7-100 **my-csv-loader를 사용하도록 설정하기**

```
const path = require('path');

module.exports = {
  entry: './src/index.js',
  output: {
    filename: 'main.js',
    path: path.resolve(__dirname, 'dist'),
  },
  module: {
    rules: [
      {
        test: /\.csv$/,
        use: './my-csv-loader', ❶
      },
    ],
  },
  mode: 'production',
};
```

❶ ./my-csv-loader 우리가 만들 로더 파일의 이름이다. 이 로더는 CSV 모듈을 처리한다.

프로젝트 루트에 my-csv-loader.js 파일을 만들고, 다음 코드를 입력한다.

코드 7-101 **my-csv-loader.js 파일**

```
module.exports = function(source) { ❶
  const result = { header: undefined, rows: [] }; ❷
  const rows = source.split('\n');
  for (const row of rows) {
    const cols = row.split(',');
    if (!result.header) {
      result.header = cols;                        ❸
    } else {
      result.rows.push(cols);
    }
  }
}
```

```
  return `export default ${JSON.stringify(result)}`; ❹
};
```

❶ 로더는 모듈의 내용을 문자열로 입력받는 함수다. ❷ 모듈을 사용하는 쪽에서 받게 될 데이터다. ❸ 문자열로 입력된 CSV 모듈의 내용을 파싱해서 result 객체에 저장한다. ❹ result 객체의 내용이 담긴 자바스크립트 코드를 반환한다.

웹팩 실행 후 나오는 번들 파일을 노드로 실행해 보자.

```
node dist/main.js
```

의도한 대로 잘 동작하는 것을 확인할 수 있다.

7.4.4 플러그인 제작하기

플러그인은 웹팩의 처리 과정을 이해해야 작성할 수 있기 때문에 로더보다 작성하기 까다롭다. DefinePlugin처럼 플러그인은 모듈의 내용도 수정할 수 있기 때문에 로더가 할 수 있는 거의 모든 일을 할 수 있다. 따라서 플러그인을 제대로 이해하고 작성하면 매우 강력한 도구가 될 수 있다.

웹팩이 생성하는 번들 파일의 목록과 각 파일의 크기 정보를 파일로 저장해 주는 플러그인을 제작해 보자.

먼저 실습을 위한 프로젝트를 생성하자.

```
mkdir webpack-custom-plugin
cd webpack-custom-plugin
npm init -y
npm install webpack webpack-cli
```

프로젝트 루트에 src 폴더를 만들고 그 밑에 index1.js, index2.js 파일을 만들어 보자. 각 파일의 내용은 다음과 같다.

코드 7-102 entry로 설정할 두 파일의 코드

```
// index1.js
function index1() {
  console.log('this is index1');
}
index1();

// index2.js
function index2() {
```

```
  console.log('this is index2');
  console.log('this file size is bigger than index1.js');
}
index2();
```

프로젝트 루트에 webpack.config.js 파일을 만들고, 앞에서 생성한 두 파일을
entry에 입력한다.

코드 7-103 **my-plugin을 사용하도록 설정하기**

```
const path = require('path');
const MyPlugin = require('./my-plugin'); ❶

module.exports = {
  entry: {
    app1: './src/index1.js',  ⎤
    app2: './src/index2.js',  ⎦ ❷
  },
  output: {
    filename: '[name].js',
    path: path.resolve(__dirname, 'dist'),
  },
  plugins: [new MyPlugin({ showSize: true })], ❸
  mode: 'production',
};
```

❶ 잠시 후 우리가 만들 플러그인을 불러온다. ❷ 두 개의 번들 파일을 만들도
록 설정한다. ❸ 우리가 만들 플러그인을 사용하도록 설정한다. 플러그인에서는
showSize라는 옵션을 입력으로 받아서 처리한다.

프로젝트 루트에 my-plugin.js 파일을 만들고, 다음 코드를 입력해 보자.

코드 7-104 **my-plugin.js 파일**

```
class MyPlugin { ❶
  constructor(options) { ❷
    this.options = options;
  }
  apply(compiler) { ❸
    compiler.hooks.done.tap('MyPlugin', () => { ❹
      console.log('bundling completed');
    });
    compiler.hooks.emit.tap('MyPlugin', compilation => { ❺
      let result = '';
      for (const filename in compilation.assets) { ❻
        if (this.options.showSize) {
          const size = compilation.assets[filename].size();
```

```
      result += `${filename}(${size})\n`;
    } else {
      result += `${filename}\n`;
    }
  }
  compilation.assets['fileList.txt'] = { ❼
    source: function() {
      return result;
    },
    size: function() {
      return result.length;
    // ... (모든 괄호 닫기)
```

```
module.exports = MyPlugin;
```

❶ 플러그인은 클래스로 정의할 수 있다. ❷ 설정 파일에서 입력한 옵션이 생성자(constructor)의 매개변수로 넘어온다. 이 플러그인은 showSize 옵션을 처리할 수 있다. ❸ apply 메서드에서는 웹팩의 각 처리 단계에서 호출될 콜백 함수를 등록할 수 있다. 콜백 함수를 등록할 수 있는 처리 단계가 무수히 많기 때문에 플러그인으로 할 수 있는 일도 그만큼 다양하다. ❹ 웹팩의 실행이 완료됐을 때 호출되는 콜백 함수를 등록한다. ❺ 웹팩이 결과 파일을 생성하기 직전에 호출되는 콜백 함수를 등록한다. ❻ compilation.assets에는 웹팩이 생성할 파일의 목록이 들어 있다. ❼ fileList.txt 파일이 생성되도록 설정한다.

웹팩을 실행해 보면 dist 폴더 밑에 fileList.txt 파일이 생성되는 것을 확인할 수 있다. fileList.txt 파일의 내용은 다음과 같다.

코드 7-105 my-plugin에서 생성한 fileList.txt 파일의 내용

```
app1.js(959)
app2.js(1015)
```

8장

Practical   React   Programming

서버사이드 렌더링 그리고 Next.js

서버사이드 렌더링(server side rendering)이란 서버에서 리액트 코드를 실행해서 렌더링하는 것을 말한다. 서버사이드 렌더링이 필요한 이유는 다음 두 가지가 대표적이다.

- 검색 엔진 최적화(search engine optimization, SEO)를 해야 한다.
- 빠른 첫 페이지 렌더링이 중요하다.

많은 수의 사용자를 대상으로 하는 사이트라면 검색 엔진 최적화를 위해서 서버사이드 렌더링은 필수다. 구글을 제외한 다른 검색 엔진에서는 자바스크립트를 실행하지 않기 때문에 클라이언트 렌더링만 하는 사이트는 내용이 없는 사이트와 동일하게 처리된다. 게다가 구글도 서버사이드 렌더링을 하는 사이트에 더 높은 점수를 부여한다고 알려져 있다.

서버사이드 렌더링을 하면 사용자가 요청한 페이지를 빠르게 보여 줄 수 있다. 클라이언트 렌더링만 한다면 자바스크립트를 실행해야만 화면이 보이기 때문에 저사양 기기를 사용하는 사용자일수록 요청한 페이지가 느리게 보인다. 저사양 기기를 사용하는 사람이 많거나 네트워크 인프라가 약한 나라에서 서비스해야 한다면 서버사이드 렌더링을 중요하게 생각해야 한다.

이 장에서는 먼저 프레임워크의 도움 없이 직접 서버사이드 렌더링 환경을 구축해 본다. 그리고 서버사이드 렌더링을 지원하는 대표적인 프레임워크인 넥스트(Next.js)를 알아본다.

8.1 서버사이드 렌더링 초급편

리액트로 서버사이드 렌더링을 할 때 기본적으로 필요한 기능을 알아보자. 이 절에서 다루는 내용은 다음과 같다.

- 리액트에서 제공하는 renderToString, hydrate 함수를 사용해 본다.
- 서버에서 생성된 데이터를 클라이언트로 전달하는 방법을 알아본다.
- styled-components로 작성된 스타일이 서버사이드 렌더링 시 어떻게 처리되는지 알아본다.
- 서버용 번들 파일을 만드는 방법을 알아본다.

먼저 실습을 위한 프로젝트를 만든다.

```
mkdir test-ssr
cd test-ssr
npm init -y
npm install react react-dom
```

그다음으로 바벨 실행을 위한 패키지를 설치한다.

```
npm install @babel/core @babel/preset-env @babel/preset-react
```

이어서 웹팩 실행을 위한 패키지를 설치한다.

```
npm install webpack webpack-cli babel-loader clean-webpack-plugin
html-webpack-plugin
```

8.1.1 클라이언트에서만 렌더링해 보기

서버사이드 렌더링을 구현하기 위한 사전 작업으로 클라이언트에서만 렌더링하는 웹사이트를 만들어 보자.

프로젝트 루트에 src 폴더를 만들고 그 밑에 Home.js, About.js 파일을 만든다. 각 파일은 웹사이트의 페이지를 나타내며 페이지 전환을 테스트하는 용도로 사용된다. 두 파일의 내용은 다음과 같다.

코드 8-1 **Home.js와 About.js**

```
// Home.js 파일의 내용
import React from 'react';
```

```
function Home() {
  return (
    <div>
      <h3>This is home page</h3>
    </div>
  );
}
export default Home;

// About.js 파일의 내용
import React from 'react';
function About() {
  return (
    <div>
      <h3>This is about page</h3>
    </div>
  );
}
export default About;
```

이제는 이 Home.js와 About.js를 렌더링하는 App 컴포넌트를 만들자. App 컴포넌트는 버튼을 통해 각 페이지로 이동할 수 있는 기능을 제공한다. src 폴더 밑에 App.js 파일을 만들고, 다음 코드를 입력한다.

코드 8-2 **App.js**

```
import React, { useState, useEffect } from 'react';
import Home from './Home';
import About from './About';

export default function App({ page }) {
  const [page, setPage] = useState(page);
  useEffect(() => {
    window.onpopstate = event => { ❶
      setPage(event.state);
    };
  }, []);
  function onChangePage(e) { ❷
    const newPage = e.target.dataset.page;
    window.history.pushState(newPage, '', `/${newPage}`); ❸
    setPage(newPage);
  }
  const PageComponent = page === 'home' ? Home : About; ❹
  return (
    <div className="container">
      <button data-page="home" onClick={onChangePage}>
        Home
```

```
      </button>
      <button data-page="about" onClick={onChangePage}>
        About
      </button>
      <PageComponent />
    </div>
  );
}
```

❶ 단일 페이지 애플리케이션을 직접 구현하기 위해 onpopstate 이벤트 처리 함수를 등록한다. 브라우저에서 뒤로 가기 버튼을 클릭하면 onpopstate 함수가 호출된다. ❷ 특정 페이지로 이동하는 버튼의 이벤트 처리 함수다. ❸ pushState 메서드를 통해 브라우저에게 주소가 변경됐다는 것을 알린다. ❹ page 상탯값에 따라 렌더링할 페이지의 컴포넌트가 결정된다.

src 폴더 밑에 index.js 파일을 만들고 앞에서 만든 App 컴포넌트를 렌더링해 보자.

코드 8-3 **index.js**

```
import React from 'react';
import ReactDom from 'react-dom';
import App from './App';

ReactDom.render(<App page="home" />, document.getElementById('root')); ❶
```

❶ render 함수를 이용해서 App 컴포넌트를 돔 요소에 연결한다.

웹팩 설정하기

지금까지 작성한 코드를 번들링하기 위해 웹팩 설정 파일을 작성하자. 프로젝트 루트에 webpack.config.js 파일을 만들고 다음 코드를 입력한다.

코드 8-4 **webpack.config.js**

```
const path = require('path');
const HtmlWebpackPlugin = require('html-webpack-plugin');

module.exports = {
  entry: './src/index.js',
  output: {
    filename: '[name].[chunkhash].js',
    path: path.resolve(__dirname, 'dist'),
  },
```

```
module: {
  rules: [
    {
      test: /\.js$/,
      use: 'babel-loader', ❶
    },
  ],
},
plugins: [
  new HtmlWebpackPlugin({
    template: './template/index.html', ❷
  }),
],
mode: 'production',
};
```

❶ 모든 자바스크립트 파일을 babel-loader로 처리한다. ❷ template/index.html 파일을 기반으로 HTML 파일을 생성한다.

❷번 코드에서 입력한 HTML 템플릿 파일을 만들어 보자. 프로젝트 루트에 template 폴더를 만들고 그 밑에 index.html 파일을 만든다. index.html 파일의 내용은 다음과 같다.

코드 8-5 template/index.html

```
<!DOCTYPE html>
<html>
  <head>
    <title>test-ssr</title>
  </head>
  <body>
    <div id="root"></div>
  </body>
</html>
```

바벨 설정하기

자바스크립트 파일을 컴파일하기 위해 바벨 설정 파일을 작성해 보자. 먼저 프로젝트 루트에 babel.config.js 파일을 만들고 다음 코드를 입력한다.

코드 8-6 babel.config.js

```
const presets = ['@babel/preset-react', '@babel/preset-env'];
const plugins = [];
module.exports = { presets, plugins };
```

babel.config.js 파일의 설정은 babel-loader가 실행될 때 적용된다.

클라이언트 렌더링 확인하기

클라이언트에서만 렌더링하는 간단한 웹사이트의 코드를 모두 작성했다. 웹팩을 실행해 보자.

```
npx webpack
```

브라우저에서 확인해 보면 두 개의 버튼과 문구가 잘 보인다. 하지만 버튼을 클릭해도 의도한 대로 동작하지 않는다. url이 file://로 시작하기 때문에 push State 메서드를 호출할 때 에러가 발생하는 것이다. 이는 뒤에서 설명할 직접 서버를 띄우는 방식을 이용하면 자동으로 해결된다.

   당연하게도 첫 요청에 대한 응답으로 돌아오는 HTML에는 버튼이나 문구를 표현하는 돔 요소가 없다. 이는 브라우저의 개발자 모드에서 네트워크 메뉴로 살펴보면 쉽게 확인할 수 있다. 버튼이나 문구의 돔 요소는 자바스크립트가 실행되면서 추가된다. 만약 브라우저 옵션에서 자바스크립트 실행을 허용하지 않고 실행해 보면 화면에는 아무것도 보이지 않는 것을 확인할 수 있다. 나중에 서버사이드 렌더링을 구현하면 브라우저가 자바스크립트를 실행하지 않아도 화면의 내용은 확인할 수 있게 된다.

8.1.2 서버사이드 렌더링 함수 사용해 보기: renderToString

이제는 서버사이드 렌더링을 할 차례다. 리액트에서는 서버사이드 렌더링을 위해 다음 네 개의 함수를 제공한다.

- renderToString
- renderToNodeStream
- renderToStaticMarkup
- renderToStaticNodeStream

renderToStaticMarkup, renderToStaticNodeStream 함수는 정적 페이지를 렌더링할 때 사용된다. 최초 렌더링 이후에도 계속해서 상태 변화에 따라 화면을 갱신해야 한다면 renderToString 또는 renderToNodeStream 함수를 사용해야 한다.

여기서는 먼저 renderToString 함수를 사용해 보고 8.2절에서 renderToNode Stream 함수를 알아본다.

서버사이드 렌더링을 위한 패키지 설치하기

먼저 서버사이드 렌더링에 필요한 패키지를 설치해 보자.

```
npm install express @babel/cli @babel/plugin-transform-modules-commonjs
```

웹 서버를 띄우기 위해 express 패키지를 설치한다. @babel/cli 패키지는 서버에서 사용될 자바스크립트 파일을 컴파일할 때 사용된다. 서버에서도 리액트의 JSX 문법으로 작성된 자바스크립트를 실행해야 하므로 바벨이 필요하다.

ESM으로 작성된 모듈 시스템을 commonJS로 변경하기 위해 @babel/plugin-transform-modules-commonjs 패키지를 설치했다. 서버에서는 노드 환경에서 자바스크립트를 실행하기 때문에 commonJS 모듈 시스템이 필요하다.

웹 서버 코드 작성하기

서버에서 사용자의 요청을 받아서 처리하는 간단한 웹 서버 코드를 작성해 보자. src 폴더 밑에 server.js 파일을 만들고 다음 코드를 입력하자.

코드 8-7 **server.js**

```
import express from 'express';
import fs from 'fs';
import path from 'path';
import { renderToString } from 'react-dom/server'; ❶
import React from 'react';
import App from './App';

const app = express(); ❷
const html = fs.readFileSync(
  path.resolve(__dirname, '../dist/index.html'),   ┐
  'utf8',                                          ❸
);                                                 ┘
app.use('/dist', express.static('dist')); ❹
app.get('/favicon.ico', (req, res) => res.sendStatus(204)); ❺
app.get('*', (req, res) => { ❻
  const renderString = renderToString(<App page="home" />); ❼
  const result = html.replace(
    '<div id="root"></div>',              ┐
    `<div id="root">${renderString}</div>`,  ❽
  );                                        ┘
```

```
    res.send(result); ❾
});
app.listen(3000); ❿
```

❶ react-dom 패키지의 server 폴더 밑에 서버에서 사용되는 기능이 모여 있다.
❷ express 객체인 app 변수를 이용해서 미들웨어와 url 경로 설정을 할 수 있다.
❸ 웹팩 빌드 후 생성되는 index.html 파일의 내용을 가져온다. 서버사이드 렌더링 시 이 내용을 기반으로 새로운 HTML을 생성할 예정이다. ❹ url이 /dist로 시작하는 경우에는 dist 폴더 밑에 있는 정적 파일로 연결한다. 웹팩으로 빌드한 자바스크립트 파일이 이 코드에 의해서 서비스된다. ❺ 브라우저가 자동으로 요청하는 favicon.ico 파일이 ❻번 코드에서 처리되지 않도록 한다. ❻ 나머지 모든 경우를 처리하는 함수를 등록한다. ❼ renderToString 함수를 이용해서 App 컴포넌트를 렌더링한다. renderToString 함수는 문자열을 반환한다. 현재는 어떤 요청이 들어와도 home 페이지를 렌더링한다. ❽ 렌더링된 결과를 반영해서 HTML을 완성한다. ❾ 완성된 HTML을 클라이언트에 전송한다. ❿ 매개변수는 포트 번호를 의미하며, 여기서는 3000 포트로 들어오는 클라이언트의 요청을 기다리고 있다는 말이다.

바벨 설정하기

서버를 위한 바벨 설정이 필요하다. 서버와 클라이언트에서 필요한 바벨 플러그인과 프리셋은 다음과 같다.

구분	바벨 프리셋	바벨 플러그인
클라이언트	@babel/preset-react, @babel/preset-env	없음
서버	@babel/preset-react	@babel/plugin-transform-modules-commonjs

표 8-1 클라이언트와 서버에서 필요한 바벨 프리셋과 바벨 플러그인

@babel/preset-env는 주로 오래된 브라우저를 지원하기 위한 용도로 사용된다. 오래된 노드 버전을 사용하는 게 아니라면 불필요하기 때문에 서버 측 바벨 설정에 포함하지 않는다. @babel/plugin-transform-modules-commonjs는 서버에서 실행하는 노드를 위해 필요하다.

앞의 바벨 플러그인과 프리셋 설정을 적용하기 위해 세 개의 설정 파일을 만들자. 프로젝트 루트에 .babelrc.common.js, .babelrc.server.js, .babelrc.client.js 파일을 만들고 다음 코드를 입력한다.

코드 8-8 바벨 설정 파일의 내용

```
// .babelrc.common.js 파일의 내용
const presets = ['@babel/preset-react'];
const plugins = [];                          ❶
module.exports = { presets, plugins };

// .babelrc.client.js 파일의 내용
const config = require('././.babelrc.common.js'); ❷
config.presets.push('@babel/preset-env'); ❸
module.exports = config;

// .babelrc.server.js 파일의 내용
const config = require('././.babelrc.common.js');
config.plugins.push('@babel/plugin-transform-modules-commonjs'); ❹
module.exports = config;
```

❶ 공통으로 사용되는 설정은 .babel.common.js 파일에서 관리한다. ❷ 클라이언트와 서버 측 설정에서는 .babelrc.common.js 파일의 설정을 가져와서 사용한다. ❸ 클라이언트에서 필요한 프리셋을 추가한다. ❹ 서버에서 필요한 플러그인을 추가한다.

웹팩 설정하기

웹팩 설정 파일에서는 HTML에 추가되는 번들 파일의 경로와 바벨 설정 파일의 경로를 수정해야 한다. webpack.config.js 파일을 다음과 같이 수정해 보자.

코드 8-9 webpack.config.js 파일에서 웹팩 설정을 수정하기

```
// ...
module.exports = {
  // ...
  output: {
    // ...
    publicPath: '/dist/', ❶
  },
  module: {
    rules: [
      {
        test: /\.js$/,
```

```
        use: {
          loader: 'babel-loader',
          options: {
            configFile: path.resolve(__dirname, '.babelrc.client.js'), ❷
          },
        },
      // ...
```

❶ publicPath 설정은 html-webpack-plugin이 HTML 생성 시 HTML 내부 리소스 파일의 경로를 만들 때 사용된다. publicPath 설정 없이 생성된 HTML 파일은 브라우저에서 바로 실행하면 문제가 없지만 서버사이드 렌더링을 할 때는 문제가 된다. 이전에 server.js 파일에서 url이 /dist로 시작하는 경우에만 dist 폴더에 있는 파일을 서비스하도록 설정했기 때문에 publicPath도 같게 설정했다. ❷ 웹팩은 클라이언트 코드에 대해서만 실행할 예정이다. 따라서 babel-loader가 클라이언트 설정으로 실행되도록 한다.

기타 설정 및 프로그램 실행하기

서버 측 코드는 @babel/cli를 이용해서 바벨만 실행하고, 클라이언트 측 코드는 웹팩을 실행한다. 앞으로 코드를 빌드하고 웹 서버를 띄우는 작업을 자주 해야 하므로 package.json에 다음과 같이 명령어를 추가한다.

코드 8-10 **package.json에 스크립트 명령어 추가하기**

```
{
  // ...
  "scripts": {
    "build-server": "babel src --out-dir dist-server --config-file
                     ./.babelrc.server.js",                          ❶
    "build": "npm run build-server && webpack", ❷
    "start": "node dist-server/server.js" ❸
  },
  // ...
}
```

❶ 서버 측 코드를 빌드한다. src 폴더 밑에 있는 모든 파일을 babelrc.server.js 설정으로 컴파일한다. ❷ 서버와 클라이언트의 코드를 모두 빌드한다. 클라이언트 측 빌드는 웹팩을 실행한다. ❸ express 웹 서버를 띄운다. 이 명령어는 빌드 후 실행해야 한다.

서버사이드 렌더링을 하면 이미 돔 요소가 만들어진 상태이기 때문에 클라이언트 측에서 또다시 렌더링할 필요는 없다. 단, 각 돔 요소에 필요한 이벤트 처리 함수를 연결해야 한다. 이벤트 처리 함수를 연결하지 않으면 화면은 잘 보이지만 사용자가 버튼을 눌러도 반응하지 않는다. 리액트에서 제공하는 hydrate 함수는 서버사이드 렌더링의 결과로 만들어진 돔 요소에 필요한 이벤트 처리 함수를 붙여 준다.

index.js 파일에서 hydrate 함수를 사용하도록 수정해 보자.

코드 8-11 hydrate 함수를 사용하도록 index.js 파일 수정하기

```
// ...
ReactDom.hydrate(<App page="home" />, document.getElementById('root'));
```

이제 다음과 같이 실행해 보자.

```
npm run build
npm start
```

그리고 브라우저에서 *http://localhost:3000*으로 접속해 보자. 화면이 제대로 렌더링되고 페이지를 전환하는 버튼도 잘 동작하는 것을 확인할 수 있다. 첫 요청 시 서버에서 전달되는 HTML에 버튼과 문구를 표현하는 돔 요소가 포함된 것도 확인할 수 있다.

8.1.3 서버 데이터를 클라이언트로 전달하기

서버사이드 렌더링 시 서버에서 생성한 데이터를 클라이언트로 전달하는 방법을 알아보자. 서버에서 렌더링할 때 사용한 데이터를 클라이언트도 알아야 일관성 있게 화면을 갱신할 수 있다. 지금까지 작성한 프로젝트에서 클라이언트로 전달할 데이터는 App 컴포넌트의 page 속성값이다. 지금까지는 page 속성값의 초깃값을 home이라고 가정하고 코드를 작성했다. 따라서 *http://localhost:3000/about*으로 접속해도 Home 컴포넌트가 렌더링됐다.

지금부터는 url에 따라 /home으로 접속하면 home을 초깃값으로 사용하고, /about으로 접속하면 about을 초깃값으로 사용하도록 구현해 보자.

HTML에 서버 데이터 넣기

HTML에 데이터를 넣기 위해 template/index.html 파일을 다음과 같이 수정한다.

코드 8-12 HTML에 데이터를 넣기 위해 template/index.html 파일 수정하기

```
// ...
  <head>
    // ...
    <script type="text/javascript">
      window.__INITIAL_DATA__ = __DATA_FROM_SERVER__;        ❶
    </script>
  </head>
  // ...
```

❶ 서버는 __DATA_FROM_SERVER__ 부분에 필요한 데이터를 채워서 전달한다. 클라이언트는 window.__INITIAL_DATA__를 통해서 서버의 데이터를 받을 수 있다.

웹 서버 코드에서는 서버의 데이터를 HTML에 삽입해야 한다. server.js 파일을 다음과 같이 수정하자.

코드 8-13 server.js에서 HTML에 데이터를 넣는 코드 추가하기

```
// ...
import * as url from 'url';
// ...
app.get('*', (req, res) => {
  const parsedUrl = url.parse(req.url, true);    ❶
  const page = parsedUrl.pathname ? parsedUrl.pathname.substr(1) : 'home';
❷
  const renderString = renderToString(<App page={page} />);    ❸
  const initialData = { page };    ❹
  const result = html
    .replace('<div id="root"></div>', `<div id="root">${renderString}</div>`)
    .replace('__DATA_FROM_SERVER__', JSON.stringify(initialData));    ❺
  res.send(result);
});
```

❶ 문자열로 된 주솟값을 구조체로 변환하기 위해 url 모듈을 사용한다. parsed Url 변수는 url의 경로와 쿼리 파라미터 등의 정보를 담고 있다. ❷ pathname 앞쪽의 슬래시를 제거해서 page 변수를 만든다. ❸ url로부터 계산된 페이지 정보를 App 컴포넌트의 속성값으로 사용한다. ❹ 클라이언트에게 전달할 초기 데이터다. ❺ __DATA_FROM_SERVER__ 문자열을 초기 데이터로 대체한다.

클라이언트에서 데이터 사용하기

이제 클라이언트에서 서버의 데이터를 받아서 사용하는 코드가 필요하다. index.js 파일을 다음과 같이 수정해 보자.

코드 8-14 index.js 파일에 클라이언트에서 데이터를 사용하는 코드 추가하기

```
// ...
const initialData = window.__INITIAL_DATA__; ❶
ReactDom.hydrate(
  <App page={initialData.page} />, ❷
  document.getElementById('root'),
);
```

❶ 서버로부터 전달된 초기 데이터를 가져온다. ❷ 전달받은 page 데이터를 속성 값으로 입력한다.

코드를 빌드해서 다시 실행해 보자. *http://localhost:3000/about*으로 접속하면 About 컴포넌트가 렌더링되는 것을 확인할 수 있다.

리덕스를 사용하는 프로젝트에서는 리덕스의 상탯값을 window.__INITIAL_ DATA__로 전달해서 사용할 수 있다.

8.1.4 스타일 적용하기

리액트에서 스타일을 적용하는 방식은 다양하다. 전통적인 방식으로 CSS 파일을 별도로 작성 후 HTML 파일에 연결하면 서버사이드 렌더링 시 특별히 고민할 것은 없다. 그렇지만 css-module이나 css-in-js 방식으로 작성한다면 서버사이드 렌더링 시 추가 작업을 해야 한다. 둘 다 자바스크립트 코드가 실행되면서 스타일 코드가 돔에 삽입되는 방식이기 때문이다. 서버에는 돔이 없으므로 별도의 작업을 하지 않으면 서버사이드 렌더링 시 스타일 정보가 HTML에 포함되지 않는다.

css-in-js 방식에서 가장 유명한 styled-components를 사용해서 서버사이드 렌더링 시 스타일을 적용하는 방법을 알아보자.

styled-components로 스타일 적용해 보기

우선 styled-components를 사용해서 클라이언트 렌더링 시에만 스타일을 적용해 보자. 이를 위해 styled-components 패키지를 설치한다.

```
npm install styled-components
```

그리고 다음과 같이 App.js 파일에 styled-components를 사용하는 코드를 추가한다.

코드 8-15 styled-components를 사용하도록 App.js 파일 수정하기

```
// ...
import styled from 'styled-components';

const Container = styled.div`
  background-color: #aaaaaa;       ❶
  border: 1px solid blue;
`;

export default function App({ page }) {
  // ...
  return (
    <Container>
      // ...                       ❷
    </Container>
  );
}
```

❶ styled-components를 이용해서 스타일이 적용된 컴포넌트를 만든다. ❷ 기존의 div 요소를 제거하고 Container 컴포넌트로 대체한다.

이 상태로 빌드 후 실행해 보자. 브라우저에서 확인해 보면 스타일이 잘 적용된 화면을 볼 수 있다. 하지만 아직 개선할 점이 남아 있다. 서버로부터 전달된 HTML을 살펴보면 스타일 코드가 없다. 그래서 스타일이 적용되지 않은 화면이 잠시 보이고, 클라이언트에서 자바스크립트가 실행된 후에야 스타일이 적용된다. 이를 개선하지 않으면 초기 화면은 깜빡이고, 검색 엔진에는 스타일이 적용되지 않은 화면이 전달된다. 게다가 사용자의 브라우저가 자바스크립트 실행을 허용하지 않으면 스타일이 적용되지 않은 화면만 보인다.

서버사이드 렌더링에 스타일 적용하기

이를 개선하기 위해서는 서버사이드 렌더링 시 스타일을 적용해야 한다. 이를 위해 서버사이드 렌더링 과정에서 스타일을 추출하여 HTML에 삽입해 주는 작업이 필요하다.

HTML에 스타일 코드를 넣기 위해 template/index.html 파일을 다음과 같이 수정하자.

코드 8-16 HTML에 스타일 코드를 넣기 위해 index.html 파일 수정하기

```
<!DOCTYPE html>
<html>
```

```
<head>
  // ...
  __STYLE_FROM_SERVER__ ❶
</head>
// ...
```

❶ 여기에 서버사이드 렌더링 시 추출된 스타일 코드를 넣을 예정이다.

웹 서버 코드에서는 스타일 코드를 HTML에 삽입해야 한다. server.js 파일을
다음과 같이 수정하자.

코드 8-17 서버에서 HTML에 스타일 코드를 삽입하기 위해 server.js 파일 수정하기

```
// ...
import { ServerStyleSheet } from 'styled-components';
// ...
app.get('*', (req, res) => {
  const parsedUrl = url.parse(req.url, true);
  const page = parsedUrl.pathname ? parsedUrl.pathname.substr(1) : 'home';
  const sheet = new ServerStyleSheet(); ❶
  const renderString = renderToString(sheet.collectStyles(<App page={page} />)); ❷
  const styles = sheet.getStyleTags(); ❸
  const initialData = { page };
  const result = html
    .replace('<div id="root"></div>', `<div id="root">${renderString}</div>`)
    .replace('__DATA_FROM_SERVER__', JSON.stringify(initialData))
    .replace('__STYLE_FROM_SERVER__', styles); ❹
  res.send(result);
});
// ...
```

❶ 스타일을 추출하는 데 사용될 객체를 생성한다. ❷ collectStyles 메서드에
리액트 요소를 입력하면 스타일 정보를 수집하기 위한 코드가 리액트 요소에 삽
입된다. 실제 스타일 정보는 renderToString 함수의 호출이 끝나야 수집할 수 있
다. ❸ getStyleTags 메서드를 호출하면 스타일 정보가 추출된다. ❹ 추출된 스
타일 코드를 HTML에 삽입한다.

여기까지 작업한 내용을 빌드해서 실행해 보자. 서버로부터 전달되는 HTML
은 다음과 같다.

코드 8-18 서버로부터 전달되는 HTML

```
<!DOCTYPE html>
<html>
  <head>
    // ...
```

```
<script type="application/javascript">
  window.__INITIAL_DATA__ = {"page":"about"}; ❶
</script>
<style data-styled="true" data-styled-version="5.0.1">
  .jgHfmw {
    background-color: #aaaaaa;
    border: 1px solid blue;
  }                                                        ❷
  data-styled.g1[id='sc-AxjAm'] {
    content: 'jgHfmw,';
  }
</style>
</head>
<body>
  <div id="root">
    <div class="sc-AxjAm jgHfmw"> ❸
    // ...
</html>
```

❶ 서버에서 생성된 데이터다. ❷ getStyleTags 메서드가 반환한 스타일 코드다.
❸ App.js 파일의 Container 컴포넌트로부터 생성된 돔 요소다. style 태그에서
정의된 클래스명이 보인다.

스타일 정보가 HTML에 포함되어 전달되므로 사용자는 자바스크립트가 실행
되지 않더라도 빠르게 스타일이 적용된 화면을 볼 수 있다.

8.1.5 이미지 모듈 적용하기

웹팩에서는 자바스크립트 파일뿐만 아니라 모든 파일이 모듈이 될 수 있다. 그
중에서도 자주 쓰이는 이미지 파일을 모듈로 적용해 보자. 이미지 파일은 대
개 file-loader 또는 url-loader를 이용해서 처리한다. file-loader가 하는 일을 다
시 복습해 보자. file-loader에게 전달된 리소스 파일은 output 설정에 지정된 폴
더로 복사된다. 그리고 자바스크립트 코드에서는 복사된 파일의 경로가 반환
된다.

파일의 경로는 클라이언트와 서버가 모두 같은 정보를 공유해야 한다. 그렇지
않으면 서버사이드 렌더링 결과가 클라이언트의 렌더링 결과와 달라서 문제가
된다. 따라서 클라이언트 코드에서 file-loader로 처리된 리소스는 서버 코드에서
도 file-loader로 처리해야 한다. 그리고 서버 코드에서 file-loader를 실행하려면
서버 코드도 웹팩으로 번들링해야 한다.

서버 코드도 웹팩으로 번들링하기

우리는 지금까지 서버 코드에 바벨만 적용했었다. 이제 서버 코드도 웹팩으로 빌드해 보자. webpack.config.js 파일은 다음과 같은 구조로 변경한다.

코드 8-19 webpack.config.js 파일의 구조 변경하기

```
// ...
const nodeExternals = require('webpack-node-externals'); ❶

function getConfig(isServer) { ❷
  // ...
}
module.exports = [getConfig(false), getConfig(true)]; ❸
```

❶ 서버 코드를 번들링할 때는 node_modules 폴더 밑에 있는 모듈까지 하나의 번들 파일로 만들 필요는 없다. 서버 코드는 언제든지 node_modules 폴더 밑에 있는 모듈을 가져와서 사용할 수 있기 때문이다. webpack-node-externals 모듈은 node_modules 폴더 밑에 있는 모듈을 번들 파일에서 제외시켜 주는 역할을 한다. 구체적인 설정은 뒤에서 확인할 수 있다. ❷ isServer 매개변수에 따라 웹팩 설정을 반환해 주는 함수다. ❸ 웹팩 설정 파일에서 배열을 내보내면 배열의 각 아이템 개수만큼 웹팩이 실행된다. 여기서는 클라이언트 코드가 먼저 번들링되고 서버 코드가 그다음에 번들링된다.

getConfig 함수의 코드는 다음과 같다.

코드 8-20 webpack.config.js 파일에서 getConfig 함수 작성하기

```
function getConfig(isServer) {
  return {
    entry: isServer
      ? { server: './src/server.js' }        ❶
      : { main: './src/index.js' },
    output: {
      filename: isServer ? '[name].bundle.js' : '[name].[chunkhash].js', ❷
      path: path.resolve(__dirname, 'dist'),
      publicPath: '/dist/',
    },
    target: isServer ? 'node' : 'web',  ❸
    externals: isServer ? [nodeExternals()] : [], ❹
    node: {
      __dirname: false, ❺
    },
```

```
        optimization: isServer
          ? {
              splitChunks: false,        ❻
              minimize: false,
            }
          : undefined,
        module: {
          rules: [
            {
              test: /\.js$/,
              use: {
                loader: 'babel-loader',
                options: {
                  configFile: path.resolve(
                    __dirname,
                    isServer ? '.babelrc.server.js' : '.babelrc.client.js',  ❼
                  ),
                },
              },
            },
            {
              test: /\.(png|jpg|gif)$/,
              use: {
                loader: 'file-loader',
                options: {
                  emitFile: isServer ? false : true,  ❽
                // ... (rules의 괄호 닫기)
          },
          plugins: isServer
            ? []
            : [
                new CleanWebpackPlugin(),
                new HtmlWebpackPlugin({            ❾
                  template: './template/index.html',
                }),
              ],
          mode: 'production',
        };
      }
```

❶ 서버와 클라이언트는 각각 server.js, index.js 파일을 entry로 설정한다. ❷ 클라이언트는 브라우저의 캐싱 효과 때문에 chunkhash를 사용하지만 서버는 필요 없다. ❸ target 속성에 node를 입력해서 웹팩에 서버 코드를 번들링하는 것이라고 알려 줄 수 있다. 웹팩은 node가 입력되면 노드에 특화된 번들링 과정을 거친다. 대표적으로 fs, path 모듈과 같이 노드에 내장된 모듈을 번들 파일에 포함시

키지 않는다. ❹ 서버 코드를 번들링할 때는 node_modules 폴더 밑에 있는 모듈을 번들 파일에 포함시키지 않도록 한다. ❺ 이 설정을 하지 않으면 코드에서 __dirname을 사용할 경우 절대 경로인 슬래시(/)가 입력된다. false를 입력할 경우 일반적인 노드의 __dirname으로 동작한다. 이 프로젝트에서는 server.js 파일에서 index.html 파일을 읽을 때 __dirname을 사용하기 때문에 이 설정이 필요하다. ❻ 서버 코드는 압축할 필요가 없다. ❼ 적절한 바벨 설정 파일을 입력한다. ❽ file-loader 실행 시 한쪽에서만 파일을 복사해도 충분하다. ❾ 두 플러그인은 모두 클라이언트 코드 번들링 시에만 실행하면 된다.

설정 파일에서 사용된 패키지를 다음과 같이 추가해 보자.

```
npm install webpack-node-externals file-loader
```

이미지 모듈 사용하기

서버에서도 file-loader를 사용할 수 있도록 설정했으니 이미지 모듈을 사용해 보자. App.js 파일을 다음과 같이 수정하면 된다.

코드 8-21 이미지 모듈을 사용하기 위해 App.js 파일 수정하기

```
// ...
import Icon from './icon.png'; ❶
// ...
class App extends React.Component {
  // ...
  render() {
    // ...
    return (
      <Container>
        // ...
        <img src={Icon} /> ❷
      </Container>
    );
  }
}
export default App;
```

❶ 이미지 모듈을 가져온다. ❷ 가져온 이미지 모듈을 img 요소의 src 속성값으로 입력한다.

원하는 이미지 파일을 복사해서 src 폴더 밑에 icon.png라는 이름으로 붙여넣

는다. 마지막으로 package.json 파일에서 빌드 명령어와 웹 서버를 띄우는 명령
어를 다음과 같이 수정한다.

코드 8-22 package.json 파일에서 build 명령어 수정하기

```
{
  // ...
  "scripts": {
    "build": "webpack", ❶
    "start": "node dist/server.bundle.js"
  },
  // ...
}
```

❶ 빌드 명령어는 단순히 웹팩을 실행하는 것으로 간단해졌다. 기존에 작성했던
build-server 명령어는 지운다.

빌드 후 브라우저에서 결과를 확인하면 이미지가 제대로 출력되는 것을 확인
할 수 있다.

8.2 서버사이드 렌더링 고급편

서버사이드 렌더링은 서버 리소스를 많이 사용하는데, 특히 렌더링 연산에 CPU
가 많이 사용된다. 한순간에 트래픽이 몰리면 모든 요청을 처리할 수 없다. 높은
트래픽에 대응하는 방법은 여러 가지인데, 프로젝트 상황에 맞게 적절한 방법을
사용해야 한다.

서버가 사용자의 요청에 가장 빠르게 응답하는 방법은 서버사이드 렌더링을
하지 않는 것이다. 평상시에는 서버사이드 렌더링을 하다가 서버 부하가 일정
수준을 넘어가면 서버사이드 렌더링을 포기하고 클라이언트 측에서만 렌더링하
는 것도 한 가지 방법이다. 단, 검색 엔진 최적화가 중요한 사이트라면 검색 엔
진의 요청은 이런 상황에서도 서버사이드 렌더링을 하는 게 좋다.

데이터 의존성이 낮은 페이지는 서버사이드 렌더링을 일부만 하는 방식으로
성능 문제를 해결할 수 있다. 데이터 의존성이 전혀 없는 페이지는 빌드 시 미리
렌더링해 놓을 수 있다. 사용자가 요청하면 단순히 정적 페이지를 서비스하면
되기 때문에 서버 리소스를 절약할 수 있다. 데이터에 의존성이 있더라도 그 범
위가 작다면 해당하는 영역만 클라이언트 측에서 렌더링하도록 설계하면 된다.
예를 들어, 한쪽 모서리에 사용자 이름을 보여 주는 부분만 데이터에 의존적이

라면 그 부분만 클라이언트 측에서 렌더링하고 나머지 부분은 빌드 시 미리 렌더링해 놓을 수 있다.

8.2.1 페이지를 미리 렌더링하기

이전에 만들었던 Home 컴포넌트에 사용자 이름을 보여 주는 UI를 추가해 보자. 그리고 Home 컴포넌트를 미리 렌더링해서 서버사이드 렌더링 효율을 높여 보자.

화면의 일부를 클라이언트에서만 렌더링하기

다음과 같이 사용자 이름을 보여 주는 UI를 Home.js 파일에 추가하자.

코드 8-23 **Home 컴포넌트에 사용자 이름을 보여 주는 UI 추가하기**

```
import React from 'react';

function Home({ username }) {
  return (
    <div>
      <h3>This is home page</h3>
      {username && <p>{`${username} 님 안녕하세요`}</p>} ❶
    </div>
  );
}
export default Home;
```

❶ 속성값으로 받아온 사용자 이름이 존재하면 화면에 보여 준다.

　사용자 이름이 서버사이드 렌더링 시 존재하면 home 페이지는 사용자마다 다르기 때문에 미리 렌더링할 수 없다. 따라서 서버사이드 렌더링 시에는 사용자 이름 없이 렌더링하고, 클라이언트에서는 마운트 이후에 사용자 이름을 API로 받아 오도록 하자. 다음과 같이 App.js 파일을 수정해서 마운트 이후에 Home 컴포넌트로 사용자 이름을 전달한다.

코드 8-24 **마운트 이후에 Home 컴포넌트로 사용자 이름 전달하기**

```
// ...
function fetchUsername() {
  const usernames = ['mike', 'june', 'jamie'];
  return new Promise(resolve => {                              ❶
    const username = usernames[Math.floor(Math.random() * 3)];
    setTimeout(() => resolve(username), 100);
  });
}
```

```
export default function App({ page }) {
  // ...
  const [username, setUsername] = useState(null);
  useEffect(() => {
    fetchUsername().then(data => setUsername(data)); ❷
  }, []);
  return (
    <Container>
      <div className="container">
        // ...
        <PageComponent username={username} /> ❸
      </div>
      // ...
    </Container>
  );
}
```

❶ fetchUsername 함수는 API 통신으로 사용자 이름을 가져온다. ❷ 클라이언트 측에서 마운트 이후에 사용자 이름을 요청한다. ❸ 사용자 이름을 Home 컴포넌트 로 전달한다. 물론 About 컴포넌트에서는 사용자 이름이 필요 없지만 편의를 위해 리팩터링은 생략했다.

일부 페이지를 서버에서 미리 렌더링하도록 리팩터링하기

데이터 의존성이 낮은 일부 페이지만 미리 렌더링하도록 리팩터링해 보자. src 폴더 밑에 prerender.js 파일을 만들고, 다음과 같이 페이지를 미리 렌더링하는 코드를 작성한다.

코드 8-25 prerender.js

```
import fs from 'fs';
import path from 'path';
import { renderPage, prerenderPages } from './common'; ❶

for (const page of prerenderPages) {
  const result = renderPage(page);
  fs.writeFileSync(path.resolve(__dirname, `../dist/${page}.html`),  ⎤ ❷
                   result);                                          ⎦
}
```

❶ 페이지를 렌더링하는 함수와 미리 렌더링할 페이지의 목록을 가져온다. src/ common.js 파일은 잠시 후 작성한다. ❷ 페이지를 미리 렌더링해서 dist 폴더 밑 에 저장한다.

src 폴더 밑에 common.js 파일을 만들고 renderPage 함수와 prerenderPages 변수를 정의해 보자.

코드 8-26 **common.js**

```
import fs from 'fs';
import path from 'path';
import { renderToString } from 'react-dom/server';
import React from 'react';
import App from './App';
import { ServerStyleSheet } from 'styled-components';

const html = fs.readFileSync(
  path.resolve(__dirname, '../dist/index.html'),       ❶
  'utf8',
);

export const prerenderPages = ['home'];  ❷

export function renderPage(page) {
  const sheet = new ServerStyleSheet();
  const renderString = renderToString(sheet.collectStyles(<App page={page} />));
  const styles = sheet.getStyleTags();                                            ❸
  const result = html
    .replace('<div id="root"></div>', `<div id="root">${renderString}</div>`)
    .replace('__STYLE_FROM_SERVER__', styles);
  return result;
}
```

common.js 파일의 내용은 server.js 파일에서 작성했던 코드와 상당히 유사하다. ❶ dist/index.html 파일의 내용을 가져온다. ❷ 미리 렌더링할 페이지의 목록을 정의한다. ❸ 페이지를 미리 렌더링해서 문자열을 반환하는 함수다. server.js 파일에서 렌더링하던 부분의 코드와 유사하다. renderPage 함수에서는 __DATA_FROM_SERVER__ 문자열을 그대로 둔다. 이는 renderPage 함수에서 데이터에 대한 정보를 모르기 때문이다. 결국 prerender.js 파일에서는 __DATA_FROM_SERVER__ 문자열을 변환하지 못한 채로 각 페이지의 HTML 파일을 저장한다. 데이터는 서버에서 사용자 요청을 처리할 때 채워 넣을 예정이다.

미리 렌더링한 페이지 활용하기

웹 서버 코드에서 미리 렌더링한 페이지를 활용하도록 server.js 파일을 다음과 같이 수정해 보자.

코드 8-27 미리 렌더링한 페이지를 활용하도록 server.js 파일 수정하기

```
// ...
import { renderPage, prerenderPages } from './common';

const app = express();

const prerenderHtml = {};
for (const page of prerenderPages) {
  const pageHtml = fs.readFileSync(
    path.resolve(__dirname, `../dist/${page}.html`),    ❶
    'utf8',
  );
  prerenderHtml[page] = pageHtml;
}

app.use('/dist', express.static('dist'));
app.get('/favicon.ico', (req, res) => res.sendStatus(204));
app.get('*', (req, res) => {
  const parsedUrl = url.parse(req.url, true);
  const page = parsedUrl.pathname ? parsedUrl.pathname.substr(1) : 'home';
  const initialData = { page };
  const pageHtml = prerenderPages.includes(page)
    ? prerenderHtml[page]                               ❷
    : renderPage(page);
  const result = pageHtml.replace(
    '__DATA_FROM_SERVER__',
    JSON.stringify(initialData),                        ❸
  );
  res.send(result);
});

app.listen(3000);
```

❶ prerender.js 파일이 실행될 때 미리 렌더링해 놓은 페이지를 prerenderHtml 객체에 저장한다. ❷ 미리 렌더링된 페이지가 아닌 경우에만 새로 렌더링한다. ❸ __DATA_FROM_SERVER__ 문자열을 초기 데이터로 대체한다.

웹팩 설정 및 결과 확인하기

prerender.js 파일을 서버에서 실행하기 위해서는 웹팩으로 빌드해야 한다. web pack.config.js 파일을 다음과 같이 수정한다.

코드 8-28 prerender.js 파일도 웹팩으로 빌드하도록 webpack.config.js 파일에 설정 추가하기

```
// ...
function getConfig(isServer, name) { ❶
```

```
  return {
    entry: { [name]: `./src/${name}` }, ❷
    // ...
  }
}

module.exports = [
  getConfig(false, 'index'),
  getConfig(true, 'server'),
  getConfig(true, 'prerender'), ❸
];
```

❶ getConfig 함수의 두 번째 매개변수로 이름 정보를 추가했다. ❷ 각 이름에 해당하는 파일의 번들 파일을 생성한다. ❸ prerender.js 파일을 마지막에 번들링한다.

웹팩 빌드 후 일부 페이지를 미리 렌더링하기 위해 package.json 파일의 build 스크립트는 webpack && node dist/prerender.bundle.js로 수정한다. 이제 빌드 명령어를 실행해 보자.

```
npm run build
```

node dist/prerender.bundle.js 실행 후 dist 폴더 밑에 home.html 파일이 생성되는 것을 확인할 수 있다. 생성된 home.html 파일의 내용은 다음과 같다.

코드 8-29 **생성된 home.html 파일의 내용**

```
<!DOCTYPE html>
<html>
  <head>
    <title>test-ssr</title>
    <script type="application/javascript">
      window.__INITIAL_DATA__ = __DATA_FROM_SERVER__; ❶
    </script>
    <style data-styled="true" data-styled-version="5.0.1">
      .jgHfmw {
        background-color: #aaaaaa;
        border: 1px solid blue;
      }                                                      ❷
      data-styled.g1[id='sc-AxjAm'] {
        content: 'jgHfmw,';
      }
    </style>
  </head>
  <body>
    <div id="root">
```

```
        <div class="sc-AxjAm jgHfmw">
          <button data-page="home">Home</button>
          <button data-page="about">About</button>
          <div><h3>This is home page</h3></div>
          <img src="/dist/e20ee2f93c086269500f4e1786f3e230.png"/>
        </div>
      </div>
      <script type="text/javascript"
              src="/dist/index.620a8e19d38b93dffb3f.js">
      </script>
    </body>
</html>
```

❶ __DATA_FROM_SERVER__ 문자열은 그대로 있다. ❷ 렌더링된 스타일 코드가 들어 있다. ❸ 렌더링된 페이지의 돔 요소가 들어 있다. 사용자 이름을 보여 주는 요소는 없다. 사용자 이름을 보여 주는 돔 요소는 나중에 클라이언트에서 렌더링할 때 추가된다.

서버를 띄우고 브라우저에서 실행해 보자. 의도한 대로 잘 동작하는 것을 확인할 수 있다.

8.2.2 서버사이드 렌더링 캐싱하기

데이터에 많이 의존적인 페이지는 정적 페이지를 미리 렌더링하는 방식을 사용할 수 없다. 그러나 데이터가 자주 변하지 않는 페이지라면 서버사이드 렌더링 결과를 캐싱해서 활용할 수 있다. 렌더링 결과를 1분만 캐싱해도 서버 부하를 크게 줄일 수 있다. 1분 동안 수십만 페이지뷰가 발생해도 단 한 번만 서버사이드 렌더링을 하면 된다.

제한된 메모리 안에 캐싱 데이터를 저장하려면 지울 데이터를 결정하는 알고리즘이 필요하다. 이를 위해 다음 패키지를 설치해 보자.

```
npm install lru-cache
```

lru-cache 패키지는 정해진 최대 캐시 개수를 초과하면 LRU(least recently used) 알고리즘에 따라 가장 오랫동안 사용되지 않은 캐시를 제거한다.

이제 서버사이드 렌더링에서 캐싱 기능을 구현해 보자. server.js 파일을 다음과 같이 수정한다.

코드 8-30 서버사이드 렌더링 캐싱을 위해 **server.js** 파일 수정하기

```
// ...
import lruCache from 'lru-cache';  ❶

const ssrCache = new lruCache({
  max: 100,                           ❷
  maxAge: 1000 * 60,
});
// ...
app.get('*', (req, res) => {
  const parsedUrl = url.parse(req.url, true);
  const cacheKey = parsedUrl.path;  ❸
  if (ssrCache.has(cacheKey)) {
    console.log('캐시 사용');
    res.send(ssrCache.get(cacheKey));  ❹
    return;
  }
  // ...
  ssrCache.set(cacheKey, result);  ❺
  res.send(result);
});
// ...
```

❶ 캐싱 기능을 위해 lru-cache 패키지를 이용한다. ❷ 최대 100개의 페이지를 캐싱하고 각 아이템은 60초 동안 캐싱되도록 설정했다. ❸ cacheKey는 쿼리 파라미터를 포함하는 url로 한다. 만약 페이지를 렌더링할 때 user-agent와 같은 추가 정보를 이용한다면, cacheKey는 그 정보들을 모두 포함해야 한다. ❹ 캐시가 존재하면 캐싱된 값을 사용한다. ❺ 캐시가 존재하지 않으면 서버사이드 렌더링 후 그 결과를 캐시에 저장한다.

빌드 후 브라우저에서 *http://localhost:3000/about*으로 접속해 보면 **캐시 사용** 로그가 출력되지 않는다. 같은 페이지를 또다시 요청하면 **캐시 사용** 로그가 출력되는 것을 확인할 수 있다.

8.2.3 서버사이드 렌더링 함수 사용해 보기: renderToNodeStream

리액트는 서버사이드 렌더링을 위해 renderToString 함수 외에 renderToNodeStream 함수도 제공한다. renderToString 함수는 모든 렌더링 과정이 끝나야 문자열로 된 결괏값을 반환하지만, renderToNodeStream 함수는 호출 즉시 노드의 스트림(stream) 객체를 반환한다.

노드의 스트림

스트림은 배열이나 문자열 같은 데이터 컬렉션이며, 크기가 큰 데이터를 다룰 때 유용하다. 스트림은 데이터를 청크 단위로 쪼개서 전달하기 때문에 데이터가 완전히 준비되지 않아도 전송을 시작할 수 있다. 다음은 크기가 큰 파일을 읽는 코드다.

코드 8-31 **크기가 큰 파일을 읽는 코드**

```
app.get('/readFile', (req, res) => {
  fs.readFile('./big_file.zip', (err, data) => { ❶
    if (err) throw err;
    res.end(data);
  });
});
```

❶ /readFile 요청이 오면 크기가 큰 파일을 읽어서 전달한다. 이때 파일의 전체 내용을 메모리로 가져오기 때문에 메모리에 여유가 없다면 부담이 될 수 있다.

다음과 같이 스트림을 이용하면 큰 파일을 읽을 때도 메모리를 효율적으로 사용할 수 있다.

코드 8-32 **스트림을 이용한 파일 읽기**

```
app.get('/readFile', (req, res) => {
  const fileStream = fs.createReadStream('./big_file.zip'); ❶
  fileStream.pipe(res); ❷
});
```

❶ 파일을 읽기 위해 읽기 가능한 스트림(readable stream) 객체를 만든다. ❷ 노드의 HTTP response 객체는 쓰기 가능한 스트림(writable stream) 객체다. 읽기 가능한 스트림에 쓰기 가능한 스트림을 연결한다. 데이터는 읽기 가능한 스트림에서 쓰기 가능한 스트림 쪽으로 흐른다.

코드 8-32는 메모리를 효율적으로 사용할 뿐만 아니라 첫 번째 청크가 준비되면 바로 전송을 시작하기 때문에 데이터를 빠르게 전송할 수 있다.

읽기와 쓰기가 모두 가능한 스트림(duplex stream) 객체도 있다. 읽기와 쓰기가 모두 가능한 스트림은 다음과 같이 세 개 이상의 스트림을 연결할 때 사용된다.

코드 8-33 **여러 개의 스트림 연결하기**

```
readableStream
```

```
    .pipe(transformStream1)  ┐
    .pipe(transformStream2)  ┘ ❶
    .pipe(writableStream)
```

❶ 읽기 가능한 스트림과 쓰기 가능한 스트림 사이에 두 개의 읽기와 쓰기가 가능한 스트림을 연결했다. 데이터는 다음과 같은 순서로 전달된다.

readableStream → transformStream1 → transformStream2 → writableStream

중간의 두 스트림은 읽기 가능한 스트림이 생성한 데이터를 기반으로 추가적인 작업을 할수 있다. 예를 들어, 데이터를 변환하거나 데이터가 처리되는 속도를 측정해서 콘솔에 출력할 수도 있다.

리액트의 renderToNodeStream 함수를 이용하면 렌더링 데이터를 빠르게 전달할수 있다는 장점이 있다. 렌더링하려는 페이지가 아무리 복잡하더라도 첫 번째 청크가 준비되면 바로 전송을 시작하기 때문이다.

server.js 파일에서 renderToNodeStream 함수를 사용하도록 다음과 같이 수정해 보자.

코드 8-34 renderToNodeStream 함수를 이용하도록 server.js 파일 수정하기

```
// ...
import { ServerStyleSheet } from 'styled-components';  ┐
import React from 'react';                             │
import App from './App';                               ├ ❶
import { renderToNodeStream } from 'react-dom/server'; ┘
// ...
const html = fs                                                          ┐
  .readFileSync(path.resolve(__dirname, '../dist/index.html'), 'utf8')   ├ ❷
  .replace('__STYLE_FROM_SERVER__', '');                                 ┘

app.use('/dist', express.static('dist'));
app.get('/favicon.ico', (req, res) => res.sendStatus(204));
app.get('*', (req, res) => {
  // ... (initialData 변수를 만드는 코드까지 포함)
  const isPrerender = prerenderPages.includes(page); ❸
  const result = (isPrerender ? prerenderHtml[page] : html).replace(  ┐
    '__DATA_FROM_SERVER__',                                           │
    JSON.stringify(initialData),                                      ├ ❹
  );                                                                  ┘
```

```
    if (isPrerender) {
      ssrCache.set(cacheKey, result);    ❺
      res.send(result);
    } else {
      const ROOT_TEXT = '<div id="root">';
      const prefix = result.substr(
        0,
        result.indexOf(ROOT_TEXT) + ROOT_TEXT.length,    ❻
      );
      const postfix = result.substr(prefix.length);
      res.write(prefix);    ❼
      const sheet = new ServerStyleSheet();
      const reactElement = sheet.collectStyles(<App page={page} />);
      const renderStream = sheet.interleaveWithNodeStream(
        renderToNodeStream(reactElement),    ❽
      );
      renderStream.pipe(
        res,
        { end: false },    ❾
      );
      renderStream.on('end', () => {
        res.end(postfix);    ❿
      });
    }
});

app.listen(3000);
```

❶ common.js 파일에 있던 내용의 상당 부분을 가져와야 하므로 관련된 모듈도 가져온다. ❷ dist/index.html 파일의 내용을 가져온다. 이때 스트림 방식에서는 더 이상 __STYLE_FROM_SERVER__ 문자열을 사용하지 않기 때문에 지운다. 이 문자열을 사용하지 않는 이유는 잠시 후 설명한다. ❸ 미리 렌더링하는 페이지인지의 여부를 isPrerender 변수에 저장한다. ❹ HTML에 초기 데이터를 넣는다. 미리 렌더링하는 페이지는 이 작업을 끝으로 HTML이 완성된다. ❺ 미리 렌더링하는 페이지를 캐시에 저장 후 전송한다. ❻ root 요소를 기준으로 이전 문자열과 이후 문자열로 나눈다. ❼ 이전 문자열은 바로 전송한다. write 메서드는 여러 번 호출할 수 있다. end 메서드를 호출해야 전송이 종료된다. ❽ renderToNodeStream 함수를 호출해서 읽기 가능한 스트림 객체를 만든다. 스트림 방식을 사용할 때는 styled-components의 interleaveWithNodeStream 메서드를 호출해야 한다. 이 메서드는 renderStream에서 스타일 코드가 생성되도록 하는 역할을 한다. 기존에는 스타일 코드를 __STYLE_FROM_SERVER__ 부분에 삽

입했지만 이제는 root 요소 내부에 삽입된다. ❾ renderStream 스트림과 res 스트림을 연결한다. res는 쓰기 가능한 스트림이다. { end: false } 옵션은 스트림이 종료됐을 때 res.end 메서드가 자동으로 호출되지 않도록 한다. ❿ 스트림이 종료되면 마지막으로 postfix 데이터를 전송한다.

스트림 방식에서 캐싱 구현하기

현재까지의 구현으로는 스트림으로 전송된 데이터를 캐싱하지 못한다. 스트림 방식에서 캐싱을 구현하기 위해서는 스트림으로 전송되는 청크 데이터에 접근할 수 있어야 한다. 이를 위해 누 스트림 사이에 우리가 직접 구현한 스트림을 끼워 넣어야 한다.

스트림으로 렌더링한 결과를 캐싱하기 위해 server.js 파일을 다음과 같이 수정해 보자.

코드 8-35 스트림으로 렌더링한 결과를 캐싱하도록 server.js 파일 수정하기

```
// ...
import { Transform } from 'stream'; ❶

function createCacheStream(cacheKey, prefix, postfix) { ❷
  const chunks = []; ❸
  return new Transform({ ❹
    transform(data, _, callback) {
      chunks.push(data);                              ❺
      callback(null, data);
    },
    flush(callback) {
      const data = [prefix, Buffer.concat(chunks).toString(), postfix];
      ssrCache.set(cacheKey, data.join(''));          ❻
      callback();
    },
  });
}
// ...
app.get('*', (req, res) => {
  // ... (renderStream 변수를 만드는 코드까지 포함)
  const cacheStream = createCacheStream(cacheKey, prefix, postfix);
  cacheStream.pipe(res);
  renderStream.pipe(                                  ❼
    cacheStream,
    { end: false },
  );
```

```
    // ...
  }
});
```

❶ 중간에 삽입할 스트림을 만들기 위해 Transform 클래스를 가져온다. ❷ 중간에 삽입할 스트림을 생성해 주는 함수다. ❸ 스트림으로 전달된 모든 청크 데이터를 저장하는 배열이다. ❹ Transform 객체를 생성한다. Transform은 읽기와 쓰기가 모두 가능한 스트림 객체다. ❺ 청크 데이터를 받으면 호출되는 함수다. 전달받은 청크 데이터를 그대로 chunks 배열에 넣는다. ❻ 청크 데이터가 모두 전달된 후 호출되는 함수다. 모든 청크 데이터와 prefix, postfix를 이용해서 하나의 완성된 HTML 데이터를 만들고 캐싱한다. ❼ 우리가 생성한 스트림을 두 스트림 사이에 연결한다. 청크 데이터는 다음 순서로 흐른다.

renderStream → cacheStream → res

빌드 후 브라우저에서 실행해 보자. <i>http://localhost:3000/about</i>으로 접속하면 스트림 방식에서 캐싱이 적용되는 것을 확인할 수 있다.

8.3 넥스트 초급편

지금까지 서버사이드 렌더링 기능을 직접 구현해 봤다. 하지만 효율적으로 개발하기 위해서는 더욱 더 많은 기능이 필요하다. 이때 사용할 수 있는 프레임워크가 넥스트(Next.js)다.

넥스트와 create-react-app은 리액트를 기반으로 개발 환경을 구축한다는 점에서 비슷하지만, create-react-app은 클라이언트 렌더링만 하는 반면, 넥스트는 서버사이드 렌더링에 특화된 프레임워크라는 점이 다르다. 서버사이드 렌더링을 해야 하는데 직접 구축할 여력이 안 된다면 넥스트를 추천한다.

간단한 웹사이트를 만들어 보면서 넥스트에서 제공하는 기능을 알아보자.

8.3.1 넥스트 시작하기

먼저 실습을 위한 프로젝트를 생성한다.

```
mkdir test-next
cd test-next
```

```
npm init -y
npm install next react react-dom
```

넥스트에서 모든 페이지 컴포넌트는 pages 폴더 밑에 만들어야 한다. 프로젝트 루트에 pages 폴더를 만들고, 그 밑에 page1.js 파일을 만들자. page1.js 파일의 내용은 다음과 같다.

코드 8-36 **page1.js**

```
function Page1() {
  return (
    <div>
      <p>This is home page</p>
    </div>
  );
}
export default Page1;
```

간단한 리액트 컴포넌트를 만들었다. 파일 상단에 리액트 모듈을 가져오는 import 키워드가 보이지 않는다. 넥스트는 리액트 모듈을 자동으로 포함시켜 준다.

개발 모드로 넥스트를 실행해 보자.

```
npx next
```

빌드가 끝나고 브라우저에서 *http://localhost:3000/page1*로 접속해 보면 앞에서 만든 컴포넌트가 보인다. 개발자 모드로 확인해 보면 서버사이드 렌더링된 결과가 응답값으로 오는 것을 확인할 수 있다. 아무런 설정을 하지 않고도 서버사이드 렌더링이 되는 웹사이트가 만들어졌다.

넥스트의 번들 파일 분석하기

넥스트는 프로젝트 루트의 .next 폴더 밑에 번들 파일을 생성한다. 개발 모드에서 생성된 폴더를 지우자.

```
rm -rf .next
```

프로덕션 모드로 빌드 후 실행해 보자.

```
npx next build && npx next start
```

브라우저에서 *http://localhost:3000/page1*로 접속하면 다음과 같은 자바스크립트 파일이 전달된다.

- page1.js: 작성한 페이지의 코드가 들어 있다.
- _app.js: 모든 페이지의 최상단에서 실행되는 리액트 컴포넌트 코드가 들어 있다.
- framework.{해시값}.js: 넥스트에서 사용하는 주요 패키지(ex. 리액트)의 코드가 들어 있다.
- {해시값}.js: 여러 페이지에서 공통으로 사용하는 코드가 들어 있다.
- main-{해시값}.js: 웹팩 런타임 코드가 들어 있다.

.next/static 폴더 밑에 생성된 파일을 훑어보자.

pages 폴더에는 각 페이지의 번들 파일이 들어 있다. chunks 폴더에는 여러 페이지에서 공통으로 사용하는 번들 파일이 들어 있다. runtime 폴더에는 웹팩과 넥스트의 런타임과 관련된 번들 파일이 들어 있다.

.next/server/static 폴더 밑에 생성된 파일을 훑어보자.

.next/server/static 폴더 밑에는 서버에서 사용되는 파일이 들어간다. 이 폴더의 번들 파일은 코드가 압축되어 있지 않다. 그리고 node_modules 폴더 밑에 있는 외부 모듈의 코드가 번들 파일에 포함되어 있지 않다. 이는 이 폴더의 번들 파일이 서버에서 실행되는 코드이기 때문이다.

특이한 점은 page1 페이지 파일이 자바스크립트가 아니라 HTML 파일이라는 점이다. 사실 우리가 작성한 page1.js 파일은 변수를 사용하지 않아서 렌더링 결과는 항상 같다. 넥스트는 정적인 페이지를 자동으로 미리 렌더링해서 최적화한다. 물론 동적인 페이지는 미리 렌더링하지 않으며, 자바스크립트 파일로 만들어진다.

_document.js 파일은 서버 측에서 HTML 요소를 추가하는 용도로 사용된다. 자세한 내용은 뒤에서 styled-components를 적용할 때 설명한다.

넥스트의 기본 기능 사용하기

넥스트에서 이미지와 같은 정적 파일을 사용하는 방법과 HTML head 태그와 스타일 코드를 작성하는 방법을 알아보자. 프로젝트 루트에 static 폴더를 만들고 그 밑에 원하는 이미지 파일을 복사해서 icon.png로 저장한다. 그 다음에는 page1.js 파일을 다음과 같이 수정해 보자.

코드 8-37 page1.js 파일에서 넥스트의 다양한 기능 사용해 보기

```
import Head from 'next/head';

function Page1() {
  return (
    <div>
      <p>this is home page</p>
      <img src="/static/icon.png" /> ❶
      <Head>
        <title>page1</title>
      </Head>
      <Head>                                    ❷
        <meta name="description" content="hello world" />
      </Head>
      <style jsx>{`
        p {
          color: blue;          ❸
          font-size: 18pt;
        }
      `}</style>
    </div>
  );
}
// ...
```

❶ 프로젝트 루트의 static 폴더 밑에 정적 파일을 만들고 이처럼 경로를 입력하

면 정적 파일을 서비스할 수 있다. 단, 이 방식은 파일의 내용과 상관없이 항상 같은 경로가 사용되므로 브라우저 캐싱에 불리하다는 단점이 있다. ❷ 넥스트에서 제공하는 Head 컴포넌트를 사용하면 HTML head 태그에 원하는 돔 요소를 삽입할 수 있다. 여러 번 사용하는 것도 가능하며 나중에 하나로 합쳐진다. ❸ 넥스트는 styled-jsx 패키지를 통해서 css-in-js 방식을 지원한다. 여기서 선언된 스타일은 이 컴포넌트 내부에 존재하는 p 요소에만 적용된다. styled-jsx를 사용하지 않고 styled-components와 같은 다른 패키지를 사용하는 것도 가능하다. styled-components를 이용하는 방식은 뒤에서 설명한다.

넥스트가 생성한 HTML 분석하기

넥스트가 서버에서 렌더링한 HTML의 구조를 분석해 보자. 지금까지 작성한 코드를 다음과 같이 프로덕션 모드로 실행해 보자.

```
npx next build && npx next start
```

브라우저에서 *http://localhost:3000/page1*로 접속해 보자. 서버로부터 받은 HTML의 내용은 다음과 같다.

코드 8-38 넥스트가 서버에서 렌더링한 HTML

```
<!DOCTYPE html>
<html>

<head>
  <meta charset="utf-8" />
  <title class="jsx-3486526853">page1</title>
  <meta name="description" content="hello world" class="jsx-3486526853" />    ❶
  // ...
  <style id="__jsx-3486526853">
    p.jsx-3486526853 {
      color: blue;                    ❷
      font-size: 18pt;
    }
  </style>
</head>

<body>
  <div id="__next">
    <div class="jsx-3486526853" data-reactroot="">
      <p class="jsx-3486526853">this is home page</p>
      <img src="/static/icon.png" class="jsx-3486526853" />
```

```
      </div>
    </div>
    <script id="__NEXT_DATA__" type="application/json">
      {
        "props": { "pageProps": {} },
        "page": "/page1",
        "query": {},
        "buildId": "6kKOCEd3-S2ycNGANIkqc",
        "nextExport": true,
        "autoExport": true,
        "isFallback": false
      }
    </script>
    // ... ❹
  </body>
</html>
```

❶ page1.js에서 Head 컴포넌트를 사용해 입력한 돔 요소다. ❷ page1.js에서 styled-jsx 문법을 사용해서 입력한 스타일 코드다. ❸ 서버에서 생성된 데이터다. ❹ script 태그를 이용해서 여러 가지 자바스크립트 파일을 가져온다.

8.3.2 웹팩 설정 변경하기

넥스트에서는 정적 파일을 서비스하기 위해 프로젝트 루트의 static 폴더를 이용한다. 지금까지 살펴본 예제 코드에서는 정적 파일의 내용과 상관없이 항상 같은 파일 경로가 사용된다. 브라우저 캐싱을 최대로 활용하기 위해서는 파일의 내용이 변경되면 파일의 경로도 변경되는 게 좋다. 웹팩의 file-loader를 사용해서 이 기능을 구현해 보자.

먼저 필요한 패키지를 설치한다.

```
npm install file-loader
```

넥스트는 create-react-app과 달리 웹팩 설정을 변경할 수 있다. 프로젝트 루트에 next.config.js 파일을 생성하고 웹팩 설정에 file-loader를 추가한다.

코드 8-39 **next.config.js**

```
module.exports = {
  webpack: config => { ❶
    config.module.rules.push({ ❷
      test: /.(png|jpg)$/,
```

```
    use: [
      {
        loader: 'file-loader',
        options: {
          name: '[path][name].[ext]?[hash]', ❸
          emitFile: false, ❹
          publicPath: '/',
        },
      },
    ],
  });
  return config;
},
};
```

❶ 웹팩 설정을 변경하기 위한 함수다. 이 함수의 첫 번째 매개변수로 넥스트의
웹팩 설정이 넘어온다. ❷ 넥스트의 웹팩 설정에 file-loader를 추가한다. ❸ 쿼리
파라미터 부분에 해시를 추가해서 파일의 내용이 변경될 때마다 파일의 경로도
수정되도록 한다. ❹ 넥스트는 static 폴더의 정적 파일을 그대로 서비스하기 때
문에 파일을 복사할 필요가 없다.

앞에서 설정한 file-loader가 동작하려면 이미지를 모듈로 다뤄야 한다. page1.
js 파일을 수정해서 기존에 src 속성값으로 입력했던 이미지 경로를 다음과 같이
모듈의 경로로 사용해 보자.

코드 8-40 **이미지를 모듈로 사용하기**

```
// ...
import Icon from '../static/icon.png';

function Page1() {
  return (
    <div>
      // ...
      <img src={Icon} />
      // ...
```

이제 개발 모드로 넥스트를 실행해 보자.

```
npx next
```

브라우저로 전달되는 HTML을 확인해 보면 이미지 파일의 경로에 해시값이 포
함된 것을 확인할 수 있다.

8.3.3 서버에서 생성된 데이터를 전달하기

넥스트에서는 getInitialProps라는 함수를 이용해서 페이지 컴포넌트로 속성
값을 전달한다. 각 페이지의 getInitialProps 함수는 페이지 진입 직전에 호출
된다. 사용자가 첫 페이지를 요청하면 getInitialProps 함수는 서버에서 호출된
다. 이후 클라이언트에서 페이지 전환을 하면 getInitialProps 함수는 클라이언
트에서 호출된다.

getInitialProps 함수가 반환하는 값은 페이지 컴포넌트의 속성값으로 입력
된다. 넥스트는 getInitialProps 함수가 서버에서 호출되는 경우, 반환값을 클
라이언트로 전달해 준다. getInitialProps 함수를 사용해 보면서 넥스트가 서버
데이터를 클라이언트로 전달하는 과정을 이해해 보자.

pages 폴더 밑에 page2.js 파일을 만들고 다음 코드를 입력한다.

코드 8-41 **page2.js**

```
import { callApi } from '../src/api';

Page2.getInitialProps = async ({ query }) => { ❶
  const text = query.text || 'none'; ❷
  const data = await callApi(); ❸
  return { text, data }; ❹
};

export default function Page2({ text, data }) { ❺
  return (
    <div>
      <p>this is home page2</p>
      <p>{`text: ${text}`}</p>
      <p>{`data is ${data}`}</p>
    </div>
  );
}
```

❶ getInitialProps 함수를 정의한다. 매개변수로 다양한 정보가 전달되지만 여
기서는 쿼리 파라미터 정보만 사용한다. ❷ 쿼리 파라미터로부터 text 변수를
생성한다. ❸ 데이터를 가져오기 위해 API를 호출한다. getInitialProps 함수 내
부의 API 호출은 서버 또는 클라이언트에서 호출될 수 있다는 점을 기억해야 한
다. async await 문법을 사용했기 때문에 API 통신이 끝날 때까지 기다린다. ❹
getInitialProps 함수가 반환하는 값은 페이지 컴포넌트의 속성값으로 전달된
다. ❺ 페이지 컴포넌트에서 getInitialProps 함수가 반환한 값을 사용한다.

앞에서 사용한 callApi 함수를 작성해 보자. 프로젝트 루트에 src 폴더를 만든 다음, src 폴더 밑에 api.js 파일을 만들고 다음 코드를 입력한다.

코드 8-42 **src/api.js**

```
export function callApi() {
  return Promise.resolve(123);
}
```

넥스트 실행 및 결과 확인하기

개발 모드로 넥스트를 실행해 보자.

npx next

브라우저에서 *http://localhost:3000/page2?text=abc*로 접속해 보자. 숫자 123과 문자 abc가 출력되는 것을 확인할 수 있다. 브라우저로 전달되는 HTML 데이터는 다음과 같다.

코드 8-43 **넥스트에서 전달된 데이터의 내용**

```
// ...
<div>
  <p>this is home page2</p>
  <p>text: abc</p>                    ❶
  <p>data is 123</p>
</div>
// ...
<script id="__NEXT_DATA__" type="application/json">
  {
    "props": { "pageProps": { "text": "abc", "data": 123 } },   ❷
    "page": "/page2",
    "query": { "text": "abc" },
    "buildId": "development",
    "isFallback": false
  }
</script>
// ...
```

❶ 서버에서 생성된 데이터가 페이지의 렌더링 결과에 잘 반영됐다. ❷ 서버에서 생성된 데이터가 클라이언트로 잘 전달됐다.

getInitialProps 함수가 서버에서 호출되더라도 이 함수에서 생성된 데이터는 항상 페이지 컴포넌트로 잘 전달된다는 것을 확인했다. 서버에서 호출되는 경우를 특별히 신경 쓰지 않아도 되기 때문에 getInitialProps 함수의 코드를 편하게 작성할 수 있다. 이처럼 getInitialProps 함수를 통한 데이터의 전달은 넥스트의 큰 장점이다.

getInitialProps에서 HTTP 요청 객체 이용하기

getInitialProps 함수의 매개변수로 다양한 정보가 전달된다. 대표적으로 HTTP 요청과 응답 객체도 전달된다. 다음은 user-agent 정보를 추출해서 데이터로 전달하는 코드다.

코드 8-44 **user-agent 정보 추출하기**

```
MyComponent.getInitialProps = async ({ req }) => { ❶
  const userAgent = req ? req.headers['user-agent'] : navigator.userAgent; ❷
  // ...
};
```

❶ HTTP 요청 객체도 getInitialProps 함수의 매개변수로 전달된다. 참고로 HTTP 요청과 응답 객체는 getInitialProps 함수가 서버에서 호출되는 경우에만 전달된다. ❷ HTTP 요청 객체가 존재하면 헤더에서 user-agent 정보를 추출한다. 클라이언트에서 호출된 경우에는 브라우저의 navigator 전역 변수를 이용한다.

8.3.4 페이지 이동하기

넥스트는 페이지 이동을 위해 Link 컴포넌트와 Router 객체를 제공한다. 간단하게 사용법을 알아보자.

Link 컴포넌트를 이용해서 페이지 이동하기

Link 컴포넌트를 이용해서 페이지를 이동하는 코드를 작성해 보자. page1.js 파일을 다음과 같이 수정한다.

코드 8-45 **Link 컴포넌트를 이용하도록 page1.js 파일 수정하기**

```
// ...
import Link from 'next/link';

function Page1() {
  return (
```

```
    <div>
      <Link href="/page2"> ❶
        <a>page2로 이동</a>
      </Link>
      // ...
    </div>
  );
}
```

❶ Link 컴포넌트를 이용해서 page2로 이동 버튼을 만든다. 사용자가 Link 컴포넌트의 자식 요소를 클릭하면 href 속성으로 전달된 페이지로 이동한다.

Router 객체를 이용해서 페이지 이동하기

이제 Router 객체를 이용해서 페이지를 이동하는 코드를 작성해 보자. page2.js 파일을 다음과 같이 수정한다.

코드 8-46 Router 객체를 이용하도록 page2.js 파일 수정하기

```
import Router from 'next/router';
// ...
export default function Page2({ text, data }) {
  return (
    <div>
      <button onClick={() => Router.push('/page1')}>page1로 이동</button> ❶
      // ...
    </div>
  );
}
```

❶ 버튼을 누르면 /page1로 이동한다.

페이지 이동을 위해 Router 객체를 이용하는 것과 Link 컴포넌트를 이용하는 것 사이에 기능적인 차이는 없다. 다만 Router 객체가 좀 더 동적인 코드에 적합하다. 개발 모드로 넥스트를 실행해 보자.

```
npx next
```

버튼을 클릭하면서 두 페이지를 전환할 수 있다. 이때 브라우저 주소창에 노출되는 url도 변경되는 것을 확인할 수 있다.

8.3.5 에러 페이지 구현하기

별도로 에러 페이지를 구현하지 않았다면 넥스트에서 기본으로 제공되는 에러 페이지가 사용된다. 지금까지 작성한 프로그램을 실행 후 브라우저에서 *http://localhost:3000/abc*로 접속해 보자. 다음과 같은 화면을 확인할 수 있다.

404 | This page could not be found.

그림 8-1 넥스트가 기본으로 제공하는 404 에러 페이지

에러 페이지를 직접 구현하고 싶다면 _error.js 파일을 작성한다. pages 폴더 밑에 _error.js 파일을 만들고 다음 코드를 입력하자.

코드 8-47 **_error.js**

```
ErrorPage.getInitialProps = ({ res, err }) => {               ❶
  const statusCode = res ? res.statusCode : err ? err.statusCode : null;   ❷
  return { statusCode };
};

export default function ErrorPage({ statusCode }) {
  return (
    <div>
      {statusCode === 404 && '페이지를 찾을 수 없습니다.'}
      {statusCode === 500 && '알 수 없는 에러가 발생했습니다.'}   ❸
      {!statusCode && '클라이언트에서 에러가 발생했습니다.'}
    </div>
  );
}
```

❶ 에러 페이지도 getInitialProps 함수를 사용할 수 있다. ❷ 에러 코드를 페이지 컴포넌트의 속성값으로 전달한다. ❸ statusCode 변수의 값에 따라 다른 에러 메시지를 출력한다. 만약 statusCode 변수의 값이 존재하지 않으면 클라이언트 측에서 발생한 에러다.

에러 페이지를 확인하기 위해 고의로 에러를 발생시켜 보자. page2.js 파일을 다음과 같이 수정한다.

코드 8-48 **getInitialProps 함수에서 예외가 발생하도록 page2.js 파일 수정하기**

```
Page2.getInitialProps = async ({ query }) => {
```

```
  throw new Error('exception in getInitialProps');
  // ...
};
```

프로덕션 모드로 넥스트를 실행해 보자.

```
npx next build && npx next start
```

브라우저에서 *http://localhost:3000/abc*로 접속하면 **페이지를 찾을 수 없습니다.** 문구를 확인할 수 있다. 브라우저에서 *http://localhost:3000/page2*로 접속하면 **알 수 없는 에러가 발생했습니다.** 문구를 확인할 수 있다. 브라우저에서 *http://localhost:3000/page1*로 접속 후 page2로 이동하는 버튼을 클릭하면 **클라이언트에서 에러가 발생했습니다.** 문구를 확인할 수 있다.

확인이 끝났다면 이후 진행할 내용을 위해 page2.js 파일에서 예외를 발생시키는 코드는 지운다.

8.4 넥스트 고급편

지금까지 살펴본 내용으로도 간단한 웹 애플리케이션을 만들어서 사용할 수 있다. 하지만 프로젝트의 규모가 커지면 코드 분할을 신경 써야 하고, 서버도 직접 띄워야 한다. 여러 페이지 컴포넌트의 공통 기능을 분리하는 방법이 필요하고, 넥스트에 내장된 styled-jsx보다는 css-in-js 분야에서 인지도가 높은 styled-components 등의 다른 패키지를 적용하는 방법도 고려해 봐야 한다. 서버사이드 렌더링 시 CPU 연산을 최소화하는 게 중요한데, 이때 렌더링 결과를 캐싱하거나 빌드 시 미리 렌더링하는 방법을 사용한다.

넥스트로 웹 애플리케이션을 만드는 과정에서 이러한 것들을 어떻게 해결할 수 있는지 하나씩 살펴보자.

8.4.1 페이지 공통 기능 구현하기

모든 페이지에서 공통으로 필요한 기능은 pages/_app.js 파일에서 구현할 수 있다. 페이지가 전환되어도 메뉴 UI를 그대로 유지하고 싶다면 _app.js 파일에서 구현하는 게 좋다. 간단한 메뉴 UI를 구현해 보면서 _app.js로 할 수 있는 일을 알아보자.

먼저 모든 페이지의 상단에 각 페이지로 이동하는 버튼을 만들어 보자. pages

폴더 밑에 _app.js 파일을 만들고 다음 코드를 입력한다.

코드 8-49 **_app.js**

```
import Link from 'next/link';

export default function MyApp({ Component, pageProps }) { ❶
  return (
    <div>
      <Link href="/page1">
        <a>page1</a>
      </Link>
      <Link href="/page2">      ❷
        <a>page2</a>
      </Link>
      <Component {...pageProps} /> ❸
    </div>
  );
}
```

❶ Component 속성값은 현재 렌더링하려는 페이지의 컴포넌트이고, pageProps 속성값은 해당 페이지의 getInitialProps 함수가 반환한 값이다. ❷ 메뉴 UI를 구현한다. ❸ 페이지 컴포넌트를 렌더링한다.

이전에 page1.js, page2.js 파일에 추가했던 페이지 이동 버튼은 제거하고, 개발 모드로 넥스트를 실행한다.

```
npx next
```

두 페이지 모두 _app.js 파일에서 구현한 메뉴 UI가 렌더링되는 것을 확인할 수 있다.

MyApp 컴포넌트는 페이지가 전환되는 경우에도 언마운트되지 않는다. 메뉴 UI는 항상 유지되어야 하므로 _app.js 파일에서 메뉴 UI를 구현하는 것이 자연스럽다. 컴포넌트가 언마운트되지 않기 때문에 MyApp 컴포넌트에서 전역 상탯값을 관리할 수도 있다.

8.4.2 넥스트에서의 코드 분할

넥스트는 기본적으로 페이지별로 번들 파일을 생성한다. 동적 임포트(dynamic import) 사용 시에는 해당 모듈의 코드는 별도의 파일로 분할되며, 여러 페이지에 공통으로 사용되는 모듈도 별도의 파일로 분할된다.

동적 임포트로 코드 분할하기

넥스트에서 동적 임포트 사용 시 코드가 어떻게 분할되는지 확인해 보자. src 폴더 밑에 sayHello.js 파일을 만들고 동적 임포트로 가져올 간단한 함수를 작성하자.

코드 8-50 **sayHello.js**

```
export function sayHello() {
  return 'hello~!';
}
```

이제 동적 임포트로 sayHello 모듈을 가져오는 코드를 작성하자. page2.js 파일을 다음과 같이 수정하자.

코드 8-51 **동적 임포트를 사용하도록 page2.js 파일 수정하기**

```
// ...
export default function Page2({ text, data }) {
  function onClick() {
    import('../src/sayHello').then(({ sayHello }) => console.
log(sayHello()));  ❶
  }
  return (
    <div>
      // ...
      <button onClick={onClick}>sayHello</button>  ❷
    </div>
  );
}
```

❶ 동적 임포트를 사용해서 sayHello 모듈을 가져온다. ❷ onClick 함수를 버튼에 연결한다.

이전에 생성된 .next 폴더를 삭제하고, 프로덕션 모드로 넥스트를 실행해 보자.

```
rm -rf .next
npx next build && npx next start
```

브라우저에서 *http://localhost:3000/page2*로 접속해 보자. 브라우저의 개발자 모드를 켜고 sayHello 버튼을 클릭하면, 콘솔에 sayHello 함수가 반환한 문자열이 출력되는 것을 확인할 수 있다. 버튼을 클릭하는 순간 sayHello.js 모듈이 담긴 자바스크립트 파일이 전송되는 것을 확인할 수 있다.

이제 .next 폴더를 훑어보자.

- .next/static/chunks 폴더 밑에 sayHello.js 모듈의 코드를 포함하는 번들 파일이 있다.
- .next/server 폴더 밑에 sayHello.js 모듈의 코드를 포함하는 번들 파일이 있다.

동적 임포트를 사용하면 클라이언트뿐만 아니라 서버를 위한 번들 파일도 생성되는 것을 확인할 수 있다. .next/server 폴더 밑에 생성되는 파일은 서버사이드 렌더링 시 사용된다.

getInitialProps 함수에서 동적 임포트 사용하기

getInitialProps 함수에서 사용된 동적 임포트는 어떻게 동작하는지 확인해 보자.

page2.js 파일에 추가했던 onClick 이벤트 처리 함수와 sayHello 버튼을 삭제한다. 그리고 page2.js 파일을 다음과 같이 수정해 보자.

코드 8-52 getInitialProps 함수에서 동적 임포트를 사용하도록 page2.js 파일 수정하기

```
Page2.getInitialProps = async ({ query }) => {
  const { sayHello } = await import('../src/sayHello'); ❶
  console.log(sayHello()); ❷
  // ...
};
```

❶ getInitialProps 함수에서 동적 임포트로 sayHello.js 모듈을 가져온다. ❷ sayHello 함수의 반환값을 콘솔에 출력한다.

프로덕션 모드로 넥스트를 실행해 보자.

```
npx next build && npx next start
```

브라우저에서 *http://localhost:3000/page2*로 접속해 보자. 이전과 다르게 say Hello.js 모듈이 담긴 자바스크립트 파일이 전송되지 않는다. 이는 getInitial Props 함수가 서버 측에서 실행되어 클라이언트로 별도의 파일을 내려 줄 필요가 없기 때문이다. 이번에는 *http://localhost:3000/page1*로 접속해 보자. page2로 이동하는 버튼을 클릭하면 getInitialProps 함수가 클라이언트에서 실행된다.

이때는 sayHello.js 모듈이 담긴 자바스크립트 파일이 전송된다.

여러 페이지에 공통으로 사용되는 코드 분할하기

넥스트는 여러 페이지에서 공통으로 사용되는 모듈을 별도의 번들 파일로 분할한다. 웹팩의 `splitChunks` 설정을 통해 코드를 분할하며 코드 변경에 따른 캐시 무효화(cache invalidation)를 최소화하는 방향으로 설계되어 있다. 웹팩의 `splitChunks` 설정에 대한 자세한 내용은 7장에서 확인할 수 있다.

우선 여러 페이지에서 공통으로 사용할 모듈을 만들어 보자. src 폴더 밑에 util.js 파일을 만들고, 다음 코드를 입력한다.

코드 8-53 **util.js**

```
export function add(a, b) {
  console.log('called_add');
  return a + b;
}
```

그다음으로 page1.js 파일에 util.js 모듈을 사용하는 코드를 추가해 보자.

코드 8-54 **util.js 모듈을 사용하도록 page1.js 파일 수정하기**

```
// ...
import { add } from '../src/util';

function Page1() {
  return (
    <div>
      <p>{`10 + 20 = ${add(10, 20)}`}</p>
      // ...
    </div>
  );
}
// ...
```

이전에 생성된 .next 폴더를 제거하고 넥스트를 빌드해 보자.

```
rm -rf .next
npx next build
```

빌드를 해 보면 .next/static/{해시값}/pages/page1.js 파일에 util.js 모듈의 코드가 있다. 즉, util.js 모듈이 공통 모듈로 분리되지 않았다.

이제 page1.js 파일의 전체 코드를 page2.js 파일에 붙여넣자. 그리고 이전에 생성된 .next 폴더를 제거하고 넥스트를 빌드한다. 이번에는 .next/static/{해시 값}/pages/page1.js 파일에 util.js 모듈의 코드가 없는 것을 확인할 수 있다. util.js 모듈의 코드는 .next/static/chunks 폴더 밑에 있는 파일에 포함된다. 두 페이지는 해당 청크 파일을 공통으로 사용한다.

다음 실습을 위해 page2.js 파일의 내용은 롤백하자.

8.4.3 웹 서버 직접 띄우기

지금까지는 넥스트에 내장된 웹 서버를 사용했다. 내장된 웹 서버를 사용하지 않고 웹 서버를 직접 띄우면 좀 더 많은 일을 할 수 있다. 예를 들어, 내장된 웹 서버는 서버사이드 렌더링 결과를 캐싱할 수 없지만 직접 띄운 웹 서버에서는 캐싱을 통해 보다 많은 트래픽을 처리할 수 있다.

express를 사용해서 직접 웹 서버를 띄워 보자.

```
npm install express
```

먼저 프로젝트 루트에 server.js 파일을 만들고 다음 코드를 입력한다.

코드 8-55 server.js

```
const express = require('express');
const next = require('next');

const port = 3000;
const dev = process.env.NODE_ENV !== 'production'; ❶
const app = next({ dev }); ┐
const handle = app.getRequestHandler(); ┘ ❷

app.prepare().then(() => { ❸
  const server = express();

  server.get('/page/:id', (req, res) => { ┐
    res.redirect(`/page${req.params.id}`); │ ❹
  }); ┘
  server.get('*', (req, res) => { ┐
    return handle(req, res); │ ❺
  }); ┘

  server.listen(port, err => { ❻
    if (err) throw err;
```

```
    console.log(`> Ready on http://localhost:${port}`);
  });
});
```

❶ NODE_ENV 환경 변수에 따라 개발 모드와 프로덕션 모드를 구분한다. ❷ 넥스트를 실행하기 위해 필요한 객체와 함수를 생성한다. ❸ 넥스트의 준비 과정이 끝나면 입력된 함수를 실행한다. ❹ express 웹 서버에서 처리할 url 패턴을 등록한다. 여기서는 /page/1 요청이 들어오면 /page1으로 리다이렉트(redirect)한다. ❺ 나머지 모든 요청은 handle 함수가 처리하도록 한다. 만약 ❹가 없다면 코드 8-55는 넥스트에 내장된 웹 서버와 같은 일을 한다. ❻ 사용자 요청을 처리하기 위해 대기한다.

이제 직접 만든 웹 서버를 띄워 보자.

```
node server.js
```

브라우저에서 *http://localhost:3000/page/1*로 접속해도 잘 동작한다. 프로덕션 모드로 실행하는 경우에는 먼저 빌드를 해야 한다.

```
npx next build
NODE_ENV=production node server.js
```

마찬가지로 앞의 주소로 접속해 보면 잘 동작하는 것을 확인할 수 있다.

8.4.4 서버사이드 렌더링 캐싱하기

이번에는 넥스트에서 서버사이드 렌더링 결과를 캐싱해 보자. 먼저 server.js 파일을 다음과 같이 수정한다.

코드 8-56 서버사이드 렌더링 결과를 캐싱하도록 server.js 파일 수정하기

```
// ...
const url = require('url');
const lruCache = require('lru-cache'); ❶

const ssrCache = new lruCache({
  max: 100,
  maxAge: 1000 * 60,            ❷
});
// ...
app.prepare().then(() => {
  // ...('/page/:id'를 처리하는 코드)
```

```
  server.get(/^\/page[1-9]/, (req, res) => {
    return renderAndCache(req, res);                    ❸
  });
  // ...('*'를 처리하는 코드)
});

async function renderAndCache(req, res) { ❹
  const parsedUrl = url.parse(req.url, true);
  const cacheKey = parsedUrl.path; ❺
  if (ssrCache.has(cacheKey)) { ❻
    console.log('캐시 사용');
    res.send(ssrCache.get(cacheKey));
    return;
  }
  try {
    const { query, pathname } = parsedUrl;
    const html = await app.renderToHTML(req, res, pathname, query); ❼
    if (res.statusCode === 200) {
      ssrCache.set(cacheKey, html); ❽
    }
    res.send(html);
  } catch (err) {
    app.renderError(err, req, res, pathname, query);
  }
}
```

❶ 서버사이드 렌더링 결과를 캐싱하기 위해 lru-cache 패키지를 이용한다. ❷ 최대 100개의 항목을 저장하고 각 항목은 60초 동안 저장한다. ❸ /page1, /page2 요청에 대해 서버사이드 렌더링 결과를 캐싱한다. ❹ renderAndCache 함수에서 캐싱 기능을 구현한다. 이 함수는 async await 문법을 이용한다. ❺ 쿼리 파라미터가 포함된 경로를 키로 사용한다. ❻ 캐시가 존재하면 캐시에 저장된 값을 사용한다. ❼ 캐시가 없으면 넥스트의 renderToHTML 메서드를 호출하고, await 키워드를 사용해서 처리가 끝날 때까지 기다린다. ❽ renderToHTML 함수가 정상적으로 처리됐으면 그 결과를 캐싱한다.

이제 lru-cache 패키지를 설치해 보자.

```
npm install lru-cache
```

다음과 같이 개발 모드로 실행한다.

```
node server.js
```

반복해서 같은 페이지로 접속하면 서버 측 콘솔에 **캐시 사용** 문구가 출력되는 것을 확인할 수 있다.

8.4.5 페이지 미리 렌더링하기

자동으로 미리 렌더링하기

페이지를 미리 렌더링하면 서버의 CPU 리소스를 절약할 수 있다. 넥스트에서 빌드 시 getInitialProps 함수가 없는 페이지는 자동으로 미리 렌더링된다. 지금까지 작업한 프로젝트를 빌드해서 .next/server/static 폴더를 확인해 보면, page1은 미리 렌더링된 HTML 파일로 만들어지고 page2는 자바스크립트 파일로 만들어지는 것을 확인할 수 있다. 따라서 getInitialProps 함수는 꼭 필요한 경우에만 작성하는 게 좋다. 만약 _app.js 파일에서 getInitialProps 함수를 정의하면 모든 페이지가 미리 렌더링되지 않으므로 주의하자.

next export로 미리 렌더링하기

넥스트에서는 next export 명령어를 통해 전체 페이지를 미리 렌더링할 수 있다. next export 명령어는 빌드 후에 실행해야 한다.

npx next build && npx next export

명령어를 실행하면 프로젝트 루트에 out 폴더가 생성된다.

```
out
├── 404.html
├── page1.html
├── page2.html
├── 404.html
├── _next
└── static
        └── icon.png
```

주요 폴더와 파일의 내용은 다음과 같다.

- 404.html: 에러 페이지가 미리 렌더링된 파일이다.
- page1.html: /page1 요청에 대해 미리 렌더링된 파일이다.

- page2.html: /page2 요청에 대해 미리 렌더링된 파일이다.
- _next 폴더: 프로젝트 루트의 .next 폴더에 있는 번들 파일과 같다.
- static 폴더: 이미지와 같은 정적 파일을 모아 놓은 폴더다.

next export 명령어 실행 후 생성된 out 폴더만 있으면 서버에서 넥스트를 실행하지 않고도 정적 페이지를 서비스할 수 있다.

다음으로 정적 페이지만 서비스하는 웹 서버 코드를 작성해 보자. server.js 파일을 복사해서 다른 경로에 복사본을 만들고, server.js 파일을 다음과 같이 수정한다.

코드 8-57 단순히 정적 파일을 서비스하도록 server.js 파일 수정하기

```
const express = require('express');

const server = express();
server.use(express.static('out')); ❶
server.listen(3000, err => {
  if (err) throw err;
});
```

❶ 단순히 out 폴더 밑의 정적 파일을 서비스하도록 설정했다.

서버를 띄워 보자.

```
node server.js
```

브라우저에서 접속해 보면 잘 동작한다. 하지만 *http://localhost:3000/page2.html?text=hello*로 접속하면 쿼리 파라미터가 적용되지 않는다. 이는 미리 렌더링된 정적 파일이기 때문에 당연한 결과다. 넥스트에서는 쿼리 파라미터도 미리 설정할 수 있는 옵션을 제공해 준다.

넥스트의 exportPathMap 옵션 사용하기

넥스트의 exportPathMap 옵션을 이용하면 쿼리 파라미터를 활용해서 정적 페이지를 만들 수 있다. next.config.js 파일을 다음과 같이 수정해 보자.

코드 8-58 exportPathMap 옵션을 사용하도록 next.config.js 파일 수정하기

```
module.exports = {
  // ...
  exportPathMap: function() { ❶
```

```
      return {
        '/page1': { page: '/page1' },
        '/page2-hello': { page: '/page2', query: { text: 'hello' } },
        '/page2-world': { page: '/page2', query: { text: 'world' } },
      };
    },
};
```
❷

❶ next export 명령을 실행할 때 exportPathMap 옵션이 사용된다. ❷ 쿼리 파라미터 정보를 이용해서 미리 렌더링할 수 있다.

다시 빌드 후 실행해 보자.

```
npx next build && npx next export
node server.js
```

브라우저에서 *http://localhost:3000/page2-hello.html*로 접속해 보면 화면에 text: hello가 출력된다. 하지만 *http://localhost:3000/page2*로 접속하면 페이지를 찾지 못한다. 이는 정적 파일로 미리 만들어 놓지 않았기 때문이다. 이러한 문제는 동적 페이지와 정적 페이지를 동시에 서비스하는 방식으로 해결할 수 있다.

동적 페이지와 정적 페이지를 동시에 서비스하기

동적 페이지를 서비스하기 위해 넥스트를 실행하면서, 미리 렌더링한 페이지도 같이 서비스할 수 있도록 구현해 보자.

이전에 복사해 놨던 server.js 파일을 이용해서 코드를 이전 상태로 복구해 보자. 그리고 미리 렌더링한 HTML을 이용하도록 server.js 파일을 다음과 같이 수정한다.

코드 8-59 미리 렌더링한 HTML을 이용하도록 server.js 파일 수정하기

```
// ...(renderAndCache 함수를 제외한 모든 코드)
const fs = require('fs');

const prerenderList = [
  { name: 'page1', path: '/page1' },
  { name: 'page2-hello', path: '/page2?text=hello' },
  { name: 'page2-world', path: '/page2?text=world' },
];
const prerenderCache = {};
if (!dev) {
  for (const info of prerenderList) {
    const { name, path } = info;
```
❶

❷

```
        const html = fs.readFileSync(`./out/${name}.html`, 'utf8');
        prerenderCache[path] = html;
    }
}

async function renderAndCache(req, res) { ❸
  const parsedUrl = url.parse(req.url, true);
  const cacheKey = parsedUrl.path;
  if (ssrCache.has(cacheKey)) {
    console.log('캐시 사용');
    res.send(ssrCache.get(cacheKey));
    return;
  }
  if (prerenderCache.hasOwnProperty(cacheKey)) {
    console.log('미리 렌더링한 HTML 사용');
    res.send(prerenderCache[cacheKey]);
    return;
  }
  // ...(try catch 코드)
}
```

❶ next.config.js 파일에서 설정한 exportPathMap 옵션의 내용과 같은 내용이다. next.config.js 파일을 파싱하는 게 좋겠지만 코드를 이해하는 데 방해가 되므로 직접 입력했다. ❷ out 폴더에 있는 미리 렌더링된 HTML 파일을 읽어서 prerenderCache에 저장한다. next export 명령어는 프로덕션 모드에서만 사용하므로 out 폴더의 내용을 읽는 작업은 프로덕션 모드에서만 한다. ❸ renderAndCache 함수에서 prerenderCache 변수를 이용한다. ❹ 미리 렌더링한 페이지라면 캐싱된 HTML을 사용한다.

프로덕션 모드로 빌드 후 실행해 보자.

```
npx next build && npx next export
NODE_ENV=production node server.js
```

브라우저에서 *http://localhost:3000/page2?text=hello*로 접속해 보자. 서버의 콘솔 로그에 미리 렌더링한 HTML 사용 문구가 출력된다. 이번에는 *http://localhost:3000/page2?text=abc*로 접속해 보자. 캐싱된 내용이 없기 때문에 서버사이드 렌더링이 실행된다.

8.4.6 styled-components 사용하기

넥스트는 css-in-js 방식으로 스타일 코드를 작성할 수 있는 styled-jsx 패키지를 내장하고 있다. 다른 패키지를 이용해서 css-in-js 방식을 사용하려면 몇 가지 설정을 해야 한다. 넥스트에서 styled-components 패키지를 사용할 수 있도록 설정해 보자.

8.1절에서 살펴봤듯이 css-in-js 방식을 사용하려면 서버사이드 렌더링 시 스타일 코드를 추출해서 HTML에 삽입하는 과정이 필요하다. styled-jsx 문법으로 작성한 스타일 코드를 추출하는 코드는 넥스트 내부의 _document.js 파일에 있다. 다음은 넥스트의 _document.js 파일에 있는 일부 코드다.

코드 8-60 넥스트 내부 _document.js 파일의 내용

```
// ...
import flush from 'styled-jsx/server'
// ...
export default class Document extends Component {
  // ...
  static getInitialProps (ctx) {
    // ...
    const { html, head } = await ctx.renderPage({ enhanceApp })
    const styles = [
      ...flush(), ❶
      // ...
    ];
    return { html, head, styles } ❷
  }
  // ...
```

❶ getInitialProps 메서드에서 styled-jsx의 flush 함수를 호출한다. ❷ 추출된 스타일 코드를 컴포넌트의 속성값으로 전달한다. 전달된 스타일 코드는 HTML을 생성할 때 사용된다. 참고로 _document.js 파일은 서버사이드 렌더링 시에만 실행된다.

_document.js 파일 작성하기

넥스트에서는 pages 폴더 밑에 _document.js 파일을 작성할 수 있도록 허용한다. 우리가 _document.js 파일을 생성하면 넥스트는 내장된 _document.js 파일 대신 우리가 작성한 파일을 사용한다.

pages 폴더 밑에 _document.js 파일을 만들고 styled-components를 사용하는 코드를 작성해 보자.

코드 8-61 **_document.js**

```javascript
import Document from 'next/document';
import { ServerStyleSheet } from 'styled-components';

export default class MyDocument extends Document { ❶
  static async getInitialProps(ctx) { ❷
    const sheet = new ServerStyleSheet();
    const originalRenderPage = ctx.renderPage;

    try {
      ctx.renderPage = () =>
        originalRenderPage({
          enhanceApp: App => props => sheet.collectStyles(<App {...props} />), ❸
        });

      const initialProps = await Document.getInitialProps(ctx);
      return {
        ...initialProps,
        styles: (
          <>
            {initialProps.styles}
            {sheet.getStyleElement()} ❹
          </>
        ),
      };
    } finally {
      sheet.seal();
    }
  }
}
```

❶ 넥스트의 Document 컴포넌트를 상속받아서 컴포넌트를 만든다. ❷ 넥스트에 내장된 Document 컴포넌트의 getInitialProps 함수에서는 styled-jsx의 스타일 코드를 추출한다. ❸ MyDocument 컴포넌트의 getInitialProps 메서드에서는 styled-components의 스타일 코드를 추출한다. ❹ styled-components로 추출한 스타일 코드를 반환값에 추가한다.

이제 styled-components를 사용해서 스타일 코드를 작성해 보자. 이를 위해 page1.js 파일을 다음과 같이 수정한다.

코드 8-62 **page1.js 파일에서 styled-components 사용하기**

```javascript
// ...
import styled from 'styled-components';
```

```
const MyP = styled.div`
  color: blue;
  font-size: 18pt;       ❶
`;

function Page1() {
  return (
    <div>
      <MyP>{`10 + 20 = ${add(10, 20)}`}</MyP>
      <MyP>this is home page</MyP>       ❷
      // ... ❸
    </div>
  );
}
// ...
```

❶ styled-components를 이용해서 스타일이 적용된 컴포넌트를 생성한다. ❷ 스타일이 적용된 컴포넌트를 사용한다. ❸ 이전에 작성했던 styled-jsx 스타일 코드는 제거한다.

서버와 클라이언트의 결괏값 일치시키기

여기까지만 작업하면 styled-components가 서버와 클라이언트에서 생성하는 해시값이 서로 달라서 문제가 된다. styled-components에서 제공하는 바벨 플러그인을 이용하면 서버와 클라이언트의 결괏값을 일치시킬 수 있다. 다음 패키지를 설치해 보자.

```
npm install styled-components babel-plugin-styled-components
```

이제 바벨을 설정해 보자. 넥스트에서는 프로젝트 루트에 .babelrc 파일을 만들어서 바벨을 설정할 수 있다. 이는 바벨과 웹팩 설정을 변경할 수 없게 하는 create-react-app과 비교되는 부분이다.

프로젝트 루트에 .babelrc 파일을 만들고 다음 내용을 입력해 보자.

코드 8-63 **.babelrc**

```
{
  "presets": ["next/babel"], ❶
  "plugins": ["babel-plugin-styled-components"] ❷
}
```

❶ next/babel 프리셋은 항상 포함시켜야 한다. ❷ styled-components에서 제공하는 플러그인을 설정한다.

프로덕션 모드로 넥스트를 빌드 후 실행해 보자.

```
npx next build && npx next export
NODE_ENV=production node server.js
```

브라우저에서 *http://localhost:3000/page1*로 접속해 보자. 서버에서 전달되는 HTML은 다음과 같다.

코드 8-64 서버에서 전달된 HTML

```
<head>
  // ...
  <style data-styled="" data-styled-version="5.0.1"> ❶
    .bcMPWx {
      color: blue;
      font-size: 18pt;
    }
    data-styled.g1[id='sc-AxjAm'] {
      content: 'bcMPWx,';
    }
  </style>
</head>
```

❶ styled-components로 작성한 스타일 코드가 HTML에 정상적으로 삽입됐다.

9장

P r a c t i c a l   R e a c t   P r o g r a m m i n g

정적 타입 그리고 타입스크립트

자바스크립트는 동적 타입 언어다. 따라서 변수의 타입은 런타임에 결정된다. 이와 반대인 정적 타입 언어도 존재한다. 정적 타입 언어는 변수의 타입이 컴파일 타임에 결정된다. 동적 타입 언어에는 파이썬(Python), PHP 등이 있고, 정적 타입 언어에는 자바(Java), C++ 등이 있다. 그 차이는 단순해 보이지만, 개발할 때 고려할 것들은 많이 다르다.

이 장에서는 정적 타입 언어인 타입스크립트를 설명한다. 타입스크립트의 문법을 알아보고 타입스크립트로 리액트와 리덕스에 타입 정보를 추가하는 방법을 알아보자.

9.1 타입스크립트란?

타입스크립트는 자바스크립트의 모든 기능을 포함하면서 정적 타입을 지원하는 언어다. 지금부터 동적 타입 언어와 정적 타입 언어를 비교해 보면서 왜 자바스크립트에 정적 타입이 필요한지 알아보자.

자바스크립트에 정적 타입을 추가해 주는 언어와 도구는 Elm, ReasonML, PureScript, Flow 등 다양하다.

- Elm, ReasonML, PureScript, Flow, …

이 언어들에 비해 타입스크립트가 가진 장점은 무엇인지 알아보자.

9.1.1 동적 타입 언어와 정적 타입 언어

동적 타입 언어인 자바스크립트에 정적 타입이 왜 필요한지 알아보기 전에, 동적 타입 언어와 정적 타입 언어의 차이를 간단히 알아보자.

동적 타입 언어	정적 타입 언어
·타입에 대한 고민을 하지 않아도 되므로 배우기 쉽다. ·코드의 양이 적을 때 생산성이 높다. ·타입 오류가 런타임 시 발견된다.	·변수를 선언할 때마다 타입을 고민해야 하므로 진입 장벽이 높다. ·코드의 양이 많을 때 동적 타입 언어에 비해 생산성이 높다. ·타입 오류가 컴파일 시 발견된다.

표 9-1 동적 타입 언어와 정적 타입 언어의 비교

동적 타입 언어와 정적 타입 언어는 장단점이 서로 달라 팀과 프로젝트의 성격에 따라 선택해야 한다. 작은 규모의 프로젝트에서는 동적 타입 언어를 사용하고, 큰 규모의 프로젝트에서는 정적 타입 언어를 사용하기를 추천한다.

정적 타입 언어가 생산성이 높은 이유

정적 타입 언어의 코드는 타입으로 서로 연결되어 있다. 덕분에 연관된 코드 간의 이동이 쉽고, 변수명이나 함수명을 변경하는 등의 리팩터링도 쉽다.

임포트(import)하지 않고 코드를 작성해도 단축키 한 번이면 IDE가 필요한 임포트 코드를 자동으로 넣어 준다. 함수를 호출하기 위해 함수 이름과 괄호를 입력하면 함수의 매개변수 종류와 반환값의 타입을 확인할 수 있다. 속성값의 종류가 많은 객체라 하더라도 객체 이름과 점을 입력하면 속성값 목록을 확인할 수 있다. 철자가 틀리거나 숫자 타입의 변수에 문자열을 입력하면 IDE가 즉시 알려 준다.

좋은 IDE를 사용한다면 동적 타입 언어를 사용해도 이와 같은 기능이 어느 정도는 지원된다. 하지만 IDE가 알 수 있는 정보는 제한적이기 때문에 정적 타입 언어 보다 기능이 부족할 수밖에 없다.

9.1.2 타입스크립트의 장점

타입스크립트는 마이크로소프트에서 개발하고 있고 꾸준하게 업데이트 버전이 나오고 있다. 자바스크립트의 새로운 표준이 나오거나 거의 표준이 확실시되는 기능은 타입스크립트에도 빠르게 추가된다. 타입스크립트 측에서 리액트 개발자들의 의견을 잘 반영해 주기 때문에 JSX 문법과 리액트 컴포넌트의 타입을 정의하는 데 큰 어려움이 없다.

타입스크립트는 다른 경쟁 언어에 비해 큰 생태계를 가지고 있다. 웬만큼 유명한 라이브러리에는 타입스크립트의 타입 정의 파일이 거의 존재한다. 타입 정의 파일은 라이브러리 자체에서 가지고 있거나, DefinitelyTyped라는 깃허브 저장소[1]에 포함되어 있다.

타입스크립트는 마이크로소프트에서 개발하고 있는 IDE인 vscode와 궁합이 잘 맞는다. vscode는 특별한 설정 없이도 타입스크립트 파일의 타입 검사를 자동으로 실행한다. 또한 타입스크립트를 이용해서 자바스크립트 파일도 타입 검사를 하기 때문에 레거시(legacy) 프로젝트에서 유용하다. vscode는 타입스크립트 코드를 위한 다양한 리팩터링 기능을 지원하기 때문에 생산성에 큰 도움이 된다.

이러한 vscode라는 뛰어난 IDE의 존재는 타입스크립트를 선택하는 중요한 요소로 작용하므로 타입스크립트로 개발한다면 IDE로 vscode를 사용할 것을 추천한다.

9.1.3 실습을 위한 준비

실습 코드는 타입스크립트 홈페이지의 *https://www.typescriptlang.org/play*에서 입력한다. 이 책의 모든 코드는 타입스크립트의 strict 모드를 켠 상태라고 가정한다.

사이트에서 다음 코드를 입력해 보자. 자바스크립트에서는 문제없이 실행되지만 타입스크립트에서는 타입 에러가 발생한다.

코드 9-1 타입 에러가 발생하는 코드

```
let v1 = 123; ❶
v1 = 'abc'; // 타입 에러 ❷
```

❶ 변수 v1에 마우스를 올려 놓으면 let v1: number라는 문구가 보인다. 타입스크립트는 변수 v1의 타입이 숫자라는 것을 알고 있다. ❷ 타입이 숫자인 변수에

---

1 *https://microsoft.github.io/TypeSearch*에서 DefinitelyTyped에 타입이 정의된 패키지를 검색할 수 있다.

문자열을 입력하면 컴파일 타임에 에러가 발생한다. 즉, 코드를 실행해 보기도 전에 타입 에러를 확인할 수 있다.

코드 9-1에서 변수 v1의 타입을 명시적으로 입력하지 않아도 타입스크립트가 숫자 타입으로 인식하는 것을 확인했다. 이렇게 자동으로 타입을 인식하는 기능을 타입 추론(type inference)이라 한다. 타입 추론 덕분에 기존의 자바스크립트 코드를 크게 변경하지 않고도 타입스크립트를 비교적 쉽게 적용할 수 있다. 타입 추론에 대한 자세한 설명은 뒤에서 한다.

타입스크립트에서 타입을 선언하는 방법

자바스크립트는 동적 타입 언어이므로 코드 9-1처럼 작성할 수도 있다. 하지만 타입스크립트에서는 변수 v1의 타입이 숫자이거나 문자열일 수 있다면 다음과 같이 명시적으로 타입 정보를 입력해야 한다.

코드 9-2 타입스크립트에서 타입 정보 입력하기

```
let v1: number | string = 123; ❶
v1 = 'abc'; ❷
```

❶ 변수 v1을 숫자나 문자열인 타입으로 정의했다. 변수 이름 오른쪽에 콜론과 함께 타입을 선언할 수 있다. ❷ 변수 v1은 문자열도 포함하는 타입이므로 타입 에러가 발생하지 않는다.

9.2 타입스크립트의 여러 가지 타입

타입스크립트로 정의할 수 있는 여러 가지 타입을 알아보자.

9.2.1 타입스크립트의 다양한 타입

먼저 타입스크립트에서 자주 사용되는 몇 가지 기본 타입을 살펴보자.

코드 9-3 타입스크립트에서 사용되는 다양한 타입의 예

```
const size: number = 123;
const isBig: boolean = size >= 100;
const msg: string = isBig ? '크다' : '작다';

const values: number[] = [1, 2, 3];
const values2: Array<number> = [1, 2, 3]; ❶
```

```
values.push('a'); // 타입 에러 ❷

const data: [string, number] = [msg, size]; ❸
data[0].substr(1);
data[1].substr(1); // 타입 에러 ❹
```

❶ 배열 타입은 두 가지 방법으로 정의할 수 있다. ❷ 숫자 배열에 문자열을 입력하면 타입 에러가 발생한다. ❸ 문자열과 숫자로 구성된 튜플(tuple) 타입을 정의했다. ❹ 두 번째 아이템의 타입은 숫자인데 문자열의 메서드를 호출하면 타입 에러가 발생한다.

null과 undefined 타입

자바스크립트에서 값으로 존재하는 null과 undefined는 타입스크립트에서 각각 타입으로 존재한다.

코드 9-4 **타입으로 사용될 수 있는 null과 undefined**

```
let v1: undefined = undefined;  ┐
let v2: null = null;            ┘ ❶
v1 = 123; // 타입 에러 ❷

let v3: number | undefined = undefined; ❸
v3 = 123;
```

❶ undefined와 null은 타입으로 사용될 수 있다. ❷ undefined 타입에 숫자를 입력하면 타입 에러가 발생한다. ❸ undefined와 null 타입은 다른 타입과 함께 유니온 타입으로 정의할 때 많이 사용된다.

문자열 리터럴과 숫자 리터럴 타입

타입스크립트에서는 문자열 리터럴과 숫자 리터럴을 타입으로 정의할 수 있다.

코드 9-5 **타입으로 사용되는 숫자 리터럴과 문자열 리터럴**

```
let v1: 10 | 20 | 30; ❶
v1 = 10;
v1 = 15; // 타입 에러 ❷

let v2: '경찰관' | '소방관'; ❸
v2 = '의사'; // 타입 에러
```

❶ 숫자 10, 20, 30은 각각 타입으로 사용됐다. 변수 v1은 오직 숫자 10, 20, 30만

가질 수 있는 타입으로 정의된다. ❷ 숫자 10, 20, 30이 아닌 다른 숫자는 입력될 수 없다. ❸ 변수 v2를 문자열 리터럴 타입으로 정의했다.

any 타입

any 타입은 모든 종류의 값을 허용하는 타입이다.

코드 9-6 **any 타입의 예**

```
let value: any;
value = 123;
value = '456';
value = () => {};
```

any 타입에는 숫자와 문자열뿐만 아니라 함수도 입력될 수 있다. any 타입은 기존의 자바스크립트 코드로 작성된 프로젝트를 타입스크립트로 포팅하는 경우 유용하게 사용될 수 있다. 기존 프로젝트의 모든 코드에 타입을 한번에 정의하는 것은 부담되기 때문에 타입 에러가 나는 부분은 임시로 any 타입으로 정의하면 된다.

any 타입은 실제로 타입을 알 수 없는 경우나 타입 정의가 안 된 외부 패키지를 사용하는 경우에도 사용하기 좋다. 단, any 타입을 남발하면 타입스크립트를 사용하는 의미가 퇴색되기 때문에 되도록 피하는 게 좋다.

void와 never 타입

아무 값도 반환하지 않고 종료되는 함수의 반환 타입은 void 타입으로 정의할 수 있다. 그리고 항상 예외가 발생해서 비정상적으로 종료되거나 무한 루프 때문에 종료되지 않는 함수의 반환 타입은 never 타입으로 정의할 수 있다.

다음은 void와 never 타입을 사용한 코드다.

코드 9-7 **void와 never 타입**

```
function f1(): void {  ❶
  console.log('hello');
}
function f2(): never { ❷
  throw new Error('some error');
}
function f3(): never { ❸
  while (true) {
```

```
    // ...
  }
}
```

❶ 아무 값도 반환하지 않으므로 void 타입으로 정의했다. ❷ 함수가 항상 비정상적으로 종료되므로 never 타입으로 정의했다. ❸ 함수가 종료되지 않으므로 never 타입으로 정의했다.

object 타입

object 타입은 자바스크립트에서 일반적으로 사용되는 객체의 타입이다.

코드 9-8 **object 타입**

```
let v: object;
v = { name: 'abc' };
console.log(v.prop1); // 타입 에러 ❶
```

❶ 객체의 속성에 대한 정보가 없기 때문에 특정 속성값에 접근하면 타입 에러가 발생한다. 속성 정보를 포함해서 타입을 정의하기 위해서는 뒤에서 설명하는 인터페이스(interface)를 사용해야 한다.

교차 타입과 유니온 타입

여러 타입의 교집합과 합집합을 각각 교차(intersection) 타입과 유니온(union) 타입으로 표현할 수 있다. 교차 타입은 & 기호로 정의하고, 유니온 타입은 | 기호로 정의한다.

코드 9-9 **교차 타입과 유니온 타입**

```
let v1: (1 | 3 | 5) & (3 | 5 | 7); ❶
v1 = 3;
v1 = 1; // 타입 에러 ❷
```

❶ 변수 v1의 타입은 3 | 5와 같다. ❷ 변수 v1에는 3 또는 5가 아닌 값을 할당할 수 없다.

type 키워드로 타입에 별칭 주기

type 키워드를 사용해서 타입에 별칭을 줄 수 있다. 타입 별칭은 타입을 선언할 때 편리하게 사용할 수 있다.

코드 9-10 **type 키워드로 타입에 별칭 주기**

```
type Width = number | string; ❶
let width: Width; ❷
width = 100;
width = '100px';
```

❶ number | string 타입에 Width라는 별칭을 부여 한다. ❷ Width는 일반적인 타입처럼 사용될 수 있다.

9.2.2 열거형 타입

열거형 타입은 enum 키워드를 사용해서 정의한다. 열거형 타입의 각 원소는 값으로 사용될 수 있고, 타입으로 사용될 수도 있다.

코드 9-11 **열거형 타입**

```
enum Fruit { ❶
  Apple,
  Banana,
  Orange,
}
const v1: Fruit = Fruit.Apple; ❷
const v2: Fruit.Apple | Fruit.Banana = Fruit.Banana; ❸
```

❶ 열거형 타입을 이용해서 과일을 정의했다. ❷ 열거형 타입의 원소인 Apple을 값으로 사용했다. ❸ 이번에는 Apple을 타입으로 사용했다.

다음은 명시적으로 원소의 값을 입력하는 코드다.

코드 9-12 **명시적으로 원소의 값 입력하기**

```
enum Fruit {
  Apple, ❶
  Banana = 5,
  Orange,        ❷
}
console.log(Fruit.Apple, Fruit.Banana, Fruit.Orange); // 0, 5, 6
```

❶ 열거형 타입의 첫 번째 원소에 값을 할당하지 않으면 자동으로 0이 할당된다. ❷ 열거형 타입의 각 원소에 숫자 또는 문자열을 할당할 수 있다. 명시적으로 값을 입력하지 않으면 이전 원소에서 1만큼 증가한 값이 할당된다.

다른 타입과 달리 열거형 타입은 컴파일 후에도 관련된 코드가 남는다. 예를 들어, 타입스크립트는 코드 9-12를 다음과 같이 컴파일한다.

코드 9-13 **열거형 타입이 컴파일된 결과**

```
var Fruit;
(function(Fruit) {
  Fruit[(Fruit['Apple'] = 0)] = 'Apple'; ❷
  Fruit[(Fruit['Banana'] = 5)] = 'Banana';
  Fruit[(Fruit['Orange'] = 6)] = 'Orange';
})(Fruit || (Fruit = {})); ❶
console.log(Fruit.Apple, Fruit.Banana, Fruit.Orange); // 0, 5, 6
```

❶ 열거형 타입은 객체로 존재한다. ❷ 열거형 타입의 각 원소는 이름과 값이 양 방향으로 매핑(mapping)된다.

열거형 타입은 객체로 존재하기 때문에 해당 객체를 런타임에 사용할 수 있다. 다음은 열거형 타입의 객체를 사용하는 코드다.

코드 9-14 **열거형 타입의 객체 사용하기**

```
enum Fruit {
  Apple,
  Banana = 5,
  Orange,
}
console.log(Fruit.Banana);    // 5 ⎤
console.log(Fruit['Banana']); // 5 ⎦ ❶
console.log(Fruit[5]); // Banana ❷
```

❶ 열거형 타입은 객체이기 때문에 일반적인 객체처럼 다룰 수 있다. ❷ 각 원소의 이름과 값이 양방향으로 매핑되어 있기 때문에 값을 이용해서 이름을 가져올 수 있다.

열거형 타입의 값으로 문자열 할당하기

다음은 열거형 타입의 원소에 문자열을 할당하는 코드다.

코드 9-15 **열거형 타입에 문자열 할당하기**

```
enum Language {
  Korean = 'ko',
  English = 'en',
  Japanese = 'jp',
}
```

타입스크립트는 코드 9-15를 다음과 같이 컴파일힌다.

코드 9-16 열거형 타입에 문자열을 할당했을 때 컴파일된 결과

```
var Language;
(function(Language) {
  Language['Korean'] = 'ko'; ❶
  Language['English'] = 'en';
  Language['Japanese'] = 'jp';
})(Language || (Language = {}));
```

❶ 열거형 타입의 원소에 문자열을 할당하는 경우에는 단방향으로 매핑된다. 이는 서로 다른 원소의 이름 또는 값이 같을 경우 충돌이 발생하기 때문이다.

열거형 타입을 위한 유틸리티 함수

열거형 타입을 자주 사용한다면 몇 가지 유틸리티 함수를 만들어서 사용하는 게 좋다. 다음은 특정 열거형 타입에서 원소의 개수를 반환하는 함수다.

코드 9-17 열거형 타입의 원소 개수를 알려 주는 함수

```
function getEnumLength(enumObject: any) {
  const keys = Object.keys(enumObject);
  // enum의 값이 숫자이면 두 개씩 들어가므로 문자열만 계산한다.
  return keys.reduce(
    (acc, key) => (typeof enumObject[key] === 'string' ? acc + 1 : acc), ❶
    0,
  );
}
```

❶ 원소가 숫자인 경우에는 양방향으로 매핑되기 때문에 주의해야 한다. 객체의 속성값이 문자열인 경우만 계산하면 열거형 타입에서 원소의 개수를 구할 수 있다.

다음은 입력된 값이 열거형 타입에 존재하는 값인지 검사하는 함수다.

코드 9-18 열거형 타입에 존재하는 값인지 검사하는 함수

```
function isValidEnumValue(enumObject: any, value: number | string) {
  if (typeof value === 'number') {
    return !!enumObject[value]; ❶
  } else {
    return (
      Object.keys(enumObject)
        .filter(key => isNaN(Number(key)))
        .some(key => enumObject[key] === value)    ❷
    );
  }
}
```

❶ 값이 숫자이면 양방향으로 매핑됐는지 검사한다. ❷ 값이 문자열이면 양방향 매핑에 의해 생성된 키를 제거하고 해당 값이 존재하는지 검사한다.

다음은 앞에서 살펴본 getEnumLength 함수와 isValidEnumValue 함수를 사용하는 코드다.

코드 9-19 **getEnumLength 함수와 isValidEnumValue 함수의 사용 예**

```
enum Fruit {
  Apple,
  Banana,
  Orange,
}
enum Language {
  Korean = 'ko',
  English = 'en',
  Japanese = 'jp',
}
console.log(getEnumLength(Fruit), getEnumLength(Language)); // 3 3 ❶
console.log('1 in Fruit:', isValidEnumValue(Fruit, 1)); // true
console.log('5 in Fruit:', isValidEnumValue(Fruit, 5)); // false
console.log('ko in Language:', isValidEnumValue(Language, 'ko')); // true
console.log('Korean in Language:',
          isValidEnumValue(Language, 'Korean')); // false
```

❶ 열거형 타입의 원소의 개수를 출력한다. ❷ 열거형 타입에 존재하는 값이 맞는지 검사한다.

isValidEnumValue 함수는 서버로부터 받은 데이터를 검증할 때 유용하게 사용할 수 있다.

상수 열거형 타입

열거형 타입은 컴파일 후에도 남아 있기 때문에 번들 파일의 크기가 불필요하게 커질 수 있다. 열거형 타입의 객체에 접근하지 않는다면 굳이 컴파일 후에 객체로 남겨 놓을 필요는 없다. 상수(const) 열거형 타입을 사용하면 컴파일 결과에 열거형 타입의 객체를 남겨 놓지 않을 수 있다.

다음은 상수 열거형 타입을 사용한 코드다.

코드 9-21 **상수 열거형 타입**

```
const enum Fruit { ❶
  Apple,
  Banana,
```

```
  Orange,
}
const fruit: Fruit = Fruit.Apple;

const enum Language { ❶
  Korean = 'ko',
  English = 'en',
  Japanese = 'jp',
}
const lang: Language = Language.Korean;
```

❶ 두 열거형 타입을 상수로 정의했다.

코드 9-21을 컴파일한 결과는 다음과 같다.

코드 9-22 상수 열거형 타입이 컴파일된 결과

```
const fruit = 0;
const lang = 'ko';
```

열거형 타입의 객체를 생성하는 코드가 보이지 않는다. 열거형 타입이 사용된 코드는 원소의 값으로 대체되므로 코드가 상당히 간소화된다.

하지만 상수 열거형 타입을 모든 경우에 쓸 수 있는 것은 아니다. 열거형 타입을 상수로 정의하면 열거형 타입의 객체를 사용할 수 없다.

코드 9-23 상수 열거형 타입의 객체는 사용할 수 없다

```
const enum Fruit {
  Apple,
  Banana,
  Orange,
}
console.log(getEnumLength(Fruit)); // 타입 에러 ❶
```

❶ 다행히 컴파일 타임에 에러를 확인할 수 있다.

9.2.3 함수 타입

함수의 타입을 정의하기 위해서는 매개변수 타입과 반환 타입이 필요하다. 콜론을 이용해서 매개변수 타입과 반환 타입을 정의할 수 있다. 다음은 함수의 타입을 정의하는 코드다.

코드 9-24 함수의 타입 정의하기

```
function getInfoText(name: string, age: number): string { ❶
  const nameText = name.substr(0, 10); ❷
  const ageText = age >= 35 ? 'senior' : 'junior'; ❸
  return `name: ${nameText}, age: ${ageText}`;
}
const v1: string = getInfoText('mike', 23);
const v2: string = getInfoText('mike', '23'); // 타입 에러 ❹
const v3: number = getInfoText('mike', 23);    // 타입 에러 ❺
```

❶ 매개변수 타입과 반환 타입을 정의했다. ❷ 매개변수 name은 문자열 타입이기 때문에 substr 메서드를 사용할 수 있다. 만약 문자열 타입이 아니었다면 타입 에러가 발생한다. ❸ 매개변수 age는 숫자이기 때문에 다른 숫자와 크기 비교를 할 수 있다. ❹ 매개변수 age에 문자열을 입력하면 타입 에러가 발생한다. ❺ 숫자 타입인 v3 변수에 이 함수의 반환값을 넣으면 타입 에러가 발생한다.

자바스크립트에서 함수는 일급(first class)이므로 함수를 변수에 저장할 수 있다. 함수를 저장할 변수의 타입은 다음과 같이 화살표 기호를 이용한다.

코드 9-25 변수를 함수 타입으로 정의하기

```
const getinfoText: (name: string, age: number) => string = function(name,
age) { ❶
  // ...
};
```

❶ 함수를 구현하는 코드에서는 매개변수 타입과 반환 타입을 작성하지 않아도 된다. 타입스크립트는 오른쪽 코드에서 name과 age가 각각 문자열과 숫자라는 것을 안다.

선택 매개변수

선택 매개변수는 반드시 입력하지 않아도 되는 매개변수다. 매개변수 이름 오른쪽에 물음표 기호를 입력하면 선택 매개변수가 된다. 다음은 선택 매개변수를 사용한 코드다.

코드 9-26 선택 매개변수

```
function getInfoText(name: string, age: number, language?: string): string { ❶
  const nameText = name.substr(0, 10);
  const ageText = age >= 35 ? 'senior' : 'junior';
  const languageText = language ? language.substr(0, 10) : ''; ❷
```

```
    return `name: ${nameText}, age: ${ageText}, language: ${languageText}`;
}
getInfoText('mike', 23, 'ko');
getInfoText('mike', 23); ❸
getInfoText('mike', 23, 123); // 타입 에러 ❹
```

❶ language를 선택 매개변수로 정의했다. 함수 호출 시 선택 매개변수의 인수를 입력하지 않아도 타입 에러가 발생하지 않는다. ❷ 만약 인수의 존재 여부를 검사하지 않고 substr 메서드를 호출하면 타입 에러가 발생한다. ❸ language에 해당하는 인수는 입력하지 않아도 괜찮다. ❹ 입력하는 경우에는 반드시 정의된 타입을 만족하는 값을 입력해야 한다.

선택 매개변수 오른쪽에 필수 매개변수가 오면 컴파일 에러가 발생한다. 다음은 선택 매개변수 오른쪽에 필수 매개변수를 정의한 코드다.

코드 9-27 선택 매개변수 오른쪽에 필수 매개변수를 정의한 코드

```
function getInfoText(name: string, language?: string, age: number): string {
  // ...
}
```

코드 9-27을 에러 없이 구현하려면 다음과 같이 undefined를 이용한다.

코드 9-28 undefined를 이용해서 중간에 선택 매개변수 정의하기

```
function getInfoText(
  name: string,
  language: string | undefined, ❶
  age: number,
): string {
  // ...
}
getInfoText('mike', undefined, 23); ❷
```

❶ 유니온 타입을 이용해서 undefined도 입력할 수 있도록 한다. ❷ 함수 호출 시에는 중간에 undefined를 입력할 수 있다. 컴파일 에러가 발생하지는 않지만 사용성과 가독성이 좋지 않다. 매개변수의 개수가 많은 경우에는 비구조화 문법을 이용해서 명명된 매개변수로 작성하는 게 좋다. 타입 정의와 함께 명명된 매개변수를 작성하는 방법은 뒤에서 설명한다.

매개변수의 기본값 정의하기

다음은 매개변수의 기본값을 정의하는 코드다.

코드 9-29 매개변수의 기본값 정의하기

```
function getInfoText(
  name: string,
  age: number = 15, ❶
  language = 'korean', ❷
): string {
  // ...
}
console.log(getInfoText('mike'));
console.log(getInfoText('mike', 23));        ❸
console.log(getInfoText('jone', 36, 'english'));

const f1: (
  name: string,
  age?: number,
  language?: string,        ❹
) => string = getInfoText;
```

❶ 타입 오른쪽에 = 기호를 사용해서 매개변수의 기본값을 정의할 수 있다. age 의 인수를 입력하지 않으면 15가 기본값으로 사용된다. ❷ 타입을 입력하지 않아도 매개변수의 기본값을 정의할 수 있다. 기본값이 문자열이기 때문에 매개변수 language의 타입도 문자열이 된다. ❸ 세 가지 호출 모두 정상적인 호출이다. ❹ 기본값이 있는 매개변수는 선택 매개변수다.

나머지 매개변수

다음은 나머지 매개변수의 타입을 정의하는 코드다.

코드 9-30 나머지 매개변수

```
function getInfoText(name: string, ...rest: string[]): string {
  // ...
}
```

나머지 매개변수는 배열로 정의할 수 있다.

this 타입

다음과 같이 함수의 this 타입을 정의하지 않으면 기본적으로 any 타입이 사용된다. 앞에서도 말했듯 any 타입은 가급적 사용하지 않는 게 좋으므로 this 타입을 정의해 두는 게 좋다.

코드 9-31 **this 타입을 정의하지 않은 코드**

```
function getParam(index: number): string {
  const params = this.splt(','); ❶
  if (index < 0 || params.length <= index) {
    return '';
  }
  return this.split(',')[index];
}
```

❶ split이라고 쓰려 했는데, splt로 오타를 냈다. this 타입이 any가 되었기 때문에 컴파일 에러가 발생하지 않는다.[2]

함수의 this 타입은 다음과 같이 첫 번째 매개변수 위치에서 정의할 수 있다.

코드 9-32 **this 타입을 정의한 코드**

```
function getParam(this: string, index: number): string { ❶
  const params = this.splt(','); // 타입 에러 ❷
  // ...
}
```

❶ 매개변수 index는 두 번째 자리에 정의되어 있다. 하지만 this 타입은 매개변수가 아니므로 index가 첫 번째 매개변수가 된다. ❷ this의 타입을 정의했기 때문에 splt 오타에서 타입 에러가 발생한다.

원시 타입에 메서드 추가하기

원시(primitive) 타입에 메서드를 등록할 때는 인터페이스를 이용한다. 다음은 문자열 타입에 메서드를 추가하는 코드다.

코드 9-33 **문자열 타입에 메서드 추가하기**

```
interface String { ❶
  getParam(this: string, index: number): string;
}
String.prototype.getParam = getParam; ❷
console.log('asdf, 1234, ok '.getParam(1)); ❸
```

2 만약 에러가 발생한다면 noImplicitThis 옵션을 꺼보자. noImplicitThis 옵션이 켜져 있으면 항상 this 타입을 명시해야 한다.

❶ 인터페이스를 이용해서 이미 존재하는 문자열 타입에 getParam 메서드를 추가한다. ❷ 문자열의 프로토타입에 우리가 작성한 함수를 등록한다. ❸ 이제 문자열에 등록된 getParam 메서드를 호출할 수 있다.

함수 오버로드: 여러 개의 타입 정의하기

자바스크립트는 동적 타입 언어이므로 하나의 함수가 다양한 매개변수 타입과 반환 타입을 가질 수 있다. 함수 오버로드(overload)를 사용하면 하나의 함수에 여러 개의 타입을 정의할 수 있다.

add 함수를 만들어 다음과 같은 일을 처리하고 싶다고 가정해 보자.

· 두 매개변수가 모두 문자열이면 문자열을 반환한다.
· 두 매개변수가 모두 숫자이면 숫자를 반환한다.
· 두 매개변수를 서로 다른 타입으로 입력하면 안 된다.

다음은 함수 오버로드를 사용하지 않고 이 기능을 구현한 코드다.

코드 9-34 함수 오버로드를 사용하지 않은 코드

```
function add(x: number | string, y: number | string): number | string { ❶
  if (typeof x === 'number' && typeof y === 'number') {
    return x + y;
  } else {
    const result = Number(x) + Number(y);
    return result.toString();
  }
}
const v1: number = add(1, 2); // 타입 에러 ❷
console.log(add(1, '2')); ❸
```

❶ 모든 매개변수와 반환값의 타입은 문자열이거나 숫자이다. ❷ 모든 매개변수가 숫자이면 반환값도 숫자이지만 타입 에러가 발생한다. ❸ 두 매개변수의 타입이 달라도 타입 에러가 발생하지 않는다. 이는 ❶번에서 함수의 타입을 구체적으로 정의하지 못했기 때문이다.

다음과 같이 함수 오버로드를 사용하면 이 조건을 만족하는 함수 타입을 정의할 수 있다.

코드 9-35 함수 오버로드를 사용한 코드

```
function add(x: number, y: number): number;
function add(x: string, y: string): string;        ❶
function add(x: number | string, y: number | string): number | string { ❷
  // ...
}
const v1: number = add(1, 2); ❸
console.log(add(1, '2')); // 타입 에러 ❹
```

❶ 매개변수와 반환 타입의 모든 가능한 조합을 정의한다. ❷ 실제 구현하는 쪽[3]
에서 정의한 타입은 함수 오버로드의 타입 목록에서 제외된다. ❸ 두 매개변수
의 타입이 숫자이면 반환 타입도 숫자이므로 타입 에러가 발생하지 않는다. ❹
두 매개변수의 타입이 다르면 타입 에러가 발생한다.

명명된 매개변수

명명된 매개변수의 타입을 정의하는 방법을 알아보자. 다음은 명명된 매개변수
를 사용한 코드다.

코드 9-36 명명된 매개변수 사용하기

```
function getInfoText({
  name,
  age = 15,      ❶
  language,
}: {
  name: string;
  age?: number;      ❷
  language?: string;
}): string {
  const nameText = name.substr(0, 10);
  const ageText = age >= 35 ? 'senior' : 'junior';
  return `name: ${nameText}, age: ${ageText}, language: ${language}`;
}
```

❶ 우선 모든 매개변수의 이름을 정의한다. 매개변수의 기본값이 있다면 여기서
같이 정의한다. ❷ 앞에 나열된 모든 매개변수에 대한 타입을 정의한다.

명명된 매개변수의 타입을 다른 코드에서도 재사용하려면 다음과 같이 인터
페이스를 사용한다.

---

3   함수를 구현하는 부분에서는 타입 정보가 오히려 방해가 되는 경우도 있다. 그런 경우에는 구현하는
   함수 바로 위에 // @ts-ignore 코드를 입력하고 any 타입으로 처리해도 괜찮다.

코드 9-37 **인터페이스로 명명된 매개변수의 타입 정의하기**

```
interface Param { ❶
  name: string;
  age?: number;
  language?: string;
}
function getInfoText({ name, age = 15, language }: Param): string { ❷
  // ...
}
```

❶ 명명된 매개변수의 타입을 인터페이스로 정의했다. ❷ Param 인터페이스를
사용한다. 인터페이스에 대한 자세한 설명은 뒤에서 한다.

9.3 인터페이스

자바에서의 인터페이스는 클래스를 구현하기 전에 필요한 메서드를 정의하는
용도로 쓰이지만, 타입스크립트에서는 좀 더 다양한 것들을 정의하는 데 사용된
다. 타입스크립트에서 인터페이스로 정의할 수 있는 타입의 종류와 인터페이스
로 타입을 정의하는 방법을 알아보자.

9.3.1 인터페이스로 객체 타입 정의하기

인터페이스로 객체의 타입을 정의하는 방법을 알아보자. 인터페이스로 타입을
정의할 때는 interface 키워드를 사용한다. 다음은 인터페이스로 객체의 타입을
정의하는 코드다.

코드 9-38 **인터페이스의 간단한 예**

```
interface Person { ❶
  name: string; ⎤ ❷
  age: number;  ⎦
}
const p1: Person = { name: 'mike', age: 23 };
const p2: Person = { name: 'mike', age: 'ten' }; // 타입 에러 ❸
```

❶ Person 인터페이스를 정의했다. ❷ 객체 내부에 존재하는 각 속성의 타입을
정의한다. ❸ age 속성 타입을 만족하지 못해 에러가 발생했다. 이처럼 하나 이
상의 속성 타입을 만족하지 못하면 타입 에러가 발생한다.

선택 속성

선택 속성은 객체에서 없어도 되는 속성을 말한다. 인터페이스에서 선택 속성은 다음과 같이 물음표 기호를 사용한다.

코드 9-39 인터페이스에서 선택 속성 정의하기

```
interface Person {
  name: string;
  age?: number;
}
const p1: Person = { name: 'mike' };
```

반면, 다음과 같이 물음표 기호를 사용하지 않고 undefined를 유니온 타입으로 추가하면 선택 속성과 달리 명시적으로 age 속성을 입력해야 한다.

코드 9-40 undefined가 유니온 타입에 포함된 경우

```
interface Person {
  name: string;
  age: number | undefined;
}
const p1: Person = { name: 'mike' }; // 타입 에러 ❶
const p2: Person = { name: 'mike', age: undefined };
```

❶ 선택 속성과 달리 명시적으로 age 속성을 입력하지 않으면 타입 에러가 발생한다.

읽기 전용 속성

객체에서 읽기 전용 속성은 값이 변하지 않는 속성을 말한다. 인터페이스에서 읽기 전용 속성은 다음과 같이 readonly 키워드를 사용한다.

코드 9-41 읽기 전용 속성

```
interface Person {
  readonly name: string;
  age?: number;
}
const p1: Person = {
  name: 'mike', ❶
};
p1.name = 'jone'; // 컴파일 에러 ❷
```

❶ 당연하게도 변수를 정의하는 시점에는 값을 할당할 수 있다. ❷ 읽기 전용 속성의 값을 수정하려고 해서 컴파일 에러가 발생한다.

정의되지 않은 속성값에 대한 처리

보통은 객체가 인터페이스에 정의되지 않은 속성값을 가지고 있어도 할당이 가능하다. 단, 리터럴로 값을 초기화하는 경우에는 인터페이스에 정의되지 않은 속성값이 있으면 타입 에러가 발생한다. 다음은 인터페이스에 정의되지 않은 속성값을 할당하는 예다.

코드 9-42 **정의되지 않은 속성값을 할당하는 경우**

```
interface Person {
  readonly name: string;
  age?: number;
}
const p1: Person = {
  name: 'mike',
  birthday: '1997-01-01', // 타입 에러 ❶
};
const p2 = {
  name: 'mike',
  birthday: '1997-01-01', ❷
};
const p3: Person = p2; ❸
```

❶ Person 인터페이스에 정의되지 않은 속성을 리터럴로 입력하므로 타입 에러가 발생한다. ❷ p2 객체에는 Person 인터페이스에서 정의되지 않은 속성이 있다. ❸ p2가 Person에 정의되지 않은 속성을 포함하지만 타입 에러가 발생하지 않는다. 이는 p3 타입이 p2의 타입을 포함하는 더 큰 타입이기 때문이다. 이에 대한 자세한 설명은 9.4절 '타입 호환성'에서 확인할 수 있다. ❶ 리터럴에서 에러가 발생하는 이유는 개발자의 실수일 확률이 높기 때문이며, 이는 타입스크립트의 편의 기능이다.

9.3.2 인터페이스로 정의하는 인덱스 타입

인터페이스에서 속성 이름을 구체적으로 정의하지 않고 값의 타입만 정의하는 것을 인덱스(index) 타입이라 한다. 다음은 인덱스 타입을 정의하는 코드다.

코드 9-43 인덱스 타입의 예

```
interface Person {
  readonly name: string;
  age: number;
  [key: string]: string | number; ❶
}
const p1: Person = {
  name: 'mike',
  birthday: '1997-01-01', ❷
  age: '25', // 타입 에러 ❸
};
```

❶ 문자열로 된 모든 속성 이름에 대해 값이 문자열 또는 숫자라고 정의했다.
❷ birthday 속성을 입력해도 컴파일 에러가 발생하지 않는다. ❸ 단, age는 명시
적으로 숫자로 정의했기 때문에 문자열을 입력하면 타입 에러가 발생한다.

여러 개의 인덱스를 정의하는 경우

자바스크립트에서는 속성 이름에 숫자와 문자열을 사용할 수 있다. 그리고 속성
이름에 숫자를 사용하면 문자열로 변환된 후 사용된다. 따라서 타입스크립트에
서는 숫자인 속성 이름의 값이 문자열인 속성 이름의 값으로 할당 가능한지 검
사한다.

다음은 인덱스 타입의 속성 이름으로 숫자와 문자열을 동시에 사용한 코드다.

코드 9-44 속성 이름의 타입으로 숫자와 문자열을 동시에 사용한 경우

```
interface YearPriceMap {
  [year: number]: A; ❶
  [year: string]: B; ❷
}
```

속성 이름이 숫자인 ❶번 코드의 A 타입은 ❷번 코드의 B 타입에 할당 가능해야
한다.

다음 코드는 앞의 조건을 만족하는 예다.

코드 9-45 여러 개의 인덱스를 정의해서 사용하기

```
interface YearPriceMap {
  [year: number]: number;
  [year: string]: string | number; ❶
}
```

```
const yearMap: YearPriceMap = {};
yearMap[1998] = 1000;
yearMap[1998] = 'abc'; // 타입 에러 ❷
yearMap['2000'] = 1234;
yearMap['2000'] = 'million';
```

❶ number는 string | number에 할당 가능하기 때문에 타입 에러가 발생하지 않는다. ❷ 속성 이름이 숫자인데, 문자열을 할당하려고 해서 타입 에러가 발생한다.

9.3.3 그 밖에 인터페이스로 할 수 있는 것

인터페이스로 함수 타입 정의하기

다음은 인터페이스로 함수 타입을 정의하는 코드다.

코드 9-46 함수 타입을 인터페이스로 정의하기

```
interface GetInfoText {
  (name: string, age: number): string;   ❶
}
const getInfoText: GetInfoText = function(name, age) {
  const nameText = name.substr(0, 10);
  const ageText = age >= 35 ? 'senior' : 'junior';
  return `name: ${nameText}, age: ${ageText}`;
};
```

❶ 인터페이스로 함수를 정의할 때는 속성 이름 없이 정의한다.

자바스크립트에서는 함수도 속성값을 가질 수 있다. 인터페이스로 함수 타입을 정의할 때 다음과 같이 함수의 속성값도 같이 정의할 수 있다.

코드 9-47 함수 타입에 속성값 추가하기

```
interface GetInfoText {
  (name: string, age: number): string;
  totalCall: number;   ❶
}
const getInfoText: GetInfoText = function(name, age) {
  getInfoText.totalCall += 1;
  console.log(`totalCall: ${getInfoText.totalCall}`);
  // ...                                                ❷
};
getInfoText.totalCall = 0;
```

❶ 숫자 타입의 속성값을 정의했다. ❷ 타입스크립트는 totalCall 속성값이 숫자라는 것을 안다.

인터페이스로 클래스 구현하기

다음과 같이 인터페이스는 클래스로 구현될 수 있다.

코드 9-48 인터페이스를 클래스로 구현한 예

```
interface Person {
  name: string;
  age: number;                          ❶
  isYoungerThan(age: number): boolean;
}

class SomePerson implements Person { ❷
  name: string;
  age: number;
  constructor(name: string, age: number) {
    this.name = name;                   ❸
    this.age = age;
  }
  isYoungerThan(age: number) {
    return this.age < age;
  }
}
```

❶ 세 개의 속성을 가진 인터페이스를 정의했다. ❷ implements 키워드를 사용해서 인터페이스를 클래스로 구현할 수 있다. 인터페이스에서 정의한 세 속성을 클래스 내부에서 구현하고 있다. 만약 하나의 속성이라도 구현하지 않으면 컴파일 에러가 발생한다. ❸ name, age 속성은 필숫값이기 때문에 생성자에서 값을 할당하지 않으면 컴파일 에러가 발생한다.

여기서는 클래스에 대한 자세한 설명은 생략한다.[4]

인터페이스 확장하기

다음과 같이 인터페이스를 확장해서 새로운 인터페이스를 만들 수 있다.

---

4 타입스크립트에서 클래스의 타입을 정의하기 위해서는 알아야 할 내용이 많다. 하지만 리액트에서는 객체지향 프로그래밍을 할 일이 많지 않기 때문에 클래스에 대한 자세한 설명은 생략한다. 물론 리액트에 클래스형 컴포넌트가 있지만 리액트 훅이 나오면서 중요도가 낮아졌다.

코드 9-49 인터페이스의 확장

```
interface Person {
  name: string;
  age: number;
}
interface Korean extends Person { ❶
  isLiveInSeoul: boolean;
}
/*
interface Korean {
  name: string;
  age: number;              ❷
  isLiveInSeoul: boolean;
}
*/
```

❶ Person 인터페이스를 확장해서 Korean 인터페이스를 만든다. ❷ 확장해서 만들어진 Korean 인터페이스는 이렇게 직접 작성한 것과 같다.

다음과 같이 여러 개의 인터페이스를 확장할 수도 있다.

코드 9-50 여러 개의 인터페이스 확장하기

```
// ...
interface Programmer {
  favoriteProgrammingLanguage: string;
}
interface Korean extends Person, Programmer { ❶
  isLiveInSeoul: boolean;
}
```

❶ Korean 인터페이스는 Person과 Programmer 인터페이스를 확장한다.

인터페이스 합치기

다음과 같이 교차 타입을 이용하면 여러 인터페이스를 하나로 합칠 수 있다. 교차 타입은 집합에서의 교집합과 같은 기능을 한다.

코드 9-51 교차 타입을 이용해서 인터페이스 합치기

```
interface Person {
  name: string;
  age: number;
}
interface Product {
  name: string;
```

```
  price: number;
}
type PP = Person & Product;
const pp: PP = {
  name: 'a',
  age: 23,
  price: 1000,
};
```

❶

❶ 타입 PP는 합쳐진 두 인터페이스 Person과 Product의 모든 속성값을 포함한다. 교차 타입이 집합에서의 교집합과 같은 기능을 한다고 했는데, PP의 타입이 name 속성만 포함하는 게 아니라서 헷갈릴 수도 있다. 이는 속성의 교집합이 아니라 타입이 가질 수 있는 값의 집합에 대한 교집합이기 때문이다. 값의 집합에 대해서는 다음 절 타입 호환성에서 설명한다.

9.4 타입 호환성

타입 호환성은 어떤 타입을 다른 타입으로 취급해도 되는지 판단하는 것이다. 정적 타입 언어의 가장 중요한 역할은 타입 호환성을 통해 컴파일 타임에 호환되지 않는 타입을 찾아내는 것이다. 어떤 변수가 다른 변수에 할당 가능하기 위해서는 해당 변수의 타입이 다른 쪽 변수의 타입에 할당 가능해야 한다.

할당 가능은 다음과 같이 서브타입(subtype)으로 표현되기도 한다.

· 타입 A가 타입 B에 할당 가능하다. = 타입 A는 타입 B의 서브타입이다.

할당 가능을 판단할 때는 타입이 가질 수 있는 값의 집합을 생각하면 이해하기 쉽다. A 타입의 값의 집합이 B 타입의 값의 집합에 포함되면 A 타입은 B 타입에 할당 가능하다.

숫자와 문자열, 인터페이스, 함수의 경우 어떤 조건을 만족해야 할당 가능한지 하나씩 알아보자.

9.4.1 숫자와 문자열의 타입 호환성

숫자와 문자열 타입은 서로 포함 관계에 있지 않기 때문에 서로 할당 가능하지 않다. 반면 숫자의 집합은 number | string 값의 집합에 포함되기 때문에 숫자는 number | string 타입에 할당이 가능하다.

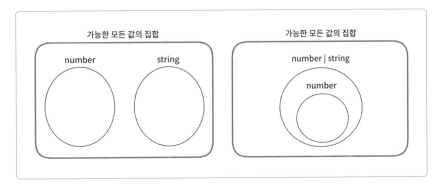

그림 9-1 숫자와 문자열 타입 값의 집합

이제 숫자와 문자열의 타입 호환성을 코드로 살펴보자.

코드 9-52 **숫자와 문자열의 타입 호환성**

```
function func1(a: number, b: number | string) {
  const v1: number | string = a; ❶
  const v2: number = b; // 타입 에러 ❷
}
function func2(a: 1 | 2) {
  const v1: 1 | 3 = a; // 타입 에러 ❸
  const v2: 1 | 2 | 3 = a; ❹
}
```

❶ 숫자는 number | string 타입에 할당 가능하다. ❷ number | string 타입은 숫자에 할당 가능하지 않다. ❸ 1 | 2 타입은 1 | 3 타입에 할당 가능하지 않기 때문에 타입 에러가 발생한다. ❹ 1 | 2 타입은 1 | 2 | 3 타입에 할당 가능하다.

9.4.2 인터페이스의 타입 호환성

타입스크립트는 값 자체의 타입보다는 값이 가진 내부 구조에 기반해서 타입 호환성을 검사한다. 이를 덕 타이핑(duck typing) 또는 구조적 타이핑(structural typing)이라 부른다. 타입스크립트가 구조적 타이핑을 도입한 이유는 동적 타입 언어인 자바스크립트를 기반으로 하기 때문이다.

인터페이스 A가 인터페이스 B로 할당 가능하려면 다음 조건을 만족해야 한다.

· B에 있는 모든 필수 속성의 이름이 A에도 존재해야 한다.
· 같은 속성 이름에 대해, A의 속성이 B의 속성에 할당 가능해야 한다.

다음 코드에서 정의하는 두 인터페이스의 타입 호환성을 살펴보자.

코드 9-53 **인터페이스의 타입 호환성**

```
interface Person {
  name: string;
  age: number;
}
interface Product {
  name: string;
  age: number;
}
const person: Person = { name: 'mike', age: 23 };
const product: Product = person; ❷
```

❶ Person과 Product는 이름이 다르지만 모든 속성 이름과 타입이 같다. ❷ 타입 이름은 다르지만 내부 구조가 같기 때문에 Person과 Product는 서로 할당이 가능하다.

많은 수의 정적 타입 언어에서는 코드 9-53의 경우 할당 가능하지 않지만, 타입스크립트는 구조적 타이핑을 사용하기 때문에 할당 가능하다.

만약 Person에 age 속성이 없다면 Person은 Product에 할당 가능하지 않다. 속성이 많을수록 타입에 더 많은 제약을 가하는 것이고, 이는 해당 타입의 값의 집합이 작아지는 것을 의미한다.

선택 속성이 타입 호환성에 미치는 영향

다음과 같이 Person의 age가 선택 속성이라면 Person은 Product에 할당 가능하지 않다.

코드 9-54 **선택 속성 때문에 할당 가능하지 않은 예**

```
interface Person {
  name: string;
  age?: number; ❶
}
// ...
const person: Person = {
  name: 'mike',
};
const product: Product = person; // 타입 에러 ❷
```

❶ age가 선택 속성이면 Person 값의 집합은 Product 값의 집합보다 커진다.
❷ 따라서 Person은 Product에 할당 가능하지 않다.

반대로 Product의 age가 선택 속성이면 Product 값의 집합이 Person 값의 집합보다 더 커진다. 따라서 다음 코드에서 Person은 Product에 할당 가능해진다.

코드 9-55 선택 속성이 있어도 할당 가능한 예

```
interface Person {
  name: string;
  age: number;
}
interface Product {
  name: string;
  age?: number;
}
```

추가 속성과 유니온 타입이 타입 호환성에 미치는 영향

추가 속성과 유니온 타입은 타입 호환성에 영향을 미친다. 추가 속성이 있으면 값의 집합은 더 작아진다. 반대로 유니온 타입이 있으면 값의 집합은 더 커진다.

다음은 Person에 속성을 추가하고, Product의 age 속성을 유니온 타입으로 변경한 코드다.

코드 9-56 추가 속성과 유니온 타입이 타입 호환성에 미치는 영향

```
interface Person {
  name: string;
  age: number;
  gender: string; ❶
}
interface Product {
  name: string;
  age: number | string; ❷
}
```

❶ 추가 속성이 있으면 값의 집합은 더 작아지므로 Person을 Product에 할당하는 데 문제가 되지 않는다. ❷ 속성 타입의 범위가 넓어지면 값의 집합은 더 커진다. 따라서 Person이 Product에 할당 가능하다는 사실에는 변함이 없다.

코드 9-56을 집합으로 표현하면 다음 그림과 같다.

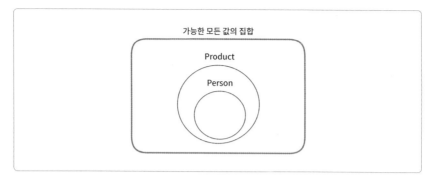

그림 9-2 Product, Person 값의 집합

Person의 집합이 Product의 집합에 포함되기 때문에 Person은 Product에 할당 가능하다.

9.4.3 함수의 타입 호환성

함수는 호출하는 시점에 문제가 없어야 할당 가능하다. 다음은 함수 타입 A가 함수 타입 B로 할당 가능하기 위한 조건이다.

- A의 매개변수 개수가 B의 매개변수 개수보다 적어야 한다.
- 같은 위치의 매개변수에 대해 B의 매개변수가 A의 매개변수로 할당 가능해 야 한다.
- A의 반환값은 B의 반환값으로 할당 가능해야 한다.

조건이 많아서 헷갈릴 수 있을 텐데, 다음 예제를 보며 천천히 살펴보자.

코드 9-57 함수의 타입 호환성

```
type F1 = (a: number, b: string) => number;
type F2 = (a: number) => number;
type F3 = (a: number) => number | string;
let f1: F1 = (a, b) => 1;
let f2: F2 = a => 1;
let f3: F3 = a => 1;
f1 = f2;
f2 = f1; // 타입 에러 ❶
f2 = f3; // 타입 에러 ❷
```

❶ F2보다 F1의 매개변수 개수가 더 많으므로 F1은 F2로 할당 가능하지 않다.

❷ F3의 반환 타입은 F1의 반환 타입으로 할당 가능하지 않으므로 F3은 F2로 할당 가능하지 않다.

배열의 map 메서드를 통해 살펴보는 함수의 타입 호환성

좀 더 실용적인 예로 배열의 map 메서드를 사용하는 코드를 살펴보자.

코드 9-58 배열의 map 메서드를 통해 살펴보는 함수의 타입 호환성

```
function addOne(value: number) {
  return value + 1;
}
const result = [1, 2, 3].map<number>(addOne); ❶
// (value: number, index: number, array: number[]) => number ❷
```

❶ addOne 함수는 map 메서드의 매개변수로 할당 가능하다. 참고로 map 메서드의 제네릭으로 입력한 number는 매개변수 함수의 반환 타입을 의미한다. 제네릭은 뒤에서 설명한다. ❷ 주석은 ❶번 코드의 map 메서드가 입력받는 함수의 타입을 의미하며, addOne 함수는 이 타입에 할당 가능하다.

앞에서의 조건을 배열의 map 메서드 입장에서 생각해 보자.

- map 메서드는 세 개의 매개변수를 넘겨주는데, 네 개의 매개변수를 사용하는 함수가 할당되면 문제가 된다. 네 번째 매개변수가 전달되지 않기 때문이다.
- 만약 addOne 함수의 매개변수 타입이 1 | 2 | 3이라면 문제가 된다. map 메서드는 다른 숫자도 전달할 수 있기 때문이다.
- 만약 addOne 함수의 반환 타입이 number | string이라면 문제가 된다. ❶번 코드의 map 메서드는 숫자 배열을 반환해야 하기 때문이다.

이렇게 함수의 타입 호환성은 호출하는 쪽에서 생각하면 이해하는 데 도움이 된다.

9.5 타입스크립트 고급 기능

각종 패키지의 타입 정의 파일을 들여다보면 우리가 알지 못하는 고급 기능이 많이 사용되기 때문에 이해하기 힘들 수 있다. 따라서 이번에는 타입스크립트에서 타입을 정의하는 데 사용되는 고급 기능인 제네릭, 맵드 타입, 조건부 타입에 대해 알아본다.

9.5.1 제네릭

제네릭(generic)은 타입 정보가 동적으로 결정되는 타입이다. 제네릭을 통해 같은 규칙을 여러 타입에 적용할 수 있기 때문에 타입 코드를 작성할 때 발생할 수 있는 중복 코드를 제거할 수 있다.

배열의 크기와 초깃값을 입력받아서 배열을 생성하는 함수를 작성한다고 생각해 보자. 숫자와 문자열을 위한 함수는 다음과 같이 작성할 수 있다.

코드 9-59 리팩터링이 필요한 코드

```
function makeNumberArray(defaultValue: number, size: number): number[] {  ❶
  const arr: number[] = [];
  for (let i = 0; i < size; i++) {
    arr.push(defaultValue);
  }
  return arr;
}
function makeStringArray(defaultValue: string, size: number): string[] {  ❷
  const arr: string[] = [];
  for (let i = 0; i < size; i++) {
    arr.push(defaultValue);
  }
  return arr;
}
const arr1 = makeNumberArray(1, 10);
const arr2 = makeStringArray('empty', 10);
```

❶ 숫자 배열을 생성하는 함수다. ❷ 문자열 배열을 생성하는 함수다. 중복된 코드가 상당히 많이 보인다.

함수 오버로드로 문제 개선하기

숫자와 문자열만 필요하다면 다음과 같이 함수 오버로드를 사용하면 된다.

코드 9-60 함수 오버로드로 개선한 코드

```
function makeArray(defaultValue: number, size: number): number[];  ⎤
function makeArray(defaultValue: string, size: number): string[];  ⎦ ❶
// @ts-ignore
function makeArray(defaultValue, size) {
  const arr = [];
  // ...
}
```

❶ 숫자와 문자열 배열을 만들 수 있도록 함수 타입을 정의했다.

하지만 몇 가지 문제가 있다. 타입을 추가할 때마다 코드도 추가해야 한다. 게다가 타입의 종류가 열 가지를 넘어 가는 경우에는 코드의 가독성이 떨어진다.

제네릭으로 문제 해결하기

다음과 같이 제네릭을 사용하면 이 문제를 해결할 수 있다. 제네릭은 <> 기호를 이용해서 정의하며, 이름은 자유롭게 지정할 수 있다.

코드 9-61 **제네릭으로 개선한 코드**

```
function makeArray<T>(defaultValue: T, size: number): T[] { ❶
  const arr: T[] = []; ❷
  for (let i = 0; i < size; i++) {
    arr.push(defaultValue);
  }
  return arr;
}
const arr1 = makeArray<number>(1, 10);
const arr2 = makeArray<string>('empty', 10);    ❸
const arr3 = makeArray(1, 10);
const arr4 = makeArray('empty', 10);    ❹
```

❶ 타입 T는 함수를 사용하는 시점에 입력되기 때문에 어떤 타입인지 결정되지 않았다. ❷ 함수 내부에서도 타입 T의 정보를 이용한다. ❸ 함수를 호출할 때 타입 T가 결정된다. 타입 T의 정보는 마찬가지로 <> 기호를 사용해서 전달한다. ❹ makeArray 함수의 첫 번째 매개변수를 알면 타입 T도 알 수 있기 때문에, 호출 시 타입 T의 정보를 명시적으로 전달하지 않아도 된다.

제네릭으로 스택 구현하기

제네릭은 데이터의 타입에 다양성을 부여해 주기 때문에 자료구조에서 많이 사용된다. 제네릭을 이용해서 스택(stack) 클래스를 구현해 보자.

코드 9-62 **클래스에서 제네릭 사용하기**

```
class Stack<D> {
  private items: D[] = []; ❶
  push(item: D) { ❷
    this.items.push(item);
  }
  pop() { ❸
    return this.items.pop();
```

```
    }
}

const numberStack = new Stack<number>();        ┐
numberStack.push(10);                            │ ❹
const v1 = numberStack.pop();                   ┘
const stringStack = new Stack<string>();        ┐
stringStack.push('a');                           │ ❺
const v2 = stringStack.pop();                   ┘

let myStack: Stack<number>;
myStack = numberStack;
myStack = stringStack; // 타입 에러 ❻
```

❶ 타입 D를 아이템으로 하는 배열을 정의했다. ❷ push 메서드는 타입이 D인 아이템을 입력으로 받는다. ❸ pop 메서드의 반환 타입은 D이다. ❹ 숫자를 저장하는 스택을 생성해서 사용한다. ❺ 문자열을 저장하는 스택을 생성해서 사용한다. ❻ 숫자 스택에 문자열 스택을 할당할 수 없다.

extends 키워드로 제네릭 타입 제한하기

지금까지는 제네릭 타입에 아무 타입이나 입력할 수 있었다. 하지만 리액트와 같은 라이브러리의 API는 입력 가능한 값의 범위를 제한한다. 예를 들어, 리액트의 속성값 전체는 객체 타입만 허용된다. 이를 위해 타입스크립트의 제네릭은 타입의 종류를 제한할 수 있는 기능을 제공한다. 다음과 같이 extends 키워드를 이용하면 제네릭 타입으로 입력할 수 있는 타입의 종류를 제한할 수 있다.

코드 9-63 extends 키워드로 제네릭 타입 제한하기

```
function identity<T extends number | string>(p1: T): T { ❶
  return p1;
}
identity(1);      ┐
identity('a');    ┘ ❷
identity([]); // 타입 에러 ❸
```

❶ 제네릭 T의 타입을 number | string에 할당 가능한 타입으로 제한한다. ❷ 타입 T는 숫자 또는 문자열 타입만 가능하다. ❸ 배열은 number | string 타입에 할당 가능하지 않기 때문에 타입 에러가 발생한다.

다음은 extends 키워드를 이용해서 작성한 좀 더 실용적인 예제 코드다.

코드 9-64 **extends 키워드를 이용한 제네릭 타입의 활용 예**

```typescript
interface Person {
  name: string;
  age: number;
}                                                    ❶
interface Korean extends Person {
  liveInSeoul: boolean;
}

function swapProperty<T extends Person, K extends keyof Person>( ❷
  p1: T,
  p2: T,
  name: K,
): void {
  const temp = p1[name];
  p1[name] = p2[name];
  p2[name] = temp;
}

const p1: Korean = {
  name: '홍길동',
  age: 23,
  liveInSeoul: true,
};
const p2: Korean = {
  name: '김삿갓',
  age: 31,
  liveInSeoul: false,
};
swapProperty(p1, p2, 'age'); ❸
```

❶ Korean 인터페이스는 Person을 확장해서 만들었다. 따라서 Korean 타입은 Person 타입에 할당 가능하다. ❷ 제네릭 T는 Person에 할당 가능한 타입이어야 한다. 제네릭 K는 Person의 속성 이름이어야 한다. 참고로 keyof 키워드는 인터페이스의 모든 속성 이름을 유니온 타입으로 만들어 준다. ❸ p1, p2는 Person에 할당 가능하기 때문에 타입 에러가 발생하지 않는다.

다음은 swapProperty 함수 호출 시 extends 조건을 만족하지 않아서 에러가 발생하는 코드다.

코드 9-65 **extends 조건을 만족하지 않는 코드**

```typescript
interface Product {
  name: string;
  price: number;
}
```

```
const p1: Product = {
  name: '시계',
  price: 1000,
};
const p2: Product = {
  name: '자전거',
  price: 2000,
};
swapProperty(p1, p2, 'name'); // 타입 에러 ❶
```

❶ Product는 Person에 할당 가능하지 않기 때문에 타입 에러가 발생한다.

9.5.2 맵드 타입

맵드(mapped) 타입을 이용하면 몇 가지 규칙으로 새로운 인터페이스를 만들 수 있다. 맵드 타입은 다음과 같이 기존 인터페이스의 모든 속성을 선택 속성 또는 읽기 전용으로 만들 때 주로 사용된다.

코드 9-66 모든 속성을 선택 속성 또는 읽기 전용으로 변경하기

```
interface Person { ❶
  name: string;
  age: number;
}
interface PersonOptional {
  name?: string;
  age?: number;
}                            ❷
interface PersonReadOnly {
  readonly name: string;
  readonly age: number;
}
```

❶ 맵드 타입의 입력으로 사용될 인터페이스다. ❷ Person에 맵드 타입을 적용해서 만들 수 있는 인터페이스의 예다.

맵드 타입은 in 키워드를 사용해서 정의한다. 다음은 두 개의 속성을 불 타입으로 만드는 맵드 타입이다.

코드 9-67 두 개의 속성을 불 타입으로 만드는 맵드 타입

```
type T1 = { [K in 'prop1' | 'prop2']: boolean }; ❶
// { prop1: boolean; prop2: boolean; } ❷
```

❶ in 키워드 오른쪽에는 문자열의 유니온 타입이 올 수 있다. ❷ 맵드 타입으로

만들어진 T1 타입의 모습이다.

다음은 입력된 인터페이스의 모든 속성을 불 타입 및 선택 속성으로 만들어 주는 맵드 타입이다.

코드 9-68 인터페이스의 모든 속성을 불 타입 및 선택 속성으로 만들어 주는 맵드 타입

```
type MakeBoolean<T> = { [P in keyof T]?: boolean };
const pMap: MakeBoolean<Person> = {};
pMap.name = true;
pMap.age = false;
```

Partial과 Readonly 내장 타입

타입스크립트 내장 타입인 Partial과 Readonly는 맵드 타입으로 만들어졌다. 다음은 두 내장 타입을 구현하는 코드다.

코드 9-69 맵드 타입으로 만드는 Partial과 Readonly

```
type T1 = Person['name']; // string ❶
type Readonly<T> = { readonly [P in keyof T]: T[P] }; ❷
type Partial<T> = { [P in keyof T]?: T[P] }; ❸
type T2 = Partial<Person>;
type T3 = Readonly<Person>;
```

❶ 인터페이스에서 특정 속성의 타입을 추출할 때 사용되는 문법이며, 맵드 타입에서 많이 쓰인다. ❷ 인터페이스의 모든 속성을 읽기 전용으로 만들어 주는 맵드 타입이다. keyof T에 의해 인터페이스 T의 모든 속성 이름이 유니온 타입으로 만들어진다. T[P]는 인터페이스 T에 있는 속성 P의 타입을 그대로 사용하겠다는 의미다. ❸ 인터페이스의 모든 속성을 선택 속성으로 만들어 주는 맵드 타입이다.

Pick 내장 타입

타입스크립트 내장 타입인 Pick은 인터페이스에서 원하는 속성만 추출할 때 사용된다. 다음은 맵드 타입으로 Pick을 구현한 코드다.

코드 9-70 Pick 내장 타입

```
type Pick<T, K extends keyof T> = { [P in K]: T[P] }; ❶
interface Person {
  name: string;
  age: number;
```

```
    language: string;
}
type T1 = Pick<Person, 'name' | 'language'>;
// type T1 = { name: string; language: string; } ❷
```

❶ Pick은 인터페이스 T와 해당 인터페이스의 속성 이름 K를 입력으로 받는다.
❷ Person에서 name, language를 추출한 결과다.

Record 내장 타입

타입스크립트 내장 타입인 Record는 입력된 모든 속성을 같은 타입으로 만들어
주는 맵드 타입이다.

코드 9-71 **Record 내장 타입**

```
type Record<K extends string, T> = { [P in K]: T }; ❶
type T1 = Record<'p1' | 'p2', Person>;
// type T1 = { p1: Person; p2: Person; }
```

❶ K는 문자열의 서브타입이다. K로 입력된 모든 문자열을 속성 이름으로 하면
서 T를 각 속성의 타입으로 만든다.

열거형 타입과 맵드 타입

맵드 타입을 이용하면 열거형 타입의 활용도를 높일 수 있다. 다음과 같이 열거
형 타입의 모든 원소를 속성 이름으로 가지는 객체가 있다고 해 보자.

코드 9-72 **열거형 타입의 모든 원소를 속성 이름으로 가지는 객체**

```
enum Fruit {
  Apple,
  Banana,
  Orange,
}
const FRUIT_PRICE = { ❶
  [Fruit.Apple]: 1000,
  [Fruit.Banana]: 1500,
  [Fruit.Orange]: 2000,
};
```

❶ 과일의 가격 정보를 가지고 있는 객체다. Fruit 열거형 타입에 새로운 과일을
추가한다면 FRUIT_PRICE에도 새로운 과일의 가격 정보를 추가하는 게 일반적이다.

하지만 Fruit 열거형 타입에 과일을 추가하고 가격 정보를 깜빡해도 에러는 발생하지 않는다.

다음과 같이 맵드 타입을 이용하면 FRUIT_PRICE 객체가 Fruit의 모든 원소를 속성으로 가지는 게 보장된다.

코드 9-73 **맵드 타입을 이용한 FRUIT_PRICE 타입 정의**

```
enum Fruit {
  Apple,
  Banana,
  Orange,
}
const FRUIT_PRICE: { [key in Fruit]: number } = { // 타입 에러 ❶
  [Fruit.Apple]: 1000,
  [Fruit.Banana]: 1500,
};
```

❶ Orange 속성을 추가해야 타입 에러가 사라진다.

9.5.3 조건부 타입

조건부(conditional) 타입은 입력된 제네릭 타입에 따라 타입을 결정할 수 있는 기능이다. 조건부 타입은 extends 키워드와 ? 기호를 사용해서 정의한다. 다음은 입력된 제네릭 타입이 문자열인지 여부에 따라 타입을 결정하는 조건부 타입 코드다.

코드 9-74 **기본적인 조건부 타입의 예**

```
// T extends U ? X : Y ❶
type IsStringType<T> = T extends string ? 'yes' : 'no'; ❷
type T1 = IsStringType<string>; // 'yes'
type T2 = IsStringType<number>; // 'no'
```

❶ 조건부 타입의 기본 구조다. 입력된 제네릭 타입 T가 타입 U의 서브타입이면 타입 X를 사용하고, 그렇지 않으면 타입 Y를 사용한다. ❷ IsStringType은 문자열의 서브타입이 입력되면 yes를 사용하고, 그렇지 않으면 no를 사용하는 조건부 타입이다.

조건부 타입에서 유니온 타입을 이용하면 유용한 유틸리티 타입을 많이 만들 수 있다. 우선 조건부 타입에서 유니온 타입이 어떻게 처리되는지 살펴보자. 다음은 IsStringType 타입에 유니온 타입을 입력한 결과를 보여 준다.

코드 9-75 IsStringType 타입에 유니온 타입을 입력한 결과

```
type T1 = IsStringType<string | number>; // 'yes' | 'no' ❶
type T2 = IsStringType<string> | IsStringType<number>; ❷
```

❶ 조건부 타입에 유니온 타입이 입력되면 각 타입을 하나씩 검사해서 타입을 결정하고 최종 결과는 유니온 타입으로 만들어진다. ❷ T1과 T2는 결과적으로 같은 타입이다.

Exclude, Extract 내장 타입

타입스크립트에 내장된 Exclude, Extract 타입은 조건부 타입으로 만들 수 있다. 다음은 Exclude, Extract 타입의 정의와 사용 예를 보여 주는 코드다.

코드 9-76 Exclude, Extract 타입의 정의와 사용 예

```
type T1 = number | string | never; // string | number ❶
type Exclude<T, U> = T extends U ? never : T; ❷
type T2 = Exclude<1 | 3 | 5 | 7, 1 | 5 | 9>; // 3 | 7 ❸
type T3 = Exclude<string | number | (() => void), Function>; // string | number ❹
type Extract<T, U> = T extends U ? T : never; ❺
type T4 = Extract<1 | 3 | 5 | 7, 1 | 5 | 9>; // 1 | 5 ❻
```

❶ 유니온 타입에 있는 never 타입은 제거되는데, 이는 조건부 타입에서 자주 사용되는 기능이다. ❷ Exclude 타입은 U의 서브타입을 제거해 주는 유틸리티 타입이다. ❸ 3과 7은 1 | 5 | 9 타입의 서브타입이 아니므로 T2 타입은 3 | 7이 된다. ❹ T3은 함수가 제거된 string | number 타입이다. ❺ Extract는 Exclude와 반대로 동작하는 유틸리티 타입이다. ❻ 1과 5는 1 | 5 | 9 타입에 포함되기 때문에 T4는 1 | 5가 된다.

ReturnType 내장 타입

조건부 타입으로 만들어진 ReturnType 내장 타입은 함수의 반환 타입을 추출한다. 다음은 ReturnType 타입의 정의와 사용 예를 보여 준다.

코드 9-77 ReturnType 타입의 정의와 사용 예

```
type ReturnType<T> = T extends (...args: any[]) => infer R ? R : any; ❶
type T1 = ReturnType<() => string>; // string
function f1(s: string): number {
  return s.length;
}
```

```
type T2 = ReturnType<typeof f1>; // number
```

❶ 입력된 타입 T가 함수이면 함수의 반환 타입이 사용되고, 그렇지 않으면 any 타입이 사용된다.

타입 추론을 위해 infer 키워드를 사용했다. infer 키워드 덕분에 함수의 반환 타입을 R이라는 변수에 담을 수 있다. infer 키워드는 조건부 타입을 정의할 때 extends 키워드 뒤에 사용된다.

infer 키워드는 다음과 같이 중첩해서 사용할 수 있다.

코드 9-78 infer 키워드를 중첩해서 사용하는 예

```
type Unpacked<T> = T extends (infer U)[] ❶
  ? U
  : T extends (...args: any[]) => infer U ❷
    ? U
    : T extends Promise<infer U> ? U : T; ❸
type T0 = Unpacked<string>; // string ❹
type T1 = Unpacked<string[]>; // string
type T2 = Unpacked<() => string>; // string
type T3 = Unpacked<Promise<string>>; // string
type T4 = Unpacked<Promise<string>[]>; // Promise<string> ❺
type T5 = Unpacked<Unpacked<Promise<string>[]>>; // string
```

❶ 타입 T가 U의 배열이면 U가 사용된다. ❷ 함수면 반환 타입이 사용된다. ❸ 프로미스면 프로미스에 입력된 제네릭 타입이 사용된다. ❹ 아무것도 만족하지 않기 때문에 자기 자신이 된다. ❺ Promise<string>의 배열이므로 Promise<string>이 된다.

조건부 타입으로 직접 만들어 보는 유틸리티 타입

조건부 타입을 사용해서 몇 가지 유틸리티 타입을 만들어 보자. 다음은 인터페이스에서 문자열 속성만 추출해서 사용하는 두 개의 유틸리티 타입을 보여준다.

코드 9-79 인터페이스에서 문자열 속성만 추출해서 사용하는 유틸리티 타입

```
type StringPropertyNames<T> = { ❶
  [K in keyof T]: T[K] extends String ? K : never
}[keyof T]; ❷
type StringProperties<T> = Pick<T, StringPropertyNames<T>>; ❸
interface Person {
  name: string;
```

```
    age: number;
    nation: string;
  }
  type T1 = StringPropertyNames<Person>; // "name" | "nation"
  type T2 = StringProperties<Person>; // { name: string; nation: string; }
```

❶ 타입 T에서 값이 문자열인 모든 속성의 이름을 유니온 타입으로 만들어 주는 유틸리티 타입이다. ❷ [keyof T]는 인터페이스에서 모든 속성의 타입을 유니온으로 추출한다. 이때 never 타입은 제거된다. ❸ StringProperties는 인터페이스에서 문자열인 모든 속성을 추출하는 유틸리티 타입이다.

다음은 인터페이스에서 일부 속성만 제거해 주는 유틸리티 타입이다.

코드 9-80 일부 속성만 제거해 주는 유틸리티 타입

```
type Omit<T, U extends keyof T> = Pick<T, Exclude<keyof T, U>>; ❶
interface Person {
  name: string;
  age: number;
  nation: string;
}
type T1 = Omit<Person, 'nation' | 'age'>;
const p: T1 = {
  name: 'mike', ❷
};
```

❶ 인터페이스 T에서 입력된 속성 이름 U를 제거한다.[5] ❷ Person에서 nation, age 속성을 제거했으므로 타입 T1에는 name 속성만 남는다.

다음은 특정 인터페이스가 다른 인터페이스를 덮어쓰는 유틸리티 타입이다.

코드 9-81 인터페이스를 덮어쓰는 유틸리티 타입

```
type Overwrite<T, U> = { [P in Exclude<keyof T, keyof U>]: T[P] } & U; ❶
interface Person {
  name: string;
  age: number;
}
type T1 = Overwrite<Person, { age: string; nation: string }>;
const p: T1 = {
  name: 'mike',
  age: '23',        ⎤
  nation: 'korea',  ⎦ ❷
};
```

---

5 Omit 타입은 타입스크립트 3.5부터 내장 타입으로 추가됐다.

❶ 인터페이스 T에 인터페이스 U를 덮어쓴다. ❷ age 속성의 타입은 문자열로 변경됐고, nation 속성은 새로 추가됐다.

9.6 생산성을 높이는 타입스크립트의 기능

정적 타입 언어를 사용할 때의 단점은 타입을 정의하는 데 시간과 노력이 많이 들기 때문에 생산성이 저하될 수 있다는 것이다. 타입스크립트에서는 다양한 경우에 대해 타입 추론을 제공해 주기 때문에 꼭 필요한 경우에만 타입 정의를 할 수 있다. 또한 타입스크립트에서 제공하는 타입 가드(guard) 덕분에 타입 단언(assertion) 코드를 최소화할 수 있다. 타입스크립트에서 제공하는 타입 추론과 타입 가드에 대해 알아보자.

9.6.1 타입 추론

명시적으로 타입 코드를 작성하지 않아도 타입스크립트가 타입을 추론할 수 있는 경우가 많다. 타입 추론 덕분에 코드를 덜 작성하면서도 같은 수준의 타입 안정성을 유지할 수 있다.

let 변수의 타입 추론

다음은 let 변수의 타입 추론을 보여 준다.

코드 9-82 **let 변수의 타입 추론**

```
let v1 = 123; ❶
let v2 = 'abc'; ❷
v1 = 'a'; // 타입 에러 ┐
v2 = 456; // 타입 에러 ┘ ❸
```

❶ 타입을 명시하지 않았지만 변수 v1의 타입은 숫자가 된다. ❷ 마찬가지로 변수 v2의 타입은 문자열이 된다. ❸ 잘못된 타입의 값을 입력하면 타입 에러가 발생한다.

   이처럼 타입을 명시하지 않아도 컴파일 시점에 타입 에러가 발생할 수 있다. let 변수는 재할당 가능하기 때문에 융통성 있게 타입이 결정된다. 반면 const 변수는 값이 변하지 않기 때문에 let 변수보다 엄격하게 타입이 결정된다.

const 변수의 타입 추론

다음은 const 변수의 타입 추론을 보여 준다.

코드 9-83 const 변수의 타입 추론

```
const v1 = 123; ❶
const v2 = 'abc';
let v3: typeof v1 | typeof v2; ❷
```

❶ const 변수는 리터럴 자체가 타입이 된다. 따라서 변수 v1의 타입은 숫자가 아니라 123이다. ❷ typeof 키워드는 변수의 타입을 추출할 때 사용할 수 있다. 변수 v3의 타입은 123 | 'abc'가 된다.

배열과 객체의 타입 추론

다음은 배열과 객체의 타입 추론을 보여 준다.

코드 9-84 배열과 객체의 타입 추론

```
const arr1 = [10, 20, 30]; ❶
const [n1, n2, n3] = arr1; ❷
arr1.push('a'); // 타입 에러 ❸

const arr2 = { id: 'abcd', age: 123, language: 'korean' };   ❹
// const arr2: { id: string; age: number; language: string; } ❺
const { id, age, language } = arr2; ❻
console.log(id === age); // 타입 에러 ❼
```

❶ 배열의 타입을 정의하지 않았지만 타입 추론 덕분에 변수 arr1의 타입은 number[]가 된다. ❷ 비구조화 할당의 경우에도 타입 추론이 되며, 세 변수의 타입은 모두 숫자가 된다. ❸ 숫자 배열에 문자열을 넣으면 타입 에러가 발생한다. ❹ 객체의 타입을 정의하지 않았지만 타입 추론 덕분에 변수 arr2의 타입은 ❺번 주석과 같게 된다. ❻ 마찬가지로 비구조화 할당을 하면 자동으로 타입 정보가 포함된다. ❼ 숫자와 문자열을 비교하려고 시도하면 타입 에러가 발생한다.

다음은 여러 가지 타입으로 구성된 배열의 타입 추론을 보여 준다.

코드 9-85 여러 가지 타입으로 구성된 배열의 타입 추론

```
interface Person {
  name: string;               ❶
  age: number;
}
```

```
interface Korean extends Person {
  liveInSeoul: boolean;
}                                         ❶
interface Japanese extends Person {
  liveInTokyo: boolean;
}

const p1: Person = { name: 'mike', age: 23 };
const p2: Korean = { name: 'mike', age: 25, liveInSeoul: true };
const p3: Japanese = { name: 'mike', age: 27, liveInTokyo: false };
const arr1 = [p1, p2, p3]; ❷
const arr2 = [p2, p3]; ❸
```

❶ Korean, Japanese 인터페이스는 Person을 확장해서 만들었다. 변수 arr1과 arr2의 타입은 무엇이 될지 생각해 보자. ❷ 여러 가지 타입을 하나로 통합하는 과정을 거쳐야 한다. 다른 타입으로 할당 가능한 타입은 제거된다. 그리고 제거 후 남은 모든 타입은 유니온 타입으로 만들어진다. Korean, Japanese는 Person에 할당 가능하기 때문에 변수 arr1의 타입은 Person[]이 된다. ❸ Korean, Japanese 는 서로 할당 가능하지 않기 때문에 변수 arr2의 타입은 (Korean, Japanese)[]가 된다.

함수의 매개변수와 반환값에 대한 타입 추론

함수의 매개변수와 반환값도 다음과 같이 타입 추론이 적용된다.

코드 9-86 함수의 매개변수와 반환값에 대한 타입 추론

```
function func1(a = 'abc', b = 10) { ❶
  return `${a} ${b}`;
}
func1(3, 6); // 타입 에러 ❷
const v1: number = func1('a', 1); // 타입 에러 ❸

function func2(value: number) { ❹
  if (value < 10) {
    return value;
  } else {
    return `${value} is too big`;
  }
}
```

❶ 기본값이 있는 매개변수는 자동으로 타입 정보가 추가된다. 함수의 반환값도 타입 추론에 의해 자동으로 타입 정보가 추가된다. ❷ 첫 번째 매개변수는 숫자

가 아니기 때문에 타입 에러가 발생한다. ❸ 반환값은 숫자가 아니기 때문에 타입 에러가 발생한다. ❹ return 키워드가 여러 번 등장해도 타입 추론은 잘 동작한다. 이 함수의 반환 타입은 number | string이 된다.

9.6.2 타입 가드

타입 가드(guard)는 조건문을 이용해 타입의 범위를 좁히는 기능이다. 타입 가드를 잘 활용하면 불필요한 타입 단언(assertion) 코드를 피할 수 있으므로 생산성과 가독성이 높아진다.

다음은 타입 가드를 사용하지 않은 코드다.

코드 9-87 타입 가드를 활용하지 않은 코드

```
function print(value: number | string) {
  if (typeof value === 'number') { ❶
    console.log((value as number).toFixed(2)); ❷
  } else {
    console.log((value as string).trim()); ❸
  }
}
```

❶ typeof 키워드를 이용해서 value가 숫자인지 검사한다. ❷ 타입 가드가 없다면 as 키워드를 사용해서 타입스크립트에게 value는 숫자라고 알려야 한다. ❸ 숫자가 아니라면 당연히 문자열이지만 타입 가드가 없다면 as 키워드를 이용해서 타입 단언을 해야 한다.

typeof 키워드

코드 9-87은 타입스크립트의 타입 가드 덕분에 다음과 같이 수정할 수 있다.

코드 9-88 타입 가드를 활용한 코드

```
function print(value: number | string) {
  if (typeof value === 'number') {
    console.log(value.toFixed(2)); ❶
  } else {
    console.log(value.trim()); ❷
  }
}
```

❶ 타입스크립트는 typeof를 통해 value를 숫자로 인식한다. 따라서 숫자에만

존재하는 toFixed 메서드를 바로 호출할 수 있다. ❷ 마찬가지로 타입스크립트는 else 블록에서 value를 문자열로 인식한다.

instanceof 키워드

클래스의 경우에는 instanceof 키워드가 타입 가드로 사용될 수 있다.

코드 9-89 **instanceof 키워드를 이용한 타입 카드**

```
class Person {
  name: string;
  age: number;
  constructor(name: string, age: number) {
    this.name = name;
    this.age = age;
  }
}
class Product {
  name: string;
  price: number;
  constructor(name: string, price: number) {
    this.name = name;
    this.price = price;
  }
}
function print(value: Person | Product) {
  console.log(value.name);
  if (value instanceof Person) {
    console.log(value.age); ❶
  } else {
    console.log(value.price); ❷
  }
}
const person = new Person('mike', 23);
print(person);
```

❶ 타입 가드 덕분에 if 문 안에서 Person의 age 속성에 접근할 수 있다. ❷ 타입스크립트는 else 블록에서 value의 타입이 Product라고 인식한다.

인터페이스의 경우에는 instanceof 키워드를 사용할 수 없다. instanceof 오른쪽에는 생성자 함수만 올 수 있기 때문이다. 다음은 instanceof 키워드를 잘못 사용한 예다.

코드 9-90 **instanceof 키워드를 잘못 사용한 예**

```
interface Person {
  name: string;
  age: number;
}
interface Product {
  name: string;
  price: number;
}
function print(value: Person | Product) {
  if (value instanceof Person) { ❶
    console.log(value.age);
  } else {
    console.log(value.price);
  }
}
```

❶ 인터페이스는 타입 검사에만 사용되는데, 컴파일 후에는 삭제가 되므로 instanceof 키워드의 오른쪽에 올 수 없다.

식별 가능한 유니온 타입

인터페이스를 구별하기 위한 한 가지 방법은 식별 가능한 유니온(discriminated union) 타입을 이용하는 것이다. 인터페이스에서 식별 가능한 유니온 타입은 같은 이름의 속성을 정의하고 속성의 타입은 모두 겹치지 않게 정의하면 된다.

코드 9-91 **식별 가능한 유니온 타입**

```
interface Person {
  type: 'person'; ❶
  name: string;
  age: number;
}
interface Product {
  type: 'product'; ❶
  name: string;
  price: number;
}
function print(value: Person | Product) {
  if (value.type === 'person') { ❷
    console.log(value.age);
  } else {
    console.log(value.price);
  }
}
```

❶ 두 인터페이스에 type이라는 같은 이름의 속성을 정의한다. 각 속성은 고유의 문자열 리터럴 타입으로 정의했기 때문에 값의 집합에서 서로 겹치는 부분이 없다. ❷ type 속성의 값을 비교하는 것으로 타입 가드가 동작한다.

식별 가능한 유니온 타입은 값의 집합에서 서로 겹치는 부분이 없다.

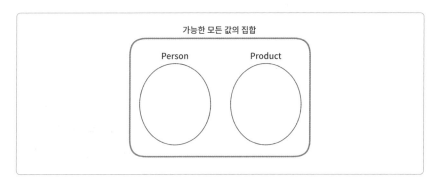

그림 9-3 Product, Person 타입 값의 집합

따라서 단순히 type 속성을 비교하는 것만으로 두 타입을 완전히 구별할 수 있다. 식별 가능한 유니온 타입은 서로 겹치지 않기 때문에 switch 문에서 사용하기 좋다.

코드 9-92 switch 문에서 식별 가능한 유니온 타입 사용하기

```
function print(value: Person | Product) {
  switch (value.type) {
    case 'person':
      console.log(value.age); ❶
      break;
    case 'product':
      console.log(value.price);
      break;
  }
}
```

❶ 타입스크립트는 case 구문 안으로 들어오면 value의 타입을 정확히 알 수 있다.

타입을 검사하는 함수

타입 가드를 활용하는 또 다른 방법으로 타입을 검사하는 함수를 작성하는 방법으로도 타입 가드를 활용할 수 있다.

코드 9-93 함수를 이용한 타입 가드

```
function isPerson(x: any): x is Person { ❶
  return (x as Person).age !== undefined; ❷
}
function print(value: Person | Product) {
  if (isPerson(value)) { ❸
    console.log(value.age);
  } else {
    console.log(value.price);
  }
}
```

❶ 입력된 인수가 Person 타입인지를 검사하는 함수를 작성했다. is 키워드 왼쪽에는 매개변수 이름을, 오른쪽에는 타입 이름을 넣는다. ❷ age 속성이 있으면 Person 타입이라고 정의한다. ❸ isPerson 함수를 이용하면 타입 가드가 동작한다.

in 키워드

함수를 작성하는 게 번거롭다면 다음과 같이 in 키워드를 이용해 작성할 수 있다.

코드 9-94 in 키워드를 이용한 타입 가드

```
function print(value: Person | Product) {
  if ('age' in value) { ❶
    console.log(value.age); ❷
  } else {
    console.log(value.price);
  }
}
```

❶ 단순히 age 속성이 있는지 검사한다. ❷ 속성 이름의 존재를 검사하는 것으로 타입 가드가 동작한다.

사실 식별 가능한 유니온 타입보다 속성 이름을 검사하는 방법이 좀 더 간편하다. 하지만 타입의 종류가 많아지고 같은 이름의 속성이 중복으로 사용된다면, 식별 가능한 유니온 타입을 사용하기 바란다.

9.7 타입스크립트 환경 구축하기

타입스크립트를 사용하기 위해 프로젝트 환경을 구축하는 방법을 알아보자. 먼저 create-react-app과 넥스트에서 타입스크립트 환경을 구축하는 방법을 알아보고, 프레임워크를 사용하지 않고 직접 구축하는 방법도 알아본다.

9.7.1 create-react-app과 넥스트에서 타입스크립트 사용하기

타입스크립트의 인기가 높아지면서 create-react-app과 넥스트 모두 타입스크립트를 적극적으로 지원하기 시작했다. 이 두 프레임워크에서 타입스크립트 개발 환경을 구축하는 것은 상당히 간단하다.

create-react-app에서 타입스크립트 사용하기

create-react-app은 react-scripts 버전 2.1부터 타입스크립트를 정식으로 지원한다. 다음 명령어만 입력하면 타입스크립트 개발 환경이 구축된다.

```
npx create-react-app my-cra --template typescript
```

이후 소스 파일의 확장자를 ts 또는 tsx로 만들면 된다.

넥스트에서 타입스크립트 사용하기

넥스트는 프레임워크 코드를 타입스크립트로 작성했을 정도로 타입스크립트에 친화적이다. 넥스트는 프로젝트 폴더에 tsconfig.json 파일이 있으면 타입스크립트 개발 환경이라고 인식한다. 다음 명령어를 실행해서 프로젝트 폴더에 tsconfig.json 파일을 생성하자.

```
touch tsconfig.json
```

이 상태로 다음 명령어를 실행하면 넥스트가 tsconfig.json 파일에 몇 가지 설정을 자동으로 해 준다.

```
npx next
```

이후 소스 파일의 확장자를 ts 또는 tsx로 만들면 된다.

9.7.2 프레임워크를 사용하지 않고 타입스크립트 환경 구축하기

프레임워크를 사용하지 않고 직접 타입스크립트 환경을 구축해 보자. 다음과 같이 프로젝트 폴더를 생성하고 기본적인 설정을 한다.

```
mkdir ts-custom
cd ts-custom
npm init -y
npm install typescript react react-dom
npm install @types/react @types/react-dom
npx tsc --init
```

npx tsc --init 명령어를 실행하면 tsconfig.json 파일이 생성된다. JSX 문법을 사용할 것이기 때문에 관련 설정이 필요하다. 그리고 컴파일된 결과 파일은 별도의 폴더에 생성하자.

tsconfig.json 파일에 설정하기

자동으로 생성된 tsconfig.json 파일에 다음 설정을 추가해 보자.

코드 9-95 기본 생성되는 **tsconfig.json** 파일에 설정 추가하기

```
{
  // ...
  "jsx": "react", ❶
  "outDir": "./dist", ❷
  // ...
}
```

❶ jsx 옵션을 react로 설정하면 JSX 문법으로 작성된 코드가 React.create Element 함수 호출로 변환된다. ❷ 컴파일된 결과 파일은 dist 폴더에 생성하도록 한다.

타입스크립트로 간단한 리액트 코드 작성하기

간단한 리액트 컴포넌트를 만들어 보자. 먼저 프로젝트 루트에 src 폴더를 만든다. 그리고 src 폴더 밑에 App.tsx 파일을 만들고 다음 코드를 입력한다.

코드 9-96 **src/App.tsx**

```
import React from 'react';

function App({ name, age }: { name: string; age: number }) {
```

```
    return (
      <div>
        <p>{name}</p>
        <p>{age}</p>
      </div>
    );
}
export default App;
```

두 개의 속성값을 가지는 간단한 컴포넌트인데, 이 두 속성값은 필숫값이다.

이제 App 컴포넌트를 사용해 보자. src 폴더 밑에 index.tsx 파일을 만들고 다음 코드를 입력한다.

코드 9-97 src/index.tsx

```
import React from 'react';
import ReactDOM from 'react-dom';
import App from './App';

ReactDOM.render(<App />, document.getElementById('root')); ❶
```

❶ 필수 속성값을 일부러 입력하지 않았다.

이제 타입스크립트로 컴파일해 보자.

```
npx tsc
```

필숫값을 입력하지 않았기 때문에 컴파일 에러가 발생한다. index.tsx에서 필숫값을 입력하고 다시 컴파일해 보자. 에러 없이 컴파일이 잘 되는 것을 확인할 수 있다. dist 폴더에 생성된 파일을 열어 보면 JSX 코드가 React.createElement 코드로 변환된 것을 확인할 수 있다.

9.7.3 기타 환경 설정하기

타입스크립트로 프로젝트를 구축할 때 고민되는 몇 가지 중요한 설정 방법을 알아보자.

자바스크립트와 타입스크립트를 같이 사용하기

기존 프로젝트에 타입스크립트를 도입하거나 다른 프로젝트의 자바스크립트 코드를 일부 가져와서 사용해야 하는 경우가 있다. 그럴 때 자바스크립트와 타입스크립트를 같이 사용하는 방법을 알아보자.

먼저 src 폴더 밑에 legacy.js 파일을 만들고 간단한 함수 하나를 작성해 보자.

코드 9-98 src/legacy.js

```js
export function getValue() {
  return 123;
}
```

App.tsx 파일에서 legacy.js 모듈을 사용하는 코드를 작성한다.

코드 9-99 타입스크립트 파일에서 자바스크립트 파일 사용하기

```jsx
// ...
import { getValue } from './legacy'; ❶

export default function({ name, age }: { name: string; age: number }) {
  const value = getValue();
  console.log(value.substr(0, 10)); ❷
  // ...
}
```

❶ 타입스크립트에서 자바스크립트 파일을 가져온다. npx tsc 명령어를 실행해 보면 자바스크립트를 가져오는 부분에서 컴파일 에러가 발생한다.

tsconfig.json 파일에 "allowJs": true 옵션을 추가하고 다시 컴파일해 보면, 이번에는 ❷번 코드에서 에러가 발생한다. 타입스크립트가 getValue 함수의 반환 타입이 숫자라는 것을 알았기 때문이다. substr 함수 호출을 toFixed 함수 호출로 변경하고 다시 컴파일해 보자. 에러 없이 컴파일이 잘 되는 것을 확인할 수 있다.

외부 패키지 사용하기

타입스크립트에서 외부 패키지를 사용하는 방법을 알아보자. 먼저 다음과 같이 로다시 패키지를 설치한다.

```
npm install lodash @types/lodash
```

그 다음 index.tsx에서 로다시를 사용하는 코드를 입력해 보자.

코드 9-100 외부 패키지 사용하기

```jsx
// ...
import _ from 'lodash';
```

```
_. ❶
// ...
```

❶ _.을 입력하는 순간 로다시가 제공하는 API 목록을 IDE상에서 확인할 수 있다. @types/lodash를 설치했기 때문에 타입스크립트는 로다시의 타입 정보를 알고 있다.

만약 API 목록이 보이지 않는다면 사용하고 있는 IDE가 타입스크립트를 지원하는지 확인해 보자. 필자는 되도록 IDE로 vscode를 사용할 것을 추천한다. 그 이유는 외부 패키지의 API 목록을 확인할 수 있고, API가 제공하는 함수의 매개변수 타입과 반환 타입을 확인할 수 있어 생산성이 높아진다는 데 있다.

자바스크립트가 아닌 모듈과 window 객체의 타입 정의하기

이미지나 폰트 등의 자바스크립트가 아닌 모듈과 window 객체의 타입을 정의하는 방법을 알아보자. App.tsx 파일에서 로다시 코드를 지우고 다음과 같이 이미지 모듈과 window 객체를 사용하는 코드를 작성한다.

코드 9-101 이미지 모듈과 window 객체를 사용하는 코드

```
// ...
import Icon from './icon.png'; ❶
window.myValue = 123; ❷

export default function({ name, age }: { name: string; age: number }) {
  // ...
  return (
    <div>
      <img src={Icon} />
      // ...
    </div>
  );
}
```

❶ 확장자가 png인 파일을 가져오려고 하면 컴파일 에러가 발생한다. 타입스크립트는 png 모듈의 타입을 모르기 때문이다. ❷ 종종 window 객체에 우리가 원하는 속성을 추가하고 싶은 경우가 있다. 하지만 타입스크립트는 myValue 속성이 없다며 에러가 발생한다.

이미지 모듈과 window 객체의 타입을 정의해 보자. src 폴더 밑에 types.ts 파일을 만들고 다음 코드를 입력한다.

코드 9-102 window 객체에 속성을 추가하고 이미지 모듈의 타입 정의하기

```
interface Window {
  myValue: number; ❶
}

declare module '*.png' {
  const content: string;      ❷
  export default content;
}
```

❶ window 객체에 myValue 속성을 추가한다. 이렇게 하면 기존에 정의된 Window 타입에 우리가 작성한 속성이 추가된다. ❷ 타입스크립트에 png 확장자를 가지는 모듈의 타입이 문자열이라고 알려 준다.

자바스크립트 최신 문법 사용하기

타입스크립트에서 자바스크립트 최신 문법을 사용하는 방법을 알아보자. index.tsx 파일에 다음 코드를 추가한다.

코드 9-103 자바스크립트 최신 문법 사용하기

```
// ...
console.log('123'.padStart(5, '0')); ❶
```

❶ 문자열에 padStart 메서드가 없어서 컴파일 에러가 발생한다.

문자열의 padStart 메서드는 ES2017에 추가됐다. 자바스크립트 최신 기능을 사용하려면 tsconfig.json 파일에 다음 설정을 추가해야 한다.

코드 9-104 최신 문법을 사용하기 위해 옵션 추가하기

```
{
  "compilerOptions": {
    "lib": ["dom", "es5", "scripthost", "es2017"], ❶
    // ...
  }
}
```

❶ lib 옵션의 기본값은 ["dom", "es5", "scripthost"]이다. 기본값에 es2017을 추가했다.

이제 padStart 메서드를 사용하는 곳에서 컴파일 에러가 발생하지 않는다. 여기서 주의할 점은 타입스크립트가 폴리필을 추가해 주지 않는다는 것이다.

padStart 메서드를 위한 폴리필은 직접 추가해야 한다. 폴리필을 추가하는 방법은 7장에서 확인할 수 있다.

9.8 리액트에 타입 적용하기

지금까지 타입스크립트를 간단히 알아보았다. 이제 리액트에 적용해 볼 차례다. 타입스크립트를 이용해서 리액트 컴포넌트와 리덕스에 타입 정보를 추가하는 방법을 알아보자. 타입을 정의할 때 리액트는 @types/react, @types/react-dom 패키지를 이용하고, 리덕스는 @types/react-redux 패키지와 리덕스에 내장된 타입 정보를 이용한다. 리액트의 함수형 컴포넌트와 클래스형 컴포넌트 각각에 대해서 타입을 정의하는 방법을 알아보자. 이어서 리덕스의 액션 생성자 함수와 리듀서에서 타입을 정의할 때 타입 코드 작성을 최소화하면서 서로를 유기적으로 연결하는 방법도 알아보겠다.

9.8.1 리액트 컴포넌트에서 타입 정의하기

함수형 컴포넌트와 클래스형 컴포넌트의 타입을 정의하는 방법을 알아보자. 리액트 컴포넌트에서 이벤트 처리 함수의 타입을 자주 작성하기 때문에 다음과 같이 미리 타입을 만들어 놓고 재사용하는 게 좋다.

코드 9-105 이벤트 객체와 이벤트 처리 함수의 타입

```
import React from 'react';
type EventObject<T = HTMLElement> = React.SyntheticEvent<T>; ❶
type EventFunc<T = HTMLElement> = (e: EventObject<T>) => void; ❷
```

❶ 리액트에서 발생하는 대부분의 이벤트 객체는 EventObject 타입으로 정의할 수 있다. 특정 이벤트에 특화된 타입을 원한다면 제네릭 T에 원하는 타입을 입력한다. ❷ 대부분의 이벤트 처리 함수를 EventFunc로 정의할 수 있다. 마찬가지로 원하는 타입을 제네릭 T에 입력할 수 있다. 이 타입은 이벤트 처리 함수를 속성 값으로 전달할 때 유용하게 사용된다.

함수형 컴포넌트의 타입 정의하기

함수형 컴포넌트의 타입은 다음과 같이 정의할 수 있다.

코드 9-106 함수형 컴포넌트의 타입 정의하기

```
import React from 'react';

interface Props { ❶
  name: string;
  age?: number;
}

export default function MyComponent({ name, age = 23 }: Props) { ❷
  return (
    <div>
      <p>{name}</p>
      <p>{age.substr(0)}</p> {/* 타입 에러 */} ❸
    </div>
  );
}


const MyComponent: React.FunctionComponent<Props> = function({ name, age = 23 }) { ❷
  return (
    <div>
      <p>{name}</p>
      <p>{age.substr(0)}</p> {/* 타입 에러 */} ❸
    </div>
  );
};
```

❶ 속성값의 타입을 정의한다. 속성값의 타입 정보는 문서의 역할을 하므로 파일의 최상단에서 정의하는 게 좋다. 물음표 기호를 이용해서 선택 속성을 정의했다. ❷ Props 타입을 이용해서 속성값의 타입을 입력한다. 컴포넌트 속성값의 기본값은 자바스크립트 표준 문법을 사용하면 된다. ❸ 타입스크립트는 age가 숫자라는 것을 알기 때문에 substr 메서드를 호출하면 타입 에러가 발생한다. MyComponent 컴포넌트를 사용하는 곳에서는 name 속성을 반드시 입력해야 하며, age 속성은 입력하지 않아도 된다. name, age 이외의 속성을 입력하려고 시도하면 타입 에러가 발생한다.

클래스형 컴포넌트의 타입 정의하기

클래스형 컴포넌트의 타입은 다음과 같이 정의할 수 있다.

코드 9-107 **클래스형 컴포넌트의 타입**

```typescript
import React, { createRef } from 'react';

interface Props { ❶
  containerStyle: React.CSSProperties; ❷
  theme: string;
}

const defaultProps = {
  theme: 'dark', ❸
};

interface State { ❺
  name: string;
  age?: number;
}

class MyComponent extends React.Component<Props, State> { ❻
  state: State = { ❼
    name: 'mike',
  };
  static defaultProps = defaultProps; ❹
  pRef = createRef<HTMLParagraphElement>(); ❽
  onClick1 = (e: EventObject) => {
    console.log(e.currentTarget.dataset.food); ❾
  };
  onClick2 = (e: React.MouseEvent<HTMLButtonElement>) => {
    console.log(`${e.clientX}, ${e.clientY}`); ❿
  };
  render() {
    const { containerStyle, theme } = this.props;
    const { name, age } = this.state;
    return (
      <div style={containerStyle}>
        <p ref={this.pRef}>{name}</p>
        <p>{`${name} ${age}`}</p>
        <p>{`theme is ${theme.substr(1)}`}</p>
        <button data-foold="soup" onClick={this.onClick1}>
          버튼1
        </button>
        <button onClick={this.onClick2}>버튼2</button>
      </div>
    );
  }
}
```

❶ 클래스형 컴포넌트에서도 속성값의 타입을 파일의 최상단에 작성한다.

❷ 리액트에서 돔 요소에 입력하는 스타일 객체의 타입은 React.CSSProperties를 사용한다. ❸ theme은 기본값이 있는 속성값이다. 앞에서 Props 인터페이스의 theme 속성에 물음표 기호를 넣지 않은 것에 주목하자. 덕분에 컴포넌트 내부에서 theme 속성은 필숫값으로 인식되므로 사용하기 편리하다. ❹ defaultProps를 입력함으로써 컴포넌트를 사용할 때 theme의 타입은 선택 속성이 된다. 컴포넌트를 사용하는 사람이 선택 속성을 쉽게 알 수 있도록 defaultProps 변수는 Props 타입 정의 바로 밑에 작성하는 게 좋다. ❺ 속성값의 타입을 정의하고 그 밑에 상탯값의 타입을 정의한다. ❻ 속성값과 상탯값의 타입을 React.Component의 제네릭으로 입력한다. 두 번째 제네릭으로 입력한 State 타입은 setState 메서드의 타입 정의에 사용된다. ❼ 초기 상탯값을 정의한다. State 타입을 두 번 입력하는 게 조금 어색할 수 있지만, this.state의 타입을 정의하기 위해 반드시 필요한 과정이다. ❽ createRef 함수에 입력한 제네릭 타입은 pRef 변수를 사용할 때 도움이 되므로 정확한 타입을 입력하자. ❾ 이전에 정의한 EventObject 타입을 이용했다. 모든 이벤트 객체에 currentTarget 속성이 있기 때문에 EventObject 타입으로도 충분하다. ❿ 버튼 이벤트 객체에만 존재하는 속성을 이용하려면 정확한 타입을 입력해야 한다.

9.8.2 리덕스에서 타입 정의하기

리액트에서 리덕스 사용 시 타입을 정의하는 방법을 알아보자. 리덕스의 타입 정의는 실습 프로젝트를 만들면서 설명한다.

```
npx create-react-app ts-redux --template typescript
cd ts-redux
npm install react react-dom redux react-redux immer
npm install @types/react @types/react-dom @types/react-redux
```

리덕스와 이머는 자체적으로 타입 정의 파일을 포함하고 있기 때문에 @types/redux와 같은 패키지를 설치할 필요가 없다.

src 폴더 밑에서 index.tsx, App.tsx, react-app-env.d.ts 파일을 제외한 나머지 모든 파일을 지우자. src 폴더 밑에 다음과 같은 구조로 새로운 폴더와 파일을 만든다.

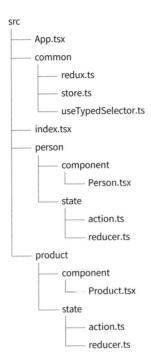

```
src
├── App.tsx
├── common
│   ├── redux.ts
│   ├── store.ts
│   └── useTypedSelector.ts
├── index.tsx
├── person
│   ├── component
│   │   └── Person.tsx
│   └── state
│       ├── action.ts
│       └── reducer.ts
└── product
    ├── component
    │   └── Product.tsx
    └── state
        ├── action.ts
        └── reducer.ts
```

useSelector 훅 사용하기

우선 컴포넌트에서 useSelector 훅을 사용하는 경우를 살펴보자. 먼저 person/component/Person.tsx 파일에 다음 코드를 입력한다.

코드 9-108 **Person.tsx**

```
import React from 'react';
import { ReduxState } from '../../common/store';
import { actions } from '../state/action';
import { useSelector, useDispatch } from 'react-redux';

interface Props {
  birthday: string;
}

export default function Person({ birthday }: Props) {
  const name = useSelector<ReduxState, string>(state => state.person.name); ❶
  const age = useSelector<ReduxState, number>(state => state.person.age);
  const dispatch = useDispatch();
  function onClick() {
    dispatch(actions.setName('mike'));
    dispatch(actions.setAge(23));
  }
```

```
  return (
    <div>
      <p>{name}</p>
      <p>{age}</p>
      <p>{birthday}</p>
      <button onClick={onClick}>정보 추가하기</button>
    </div>
  );
}
```

❶ 첫 번째 제네릭 타입은 리덕스 상탯값을 의미한다. ReduxState 타입 코드는 잠시 후 확인할 수 있다. 두 번째 제네릭 타입은 매개변수로 입력된 함수의 반환 값을 의미한다.

useSelector를 사용할 때마다 ReduxState와 반환값의 타입을 입력하는 게 다소 번거롭다. 다음과 같이 ReduxState 타입이 미리 입력된 훅을 만들어서 사용하면 편하게 입력할 수 있다.

코드 9-109 **common/useTypedSelector.ts**

```
import { useSelector, TypedUseSelectorHook } from 'react-redux';
import { ReduxState } from './store';

const useTypedSelector: TypedUseSelectorHook<ReduxState> = useSelector;
export default useTypedSelector;
```

다음은 useTypedSelector 훅을 사용하는 코드다.

코드 9-110 **useTypedSelector 훅을 사용하는 코드**

```
export default function Person({ birthday }: Props) {
  const name = useTypedSelector(state => state.person.name); ❶
  const age = useTypedSelector(state => state.person.age);
  // ...
```

❶ ReduxState 타입과 반환값의 타입을 입력할 필요가 없다.

createAction 함수와 createReducer 함수 정의하기

이제 createAction 함수와 createReducer 함수의 타입을 정의해 보자. common/redux.ts 파일에 다음 코드를 입력한다.

코드 9-111 **common/redux.ts**

```ts
import produce from 'immer';

interface TypedAction<T extends string> {
  type: T;
}
interface TypedPayloadAction<T extends string, P> extends TypedAction<T> {
  payload: P;
}

export function createAction<T extends string>(type: T): TypedAction<T>;
export function createAction<T extends string, P>(
  type: T,
  payload: P,
): TypedPayloadAction<T, P>;
// @ts-ignore
export function createAction(type, payload?) {
  return payload !== undefined ? { type, payload } : { type };
}

export function createReducer<S, T extends string, A extends TypedAction<T>>( ❸
  initialState: S, ❹
  handlerMap: { ❺
    [key in T]: (state: Draft<S>, action: Extract<A, TypedAction<key>>) => void; ❻
  },
) {
  return function(state: S = initialState, action: Extract<A, TypedAction<T>>) {
    return produce(state, draft => { ❼
      const handler = handlerMap[action.type];
      if (handler) {
        handler(draft, action);
      }
    });
  };
}
```

❶ 액션 객체의 타입이다. 데이터가 있는 경우와 없는 경우를 각각 정의하기 위해 두 개의 타입을 정의한다. ❷ 액션 생성자 함수의 타입이다. 데이터 유무를 구별하기 위해 함수 오버로드를 이용한다. ❸ 리듀서를 생성하는 함수의 타입이다. S는 상탯값의 타입이고 T는 액션 타입을 의미한다. A는 모든 액션 객체의 유니온 타입이다. ❹ 초기 상탯값을 첫 번째 매개변수로 받는다. ❺ 모든 액션 처리 함수가 담긴 객체를 두 번째 매개변수로 받는다. ❻ 이 코드에 의해 타입스크립트는 각 액션 객체가 가진 payload 타입을 알 수 있다. 따라서 리듀서 코드 작성 시 액션 처리 함수에서 payload.를 입력하면 해당 액션 객체가 가진 데이터 목록

을 확인할 수 있다. 물론 잘못된 이름의 데이터를 사용하려고 하면 타입 에러가 발생한다. ❼ 이머를 이용해서 불변 객체를 쉽게 다룰 수 있다. 자세한 내용은 6 장을 참고하자. ❽ 입력된 액션에 해당하는 액션 처리 함수를 실행한다.

createAction 함수 사용하기

앞에서 정의한 createAction 함수를 이용해서 액션 생성자 함수를 만들어 보자. person/state/action.ts 파일에 다음 코드를 입력한다.

코드 9-112 **person/state/action.ts**

```ts
import { createAction } from '../../common/redux';

export enum ActionType { ❶
  SetName = 'person_setName',
  SetAge = 'person_setAge',
}

export const actions = {
  setName: (name: string) => createAction(ActionType.SetName, { name }), ❷
  setAge: (age: number) => createAction(ActionType.SetAge, { age }),
};
```

❶ enum으로 액션 타입을 정의한다. ❷ createAction 함수를 이용해서 액션 생성자 함수를 정의한다.

createReducer 함수 사용하기

이번에는 createReducer 함수를 이용해서 리듀서를 만들어 보자. person/state/reducer.ts 파일에 다음 코드를 입력한다.

코드 9-113 **person/state/reducer.ts**

```ts
import { ActionType, actions } from './action';
import { createReducer } from '../../common/redux';

export interface StatePerson { ❶
  name: string;
  age: number;
}

const INITIAL_STATE = { ❷
  name: 'empty',
  age: 0,
};
```

```
type Action = ReturnType<typeof actions[keyof typeof actions]>; ❸
export default createReducer<StatePerson, ActionType, Action>(INITIAL_STATE, { ❹
  [ActionType.SetName]: (state, action) => (state.name = action.payload.name), ❺
  [ActionType.SetAge]: (state, action) => (state.age = action.payload.age),
});
```

❶ 인터페이스로 상탯값의 타입을 정의한다. ❷ 초기 상탯값을 정의한다.
❸ ReturnType 내장 타입을 이용해서 모든 액션 객체의 타입을 유니온 타입으로
만든다. ❹ createReducer 함수를 이용해서 리듀서를 만든다. 이때 상탯값의 타
입과 모든 액션 객체의 유니온 타입을 제네릭으로 입력한다. ❺ 타입스크립트는
이 줄의 action.payload가 SetName 액션 객체의 데이터라는 것을 알고 있다. 따
라서 name이 아닌 다른 데이터를 사용하려고 시도하면 타입 에러가 발생한다.

product 폴더 밑에 있는 파일의 코드는 독자의 숙제로 남겨 두겠다. product/
component/Product.tsx 파일에서는 mapDispatchToProps 함수를 작성해 보자.
그리고 product/state/action.ts 파일에서는 payload가 없는 액션 생성자 함수를
작성해 보자.

프로젝트 마무리하기

person 폴더와 product 폴더 밑에 있는 두 개의 리듀서를 합쳐 보자. common/
store.ts 파일에 다음 코드를 입력한다.

코드 9-114 **common/store.ts**

```
import { createStore } from 'redux';
import { combineReducers } from 'redux';
import person, { StatePerson } from '../person/state/reducer';
import product, { StateProduct } from '../product/state/reducer';

export interface ReduxState { ❶
  person: StatePerson;
  product: StateProduct;
}

const reducer = combineReducers<ReduxState>({ ❷
  person,
  product,
});

export const store = createStore(reducer);
```

❶ 모든 리듀서의 상탯값 타입을 ReduxState로 모은다. ❷ combineReducers 함수의 제네릭으로 ReduxState를 입력한다.

App.tsx 파일에서 Person 컴포넌트와 Product 컴포넌트를 사용하는 코드를 작성해 보자.

코드 9-115 **App.tsx**

```
import React from 'react';
import { Provider } from 'react-redux';
import { store } from './common/store';
import Person from './person/component/Person';
import Product from './product/component/Product';

function App() {
  return (
    <Provider store={store}>
      <div>
        <Person birthday="2015-04-15" /> ❶
        <Product />
      </div>
    </Provider>
  );
}

export default App;
```

❶ 원래 Person 컴포넌트가 가진 속성은 birthday 하나이므로 그 외의 속성을 입력하려고 시도하면 타입 에러가 발생한다.

마지막으로 index.tsx 파일에서 불필요한 코드를 정리해 보자. index.tsx 파일의 내용은 다음과 같다.

코드 9-116 **index.tsx**

```
import React from 'react';
import ReactDOM from 'react-dom';
import App from './App';

ReactDOM.render(<App />, document.getElementById('root'));
```

다음 명령어를 실행해서 확인해 보자.

```
npm start
```

잘 동작하는 것을 확인할 수 있다.

10장

다가올 리액트의 변화:
Concurrent 모드

이 장에서는 리액트에서 논블로킹(non-blocking) 렌더링을 가능하게 해 주는 concurrent 모드에 대해 알아본다. 리액트팀에서는 concurrent 모드를 오래전부터 준비해왔는데, 리액트 버전 16.0에 추가된 파이버(fiber) 구조체가 그 시작이었다. 현재는 페이스북 홈페이지에 concurrent 모드를 적용하면서 완성도를 높이고 있다. concurrent 모드가 가져다 주는 장점을 하나씩 살펴보자.

10.1 블로킹 vs. 논블로킹 렌더링

concurrent 모드 이전에는 렌더링을 한번 시작하면 중간에 멈출 수 없었다. 따라서 컴포넌트의 개수가 상당히 많은 경우에 렌더링을 시작하면 사용자의 마우스나 키보드 이벤트에 거의 반응할 수 없었다. 리액트는 이렇게 처리해야 할 일이 많은 상황에서도 사용자의 요청에 반응할 방법을 운영체제의 선점형 멀티 태스킹 개념에서 찾았다.

운영체제(operating system)는 하나의 프로그램이 CPU를 점유하지 못하도록 하기 위해 일정 시간이 지나면 실행 중인 프로그램을 멈추고 다른 프로그램을 실행시켜 준다. 이를 멀티태스킹이라 부른다. 멀티태스킹을 하기 위해서는 실행 중인 프로그램의 현재 상태를 저장하고, 나중에 다시 실행될 때 이전 상태를 복원할 방법이 필요하다.

concurrent 모드에서는 렌더링 과정을 여러 개의 작업으로 나눠서 실행 중인 작업을 중단하거나 중단된 작업을 재개할 수 있다. 실행 중인 작업을 중단하는 판단의 기준은 크게 두 가지다. 작업이 일정 시간을 초과하거나, 현재 실행 중인 작업보다 우선순위가 더 높은 작업이 들어오면 현재 작업을 중단한다. 따라서 concurrent 모드에서는 우선순위가 낮은 작업의 양이 많다고 하더라도 사용자의 키보드 입력에 빠르게 반응할 수 있다.

10.2 작업의 우선순위를 통한 효율적인 CPU 사용

렌더링 작업별로 우선순위를 부여하면 높은 우선순위를 가진 작업을 먼저 처리 함으로써 CPU를 효율적으로 사용할 수 있다. 우선순위는 다양한 방식으로 결정 될 수 있으며, 지금까지 드러난 정보를 종합해 보면 우선순위는 다음 세 방식으로 결정될 수 있다.

첫 번째 방식은 컴포넌트의 상탯값을 변경할 때, 사용자가 직접 우선순위를 입력하는 것이다. 해당 상탯값의 변경으로 시작되는 렌더링 작업은 입력된 우선 순위로 처리된다. 현재(리액트 버전 16.8)는 우선순위를 숫자로 입력하는 것이 아니라, 높은 우선순위일 때 호출하는 함수와 낮은 우선순위일 때 호출하는 함 수를 실험적으로 제공하고 있다.

두 번째 방식은 이벤트 처리 함수별로 리액트가 자동으로 우선순위를 결정하 는 것이다. 브라우저 환경에서는 돔 요소의 이벤트 처리 함수별로 다른 우선순 위를 부여할 것으로 보인다. 대표적으로 onKeyDown 이벤트에는 높은 우선순위 가 적용되고, onMouseOver 이벤트에는 낮은 우선순위가 적용된다. onKeyDown 이 벤트 처리 함수에서 상탯값을 변경하면, 그로 인해 시작되는 렌더링 작업은 높 은 우선순위로 처리된다. 따라서 사용자가 키보드로 입력한 내용은 빠르게 화면 에 표시될 수 있다. 반대로 마우스를 돔 요소 위에 올렸을 때 돔 요소의 배경색 을 변경하는 작업은 다소 느리게 처리될 수 있다.

세 번째 방식은 화면에 보이지 않는 영역은 우선순위를 낮게 해서 나중에 처 리하는 것이다. 리액트는 화면에 보이는 요소를 먼저 렌더링하고 화면에 보이지 않는 요소는 나중에 렌더링한다. 화면에 보이지 않는 요소를 미리 렌더링함으로 써 나중에 탭 전환 시 빠르게 화면을 보여 줄 수 있다.

우선순위에 따른 비동기 렌더링 과정

우선순위에 따라 렌더링 작업이 처리되는 과정을 알아보자. 설명을 위해 컴포넌트의 초기 상태값이 다음과 같다고 가정해 보자.

```
backgroundColor = 'red'
name = 'mike'
```

backgroundColor 상태값은 onMouseOver 이벤트에서 변경되고, name 상태값은 onKeyDown 이벤트에서 변경된다고 하자. 따라서 backgroundColor 상태값 변경은 낮은 우선순위로 처리되고, name 상태값 변경은 높은 우선순위로 처리된다.

backgroundColor 상태값이 blue로 변경될 때를 생각해 보자. 리액트가 상태값 변경에 따른 렌더링을 하던 도중 name 상태값이 변경된다. 우선순위가 높은 작업이 들어왔으므로 그때까지 하던 작업을 멈추고 name 상태값 변경으로 인한 렌더링 작업을 먼저 끝낸다.

그다음에는 잠시 멈추었던 backgroundColor 상태값 변경으로 인한 렌더링 작업을 이어서 처리해야 한다. 하지만 name 상태값 변경을 처리하면서 UI 구조(또는 가상 돔)가 변경됐다. 따라서 이전에 backgroundColor 상태값 변경을 위해 처리했던 작업을 그대로 이어서 진행해도 현재의 돔에 반영할 수 없는 상황이다. 이 상황에서 리액트는 버전 관리 도구의 리베이스(rebase) 전략을 사용한다. 즉, backgroundColor 상태값 변경을 위한 작업의 시작 상태를 name 상태값 변경이 완료된 상태로 바꾼다. 리베이스를 적용 후 남은 작업을 이어서 처리한다.

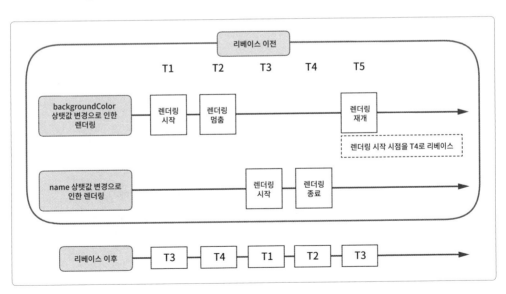

그림 10-1 우선순위에 따른 비동기 렌더링의 처리 과정

10.3 서스펜스로 가능해진 컴포넌트 함수 내 비동기 처리

서스펜스(suspense)는 렌더링 과정에서 API 호출과 같은 비동기 처리를 지원하는 기능이다. 서스펜스를 이용하면 서버로부터 데이터를 가져오는 코드와 받은 데이터를 화면에 렌더링하는 코드를 모두 컴포넌트 함수에서 작성할 수 있다.

데이터를 가져오는 동안 사용자에게 적절한 시각 효과를 제공하지 않으면, 사용자는 프로그램이 멈췄다고 생각하기 쉽다. 고맙게도 서스펜스는 비동기 처리가 완료될 때까지 로딩 애니메이션과 같은 시각 효과를 보여 줄 방법을 제공한다. 비동기 처리가 진행 중일 때는 렌더링을 중단하고 사용자가 정의한 시각 효과를 보여 준다. 그리고 비동기 처리가 완료되면 중단했던 렌더링을 재개한다.

서스펜스는 리액트 버전 16.6부터 지원되지만, 해당 버전의 리액트는 동기 방식으로 렌더링하기 때문에 서스펜스의 일부 기능만 사용할 수 있다.

실습을 통해 서스펜스의 기능을 사용해 보자. 먼저 다음과 같이 프로젝트를 생성한다.

```
npx create-react-app suspense
cd suspense
```

src 폴더에서 index.js, App.js 파일을 제외한 모든 파일을 삭제한다. index.js 파일은 다음과 같이 간소화한다.

코드 10-1 **index.js**

```
import React from 'react';
import ReactDOM from 'react-dom';
import App from './App';

ReactDOM.render(<App />, document.getElementById('root'));
```

10.3.1 컴포넌트 함수 내에서 비동기로 모듈 가져오기

src 폴더 밑에 VideoPlayer.js 파일을 만들고 간단한 컴포넌트를 작성해 보자. VideoPlayer 컴포넌트는 파일 크기가 크다고 생각해 보자. 만약 VideoPlayer 컴포넌트가 항상 사용되는 게 아니라면 필요할 때만 내려받는 것이 효율적이다. VideoPlayer 컴포넌트의 코드를 분할해서 비동기로 내려받으면, 사용자는 VideoPlayer 컴포넌트를 제외한 나머지 내용을 빠르게 확인할 수 있다.

리액트 버전 16.6에 포함된 Suspense 컴포넌트와 lazy 함수를 이용하면 모듈의 비동기 다운로드를 렌더링 과정에 자연스럽게 포함시킬 수 있다.

App.js 파일에 다음과 같이 Suspense 컴포넌트와 lazy 함수를 사용하는 코드를 입력하자.

코드 10-2 Suspense 컴포넌트와 lazy 함수의 사용 예

```
import React, { lazy, Suspense } from 'react';
import Loading from './Loading'; ❶

const VideoPlayer = lazy(() => import('./VideoPlayer')); ❷

export default function App() {
  return (
    <div>
      <h1>suspense example</h1>
      <Suspense fallback={<Loading />}> ❸
        <h3>watch video</h3>
        <VideoPlayer /> ❹
      </Suspense>
    </div>
  );
}
```

❶ 비동기 처리가 진행 중일 때 화면에 보여 줄 컴포넌트다. ❷ lazy 함수를 동적 임포트와 함께 호출하면 모듈의 비동기 다운로드를 도와주는 컴포넌트가 반환된다. VideoPlayer 변수는 일반적인 컴포넌트처럼 사용할 수 있다. 동적 임포트가 사용됐기 때문에 웹팩을 사용하고 있다면 자동으로 코드가 분할된다. ❸ Suspense의 자식 컴포넌트에서 비동기 처리가 시작되면 Suspense 컴포넌트 내부의 모든 렌더링이 멈춘다. 그리고 그 자리에 fallback 속성값으로 입력된 컴포넌트가 렌더링된다. ❹ lazy 함수로 만들어진 VideoPlayer 컴포넌트가 렌더링될 때 분할된 코드를 받는다. 코드를 받기 전까지 Suspense 내부는 Loading 컴포넌트가 렌더링된다. 코드를 다 받으면 정상적으로 비디오 플레이어가 렌더링된다.

Loading.js 파일과 VideoPlayer.js 파일의 코드는 원하는 대로 작성할 수 있다. 이제 코드 10-2를 실행해 보자.

```
npm start
```

브라우저에서 네트워크 항목을 확인해 보면 VideoPlayer.js 파일의 코드를 비동기로 받는 것을 확인할 수 있다. 이처럼 Suspense 컴포넌트 내부에서 렌더링 중간에 비동기 처리를 할 수 있다.

10.3.2 컴포넌트 함수 내에서 API로 데이터 받기

API 통신도 비동기 처리의 한 예다. Suspense 컴포넌트 내부에서는 렌더링 중이라고 하더라도 API를 호출할 수 있다. concurrent 모드로 동작하지 않는 리액트 버전에서는 비동기 렌더링을 지원하지 않기 때문에 렌더링 중에 비동기 처리가 발생하면 멈췄다가 나중에 중단된 부분부터 다시 시작할 수 없다. 따라서 동기 렌더링에서의 Suspense는 fallback으로 입력된 컴포넌트가 바로 사용되고, 비동기 처리가 끝나면 다시 한번 렌더링된다.

렌더링 과정에서 비동기로 데이터를 받는 코드를 작성해 보자. 이를 위해 다음 패키지를 설치한다.

```
npm install react-cache@2.0.0-alpha.0 react@16.7.0 react-dom@16.7.0
```

react-cache는 렌더링 과정에서 비동기 처리를 지원하기 위해 리액트에서 제공하는 패키지다. 아직 실험적인 단계[1]이므로 리액트에서 정식으로 지원하기 전에는 프로덕션에서 사용하지 않도록 하자.

src 폴더 밑에 Profile.js 파일을 만들고 다음과 같이 컴포넌트 함수 내에서 API를 호출하는 코드를 입력해 보자.

코드 10-3 컴포넌트 함수 내에서 API 호출하기

```
import React from 'react';
import { unstable_createResource } from 'react-cache'; ❶

function fetchUser(userId) { ❷
  return new Promise(resolve =>
    setTimeout(() => resolve({ userId, name: 'mike', age: 23 }), 2000),
  );
}

const UserCache = unstable_createResource(fetchUser); ❸

function Profile() {
  const user = UserCache.read(123); ❹
  return (
    <div>
      <p>name: {user.name}</p>
      <p>age: {user.age}</p>
    </div>
```

---

1 현재(2020년 6월 23일) react-cache는 리액트 버전 16.7에서만 제대로 동작하므로 꼭 해당 버전을 설치해서 실습해야 한다.

```
  );
}
export default Profile;
```

❶ unstable_createResource 함수는 렌더링 과정에서 비동기로 데이터를 받을 수 있도록 도와준다. ❷ 비동기로 데이터를 받는 함수다. 이 함수는 프로미스를 반환한다. ❸ unstable_createResource 함수에 프로미스를 반환하는 함수를 입력한다. ❹ read 메서드를 호출했을 때 이미 받은 데이터가 있다면 그 데이터를 사용한다. 만약 받은 데이티가 없다면 fetchUser 함수가 실행되고, fetchUser 함수가 반환하는 프로미스 객체와 함께 예외를 발생시킨다. 프로미스 객체와 함께 예외가 발생하면, 부모로 거슬러 올라가면서 가장 가까운 Suspense 컴포넌트를 찾는다. Suspense 컴포넌트는 내부 영역을 fallback으로 대체하고, 추후 프로미스가 처리됨 상태가 되면 다시 렌더링한다.

참고로 lazy 함수로 생성한 컴포넌트도 비동기 처리가 시작되면 프로미스 객체와 함께 예외를 발생시킨다. Suspense 컴포넌트를 렌더링에서의 try catch 문으로 생각할 수 있다.

Suspense 내부에서 여러 개의 프로미스 발생시키기

다음과 같이 Suspense 내부에서 여러 개의 프로미스가 발생하도록 App.js 파일을 수정해 보자.

코드 10-4 Suspense 내부에서 여러 개의 프로미스 발생시키기

```
// ...
import Profile from './Profile';

const VideoPlayer = lazy(() => import('./VideoPlayer'));

export default function App() {
  return (
    <div>
      <h1>suspense example</h1>
      <Suspense fallback={<Loading />}>      ⎤
        <h3>watch video</h3>                │
        <VideoPlayer />                     ❶
        <Profile />                         │
      </Suspense>                           ⎦
    </div>
  );
}
```

❶ Suspense 컴포넌트 내부에서 예외로 발생하는 모든 프로미스 객체가 처리됨 상태가 되기 전까지는 Loading 컴포넌트가 렌더링된다.

찾아보기